MODELOS DE PEÇAS NO NOVO **CPC**

O GEN | Grupo Editorial Nacional – maior plataforma editorial brasileira no segmento científico, técnico e profissional – publica conteúdos nas áreas de concursos, ciências jurídicas, humanas, exatas, da saúde e sociais aplicadas, além de prover serviços direcionados à educação continuada.

As editoras que integram o GEN, das mais respeitadas no mercado editorial, construíram catálogos inigualáveis, com obras decisivas para a formação acadêmica e o aperfeiçoamento de várias gerações de profissionais e estudantes, tendo se tornado sinônimo de qualidade e seriedade.

A missão do GEN e dos núcleos de conteúdo que o compõem é prover a melhor informação científica e distribuí-la de maneira flexível e conveniente, a preços justos, gerando benefícios e servindo a autores, docentes, livreiros, funcionários, colaboradores e acionistas.

Nosso comportamento ético incondicional e nossa responsabilidade social e ambiental são reforçados pela natureza educacional de nossa atividade e dão sustentabilidade ao crescimento contínuo e à rentabilidade do grupo.

Luiz Antonio Scavone Junior

MODELOS DE PEÇAS NO
NOVO CPC

3ª edição — revista, ampliada e atualizada

- A EDITORA FORENSE se responsabiliza pelos vícios do produto no que concerne à sua edição (impressão e apresentação a fim de possibilitar ao consumidor bem manuseá-lo e lê-lo). Nem a editora nem o autor assumem qualquer responsabilidade por eventuais danos ou perdas a pessoa ou bens, decorrentes do uso da presente obra.

  Todos os direitos reservados. Nos termos da Lei que resguarda os direitos autorais, é proibida a reprodução total ou parcial de qualquer forma ou por qualquer meio, eletrônico ou mecânico, inclusive através de processos xerográficos, fotocópia e gravação, sem permissão por escrito do autor e do editor.

  Impresso no Brasil – *Printed in Brazil*

- Direitos exclusivos para o Brasil na língua portuguesa
  Copyright © 2018 by
  EDITORA FORENSE LTDA.
  Uma editora integrante do GEN | Grupo Editorial Nacional
  Travessa do Ouvidor, 11 – Térreo e 6º andar – 20040-040 – Rio de Janeiro – RJ
  Tel.: (21) 3543-0770 – Fax: (21) 3543-0896
  faleconosco@grupogen.com.br | www.grupogen.com.br

- O titular cuja obra seja fraudulentamente reproduzida, divulgada ou de qualquer forma utilizada poderá requerer a apreensão dos exemplares reproduzidos ou a suspensão da divulgação, sem prejuízo da indenização cabível (art. 102 da Lei n. 9.610, de 19.02.1998).

  Quem vender, expuser à venda, ocultar, adquirir, distribuir, tiver em depósito ou utilizar obra ou fonograma reproduzidos com fraude, com a finalidade de vender, obter ganho, vantagem, proveito, lucro direto ou indireto, para si ou para outrem, será solidariamente responsável com o contrafator, nos termos dos artigos precedentes, respondendo como contrafatores o importador e o distribuidor em caso de reprodução no exterior (art. 104 da Lei n. 9.610/98).

- Capa: Danilo Oliveira

- Fechamento desta edição: 11.09.2017

- CIP – Brasil. Catalogação na fonte.
  Sindicato Nacional dos Editores de Livros, RJ.

S315m

Scavone Junior, Luiz Antonio,

Modelos de peças no novo CPC / Luiz Antonio Scavone Junior. – 3. ed rev., atual. e ampl. – [2. Reimpr.] – Rio de Janeiro: Forense, 2018.

Inclui bibliografia
ISBN 978-85-309-7723-8

1. Direito processo civil 2. Processual civil – Brasil. I. Título.

17-44476

CDU: 347.91./95(81)

Dedico este livro ao saudoso Professor Jorge Tarcha.
A Deus, sempre, por tudo.

Sumário

Introdução		1
1.	Fluxograma para o procedimento comum	1
2.	Prazos na Lei 13.105/2015 (Código de Processo Civil)	2

Capítulo 1 – Procuração *ad judicia* e contrato de honorários ... 21

1.1.	Procuração	21
1.2.	Contrato de honorários	21

Capítulo 2 – Intervenção de terceiros ... 23

2.1.	Pedido de assistência	23
2.2.	Denunciação da lide em embargos de terceiro	24
2.3.	Chamamento ao processo	28
2.4.	Incidente de desconsideração da personalidade jurídica com pedido de tutela provisória de urgência	29
2.5.	Pedido de intervenção na qualidade de *amicus curiae*	33

Capítulo 3 – Procedimento comum ... 35

3.1.	Petição inicial com pedido de tutela provisória de urgência e de evidência	35
3.2.	Contestação com reconvenção	40
	3.2.1. Contestação com preliminar de incompetência ou alegação de Convenção de Arbitragem	49
3.3.	Contestação no Juizado Especial Cível	50
3.4.	Réplica	59
3.5.	Emenda da inicial para substituir o réu em razão de alegação de ilegitimidade em contestação	62
3.6.	Emenda da inicial para incluir réu em razão de alegação de ilegitimidade em contestação	62
3.7.	Petição inicial – cobrança de débitos condominiais – utilização da faculdade da ação de conhecimento ainda que haja título executivo extrajudicial (CPC, art. 785)	63

MODELOS DE PEÇAS NO NOVO CÓDIGO DE PROCESSO CIVIL – *Luiz Antonio Scavone Junior*

3.8. Contestação de ação de cobrança de débitos condominiais 65

3.9. Petição inicial – ação redibitória – restituição das quantias pagas – requerimento para que a citação seja efetuada por intermédio do sistema de cadastro de processos em autos eletrônicos, nos termos do art. 246, § 1º, do Código de Processo Civil............................... 74

3.10. Pedido na ação de preceito cominatório – obrigação de fazer 82

3.11. Petição inicial – ação de indenização em face de construtora com pedido de tutela de urgência para realização de prova pericial antecipada......... 83

3.12. Petição inicial – ação de cobrança 93

3.13. Petição inicial – ação reivindicatória com pedido de tutela provisória de urgência de natureza antecipada 95

3.14. Petição inicial – ação de adjudicação compulsória............................ 97

3.15. Petição inicial – ação de obrigação de fazer 102

3.16. Ação de nunciação de obra nova 106

Capítulo 4 – Tutela provisória de urgência 109

4.1. Tutela provisória de urgência de natureza antecipada requerida em caráter antecedente 109

4.2. Tutela provisória de urgência de natureza cautelar requerida em caráter antecedente 110

Capítulo 5 – Arguição de falsidade.. 117

5.1. Arguição de falsidade de documento novo 117

5.2. Ação autônoma.. 117

Capítulo 6 – Ação probatória autônoma – produção antecipada de provas 123

Capítulo 7 – Cumprimento de sentença 125

7.1. Petição requerendo o cumprimento provisório de sentença que reconhece exigibilidade de obrigação de pagar quantia certa...................... 125

7.2. Petição requerendo o cumprimento definitivo de sentença que reconhece exigibilidade de obrigação de pagar quantia certa...................... 126

7.3. Petição requerendo constrição de bens em razão da frustração da penhora inicial.. 127

7.4. Petição requerendo o cumprimento de sentença (ou decisão interlocutória) que reconhece exigibilidade de obrigação de prestar alimentos..... 128

7.5. Petição requerendo o cumprimento definitivo de sentença que reconhece exigibilidade de obrigação de fazer, não fazer ou entregar coisa 129

7.5.1. Pelo resultado prático equivalente............................... 129

7.5.2. Mediante imposição de multa (*astreintes*) ou busca e apreensão 129

SUMÁRIO | IX

7.6. Petição requerendo o cumprimento definitivo de sentença que reconhece exigibilidade de obrigação de pagar quantia certa pela Fazenda Pública 130

7.7. Petição do devedor ofertando o pagamento em cumprimento de sentença que reconhece exigibilidade de obrigação de pagar quantia certa 131

7.8. Impugnação ao cumprimento de sentença – excesso de execução 131

7.9. Impugnação ao cumprimento de sentença – outras causas 132

Capítulo 8 – Procedimentos Especiais 133

8.1. Ação de consignação em pagamento 133

8.2. Ação de exigir contas (prestação de contas) 142

8.3. Ações possessórias 143

    8.3.1. Notificação 143

    8.3.2. Reintegração de posse 143

    8.3.3. Reintegração de posse após a consolidação da propriedade na alienação fiduciária de bem imóvel 146

    8.3.4. Manutenção de posse 151

    8.3.5. Interdito proibitório 153

8.4. Ação de divisão de terras particulares 155

8.5. Ação de demarcação de terras particulares 156

8.6. Ação de dissolução parcial de sociedade 158

8.7. Inventário e partilha 159

    8.7.1. Pedido de abertura de Inventário 159

    8.7.2. Primeiras declarações 160

    8.7.3. Pedido de colação 161

    8.7.4. Habilitação de crédito 161

    8.7.5. Esboço de partilha 162

    8.7.6. Arrolamento sumário 162

    8.7.7. Arrolamento (art. 664 do CPC) 163

    8.7.8. Sobrepartilha 164

8.8. Embargos de terceiro 165

8.9. Oposição 170

8.10. Habilitação 171

8.11. Ações de família 173

    8.11.1. Divórcio 173

    8.11.2. Reconhecimento e extinção de união estável 175

    8.11.3. Regulamentação de guarda e visita cumulada com alimentos ... 176

    8.11.4. Investigação de paternidade 179

    8.11.5. Alimentos 181

MODELOS DE PEÇAS NO NOVO CÓDIGO DE PROCESSO CIVIL – *Luiz Antonio Scavone Junior*

8.11.6. Revisão e exoneração de alimentos 183

8.12. Ação monitória 185

Capítulo 9 – Procedimentos de jurisdição voluntária 187

9.1. Alienação Judicial – extinção de condomínio – ação de venda da coisa comum 187

9.2. Notificação judicial 188

9.3. Divórcio consensual 190

9.4. Extinção consensual de união estável 191

9.5. Pedido de alteração do regime matrimonial 193

9.6. Ação para suprimento de outorga conjugal 195

9.7. Interdição 198

Capítulo 10 – Execução de título extrajudicial 201

10.1. Execução por quantia certa 201

10.2. Execução por quantia certa – condomínios 204

10.3. Execução para entrega de coisa 206

10.4. Impugnação ao pedido do executado de reunião da ação de execução com ação de conhecimento (anulatória) 209

10.5. Execução de obrigação de fazer ou de não fazer 211

10.6. Execução contra a Fazenda Pública 212

10.7. Execução de alimentos 212

10.8. Exceção de pré-executividade 213

Capítulo 11 – Embargos à execução 217

Capítulo 12 – Recursos 221

12.1. Agravo de Instrumento – decisão que nega antecipação de tutela (tutela de urgência/evidência) 221

12.2. Agravo interno 225

12.2.1. De decisão monocrática que dá provimento ao Recurso Especial 225

12.2.2. De decisão monocrática que nega seguimento ao Recurso Especial 227

12.3. Embargos de declaração 229

12.4. Apelação 230

12.4.1. Pedido de atribuição de efeito suspensivo a apelação recebida apenas no efeito devolutivo, antes da distribuição do recurso 234

12.5. Recurso Ordinário 237

12.6. Recurso Especial 238

SUMÁRIO | **XI**

12.7. Pedido de atribuição de efeito suspensivo a Recurso Especial ou a Recurso Extraordinário 248

12.8. Agravo interno em Recurso Especial e em Recurso Extraordinário.... 250

    12.8.1. Modelo geral para as hipóteses de sobrestamento ou de inadmissão do recurso por correspondência do acórdão recorrido com recurso repetitivo ou precedente de repercussão geral..... 250

    12.8.2. Modelo específico para a inadmissão do Recurso Especial por correspondência do acórdão recorrido com recurso repetitivo 251

12.9. Recurso Extraordinário................... 254

12.10. Contrarrazões a Recursos Especial ou Extraordinário................... 257

12.11. Agravo de instrumento em face de decisão denegatória de seguimento a Recurso Especial (ou Recurso Extraordinário)................... 260

12.12. Fluxograma da sistemática de interposição de recursos aos tribunais superiores................... 262

12.13. Embargos de divergência................... 263

12.14. Ação rescisória................... 264

12.15. Reclamação................... 265

    12.15.1. Reclamação para garantir a observância de precedente de incidente de resolução de demandas repetitivas – modelo geral... 265

    12.15.2. Reclamação em face de decisão que se equivoca no enquadramento da situação do acórdão recorrido com o recurso repetitivo utilizado como fundamento para negar seguimento a Recurso Especial................... 268

12.16. Mandado de Segurança em face de decisão interlocutória da qual não cabe Agravo de Instrumento 272

Capítulo 13 – Locação de Imóvel Urbano................... 275

13.1. Notificação comunicando a sub-rogação no contrato de locação 275

13.2. Notificação encaminhada pelo fiador, dando notícia de sua exoneração em razão da sub-rogação legal................... 275

13.3. Notificação exigindo novo fiador em razão da exoneração pela sub-rogação legal do locatário original 276

13.4. Petição inicial de ação de despejo em face da não apresentação de novo fiador em razão da exoneração do original, com pedido de liminar................... 276

13.5. Contestação baseada na ação de exoneração fundamentada na morte do marido da fiadora................... 278

13.6. Notificação encaminhada pelo fiador, dando notícia de sua exoneração em razão da prorrogação legal do contrato 280

13.7. Notificação exigindo novo fiador em razão da exoneração do fiador original em razão da prorrogação do contrato por prazo indeterminado................... 281

13.8. Ação de exoneração do fiador pela alteração do quadro social da pessoa jurídica afiançada.. 281

13.9. Ação de exoneração do fiador em razão da novação...................... 283

13.10. Notificação para ação de despejo em virtude da extinção do usufruto ou fideicomisso (art. 7º).. 285

13.11. Notificação para ação de despejo em virtude da alienação do imóvel durante a locação (art. 8º).. 286

13.12. Notificação para ação de despejo de imóvel residencial com contrato escrito por prazo superior a 30 meses, por denúncia vazia (art. 46, § 1º), ultrapassados 30 dias do fim do contrato.. 286

13.13. Notificação para ação de despejo de imóvel residencial com contrato verbal ou escrito com prazo inferior a 30 meses, por denúncia vazia (art. 47, V), passados 5 anos da data de início do contrato.............. 286

13.14. Notificação para ação de despejo na locação não residencial, após 30 dias do fim do contrato (arts. 56 e 57)... 287

13.15. Notificação para ação de despejo referente à locação anterior à Lei 8.245, de 18 de outubro de 1991, que esteja vigorando por prazo indeterminado, com prazo de 12 meses para desocupação (art. 78)... 287

13.16. Notificação para possibilitar sublocação, cessão ou empréstimo não consentido (art. 13, § 2º).. 288

13.17. Notificação do locatário ao locador, denunciando o contrato no prazo de prorrogação.. 288

13.18. Notificação do locatário ao locador, denunciando o contrato por transferência de emprego... 289

13.19. Petição para execução provisória do despejo................................ 289

13.20. Petição para levantamento de caução pelo autor........................... 290

13.21. Petição para levantamento de caução pelo réu.............................. 290

13.22. Pedido de intimação do réu (art. 65).. 291

13.23. Ação de despejo por sublocação, cessão ou empréstimo não consentido... 291

13.24. Ação de despejo por cessão da locação em razão da cessão das quotas sociais... 292

13.25. Pedido de assistência de sublocatários.. 294

13.26. Despejo por extinção da sublocação com pedido de liminar............. 294

13.27. Ação de despejo por infração de mútuo acordo com pedido de desocupação liminar... 296

13.28. Ação de despejo por desvio de uso do imóvel (art. 23)................... 297

13.29. Ação de despejo por falta de pagamento sem cumulação de cobrança de aluguéis.. 298

13.30. Ação de despejo por falta de pagamento cumulada com cobrança de aluguéis somente contra o locatário... 299

13.31. Ação de despejo por falta de pagamento, cumulada com cobrança em face do fiador... 301

SUMÁRIO | **XIII**

13.32. Ação de despejo por falta de pagamento com pedido de desocupação liminar na hipótese de ausência de garantias 302

13.33. Despejo para reparos urgentes 304

13.34. Despejo por extinção do contrato de trabalho 306

13.35. Despejo para uso próprio 307

13.36. Despejo para uso próprio no Juizado Especial 308

13.37. Ação de despejo para demolição ou edificação licenciada 309

13.38. Ação de despejo nas locações de hospitais, escolas, asilos e entidades religiosas 311

13.39. Ação de despejo em virtude da permanência de pessoas não autorizadas após a morte do locatário 312

13.40. Ação de despejo em virtude de contrato de locação sem vênia conjugal, por prazo superior a dez anos 314

13.41. Ação de despejo por denúncia vazia nas locações de imóveis residenciais 315

13.42. Ação de despejo na locação não residencial com pedido de liminar.. 316

13.43. Ação de despejo por extinção do usufruto 318

13.44. Despejo em virtude da alienação do imóvel durante a locação 319

13.45. Despejo nas locações residenciais por contrato ininterrupto de cinco anos – denúncia vazia 321

13.46. Despejo nas locações para temporada 322

13.47. Petição requerendo imissão na posse em razão do abandono do imóvel no curso da ação 324

13.48. Petição requerendo o julgamento em razão do abandono 324

13.49. Contestação em ação de despejo com modelo referente à prescrição da pretensão da cobrança dos aluguéis e encargos 325

13.50. Reconhecimento da procedência do pedido para obter o benefício da desocupação em 6 meses 327

13.51. Ação renovatória 328

13.52. Ação de consignação de aluguéis e acessórios 329

13.53. Ação de consignação de chaves (arts. 4º e 6º) 330

13.54. Ação de consignação em pagamento havendo fundada dúvida sobre quem deva receber 331

13.55. Ação revisional 333

13.56. Ação de preceito cominatório para permitir a vistoria do imóvel 335

13.57. Execução de aluguéis e encargos em face do fiador 337

13.58. Adjudicação do imóvel por afronta ao direito de preferência 339

13.59. Notificação para conceder ao locatário o direito de preferência 340

Bibliografia 343

Introdução

1. FLUXOGRAMA PARA O PROCEDIMENTO COMUM

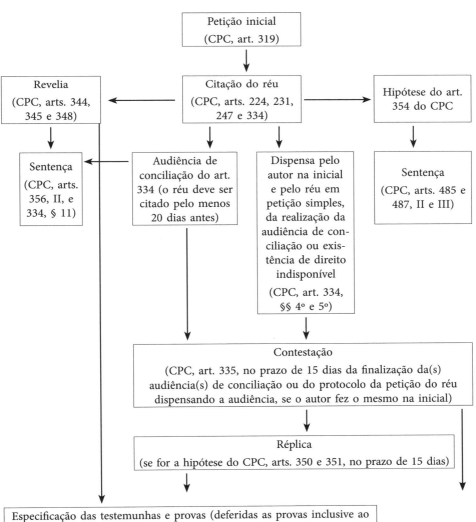

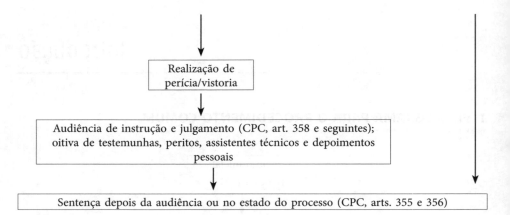

2. PRAZOS NA LEI 13.105/2015 (CÓDIGO DE PROCESSO CIVIL)

Os prazos processuais em dias são contados apenas nos dias úteis, excluindo o dia do começo (dia útil seguinte ao da publicação, considerada esta como o dia útil seguinte à disponibilização no *Diário da Justiça Eletrônico*) e incluindo o dia do vencimento (CPC/2015, arts. 219 e 224). As regras de contagem de prazos estão nos arts. 218 a 235 do CPC, especialmente nos arts. 224, 229, 230 e 231.

ARTIGO	ATO, PROVIDÊNCIA OU DESCRIÇÃO DO PRAZO	PRAZO
98, § 8º	Manifestação sobre requerimento de registrador que impugna assistência judiciária	15 dias
100	Impugnação do deferimento de assistência judiciária gratuita	15 dias
101, § 2º	Recolhimento de custas na hipótese de denegação ou revogação da gratuidade da justiça	5 dias
104, § 1º	Para juntar procuração no caso de postulação para evitar ato urgente	15 dias prorrogáveis por mais 15 por despacho do juiz
106, § 1º	Para advogado que postula em causa própria para regularizar petição inicial ou contestação que não informa o seu endereço, seu número de inscrição na Ordem dos Advogados do Brasil e o nome da sociedade de advogados da qual participa, para o recebimento de intimações	5 dias
107, II	Para permanecer com os autos (vista dos autos) como procurador (vide art. 234, § 2º)	5 dias

INTRODUÇÃO | 3

ARTIGO	ATO, PROVIDÊNCIA OU DESCRIÇÃO DO PRAZO	PRAZO
107, § 3º	Para permanecer com os autos fora de cartório nos casos em que o prazo for comum, sem prejuízo da continuidade do prazo	De 2 a 6 horas
111, parágrafo único	Para a parte constituir novo procurador depois de revogar o mandato do seu advogado	15 dias
112, § 1º	Prazo no qual o advogado fica responsável pelo processo e continua mandante depois de renunciar	10 dias
120	Impugnação do pedido de assistência	15 dias
131 e 131, parágrafo único	Para que o réu providencie a citação dos litisconsortes chamados ao processo	30 dias; 2 meses se residir em outra comarca ou local incerto
135	Para o sócio citado ou a pessoa jurídica citada responder pedido de desconsideração de personalidade jurídica incidental	15 dias
138	Intimação (*amicus curiae*)	15 dias
143	Para o juiz adotar providência que deva ordenar de ofício ou a requerimento da parte sob pena de responder regressivamente por perdas e danos	10 dias
146, § 1º	Para requerer impedimento ou suspeição a contar do conhecimento do fato e para o juiz apresentar suas razões	15 dias
148	Para manifestação do MP, auxiliares da justiça e demais sujeitos do processo nos casos de suspeição e impedimento dessas pessoas	15 dias
153, § 4º	Para servidor informar sobre preterição na ordem cronológica de publicações e efetivação de pronunciamentos	2 dias
154, parágrafo único	Para a parte se manifestar sobre a proposta de autocomposição tomada por oficial de justiça na realização de ato que lhe competir	5 dias
157, § 1º	Para perito escusar-se do encargo, contado da sua intimação	15 dias
158	De inabilitação de perito que, por decisão do juiz, tiver agido com dolo ou culpa, inclusive prestando informações inverídicas	2 a 5 anos
172	De impedimento do conciliador ou mediador de representar as partes dos processos que atuaram	1 ano
173, § 2º	Prazo de afastamento de conciliador com atuação inadequada determinado pelo juiz coordenador do centro de conciliação ou pelo juiz do processo	Até 180 dias

ARTIGO	ATO, PROVIDÊNCIA OU DESCRIÇÃO DO PRAZO	PRAZO
178	Para intervenção do Ministério Público quando lhe competir	30 dias
218, § 2º	Para atender intimação de comparecimento sem prazo expresso	48 horas
218, § 3º	Para prática de ato processual quando não houver prazo específico	5 dias
220	Suspensão dos prazos processuais – férias forenses	Do dia 20 de dezembro ao dia 20 de janeiro, inclusive
222	De prorrogação da suspensão de prazos em comarcas de difícil acesso (vide art. 313 – suspensão de prazos)	Até 2 meses
226, I	Para o juiz despachar, salvo motivo justificado (art. 227)	5 dias
226, II	Para o juiz prolatar decisão interlocutória, salvo motivo justificado (art. 227)	10 dias
226, III	Para o juiz prolatar sentença, salvo motivo justificado (art. 227 – vide, também, o art. 366)	30 dias
228	Para serventuário remeter os autos conclusos	1 dia
228	Para serventuário executar os atos processuais	5 dias
229	Para litisconsortes com procuradores distintos e de escritórios de advocacia distintos (cessa a contagem em dobro se apenas um apresentar defesa). *Não se aplica aos processos eletrônicos*	Em dobro
234, § 2º	Para advogado restituir autos depois de intimado, sob pena de multa de ½ salário e perda do direito de vista fora do cartório	3 dias
235, § 1º	Para representado, juiz ou relator que exceder prazos, se manifestar junto ao CNJ ou à Corregedoria do tribunal	15 dias
235, § 2º	Para o corregedor do tribunal ou relator do CNJ determinar a realização do ato, após o prazo para manifestação do juiz ou relator	48 horas
235, § 2º	Prazo para juiz ou relator intimado praticar o ato que deixou de praticar no prazo	10 dias
235, § 3º	Prazo para decisão pelo substituto legal do juiz ou relator inerte depois de intimado pela corregedoria ou CNJ respectivamente	10 dias

ARTIGO	ATO, PROVIDÊNCIA OU DESCRIÇÃO DO PRAZO	PRAZO
240, § 2º	Para o autor tomar as providências aptas a permitir a citação sob pena de perder a interrupção da prescrição desde a propositura da ação (vide art. 312)	10 dias
244, II	Prazo em que fica impedida a citação de cônjuge, companheiro ou parente de pessoa morta, contados do falecimento	7 dias
244, III	Prazo em que fica impedida a citação de cônjuge contados do dia do seu casamento	3 dias
245, § 2º	Para médico apresentar laudo que ateste impossibilidade receber citação	5 dias
254	Para escrivão ou chefe de secretaria remeter carta de ciência ao réu citado por edital	10 dias
257	Do edital no caso de citação por esta forma	20 a 60 dias da primeira publicação, havendo mais de uma
268	Para devolução de carta precatória cumprida	10 dias
290	Para recolhimento ou complemento das custas de ingresso sob pena de cancelamento da distribuição e indeferimento da inicial	15 dias
302	Para o autor fornecer os meios para citação do réu depois de obter tutela provisória de urgência em caráter antecedente (cautelar ou antecipada)	5 dias
303, § 1º, I	Para o autor aditar a inicial depois de requerer tutela antecipada antecedente, complementando a argumentação e documentação	15 dias
303, § 6º	Para emendar a inicial no caso de pedido de tutela provisória antecipada antecedente negada sob pena de extinção sem resolução do mérito	5 dias
304, § 5º	Para requerer revisão de tutela antecipada antecedente estabilizada, contado o prazo da ciência da decisão que extinguiu o processo	2 anos
306	Para contestar pedido de tutela provisória cautelar antecedente	5 dias
307	Para o juiz decidir no caso de pedido de tutela provisória antecedente sem contestação pelo requerido	5 dias
308	Para o autor de pedido de tutela de urgência cautelar antecedente formular o pedido principal nos próprios autos depois da efetivação da tutela cautelar (enquanto não efetivada não corre o prazo), independentemente de novas custas	30 dias

ARTIGO	ATO, PROVIDÊNCIA OU DESCRIÇÃO DO PRAZO	PRAZO
309	Para efetivação da tutela cautelar antecedente sob pena de cessação da eficácia	30 dias
313, § 2º, I	Para o autor providenciar citação do espólio ou dos herdeiros no caso de falecimento do réu (a critério do juiz)	De 2 a 6 meses
313, § 3º	Para constituir novo mandatário no caso de morte de advogado, contado da intimação do mandante	15 dias
313, § 4º, parte final	De suspensão do processo por convenção das partes	6 meses
313, § 4º, primeira parte, e, 315, § 2º	De suspensão do processo em razão de questão prejudicial, verificação de prazo, produção de prova em outro processo ou que dependa de apuração criminal	1 ano
315, § 1º	Para cessação do efeito da suspensão de processo que dependa de apuração criminal no caso de a ação penal não ter sido proposta, contados da intimação da suspensão	3 meses
329, I	Para aditar ou alterar o pedido ou a causa de pedir	Até a citação sem consentimento do réu e até o saneamento com o consentimento do réu
329, II	Para o réu se manifestar no caso de alteração da causa de pedir e do pedido antes do saneamento	15 dias
331	Para o juiz se retratar no caso de apelação da sentença de indeferimento da inicial	5 dias
332, § 3º	Para o juiz se retratar no caso de apelação da sentença que julga improcedente o pedido liminarmente	5 dias
332, § 4º	Para contrarrazões ao recurso de apelação pelo réu, após sua citação, no caso de julgamento liminar de improcedência do pedido	15 dias
334	Antecedência a ser observada pelo juiz para designação de audiência de conciliação	30 dias
334	Antecedência exigida para citação do réu, antes da audiência	20 dias
334, § 2º	Prazo máximo entre uma audiência de conciliação e outra	2 meses
334, § 5º	Para o autor indicar desinteresse na audiência de conciliação (que se realizará mesmo assim, se o réu mostrar interesse)	Na inicial

INTRODUÇÃO | 7

ARTIGO	ATO, PROVIDÊNCIA OU DESCRIÇÃO DO PRAZO	PRAZO
334, § 5º	Para o réu indicar desinteresse na audiência de conciliação (ineficaz e inócuo se o autor mostrar interesse na inicial)	10 dias antes da audiência
335	Contestação, contado o prazo da audiência de conciliação ou da data do protocolo do pedido de cancelamento pelo réu ou na forma do art. 231 nos demais casos	15 dias
338 e 339, § 2º	Para o autor emendar a inicial e, querendo, substituir o réu ou acrescentar litisconsorte diante da preliminar de ilegitimidade de parte tendo em vista não haver mais chamamento ao processo como no direito anterior	15 dias
343	Para o réu reconvir (na contestação)	Da contestação
343, § 1º	Resposta à reconvenção	15 dias
350 e 351	Réplica	15 dias
352	Para o autor sanar vícios (vide art. 317)	30 dias
357, § 1º	Para pedir esclarecimentos e ajustes no saneamento e organização do processo	5 dias
364, § 2º	Para apresentação de razões finais quando não houver debates orais em audiência e a causa apresentar-se complexa, assegurada a vista dos autos	15 dias sucessivos ao autor, réu e MP
366	Para o juiz prolatar sentença, quando não o tiver feito em audiência (vide, também, o art. 226, II)	30 dias
398	Para a parte responder pedido de exibição incidental de documentos	5 dias
401	Para o terceiro citado responder na exibição incidental de documentos	15 dias
403	Para o terceiro exibir documento ou coisa depois da decisão a esse respeito	5 dias
430	Para arguição incidental de falsidade, quando não deduzida na contestação ou na réplica em razão de documento novo, a partir da juntada do documento nos autos	15 dias
432	Para o arguido se manifestar sobre a arguição de falsidade	15 dias
437, § 1º	Para se manifestar sobre documento novo juntado depois da inicial ou da contestação	15 dias
455, § 1º	Prazo para o advogado juntar aos autos cópia da correspondência com AR da intimação da testemunha	3 dias antes da audiência

ARTIGO	ATO, PROVIDÊNCIA OU DESCRIÇÃO DO PRAZO	PRAZO
462	Prazo para pagar as despesas de compareci-mento arbitradas pelo juiz a requerimento da testemunha	3 dias
465, § 1º	Arguição de impedimento ou suspeição do perito, indicação de assistentes técnicos e apre-sentação de quesitos, contados da intimação da nomeação do perito	15 dias
465, § 2º	Para o perito apresentar proposta de honorários, contados da ciência da nomeação	5 dias
465, § 3º	Para a parte se manifestar e, inclusive, impugnar a proposta de honorários do perito (vide art. 95)	5 dias
466, § 2º	Para o perito comunicar as partes sobre as diligências e dos exames que irá realizar	5 dias antes da realização
468, § 2º	Para o perito substituído restituir os honorários sob pena de execução	15 dias
468, § 2º	De impedimento do perito substituído que não restituir os honorários	5 anos
477	Para o perito protocolar o laudo	Até 20 dias antes da audiência de instrução e julgamento
477, § 2º	Para o perito esclarecer as impugnações das partes e dos assistentes	15 dias
477, § 4º	Para o perito esclarecer pontos pendentes em audiência. Obs.: os prazos do art. 477 não batem se o perito apresentar o laudo 20 dias antes da audiência	Deve ser intimado 10 dias antes da audiência
485, II	Para considerar negligência da parte na para-lisação e conseguinte extinção	1 ano
485, III	Para considerar abandono por ausência de di-ligências que competem à parte e conseguinte extinção	30 dias
485, § 7º	Para o juiz se retratar no caso de apelação da sentença terminativa (sem resolução do mérito)	5 dias
495, § 3º	Para a parte informar, nos autos, a efetivação da hipoteca com a apresentação da sentença condenatória no Cartório de Registro de imóveis	15 dias
511	Para o requerido responder, depois da intimação do seu advogado, sobre o pedido de liquidação pelo procedimento comum (prova de fato novo, antiga liquidação por artigos)	15 dias

ARTIGO	ATO, PROVIDÊNCIA OU DESCRIÇÃO DO PRAZO	PRAZO
515, § 1º	Prazo para cumprimento espontâneo de título judicial consistente em sentença penal condenatória, sentença arbitral, sentença ou decisão interlocutória estrangeira	15 dias
517, § 2º	Para o cartório fornecer certidão do teor da sentença para protesto	3 dias
517, § 4º	Para o cartório expedir ofício determinando o cancelamento do protesto da sentença condenatória de pagamento de quantia certa depois do pagamento mediante determinação do juiz a requerimento do executado	3 dias
523	Para pagamento voluntário depois da intimação do executado sob pena de multa de 10% e honorários de 10%	15 dias
524, § 2º	Para o contador do juízo apresentar laudo para conferência do valor por determinação do juiz	Até 30 dias
524, § 4º	Para o executado, por determinação do juiz e a requerimento do exequente, apresentar dados adicionais sob pena de reputarem-se corretos os cálculos do exequente com os elementos de que dispõe	Até 30 dias
525	Impugnação ao cumprimento de sentença condenatória por quantia certa, independentemente de penhora, garantia do juízo ou nova intimação (bastando aquela para cumprimento voluntário)	15 dias subsequentes aos 15 dias para cumprimento voluntário
525, § 11	Para o executado arguir questões relativas a fato superveniente ao término do prazo para apresentação da impugnação, assim como aquelas relativas à validade e à adequação da penhora, da avaliação e dos atos executivos, contado da comprovada ciência do fato ou da intimação do ato	15 dias
526, § 1º	Para o exequente impugnar o valor depositado providenciado pelo executado antes de sua intimação para pagamento	5 dias
528	Para cumprimento de sentença ou de decisão interlocutória que determine pagamento de pensão alimentícia ou justificação da impossibilidade, sob pena de prisão e protesto da decisão (vide art. 517)	3 dias
528, § 3º	Prisão do devedor de alimentos	1 a 3 meses
535	Para a Fazenda Pública impugnar execução de título judicial	30 dias

ARTIGO	ATO, PROVIDÊNCIA OU DESCRIÇÃO DO PRAZO	PRAZO
535, § 3º, II	Para a Fazenda Pública depositar em banco oficial da residência do exequente, valor decorrente de execução de pequeno valor	2 meses
539, § 1º	Para o credor manifestar recusa do depósito consignatório extrajudicial da sua ciência por carta com AR	10 dias
541	Para o consignante depositar as parcelas vincendas	Até 5 dias do vencimento
542	Para o consignante depositar a coisa ou a quantia se ainda não o tiver feito, contados do deferimento e sua intimação	5 dias
543	Para o credor na ação consignatória, escolher o objeto devido quando lhe competir	5 dias
545	Para o consignante complementar o depósito inicial diante da alegação de insuficiência na contestação, contados da sua intimação	10 dias
550	Para o réu prestar contas ou contestar o pedido da ação de exigir contas	15 dias
550, § 2º	Para o autor se manifestar sobre as contas apresentadas	15 dias
550, § 5º	Para o condenado prestar as contas na sentença da ação de exigir contas	15 dias
559	Para o autor reintegrado ou mantido provisoriamente na posse que carece de idoneidade financeira requerer caução sob pena de depósito da coisa	5 dias
564	Para o réu da ação possessória contestar a ação	15 dias
565	Para o juiz designar audiência no conflito coletivo pela posse, antes de decidir pela liminar	Até 30 dias
565, § 1º	Para o autor executar a liminar contando desde a data da distribuição	1 ano
577	Para contestar na ação demarcatória (prazo comum)	15 dias
586	Para se manifestar sobre o laudo do perito na ação demarcatória	15 dias
591	Para os condôminos apresentarem seus títulos e formular pedido de quinhões	10 dias
592	Para oitiva das partes sobre os títulos e pedidos de quinhões na ação divisória (prazo comum)	15 dias
592, § 2º	Para o juiz decidir sobre os pedidos e títulos na ação divisória	10 dias

ARTIGO	ATO, PROVIDÊNCIA OU DESCRIÇÃO DO PRAZO	PRAZO
596	Para ouvir as partes sobre o plano de divisão (prazo comum) na ação divisória	15 dias
600	Para os demais sócios promoverem a alteração contratual consensual depois do exercício do direito de retirada ou recesso, permitindo a este o direito da ação de dissolução parcial de sociedade	10 dias
601	Para concordância com o pedido ou contestação na ação de dissolução parcial de sociedade	15 dias
611	Para instauração e término do inventário, contado o prazo da abertura da sucessão	2 meses para o início e 12 meses para o término
617, parágrafo único	Para o inventariante prestar compromisso	5 dias
620	Para o inventariante apresentar as primeiras declarações contando o prazo da data em que prestou compromisso	20 dias
623	Para o inventariante se defender do pedido de remoção	15 dias
627	Para as partes se manifestarem sobre as primeiras declarações (prazo comum depois das citações concluídas)	15 dias
628	Pedido de admissão no inventário pelo herdeiro preterido (sem prejuízo da ação de petição de herança)	Antes da partilha
628, § 1º	Para ouvir as partes sobre a pretensão do preterido requerente no inventário	15 dias
629	Para a Fazenda Pública se manifestar, após a vista das partes (art. 627), informando o valor dos bens constantes do seu cadastro	15 dias
635	Para as partes se manifestarem sobre a avaliação no inventário (prazo comum)	15 dias
637	Para ouvir as partes sobre as últimas declarações no inventário (prazo comum)	15 dias
638	Para ouvir as partes sobre o cálculo do tributo no inventário (prazo comum)	5 dias
639	Para trazer bens a colação no inventário, coincidindo com o prazo para manifestação sobre as primeiras declarações	15 dias
641	Para ouvir as partes no caso de negativa de colação (prazo comum)	15 dias
647	Para as partes formularem pedido de quinhão na partilha (prazo comum)	15 dias

ARTIGO	ATO, PROVIDÊNCIA OU DESCRIÇÃO DO PRAZO	PRAZO
652	Para as partes se manifestarem sobre o esboço de partilha	15 dias
657, parágrafo único	Para pedir anulação de partilha amigável contado, no caso de coação, do dia em que ela cessou; no caso de erro ou dolo, do dia em que se realizou o ato; quanto ao incapaz, do dia em que cessar a incapacidade	1 ano
664	Para o avaliador oferecer laudo em razão de impugnação ao valor dos bens (inferiores a 1000 salários mínimos) no arrolamento	10 dias
668	Para cessação dos efeitos da tutela provisória, não proposta a ação, contada da intimação, do impugnante, herdeiro excluído ou credor não admitido	30 dias
675	Para propositura de embargos de terceiro, enquanto não assinada a carta de arrematação	Até 5 dias da adjudicação alienação ou arrematação do bem
679	Para contestar embargos de terceiro	15 dias
683, parágrafo único	Para os opostos contestarem o pedido na oposição (distribuída por dependência), contados da citação na pessoa dos respectivos advogados	15 dias
690	Para os requeridos se pronunciarem sobre o pedido de habilitação em razão do falecimento das partes	5 dias
695, § 2º	De antecedência da citação para a audiência nas ações de família (processos contenciosos de divórcio, separação, reconhecimento e extinção de união estável, guarda, visitação e filiação)	15 dias
701	Para o réu da ação monitória cumprir o mandado, pagando ou cumprindo a obrigação com acréscimo de honorários de 5%	15 dias
702, § 5º	Para o autor da ação monitória responder os embargos monitórios	15 dias
703, § 3º	Para o devedor pagar ou impugnar, na notificação pelo notário na homologação do penhor legal pela via extrajudicial	5 dias
708, § 1º	Para impugnar a declaração de abertura de avaria grossa	10 dias
710	Para o regulador apresentar regulamento da avaria grossa, contado o prazo da entrega dos documentos pelas partes (cabendo dilação pelo juiz)	Até 12 meses

INTRODUÇÃO | 13

ARTIGO	ATO, PROVIDÊNCIA OU DESCRIÇÃO DO PRAZO	PRAZO
710, § 1º	Vista às partes (regulamento da avaria grossa)	15 dias
714	Contestação do pedido de restauração de autos	5 dias
721	Manifestação nos procedimentos de jurisdição voluntária	15 dias
723	Para o juiz decidir nos procedimentos de jurisdição voluntária	10 dias
734, § 1º	Do edital para alteração do regime de bens do casamento (prazo de antecedência)	30 dias
741	Do edital no caso de arrecadação de bem vago (prazo de permanência do eletrônico ou publicado 3 vezes com intervalo de 1 mês)	3 meses
741	Para habilitação de herdeiro no caso de arrecadação de bem vago, prazo contado da primeira publicação – vide prazo de vacância, art. 1.820 do Código Civil – 1 ano e 743 do CPC	6 meses
743	Para considerar a herança vacante, contado da primeira publicação de edital	1 ano
745	Do edital reproduzido de 2 em 2 meses, de forma eletrônica, na arrecadação de bens de ausentes (prazo de permanência)	1 ano
752	Para o interditando impugnar o pedido, contado da entrevista (751)	15 dias
755	Do edital da sentença de interdição (além da publicação na imprensa 1 vez e no órgão oficial 3 vezes com intervalos de 10 dias)	6 meses
759	Para tutor ou curador prestarem compromisso	5 dias
760	Para o tutor ou curador se eximirem, contado o prazo da intimação para prestar compromisso ou da data em que sobrevier o motivo da escusa	5 dias
761	Para tutor ou curador contestarem a arguição de remoção	5 dias
763, § 1º	Para tutor ou curador pedirem exoneração do encargo depois da cessação da função pelo decurso de prazo	10 dias
766	Para ratificar e apresentar ao juiz competente do primeiro porto de chegada da embarcação, os protestos e processos testemunháveis formados a bordo e lançados em livros diários de navegação	24 horas
792, § 4º	Para o terceiro adquirente impugnar pedido de decretação de ineficácia da alienação em fraude à execução	15 dias

ARTIGO	ATO, PROVIDÊNCIA OU DESCRIÇÃO DO PRAZO	PRAZO
800	Para o devedor exercer a escolha que lhe competir na obrigação alternativa (salvo outro legal ou convencional)	10 dias
801	Para emenda da inicial nas execuções	15 dias
806	Para o executado entregar coisa certa ou satisfazer a obrigação, contado o prazo da citação	15 dias
812	Para a parte impugnar escolha feita pela outra na execução para entrega de coisa certa decorrente de título extrajudicial	15 dias
818	Para o juiz ouvir as partes (inclusive para o credor impugnar) sobre a prestação realizada antes de extinguir a execução de título extrajudicial consistente em obrigação de fazer	10 dias
819	Para o exequente requerer autorização de conclusão ou reparo da prestação realizada de forma incompleta ou defeituosa na execução de obrigação de fazer decorrente de título executivo extrajudicial	15 dias
819, parágrafo único	Para ouvir o contratante em razão de alegação de prestação realizada de forma incompleta ou defeituosa na execução de obrigação de fazer decorrente de título executivo extrajudicial	15 dias
820	Para o exequente exercer o direito de preferência para realizar os reparos ou atividade na execução de título extrajudicial consistente em obrigação de fazer, após a aprovação da proposta de terceiro	5 dias
827, § 1º, e 829	Prazo para pagamento voluntário na execução por quantia certa de título extrajudicial a partir da citação	3 dias
828, § 1º	Para o exequente comunicar o juízo das averbações que fez, a partir de sua concretização, em razão da admissão da execução de título extrajudicial	10 dias
828, § 2º	Para o exequente cancelar as averbações incidentes sobre bens não penhorados, contado o prazo da penhora	10 dias
830, § 1º	Para o oficial de justiça procurar o executado por 2 vezes depois do arresto, antes da citação por hora certa	10 dias
847	Para o executado requerer a substituição do bem penhorado, contado o prazo da intimação da penhora	10 dias

ARTIGO	ATO, PROVIDÊNCIA OU DESCRIÇÃO DO PRAZO	PRAZO
853	Para a parte se manifestar sobre qualquer pedido acerca de modificação da penhora	3 dias
854, § 1º	Para o juiz cancelar indisponibilidade excessiva no caso de penhora eletrônica de ativos financeiros, prazo contado da resposta (igual prazo para a instituição financeira comunicada)	24 horas
854, § 3º	Para o executado comprovar a impenhorabilidade ou indisponibilidade excessiva de recursos na penhora online, contado o prazo da intimação da indisponibilidade	5 dias
854, §§ 4º e 6º	Para a instituição financeira acatar determinação de cancelamento de indisponibilidade no caso de penhora eletrônica de ativos financeiros em razão de pagamento, impenhoráveis ou remanescendo excesso sob pena de perdas e danos (art. 854, § 8º)	24 horas
861	Para a sociedade apresentar balanços e oferecer as quotas aos demais sócios no caso de penhora de quotas de sociedade	3 meses
862	Para o administrador-depositário nomeado no caso de penhora sobre estabelecimento comercial, industrial ou agrícola, bem como em semoventes, plantações ou edifícios em construção, apresentar plano de administração	10 dias
870	Para o avaliador apresentar o laudo na execução	10 dias
872, § 2º	Para as partes apresentarem manifestação sobre a proposta de desmembramento de imóvel penhorado que comporte divisão cômoda	5 dias
877	Para lavratura do auto de adjudicação ao exequente após a última intimação dos executados, desde que decididas eventuais questões	5 dias
880	Prazo mínimo de exercício de atividade por corretores e leiloeiros públicos para alienação satisfativa de crédito	3 anos
884, IV	Para o leiloeiro público depositar o produto da alienação	1 dia
884, V	Para o leiloeiro público prestar contas	2 dias
887, § 1º	Publicação do edital	Pelo menos 5 dias antes do leilão
889	Para cientificar o executado, titular de direito real ou o coproprietário acerca da alienação judicial	Pelo menos 5 dias antes da alienação
892, § 1º	Para o credor que arremata, não havendo outros credores, depositar eventual diferença	3 dias

ARTIGO	ATO, PROVIDÊNCIA OU DESCRIÇÃO DO PRAZO	PRAZO
895, § 1º	Prazo máximo de pagamento no caso de proposta a prazo para alienação do bem penhorado	30 meses
896	De adiamento da alienação de imóvel que não alcançar em leilão pelo menos oitenta por cento do valor da avaliação	1 ano
902	Para o executado operar a remição do bem	Até a assinatura do auto de arrematação
903, § 2º	Para o interessado alegar invalidade ou ineficácia da arrematação, contado o prazo do seu aperfeiçoamento	10 dias
903, § 5º	Para o arrematante desistir da arrematação nas hipóteses legais, contado o prazo da sua realização	10 dias
910	Para a Fazenda Pública opor embargos na execução fundada em título extrajudicial	30 dias
911	Para o executado de prestação alimentícia decorrente de título extrajudicial pagar	3 dias
915	Para os embargos à execução, contado o prazo na forma do art. 231, contado o prazo da juntada do comprovante de citação (prazos independentes, mesmo que haja outros executados ainda não citados, salvo cônjuge ou companheiros, cujo prazo se inicia depois da citação do outro)	15 dias
916, § 1º	Para o exequente se manifestar sobre o pedido de parcelamento na execução por quantia certa de título extrajudicial	5 dias
917, § 1º	Para o executado impugnar e deduzir incorreção da penhora ou da avaliação, por simples petição	15 dias
920	Para resposta do exequente sobre os embargos à execução de título extrajudicial	15 dias
921, IV	Para o exequente requerer adjudicação ou indicar outros bens do executado no caso de não haver licitantes dos bens penhorados, sob pena de suspensão da execução	15 dias
921, § 1º	Prazo de suspensão da execução antes do arquivamento (não corre a prescrição durante a suspensão, mas, arquivado o processo, corre a intercorrente)	1 ano
921, § 5º	Para as partes se manifestarem sobre prescrição depois de intimadas pelo juiz, inclusive de ofício	15 dias
931	Para relator elaborar voto depois da distribuição	30 dias

INTRODUÇÃO | 17

ARTIGO	ATO, PROVIDÊNCIA OU DESCRIÇÃO DO PRAZO	PRAZO
932, parágrafo único	Para o recorrente sanar vício depois de intimado, antes da inadmissão do recurso	5 dias
933	Para as partes, nos recursos, se manifestarem sobre questões supervenientes à decisão recorrida ou questão apreciável de ofício	5 dias
935	Precedência mínima de publicação da pauta, antes da sessão de julgamento	5 dias
940	Vista dos autos pelos julgadores nos recursos	Máximo de 10 dias
943, § 2º	Para publicação da ementa depois de lavrado o acórdão	10 dias
944	Para se considerar as notas taquigráficas em substituição no caso de não publicação do acórdão	30 dias
956	Para o MP se manifestar sobre o conflito negativo de competência	5 dias
970	Para contestar ação rescisória	De 15 a 30 dias a critério do relator
972	Para devolução dos autos remetidos para cumprimento de diligências para produção de provas em primeiro grau no caso de ação rescisória, prazo fixado pelo relator	De 1 a 3 meses
973	Para apresentar razões finais na ação rescisória (prazo sucessivo para o autor e para o réu)	10 dias
975	Para propositura da ação rescisória contado o prazo do trânsito em julgado	2 anos
975, § 2º	Prazo para descoberta de prova nova disparando, a partir dela, a contagem do prazo inicial da rescisória desta descoberta e não do trânsito em julgado (vide art. 966, VII)	5 anos
980	Para julgamento do incidente de demandas repetitivas	1 ano
982, II e III	Para o MP se manifestar e o órgão em cujo processo tramita prestar informação após a admissão de incidente de demanda repetitiva	15 dias
983	Para as partes e demais interessados se manifestarem no incidente de demanda repetitiva	15 dias
984, II, "b"	Antecedência para o interessado se inscrever para sustentação oral no incidente de demanda repetitiva	2 dias
989, I	Para a autoridade do ato impugnado prestar informações na reclamação	10 dias

18 | MODELOS DE PEÇAS NO NOVO CÓDIGO DE PROCESSO CIVIL – *Luiz Antonio Scavone Junior*

ARTIGO	ATO, PROVIDÊNCIA OU DESCRIÇÃO DO PRAZO	PRAZO
989, III	Para o beneficiário da decisão objeto de reclamação contestar o pedido contado o prazo da sua citação	15 dias
991	De vista pelo MP para oferecer contestação, após o decurso do prazo de 10 dias para a autoridade prestar informações na reclamação	5 dias
1.003, § 5º	Para interpor os recursos e oferecer contrarrazões	15 dias
1.006	Para baixa dos autos após o trânsito em julgado	5 dias
1.007, § 2º	Para o recorrente corrigir a insuficiência de preparo ou porte de remessa e retorno (este só no processo físico)	5 dias
1.007, § 7º	Para o recorrente sanar vício decorrente do equívoco no preenchimento gerador de dúvida no recolhimento	5 dias
1.009, § 2º	Para a parte contrária se manifestar sobre a suscitação de questões que não comportaram agravo na fase de conhecimento (e que não estão abarcadas pela preclusão), deduzidas nas contrarrazões (se deduzidas na contestação, são enfrentadas pelo apelado nas contrarrazões)	15 dias
1.010, § 1º	Para as contrarrazões do recurso de apelação (vide art. 1.003, § 5º)	15 dias
1.018, § 2º	Para juntar em primeiro grau cópia do agravo, contado o prazo da interposição do recurso (faculdade)	3 dias
1.019, I	Para o relator atribuir efeito suspensivo ao agravo ou antecipar a tutela recursal, comunicando o juízo	5 dias
1.019, II	Para o agravado apresentar contrarrazões ao agravo de instrumento (vide art. 1.003, § 5º)	15 dias
1.021, § 2º	Para o agravado apresentar contrarrazões ao agravo interno (vide art. 1.003, § 5º)	15 dias
1.023	Para opor embargos de declaração	5 dias
1.023, § 2º	Para o embargado (embargos de declaração) manifestar-se sobre os embargos de declaração no caso em que eventual acolhimento implique modificação da decisão (efeito infringente ou modificativo)	5 dias

ARTIGO	ATO, PROVIDÊNCIA OU DESCRIÇÃO DO PRAZO	PRAZO
1.024	Para o juiz julgar embargos de declaração	5 dias
1.024, § 3º	Para o embargante complementar as razões de embargos de declaração convertidos em agravo interno	5 dias
1.024, § 4º	Para o embargado alterar ou complementar as razões de eventual recurso interposto no caso de modificação da decisão recorrida nos embargos de declaração	15 dias
1.028, § 2º	Para as contrarrazões ao recurso ordinário	15 dias
1.030	Para as contrarrazões aos recursos especial e extraordinário	15 dias
1.032	Para que o recorrente demonstre a questão constitucional e a repercussão geral, no caso de recurso especial em que o relator entender a natureza constitucional da questão tratada no recurso	15 dias
1.035, § 6º	Para o recorrente se manifestar sobre requerimento de inadmissão e exclusão do sobrestamento de recurso extraordinário intempestivo com repercussão geral reconhecida em outro	5 dias
1.035, § 9º	Para julgamento de recurso extraordinário com repercussão geral reconhecida	1 ano
1.036, § 2º	Para o recorrente se manifestar sobre requerimento de inadmissão e exclusão do sobrestamento de recurso especial intempestivo afetado à sistemática de recursos repetitivos	5 dias
1.037, § 4º	Para julgamento de recursos extraordinário ou especial afetados	1 ano
1.037, § 11	Para o recorrido se manifestar sobre o pedido do recorrente, em recurso especial afetado à sistemática de recursos repetitivos, de prosseguimento do julgamento por ausência de paralelismo – vide art. 1.037, § 9º. Da decisão cabe agravo de instrumento ou agravo interno (art. 1.037, § 13)	5 dias
1.038, § 1º	Para o tribunal inferior prestar informações sobre a controvérsia que envolve recursos repetitivos e para o MP se manifestar	15 dias
1.042, § 3º	Para contrarrazões de agravo em recurso especial ou extraordinário	15 dias

ARTIGO	ATO, PROVIDÊNCIA OU DESCRIÇÃO DO PRAZO	PRAZO
1.045	*Vacatio legis* – O Código de Processo Civil, Lei 13.105 de 16 de março de 2015, foi publicado no dia 17 de março de 2015. A Lei Complementar 95/98 determina a contagem considerando o dia de início correspondente ao do final da *vacatio legis*. O início da vigência é, nesses termos, o dia posterior à consumação integral do prazo, ou seja, o dia 18 de março de 2016	1 ano
1.050	Prazo para cadastro perante o tribunal em que atuem, de empresas públicas e privadas (exceto microempresas e empresas de pequeno porte) para fins de citações e intimações (vide art. 246, § 2º)	30 dias contados da entrada em vigor do NCPC – 18/03/2016
1.070	Para qualquer agravo previsto em regimento de tribunal ou em lei	15 dias
1.071	Acrescenta o art. 216-A na Lei de Registros Públicos (art. 216-A, §§ 2º 3º e 4º). Para a União, Estado, Município e DF se manifestarem e, também, para que titulares de direitos reais que não assinaram pedido de usucapião extrajudicial, manifestem consentimento expresso junto ao Oficial de Registro de Imóveis. Inclusive prazo do edital para manifestação de interessados	15 dias

Capítulo 1

Procuração *ad judicia* e contrato de honorários

1.1. PROCURAÇÃO

Procuração

OUTORGANTE(S): (...), domiciliado(s) na (...), com o seguinte endereço eletrônico (...).

OUTORGADOS: (...) e (...) membros da (...) Sociedade de Advogados, inscrita no CNPJ sob. n (...), todos com escritório (...), onde recebem informações e notificações.

PODERES: Nos termos do art. 105 do Código de Processo Civil, os contidos na cláusula "ad judicia et extra", para, em nome do outorgante, em qualquer Juízo, Instância ou Tribunal, ou fora deles, defender seus interesses, podendo propor contra quem de direito as ações competentes e defender os interesses da outorgante nas contrárias, seguindo umas e outras, até final decisão, usando dos recursos legais e acompanhando-os, conferindo-lhes, ainda, poderes especiais para confessar, desistir, transigir, firmar compromissos ou acordos, receber e dar quitação, reconhecer procedência de pedido, renunciar a direito no qual se funda ação agindo em conjunto ou separadamente, podendo ainda substabelecer esta em outrem, com ou sem reservas de iguais poderes, dando tudo por bom, firme e valioso, em especial para (...).

Data.

Assinatura dos outorgantes

1.2. CONTRATO DE HONORÁRIOS

Contrato de honorários advocatícios

Pelo presente instrumento particular de Contrato de Honorários, que fazem (...), representada pelo seu sócio, (...), advogado com escritório profissional na (...), doravante denominada contratada, e, de outro lado, (...), doravante denominado apenas "contratante", tem entre si, justo e contratado o seguinte:

1. Os sócios da contratada e os advogados por ela indicados prestarão serviços de (...).

2. O contratante pagará à contratada, a título de honorários pelos serviços prestados, independentemente do êxito, os seguintes valores:

(...)

3. Não se compreende nas quantias acima estipuladas, quaisquer despesas judiciais ou extras, tais como custas processuais, honorários de terceiros (peritos, cálculos etc.) e despesas de viagem, quando necessárias, deixando, neste ato, o contratante, um depósito de R$ (...) a título de adiantamento dessas despesas.

4. O contratante será obrigado a fornecer numerário necessário para a satisfação das referidas despesas, de modo a não interromper o andamento do processo, quando for o caso, ou dos trabalhos extrajudiciais, e, não o fazendo, fica a contratada isenta de qualquer responsabilidade pela demora ou interrupção que dela resulte.

5. A contratada terá direito aos honorários estabelecidos na cláusula segunda se o contratante retirar o mandato antes de terminada a causa ou transigir de qualquer forma com a parte contrária impedindo o seguimento do feito, quando se tratar de prestação de serviço contencioso judicial.

6. Tendo em vista o art. 231, V, do Código de Processo Civil, caso o contratante consulte o processo eletrônico, se obriga imediatamente a avisar a contratada para que as providências processuais sejam tomadas respondendo, caso contrário, pela sua omissão tendo em vista que se considerará intimado a partir da consulta que fizer.

7. O contratante se obriga a informar a contratada imediatamente, por escrito sua eventual alteração de endereço, inclusive eletrônico, autorizando a informação dessa autorização nos autos.

8. Eventuais honorários cobrados da parte contrária de sucumbência ou não, pertencerão à contratada e independem dos honorários ora contratados.

E, por estarem assim justos contratados, assinam o presente contrato em duplicata, na presença de duas testemunhas, ficando cada uma das partes com um exemplar para os devidos fins.

Data.

Contratada

Contratante

Testemunhas:

Capítulo 2

Intervenção de terceiros

2.1. PEDIDO DE ASSISTÊNCIA

MM. Juízo da (...) Vara (...) da Comarca de (...)

Processo n. (...)

Partes:

Autor: (...)

Réu: (...)

(...), por seus procuradores (documento 1), vem, respeitosamente, a presença de Vossa Excelência, requerer a sua admissão no processo na qualidade de:

Assistente

o que faz com fundamento no art. 119 e seguintes do Código de Processo Civil e pelos argumentos de fato e de direito a seguir aduzidos:

Trata-se de ação declaratória de inexigibilidade de débito fiscal promovida pela autora, construtora do empreendimento no qual o requerente adquiriu unidade condominial (documento 2).

Isto porque discutem as partes a incorreção do valor do Imposto de Propriedade Territorial Urbano do terreno no qual, ao final, a autora incorporou e vendeu as unidades.

Evidentemente que o resultado da demanda atingirá o requerente o que, por si só, justifica o pedido de assistência.

Isto posto, serve o presente para requerer:

a) a intimação das partes para manifestação acerca do presente pedido de assistência no prazo legal de 15 (quinze) dias do art. 120 do Código de Processo Civil;

b) que, ao final, com ou sem impugnação, admita Vossa Excelência o ingresso do requerente na qualidade de assistente.

Termos em que,

Pede deferimento.

Data

Advogado (OAB/SP)

2.2. DENUNCIAÇÃO DA LIDE EM EMBARGOS DE TERCEIRO

MM. Juízo da (...) Vara (...) da Comarca de (...)

Embargos de terceiro com denunciação da lide.

Denunciada: (...)

Requer apreciação preliminar do pedido de citação da denunciada nos termos do art. 126 do CPC.

Distribuição p/ dependência ao Processo nº (...).

(...), por seus procuradores (documentos 1 e/ 2), com escritório no endereço acima, vem, respeitosamente, perante Vossa Excelência, opor em face de (...), os presentes.

Embargos de terceiro,

o que faz com supedâneo no art. 674 e seguintes do Código de Processo Civil, pelos fatos e fundamentos jurídicos a seguir expostos:

Resumo:

Objeto: Imóvel objeto da matrícula nº (...), junto ao Oficial de Registro de Imóveis da Comarca de Cotia – SP.

Embargante: (...)

Embargado: (...)

Data da aquisição do objeto dos embargos: (...)

Data do contrato que gerou a ação de cobrança: (...)

Data da constrição judicial: (...)

I – Fatos

A Embargante tomou conhecimento de que, nos autos da ação ordinária de cobrança, Processo (...), promovida por (...) em face de (...), que se processa perante essa MM. Juízo e R. Cartório, ora em fase de execução, foi penhorado o imóvel localizado (...) (documento 3).

Entretanto, nada obstante o imóvel conste em nome do réu daquela ação junto ao ofício de Registro de Imóveis, conforme se verifica da cópia da matrícula (documento 4), certo é que a embargante é promitente compradora, por Instrumento Particular de Compromisso de Compra e Venda, firmado em (...), sem registro, mas com as firmas devidamente reconhecidas (documento 4).

Ora, o crédito do embargado decorre de contrato firmado no dia (...), muito depois da aquisição da posse e da assinatura do Compromisso de Compra e Venda pela embargante.

Cumpre esclarecer a Vossa Excelência que a penhora só foi deferida por esse MM. Juízo em face das informações prestadas pelo Embargado que, através da petição de fls. (...), informou ter logrado encontrar um imóvel em nome da executada, o que afirmou por desconhecer a promessa de compra e venda firmada entre as partes.

Ante as informações prestadas à fls. (...), a penhora foi efetivada em cumprimento ao Mandado nº (...), expedido por esse MM. Juízo em (...) (documento 5).

A teor do que dispõe a Súmula 84 do STJ, o direito pessoal, representado pela promessa de compra e venda sem registro, pode ser contraposto, com sucesso, a outro direito pessoal que lhe seja posterior, como é o caso do crédito do embargado.

É verdade que não eram admitidos embargos de terceiro no caso de promessa de compra e venda sem registro (Súmula 621 do STF), mesmo em face de outro direito pessoal que ensejava penhora.

Entremementes, a distorção foi corrigida há muito pelo Superior Tribunal de Justiça a partir de sua criação, inclusive com a edição da Súmula 308:

"Processual civil – embargos de terceiro – contrato de promessa de compra e venda não inscrito no registro de imóvel – posse – penhora – execução – (...) – Inexistente fraude, encontrando-se os recorridos na posse mansa e pacífica do imóvel, estão legitimados na qualidade de possuidores a opor embargos de terceiro, com base em contrato de compra e venda não inscrito no registro de imóvel, para pleitear a exclusão do bem objeto da penhora no processo de execução, onde não eram parte, (...) – precedentes do Superior Tribunal de Justiça. II – Recurso conhecido pela letra "c", do permissivo constitucional, a qual se nega provimento" (Processo nº 00019319-6/004 – Recurso Especial – origem: Taubaté – 3ª Turma – julgamento: 19.05.1992 – relator: Min. Waldemar Zveiter – decisão: unânime).

"Processual Civil. Embargos de Terceiro. A jurisprudência de ambas as Turmas componentes da Segunda Seção do Superior Tribunal de Justiça, afastando a restrição imposta pelo Enunciado da Súmula nº 621/STF, norteou-se no sentido de admitir o processamento de ação de embargos de terceiro fundado em compromisso de compra e venda desprovido de registro imobiliário (REsp nº 662, rel. Ministro Waldemar Zveiter; REsp. nº 866, rel. Ministro Eduardo Ribeiro; REsp nº 633, rel. Ministro Sálvio de Figueiredo; REsp. nº 696, rel. Ministro Fontes de Alencar; REsp. nº 188 e 247, de que fui Relator). Relator: Ministro Bueno de Souza, DJ de 06.08.1990, p. 7.337; RSTJ, vol. 10, p. 314; RSTJ, vol. 49, p. 330" (Recurso Especial nº 8.900.097.644 – Decisão: por unanimidade, conhecer do recurso, mas negar-lhe provimento. 4ª Turma).

"Processual civil. Embargos de terceiro. Execução fiscal. Fraude. Contrato de promessa de compra e venda. Terceiro de boa-fé. Precedentes. Não há fraude à execução quando no momento do compromisso particular não existia a constrição, merecendo ser protegido o direito pessoal dos promissários-compradores. Há de se prestigiar o terceiro possuidor e adquirente de boa-fé quando a penhora recair sobre imóvel objeto de execução não mais pertencente ao devedor, uma vez que houve a transferência, embora sem o rigor formal exigido. Na esteira de precedentes da Corte, os embargos de terceiro podem ser opostos ainda que o compromisso particular não esteja devidamente registrado. Recurso Especial conhecido, porém, improvido. Relator: Ministro José Delgado, DJ de 26.10.1998, p. 43" (Recurso Especial nº 173.417/MG – Decisão: por unanimidade, negar provimento ao recurso – Data da decisão: 20.08.1998 – 1ª Turma).

Assim, como se prova por intermédio dos documentos anexos, a posse do bem penhorado foi adquirida anteriormente ao próprio direito do embargado, bem como à ação e constrição determinada por esse MM. Juízo.

Portanto, comprovados se acham, documentalmente, a propriedade, a posse e o ato de constrição judicial.

A violência sofrida pela Embargante é evidente, razão por que não participa, em hipótese alguma, da ação de cobrança proposta pelo embargado e sua consequente execução, sendo cabível, portanto, os presentes embargos para excluir o bem da penhora.

II – Direito

É princípio geral de direito que a penhora deva recair tão somente em bens do executado, ou seja, daquele contra quem a sentença ou obrigação é exequível, devendo ser respeitados, portanto, os direitos de propriedade ou posse de outrem.

Em consonância com o acatado, o art. 674 e seguintes, do Código de Processo Civil, defere tutela através dos Embargos de Terceiro àquele que, não sendo parte no processo, sofre turbação ou esbulho na posse de seus bens por ato de apreensão judicial.

Portanto, tendo em vista que não havia qualquer constrição ou ação quando da promessa de compra e venda, aplicam-se as súmulas 84 e 375, do Superior Tribunal de Justiça:

"Súmula 84, STJ. É admissível a oposição de embargos de terceiro fundados em alegação de posse advinda do compromisso de compra e venda de imóvel, ainda que desprovido do registro."

"Súmula 375, STJ. O reconhecimento da fraude à execução depende do registro da penhora do bem alienado ou da prova de má-fé do terceiro adquirente."

Nesse sentido:

"Agravo de instrumento – ação civil pública indisponibilidade de bens – embargos de terceiro. (...) A boa-fé se presume, diferentemente da má-fé, que deve ser comprovada. A ausência de registro do compromisso de compra e venda não tem o condão de afastar o direito de terceiro de boa-fé. Aplicabilidade das súmulas 84 e 375, do Superior Tribunal de Justiça. Julgamento final proferido no agravo de instrumento anteriormente interposto nos autos da ação civil pública que afasta a pretensão recursal do órgão ministerial por perda do objeto dos embargos de terceiro. Recurso prejudicado" (TJSP. Relator José Luiz Germano – Comarca: Praia Grande – Órgão julgador: 2ª Câmara de Direito Público – Data do julgamento: 29.04.2015 – Data de registro: 29.04.2015).

III – Denunciação da lide (CPC, art. 125, I):

Tendo em vista que o imóvel dos embargantes lhes foi alienado por (...), *qualificação completa do denunciado*, é mister a denunciação da lide, obtendo-se ordem judiciária para que a denunciada seja citada para integrar o processo.

Isto porque, nos termos do art. 125, I do CPC, a denunciação da lide é medida que se impõe para que, no caso de insucesso dos embargos, os denunciantes possam exercer os direitos decorrentes da evicção, sendo que o art. 126 do CPC determina que a denunciação seja feita no bojo da petição inicial.

IV – Pedido

Requer sejam julgados procedentes os presentes Embargos, declarando-se insubsistente a penhora sobre o imóvel objeto da matrícula nº (...) junto ao oficial de Registro de Imóveis da Comarca (...), com o seu respectivo levantamento e cancelamento de eventual leilão.

Requer-se, ainda, a condenação do Embargado em custas e verba honorária.

V – Pedido referente à denunciação da lide

Requer-se a expedição do competente mandado de citação da denunciada para querendo, exercer as faculdades do art. 127 do CPC, e, ao final, sendo improcedentes os embargos de terceiro, condenar a denunciada, nos termos do art. 129 do CPC, a indenizar os denunciantes pelo valor do imóvel acrescido de correção monetária desde a data do compromisso de compra e venda (documento 4) e juros desde a citação, além de custas e honorários.

Caso seja reconhecido o direito vindicado nos embargos de terceiro, condenar os adversários do denunciante, pelo princípio da causalidade, a pagar as custas e honorários, nos termos, inclusive, do acórdão anexo.

Neste sentido a lição de Nelson Nery Junior, corroborada por recente acórdão anexo, segundo o qual (TJSP – Apelação nº 0004093-90.2002.8.26.0210 – j. 25.05.2011 – Relator: Desembargador Itamar Gaino):

"Se a denunciação à lide é obrigatória para que o denunciante possa exercer o direito resultante à evicção, apesar de ao final ser julgada prejudicada em razão da decisão de mérito favorável, os honorários advocatícios devem ser arcados pelo adversário do denunciante, que deu causa à propositura da demanda secundária."

Eis o escólio de Nelson Nery Junior (*Código de Processo Civil Comentado*. 9. ed. São Paulo: RT, p. 255):

"Honorários na denunciação prejudicada (CPC 70 I). No caso de demanda na qual exista a possibilidade de ocorrer à evicção, onde a denunciação é obrigatória, o denunciante não tem outra alternativa a não ser a de efetivamente denunciar a lide ao alienante, sob pena de perder o eventual direito que da evicção lhe resultaria. Apenas nesta hipótese, de obrigatoriedade da denunciação, o adversário do denunciante é quem deu causa à propositura da demanda secundária, devendo responder pelos ônus da sucumbência, no caso de reputar-se prejudicada a denunciação, pela desistência, extinção sem julgamento do mérito ou decisão de mérito favorável ao denunciante na ação principal."

VI – Citação

Requer-se a expedição do competente mandado de citação da denunciada para, querendo, assumir a posição de litisconsorte, acrescendo argumentos à vertente exordial.

Ato contínuo, com ou sem o ingresso da denunciada, requer-se a citação do Embargado, para, querendo, responder no prazo legal, sob pena de confissão e efeitos da revelia, devendo a ordem ser expedida pelo correio (Código de Processo Civil, arts. 246, I, 247 e 248).

(Ou, havendo procurador do embargado constituído nos autos da ação que gerou a constrição):

Ato contínuo, requer-se a citação do Embargado através do seu patrono constituído nos autos (fls...), nos termos do art. 677, § 3º do Código de Processo Civil, para, querendo, responder no prazo legal, sob pena de confissão e efeitos da revelia.

VII – Audiência de Conciliação

Nos termos do art. 334, § 5º do Código de Processo Civil, o autor desde já manifesta, pela natureza do litígio, desinteresse em autocomposição.

Ou

Tendo em vista a natureza do direito e demonstrando espírito conciliador, a par das inúmeras tentativas de resolver amigavelmente a questão, o autor desde já, nos termos do art. 334 do Código de Processo Civil, manifesta interesse em autocomposição, aguardando a designação de audiência de conciliação.

VIII – Provas

O embargante protesta por provar o alegado através de todos os meios de prova em direito admitidos, em especial pela produção de prova documental, testemunhal, pericial e inspeção judicial, além da juntada de novos documentos e demais meios que se fizerem necessários.

No caso de Vossa Excelência entender por bem designar audiência de justificação da posse, acorde com o art. 677, § 1º do Código de Processo Civil, requer o depoimento pessoal do Embargado, sob pena de, não comparecendo, ser-lhe imposta a pena de confissão e, nesse caso, de acordo com o art. 677, do Código de Processo Civil, a Embargante arrola as testemunhas cujo rol segue abaixo, requerendo, desde já, sejam as mesmas intimadas pessoalmente.

a) (...)

b) (...)

IX – Valor da causa

Dá-se à causa o valor de R$ (...), para os efeitos fiscais.

Termos em que, requerendo seja a presente ação distribuída por dependência aos autos da ação nº (...),

Pede deferimento.

Data

Advogado (OAB)

2.3. CHAMAMENTO AO PROCESSO

MM. Juízo da (...) Vara (...) da Comarca de (...)

Processo n. (...)

Requer apreciação preliminar do pedido de chamamento ao processo do devedor principal nos termos do art. 130, I, do CPC.

(...), por seus procuradores (documento 1), vem, respeitosamente, a presença de Vossa Excelência, apresentar tempestivamente:

Contestação

o que faz com fundamento nos arts. 335 e seguintes do Código de Processo Civil e pelos argumentos de fato e direito a seguir aduzidos:

Síntese da inicial

Trata-se de ação de indenização promovida pelo locador em razão de supostos estragos perpetrados pelo locatário, Sr. (...) afiançado do réu, ora contestante, no imóvel locado nos termos do contrato de locação de fls. (...).

Ocorre que (...) *deduzir os argumentos impeditivos, modificativos ou extintivos do direito do autor.*

Portanto, a ação deve ser julgada improcedente

Requerimentos

a) Chamamento ao processo (CPC, art. 130, I)

Tendo em vista que o réu foi fiador solidário no contrato noticiado pelo autor, nos termos do art. 130, I, do Código de Processo Civil, faz jus ao chamamento do locatário, devedor principal que, nos termos do art. 285 do Código Civil deve responder pela obrigação eventualmente reconhecida em função da presente ação.

Sendo assim, o devedor solidário que paga a integralidade da dívida, não sendo juridicamente o beneficiado, como é o caso do fiador de contrato de locação, qualidade ostentada pelo réu, poderá cobrar a dívida toda do devedor principal (Código Civil, art. 285) e, nessa medida:

"Fiança. Locação. Fiador que paga o débito. Sub-rogação em tudo o que pagou. Recurso desprovido. Em ação regressiva o devedor responde por tudo aquilo que o fiador pagou, incluindo principal, acessórios, custas e honorários de ação de despejo promovida contra o locatário afiançado. (...). Doutrina: Monteiro, Washington de Barros, Curso de Direito Civil, 6. ed. Direito das Obrigações, p. 388" (TAPr – ApCiv. 855.561.00 – 6.ª Câm. Civ. – j. 12.02.1996 – Juiz Ruy Cunha Sobrinho e ApCiv. 4.616, DJ 23.02.1996).

Posta assim a questão, requer a citação do Sr. (...), com endereço na (...) pelo correio, nos termos dos arts. 246, I, 247 e 248 do Código de Processo Civil, para responder integralmente perante o ora contestante em razão de eventual sentença de procedência.

b) seja julgado totalmente improcedente a presente ação, condenando a autora no pagamento de custas e honorários advocatícios, assim como demais ônus da sucumbência

Cumpridas as necessárias formalidades legais, deve a presente ser recebida e juntada aos autos.

Termos em que,

Pede deferimento.

Data

Advogado (OAB)

2.4. INCIDENTE DE DESCONSIDERAÇÃO DA PERSONALIDADE JURÍDICA COM PEDIDO DE TUTELA PROVISÓRIA DE URGÊNCIA

MM. Juízo da (...) Vara (...) da Comarca de (...)

Processo n. (...) – em fase de execução

Urgente: requer apreciação de pedido de tutela provisória de urgência

(...), por seus procuradores (documento 1), vem, respeitosamente, à presença de Vossa Excelência, propor em face de (...), RG nº (...), inscrito no CPF sob o nº (...), domiciliado na Rua (...), o competente

Incidente de desconsideração da personalidade jurídica,

o que faz com supedâneo nos arts. 133 a 137 do Código de Processo Civil e nos argumentos de fato e de direito a seguir aduzidos:

Depois de inúmeras tentativas de o exequente, sem sucesso, levar a efeito a penhora de bens da executada aptos à satisfação da execução, consta nos cadastros da Receita Federal do Brasil (anexo), sua qualidade como inapta e inativa.

Se isto não bastasse, consta na JUCESP (anexa) endereço datado do ano de 2007, consistente num único cômodo de uma pequena casa, feito de depósito (fotos – laudo pericial de avaliação – autos da precatória), bem como não possui movimentação/ativos financeiros em seu nome (fls...).

Nada obstante, os requeridos constituíram nova sociedade, com o mesmo objeto social (documento...) que funciona normalmente, sem, contudo, honrar com as dívidas da sociedade ora executada.

Assim, resta evidente que, realmente, promoveram o encerramento irregular e fraudulento, com o firme propósito de lesar credores, das atividades da executada, eis que deixaram de cumprir com a exigência legal de promover a baixa em seu registro.

A conduta representa o desleal comportamento dos sócios da executada perante os credores da pessoa jurídica que representam, denotando claro desinteresse pelo deslinde da presente ação.

De fato, a executada, mediante a atuação de seus sócios, causou enormes prejuízos ao exequente, que culminaram no débito ora executado e agora se escusa de satisfazê-lo, sendo que, inclusive, não mais existe fisicamente, tendo transferido todas as suas máquinas, equipamentos e funcionários, enfim, o seu fundo empresarial para a nova sociedade, deixando com a executada apenas as dívidas, o que aniquila a possibilidade de existir bens em seu nome.

Em suma, depara-se com a flagrante situação de desvio de finalidade da pessoa jurídica executada, vez que os sócios, constituíram nova sociedade com o mesmo objeto social.

Notoriamente, o presente caso configura verdadeiro abuso da personalidade jurídica.

Registre-se que, patentemente, os sócios da executada ocultam-se indevidamente atrás do véu da personalidade jurídica, que não possui qualquer condição de satisfazer o débito em litígio (fls...).

A situação *sub judice* sempre foi rechaçada pelo mundo jurídico, nos termos da "teoria da desconsideração da personalidade jurídica", cuja diretriz consiste em possibilitar o alcance de bens dos responsáveis pela empresa devedora, com o cunho de direcioná-los à reposição do patrimônio dos credores lesados.

Todavia, a teoria em apreço deixou de ser mera "teoria" para ingressar, finalmente, na legislação, sendo acolhida pelo direito positivo em seus reais contornos.

A Lei 10.406, de 10.01.2002, dispõe no seu artigo 50, *verbis (ou art. 28 do CDC se houver relação de consumo)*:

> *"Art. 50. Em caso de abuso de personalidade jurídica, caracterizado pelo desvio de finalidade, ou pela confusão patrimonial, pode o juiz decidir, a requerimento da parte, ou do Ministério Público quando lhe couber intervir no processo, que os efeitos de certas e determinadas relações de obrigações sejam estendidos aos bens particulares dos administradores ou sócios da pessoa jurídica."*

É certo que o desvio de finalidade caracteriza-se pelo uso da pessoa jurídica como escudo ou fachada, tendo em mira acobertar sócios e administradores de práticas fraudulentas, desviando-se, claramente, dos objetivos da sociedade e causando lesão a terceiros.

Destarte, faz-se medida imperativa estender a responsabilidade da executada aos bens particulares de seus sócios, pois é imprescindível coibir o abuso da personalidade jurídica ora demonstrado.

Por aplicar-se ao caso em testilha, traz-se à colação comentário sobre o tema, constante do "Repertório de Jurisprudência IOB":

> *"(...) Os bens dos sócios da empresa executada podem ser alcançados no respectivo processo de execução, pelo fato de a empresa ter encerrado suas atividades de forma irregular, não possuindo outro patrimônio capaz de garantir suas dívidas. O Tribunal negou provimento ao recurso baseando-se no fato de a empresa ter encerrado suas atividades de forma irregular, que é indício suficiente para permitir que os bens dos sócios possam ser alcançados no processo de execução. (...) A desconsideração permite que o magistrado, afastando o véu da estrutura formal da personalidade jurídica, nela penetre para atingir e vincular a responsabilidade dos sócios, visando impedir a consumação de fraudes e abusos de direito levados a cabo através da personalidade jurídica e que lesam terceiros (...) Assim, o Novo Código Civil admite a excussão de bens particulares dos sócios, pelas dívidas da sociedade, apenas no caso de abuso da personalidade jurídica, que alcançam o desvio de finalidade e a confusão patrimonial" (Comentário IOB – Ac. un. da 8ª C.Civ. do TJRJ – AC 17.031/2002 – Rel. Des. Carpena Amorim – j 24.09.2002 – Repertório de Jurisprudência IOB nº 06-2003 – 3/20049 – p. 135).*

Não se olvide que a pessoa jurídica existe e deve ser usada por ser um instrumento importantíssimo da economia de mercado.

Contudo, é reprovável que seja utilizada como objeto de abusos por parte de seus representantes.

Cap. 2 · INTERVENÇÃO DE TERCEIROS | 31

O certo é que se tornou comum ocorrer casos como este, ou seja, as sociedades contraem em seu nome inúmeras obrigações, não restando, porém, bens em seu patrimônio suficientes à satisfação dos débitos, de modo que os sócios ficam com os ganhos e o prejuízo fica com os credores e com a sociedade.

Para coibir situações como esta é que a personalidade jurídica, muito embora seja reconhecida pela lei como um instrumento imprescindível ao exercício da atividade empresarial, não foi transformada num dogma intangível.

Em verdade, a personalidade jurídica das sociedades "*deve ser usada para propósitos legítimos e não deve ser pervertida*" (WORMSER, *I Maurice, Disregard of corporate fiction and allied corporation problems*. Washington: Beard Books, 2000, p. 9, tradução livre de "*it must be used for legitimate business purposes and must not be perverted*").

Portanto, caso tais propósitos sejam desvirtuados, torna-se inconcebível prevalecer a separação patrimonial entre a pessoa jurídica e os seus membros, os quais devem ser responsabilizados.

Com tais contornos, Fábio Ulhoa Coelho assim define a desconsideração:

"O juiz pode decretar a suspensão episódica da eficácia do ato constitutivo da pessoa jurídica, se verificar que ela foi utilizada como instrumento para a realização de fraude ou de abuso de direito" (Desconsideração da personalidade jurídica. *São Paulo: RT, 1989, p. 92).*

Note-se, claramente, que a desconsideração da personalidade jurídica é momentânea e excepcional, retirando-se sua autonomia patrimonial, a fim de estender os efeitos de suas obrigações à pessoa de seus sócios ou administradores, com o fim de coibir o desvio da função da pessoa jurídica, perpetrada pelos mesmos.

É cediço que, para tanto, é necessário que se configure a fraude ou abuso de direito relacionado à autonomia patrimonial. *In casu*, verifica-se o, exaustivamente demonstrado, abuso de direito, representado pelo desvio de função da pessoa jurídica da executada.

Em suma, "é abusivo qualquer ato que por sua motivação e por seu fim, vá contra o destino, contra a função do direito que se exerce" (JOSSERRAND, Louis. *Del abuso de los derechos y otros ensaios*. Bogotá: Temis, 1999, p. 5, tradução livre de "es abusivo cualquier acto que, por sus móviles y por su fin, va contra el destino, contra la función del derecho que se ejerce").

O "mau uso" da personalidade jurídica da executada caracteriza-se justamente pela utilização do direito para fins diversos dos quais deveriam ser buscados, o que, primordialmente, autoriza a desconsideração.

Nesse sentido, veja-se o entendimento dos Tribunais sobre o tema:

"Desconstituição da personalidade jurídica. Tentativas infrutíferas de localização de bens aptos à satisfação do crédito exequendo. Inteligência do artigo 50 do Código Civil. Recurso provido" (TJSP – 0148937-98.2013.8.26.0000 – Agravo de Instrumento – Relator Sérgio Rui – Comarca: São Paulo – Órgão julgador: 22ª Câmara de Direito Privado – Data do julgamento: 17.10.2013 – Data de registro: 11.11.2013 – Outros números: 01489379820138260000).

"Execução de título judicial. Executada pessoa jurídica. Encerramento de suas atividades de forma irregular. Configuração do abuso do direito e fraude. Desconsideração da personalidade jurídica da sociedade. Possibilidade da constrição direta sobre os bens particulares dos sócios. Art. 50 do Código Civil Recurso improvido" (TJSP – 2032273-47.2013.8.26.0000 – Agravo de Instrumento – Relator J. B. Franco de Godoi – Comarca: Sertãozinho – Órgão julgador: 23ª Câmara de Direito Privado – Data do julgamento: 27.11.2013 – Data de registro: 28.11.2013 – Outros números: 20322734720138260000).

32 | MODELOS DE PEÇAS NO NOVO CÓDIGO DE PROCESSO CIVIL – *Luiz Antonio Scavone Junior*

"Cumprimento de sentença. Ausência de bens idôneos à satisfação do crédito. Encerramento irregular. Indícios de fraude (desvio de finalidade). Desconsideração da personalidade jurídica. Requisitos verificados, sem prejuízo de impugnação posterior. Recurso provido, com observação" (TJSP – 2045159-78.2013.8.26.0000 – Agravo de Instrumento – Relator(a): Cauduro Padin – Comarca: São Paulo – Órgão julgador: 13ª Câmara de Direito Privado – Data do julgamento: 03.12.2013 – Data de registro: 03.12.2013 – Outros números: 20451597820138260000).

"Executada pessoa jurídica cujas atividades foram paralisadas. Pretensão dos exequentes de desconsideração da personalidade jurídica e localização de bens particulares dos sócios para garantia da execução. Admissibilidade. Sócios que não colaboram na indicação de bens da pessoa jurídica ainda existente. Agravo provido" (1º Tacivil – 2ª Câm.; AI nº 1.101.089-8-SP – Rel. Juiz Cerqueira Leite – j. 26.06.2002; v.u.).

Desta feita, a desconsideração, claramente positivada como uma forma de repressão ao abuso na utilização da personalidade jurídica, é medida imperativa sob pena de comprometer toda a estabilidade proporcionada pelo ordenamento jurídico, sendo inadmissível que os credores sofram prejuízos em decorrência da má gestão dos negócios da empresa devedora, a qual culminou em sua extinção irregular.

Faz-se assim mister a constrição de bens particulares dos sócios da executada, os quais utilizaram a figura da pessoa jurídica da executada para locupletarem-se ilicitamente.

Resta inegável a responsabilidade subsidiária dos sócios da executada neste caso, devendo estes arcar com o pagamento do crédito exequendo.

Requerimento

Ex positis, nos termos dos arts. 134 e 135 do Código de Processo Civil, requer digne-se Vossa Excelência:

a) Determinar a imediata comunicação da instauração do presente incidente ao distribuidor para as anotações devidas (§ 1º do art. 134 do CPC);

b) A suspensão do processo até o final julgamento do presente incidente (§ 3º do art. 134 do CPC).

c) A citação dos sócios da executada para apresentar manifestação, querendo, no prazo de 15 (quinze) dias (art. 135 do CPC);

d) Ao final, desconsiderar a personalidade jurídica da executada, integrando os seus sócios, abaixo qualificados, no polo passivo da presente ação, possibilitando-se, assim, o alcance de bens dos mesmos, os quais garantirão o débito em litígio:

(...)

e) Nos termos dos arts. 294 e 297 do Código de Processo Civil, a concessão de tutela provisória de urgência, autorizando o emprego imediato do sistema de penhora eletrônica ("Bacenjud") em face dos referidos sócios, razão pela qual desde já se junta as custas exigidas para a providência.

Termos em que,

Pede deferimento.

Data

Advogado (OAB)

2.5. PEDIDO DE INTERVENÇÃO NA QUALIDADE DE *AMICUS CURIAE*

Exmo. Sr. Dr. Ministro Relator do Recurso Especial (...)

Processo n. (...)

Partes:

Recorrente: (...)

Recorrido: (...)

(...), por seus procuradores (documento 1), vem, respeitosamente, a presença de Vossa Excelência, requerer a sua admissão no processo na qualidade de:

Amicus curiae

o que faz com fundamento no art. 138 do Código de Processo Civil e pelos argumentos de fato e de direito a seguir aduzidos:

Trata-se de Recurso Especial admitido e afetado, nos termos do art. 1.036 do Código de Processo Civil, para julgamento como demanda repetitiva.

Nesta medida, foi sobrestado o julgamento da ação do requerente, conforme faz prova a cópia integral anexa (documento 2), da ação que promove em face de (...) que versa sobre a matéria.

Trata-se, a toda evidência, de hipótese em que se admite a intervenção do requerente como *amicus curiae*.

Pelo princípio da eventualidade, passa o requerente a expor as razões que reforçam a tese recursal expostas na vertente refrega:

(Expor as razões que reforçam o recurso cuja intervenção o amicus curiae *pede)*

Isto posto, requer-se Vossa Excelência, a admissão do requerente na qualidade de *amicus curiae* com a determinação das anotações de praxe para que o subscritor do presente seja intimado das decisões no vertente recurso, admitindo as razões ora lançadas para reforço da tese recursal e, bem assim, sustentar oralmente por ocasião do julgamento do recurso afetado.

Termos em que,

Pede deferimento.

Data

Advogado (OAB/SP)

Capítulo 3

Procedimento comum

3.1. PETIÇÃO INICIAL COM PEDIDO DE TUTELA PROVISÓRIA DE URGÊNCIA E DE EVIDÊNCIA

MM. Juízo da (...) Vara (...) da Comarca de (...)

(...), por seus procuradores (documento 1), vem, respeitosamente, a presença de Vossa Excelência, propor em face de (...), RG nº (...), inscrita no CPF sob o nº (...), domiciliada na Rua (...), a competente

Ação de resolução contratual cumulada com reintegração de posse, com pedido de antecipação de tutela,

o que faz com supedâneo nos argumentos de fato e de direito a seguir aduzidos:

I – Fatos

a) Negócio entre as partes

Por força do Contrato Particular de Compromisso de Venda e Compra firmado em (...) (documento 2), a autora prometeu vender, e o réu a comprar, pelo preço e condições ali pactuados, o seguinte imóvel: (...)

Referido imóvel foi entregue ao réu em (...). (ou) Referido imóvel encontra-se incorporado e em construção, conforme contrato.

O preço certo e ajustado foi de R$ (...), para pagamento da forma a seguir especificada: (...).

b) Mora

Ocorre que o adquirente, ora réu, deixou de adimplir obrigação contratual, consubstanciada no pagamento das parcelas vencidas a partir de (...), totalizando R$ (...) nos termos da planilha anexa, atualizada para a data da propositura desta ação.

c) Constituição em mora

Diante do descumprimento dos termos do contrato, outra não foi a solução encontrada pela autora senão notificar o réu para que purgasse a mora.

Assim, acorde com o instrumento de notificação anexo (documento 3), o réu foi notificado em (...).

O prazo legal para purgação da mora decorreu *in albis*, sem que qualquer pagamento fosse efetuado, operando-se, assim, a devida constituição em mora nos termos da Lei.

Convém ressaltar que, nada obstante as inúmeras tentativas da autora para receber o que lhe é devido, o réu permanece irredutível.

Deveras, já que se encontra convenientemente imitido na posse do imóvel sem efetuar qualquer pagamento.

II – Direito

Acorde com a norma insculpida no art. 475 do Código Civil, tendo em vista a renitência do réu em não cumprir a sua obrigação de pagar o preço do imóvel, nada obstante a notificação efetuada, não restou alternativa à autora senão ingressar com a presente ação, pleiteando a resolução do contrato por inadimplemento, para reaver o imóvel.

III – Devolução das parcelas pagas pelo réu

Para que se promova a devolução oportuna das parcelas pagas pelo réu, invoca-se a observância das cláusulas constantes do contrato firmado pelas partes, mormente aquelas que dizem respeito à resolução do instrumento por inadimplemento do comprador, quais sejam, as cláusulas (...) e (...), cujas diretrizes norteiam a devolução dos valores pagos, diretrizes essas decorrentes de clara contratação e absoluta legalidade.

IV – Tutela provisória de urgência, de natureza antecipada

A presente demanda funda-se no descumprimento da obrigação de pagar as parcelas do preço, fato inequívoco e devidamente comprovado em razão da regular notificação, sem contar as inúmeras tentativas inexitosas de demover o réu a saldar sua dívida.

Dessa maneira, requer a autora digne-se Vossa Excelência de antecipar a tutela pretendida com fundamento no artigo 300 do Código de Processo Civil, reintegrando a autora na posse do imóvel, de modo que a mesma possa vender ou compromissar a unidade em questão, evitando maiores danos que certamente serão de difícil, senão impossível reparação.

É inquestionável que o réu adquiriu imóvel da autora mediante promessa de venda e compra, obrigando-se, em contrapartida, a pagar prestações mensais e consecutivas.

Ocorre que, mesmo tendo sido regularmente notificado a purgar a mora, quedou-se inerte, tornando-se inadimplente.

Por conseguinte, não pagou as parcelas devidas e recusa-se a qualquer tipo de acordo, locupletando-se indevidamente da posse do imóvel.

A autora, por outro lado, arca com o prejuízo causado pelo réu, posto que depende dos valores devidos e da reintegração do imóvel para manter sua empresa em funcionamento.

Verifica-se que o réu, desdenhosamente, contando com a pletora de feitos que assoberba o Poder Judiciário, o que certamente independe da vontade de Vossa Excelência, mantém a posse do imóvel em locupletamento ilícito (*ou, se o imóvel não foi ocupado:* não paga as parcelas a que se comprometeu, o que impede a autora de negociar o imóvel), devendo, demais disso, arcar com os encargos como IPTU, Taxa de Resíduos Sólidos, Condomínio, manutenção etc.

V – Pedido de tutela provisória de urgência

A necessidade de antecipação da tutela pretendida (reintegração de posse) é medida que se impõe.

A demora na reintegração pretendida representará, em razão da inadimplência do réu, o agravamento do débito, notadamente em razão da característica condominial do imóvel objeto do pedido.

Demonstrados, portanto, o *periculum in mora* e a prova inequívoca, mister se faz a tutela antecipada de urgência com supedâneo nos arts. 294 e seguintes e 300 do Código de Processo Civil.

A prova que instrui esta exordial é robusta.

Em razão do receio de difícil reparação, requer a autora digne-se Vossa Excelência de conceder a tutela provisória de urgência de natureza antecipada, determinando a expedição de mandado de reintegração de posse *inaudita altera parte*, nos termos dos artigos arts. 294 e seguintes e 300, do Código de Processo Civil (ou, se o imóvel não foi ocupado: para possibilitar a venda do imóvel a terceiros, mormente em razão dos prejuízos decorrentes dos encargos e impostos que incidirão até o término da lide, o que não trará nenhum prejuízo ao réu na medida em que não chegou a ingressar na posse.)

Verifique Vossa Excelência a jurisprudência pátria, que tem admitido remansosamente a antecipação de tutela nesses casos:

> **Tribunal de Justiça de São Paulo.** *"Agravo de instrumento. Compromisso de compra e venda. COHAB/SP. Resolução Contratual c.c. reintegração de posse. Pedido de antecipação da tutela de reintegração. Inadimplemento incontroverso da mutuária. Preenchimento dos requisitos do artigo 273, do CPC [atual art. 300]. Decisão mantida. Recurso Improvido"* (0206927-81.2012.8.26.0000 – rel. José Joaquim dos Santos – São Paulo – 2ª Câmara de Direito Privado – j. em 18.12.2012 – Data de registro: 19.12.2012 – Outros números: 2069278120128260000).

> **Tribunal de Justiça de São Paulo.** *"Tutela antecipada. Possibilidade de antecipação da tutela, pendente decisão final em ação de rescisão contratual, cumulada com perdas e danos e reintegração de posse. Decisão reformada. Recurso provido"* (Agravo de Instrumento 96.290-4 – São Paulo – 1ª Câmara de Direito Privado – rel. Alexandre Germano – 15.12.1998 – v.u.).

> **Primeiro Tribunal de Alçada Civil de São Paulo.** *"Tutela antecipada. Possessória. Reintegração de posse. Presença dos requisitos legais necessários à antecipação pretendida revistos no artigo 273, I do Código de Processo Civil. Inconfundibilidade com o pedido de liminar não típica das ações possessórias. Tutela deferida. Recurso provido"* (Agravo de Instrumento 00718150-6/004 – São Paulo – 12ª Câmara – rel. Campos Mello – j. em 14.11.1996 – Decisão: unânime – RT 740/329).

> **Tribunal de Alçada de Minas Gerais.** *"Reintegração de posse. Antecipação da tutela. Liminar. Promessa de compra e venda. Mora. Comprovada a mora dos compradores, a sua posse passa, quando estabelecido em contrato, a ser precária, sendo lícito ao vendedor ajuizar ação de reintegração de posse, com pedido de antecipação de tutela e concessão de liminar, com o intuito de reaver a posse do imóvel objeto do contrato"* (Agravo de Instrumento 226689-5/00 – Belo Horizonte – 2ª Câmara Cível – rel. Juiz Almeida Melo – j. em 26.11.1996 – Decisão: unânime).

> **Tribunal de Alçada do Rio Grande do Sul.** *"Ação de rescisão de contrato cumulada com perdas e danos com pedido de tutela antecipada de reintegração de posse do estabelecimento comercial. Pode o magistrado decidir num só e suficiente momento aquilo que, antes e conservadoramente, era decidido em dois ou mais momentos, postergando a prestação jurisdicional em favor, invariavelmente, do inadimplente, do devedor, que se beneficiava injustificadamente da morosidade processual. Havendo prova inequívoca, convencendo-se o magistrado da verossimilhança da alegação, verificado o fundado receio de dano irreparável ou de difícil reparação, pode ser deferido o pedido de antecipação provisória da tutela, de reintegração de posse do estabelecimento comercial. Agravo improvido"* (Agravo de Instrumento 196022180 – 03.04.1996 – 7ª Câmara Cível – rel. Vicente Barroco de Vasconcelos).

A medida que se pleiteia, no que tange à antecipação da tutela de reintegração de posse, não é irreversível, conforme já decidiu o

> **Tribunal de Justiça de São Paulo.** *"Contrato. Compromisso de compra e venda. Ação de rescisão contratual. Antecipação de tutela. Indeferimento. Pretensão viável ante a comprovação da mora e a não configuração da irreversibilidade da medida. Recurso provido"* (Agravo de

Instrumento 194.395-4 – São Paulo – 3ª Câmara de Direito Privado do Tribunal de Justiça do Estado de São Paulo – v.u. – rel. Des. Carlos Roberto Gonçalves – em 13.03.2001).

Tribunal de Justiça de São Paulo. *"Agravo. Despacho que inadmitiu pedido de tutela antecipada em ação de rescisão de compromisso de compra e venda c/c reintegração de posse. Presentes os pressupostos que autorizam a concessão de tal benefício. Não configurada a irreversibilidade da medida. Recurso provido" (Agravo de Instrumento 44.522-4 – São Paulo – 10ª Câmara de Direito Privado – rel. Ruy Camilo – 27.05.1997 – v.u.).*

VI – Tutela da evidência

Nos termos do art. 311, IV, do Código de Processo Civil, "a tutela da evidência será concedida, independentemente da demonstração do perigo de dano ou de risco ao resultado útil do processo", nas hipóteses aplicáveis ao vertente caso, quando "a petição for instruída com prova documental suficiente dos fatos constitutivos do direito do autor, a que o réu não oponha prova capaz de gerar dúvida razoável."

Sendo assim, na eventualidade de não ser atendido de imediato o pedido da autora no que tange à tutela provisória de urgência, requer seja o mesmo pedido reavaliado após a resposta do réu, a título de tutela de evidência, quando não restará qualquer dúvida quanto à sua inadimplência ante a inexistência de comprovantes de pagamento das parcelas ajustadas no contrato, concedendo-se a tutela de reintegração de posse, antecipadamente, o que desde já se requer.

VII – Pedido de mérito

Diante de todo o exposto, restando evidente e cristalino o direito que fundamenta a presente ação, no mérito, requer a autora:

a) Seja a presente ação julgada procedente, com a consequente declaração de resolução do contrato, além da condenação do réu no pagamento de custas, despesas processuais e honorários advocatícios, tornando definitiva a reintegração de posse eventualmente deferida através da antecipação de tutela requerida;

Caso não seja deferida a antecipação de tutela (de urgência ou de evidência), o que se admite apenas por hipótese, requer a autora, ao final, seja declarada a resolução do contrato e determinada a reintegração da posse do imóvel, expedindo-se, para tanto, o competente mandado, com a condenação do réu no pagamento de custas, despesas processuais e honorários advocatícios que Vossa Excelência arbitrar nos limites legais.

Outrossim, requer sejam observadas as cláusulas contratuais na devolução das parcelas pagas pelo Réu, conforme disposto nesta exordial.

b) A condenação do réu no pagamento de aluguéis pelo tempo em que permaneceu na posse do imóvel (Instrumento Particular de Venda e Compra, cláusula XX, § X°, *in fine*) acrescidos dos impostos vencidos e taxas condominiais não pagas e que recairão sobre o imóvel objeto desta refrega, apurados em liquidação, que deverão ser subtraídos do valor a restituir, com a condenação do saldo eventualmente favorável à autora.

VIII – Citação

Tratando-se a ré de pessoa jurídica, requer-se que a citação seja efetuada por intermédio do sistema de cadastro de processos em autos eletrônicos nos termos do art. 246, § 1° do Código de Processo Civil ou, caso a ré não conte com o cadastro obrigatório, que seja citada pelo correio nos termos dos arts. 246, I, 247 e 248 do Código de Processo Civil; para responder no prazo de 15 (quinze) dias (art. 335 do Código de Processo Civil), sob pena de serem tidos por verdadeiros todos os fatos aqui alegados (art. 344 do Código de Processo Civil), devendo o respectivo mandado conter o prazo para resposta, o juízo e o cartório, com o respectivo endereço.

Ou

Requer-se que a citação da ré seja efetuada pelo correio, nos termos dos arts. 246, I, 247 e 248 do Código de Processo Civil, para responder no prazo de 15 (quinze) dias (art. 335 do Código de Processo Civil), sob pena de serem tidos por verdadeiros todos os fatos aqui alegados (art. 344 do Código de Processo Civil), devendo o respectivo mandado conter o prazo para resposta, o juízo e o cartório, com o respectivo endereço.

Ou

Nos termos do art. 246, II, do Código de Processo Civil (justificar o motivo, posto que a citação por Oficial de Justiça é subsidiária), requer-se a citação da ré por intermédio do Sr. Oficial de Justiça para, querendo, responder no prazo de 15 (quinze) dias (art. 335 do Código de Processo Civil), sob pena de serem tidos por verdadeiros todos os fatos aqui alegados (art. 344 do Código de Processo Civil), devendo o respectivo mandado conter as finalidades da citação, as respectivas determinações e cominações, bem como a cópia do despacho do(a) MM. Juiz(a), comunicando, ainda, o prazo para resposta, o juízo e o cartório, com o respectivo endereço, facultando-se ao Sr. Oficial de Justiça encarregado da diligência proceder nos dias e horários de exceção (CPC, art. 212, § 2º).

IX – Audiência de Conciliação

Nos termos do art. 334, § 5º, do Código de Processo Civil, o autor desde já manifesta, pela natureza do litígio, desinteresse em autocomposição.

Ou

Tendo em vista a natureza do direito e demonstrando espírito conciliador, a par das inúmeras tentativas de resolver amigavelmente a questão, o autor desde já, nos termos do art. 334 do Código de Processo Civil, manifesta interesse em autocomposição, aguardando a designação de audiência de conciliação.

X – Provas

Requer-se provar o alegado por todos os meios de prova em direito admitidos, incluindo perícia, produção de prova documental, testemunhal, inspeção judicial, depoimento pessoal, sob pena de confissão caso o réu (ou seu representante) não compareça, ou, comparecendo, se negue a depor (art. 385, § 1º, do Código de Processo Civil).

XI – Valor da causa

Dá-se à causa o valor de (...)

Termos em que,

pede deferimento.

Data

Advogado (OAB/SP)

Documento 1

Procuração e Contrato social da Autora

Documento 2

Contrato rescindendo

Documento 3

Notificação, comprovando a regular constituição em mora

3.2. CONTESTAÇÃO COM RECONVENÇÃO

MM. Juízo da (...) Vara (...) da Comarca de (...)

Autos nº (...) – Ordinária

(...), já qualificada nos autos da ação de resolução contratual cumulada com reintegração de posse que lhe move (...), vem, respeitosamente, perante Vossa Excelência, por seus procuradores (documento 1), que recebem intimações na (...), apresentar sua

Contestação,

o que faz com supedâneo no art. 335 e seguintes do Código de Processo Civil e nos argumentos fáticos e jurídicos que a seguir, articuladamente, passa a aduzir:

I – Resumo da inicial

A autora pretende a resolução do contrato com a consequente reintegração na posse do imóvel, alegando, para tanto, que a ré encontra-se inadimplente, notadamente em razão do pagamento das parcelas desde (...).

Realizada a audiência de conciliação, restou infrutífera, motivo pelo qual mister se faz rebater os infundados argumentos da inicial.

Isto porque a pretensão autoral, como formulada, é completamente despida de fundamento fático e jurídico.

II – Fatos

Em (...) a ré adquiriu da autora o apartamento (...) do Condomínio (...), localizado na Rua (...), pelo preço de R$ (...).

Todavia, o que não disse a autora, é que a ré deixou de pagar os valores em virtude da cobrança de juros e correções em desacordo com a lei.

Portanto, resta desconfigurada a culpa, apta a ensejar a mora. Em verdade, o caso vertente é de culpa exclusiva da autora, que cobra juros e correções ilegais.

Esqueceu a autora de mencionar, também, que a ré pagou atualizados R$ (...) do valor total do imóvel, de acordo com comprovantes de pagamento anexos e planilha fornecida por ela própria (documento 2), o que configura claramente o adimplemento substancial apto a impedir a pretensão exordial.

Nesta medida:

Tribunal de Justiça de São Paulo. "Compromisso de compra e venda. Consignação em pagamento. Ação de rescisão de contrato em apenso. Boa-fé objetiva. Adimplemento substancial. Reconhecimento. Recurso provido. 1. Compromisso de venda e compra. Pedido de depósito judicial de prestações em atraso. Notificação para rescisão do ajuste. Cláusula resolutiva expressa. Flexibilização. Teoria do Adimplemento substancial. 2. Compromisso de compra e venda. Pagamento do sinal e de dezessete prestações. Mora nas dez últimas prestações. Depósito judicial. Subsequente ação de rescisão do ajuste na qual os autores reconhecerem valor inferior do débito e o interesse na purga da mora. 3. Teoria do adimplemento substancial, decorrente da cláusula geral da boa-fé. Autorização para a flexibilização das regras quanto ao adimplemento contratual. O cumprimento da prestação assumida não pode ser analisado de forma isolada, mas no contexto de toda a obrigação como um processo. 4. Sentença reformada. Recurso provido" (Relator Carlos Alberto Garbi – Comarca: Jundiaí – Órgão julgador: 10ª Câmara de Direito Privado – Data do julgamento: 10.03.2015 – Data de registro: 12.03.2015).

Demais disso, pretende a autora inadmissível cumulação de perdas e danos com cláusula penal compensatória que, de qualquer forma, não podem ser pleiteadas.

Como se demonstrará, tal pretensão é descabida a teor do art. 53 do Código de Defesa do Consumidor, até em virtude da ausência de culpa da ré, pressuposto do dever de indenizar no âmbito da responsabilidade contratual.

III – Preliminarmente (CPC, art. 337)

a) Incorreção do valor dado à causa

Atribuiu o autor à causa o valor de R$ (...)

Todavia, no vertente caso, o valor da causa deve corresponder ao valor do contrato que busca desfazer (fls...) ante o cristalino mandamento do art. 292, II, do Código de Processo Civil.

> *"Art. 292. O valor da causa constará da petição inicial ou da reconvenção e será:*
>
> *(...)*
>
> *II – na ação que tiver por objeto a existência, a validade, o cumprimento, a modificação, a resolução, a resilição ou a rescisão de ato jurídico, o valor do ato ou o de sua parte controvertida;"*

Logo, o valor da causa deve ser corrigido por Vossa Excelência nos termos do art. 292, § 3º, do Código de Processo Civil, determinando o complemento das custas no prazo legal sob pena de indeferimento da inicial (CPC, art. 321, parágrafo único).

b) Ilegitimidade de parte

No vertente caso, embora o réu figure no contrato na qualidade de promitente comprador, certo é que cedeu os direitos ao Sr. (...), conforme instrumento de cessão anexo (documento...).

Embora não tenha dado conhecimento à autora da vertente cessão, certo é que, nos termos do art. 338 do Código de Processo Civil, a autora deve ser intimada a se manifestar sobre a vertente preliminar e, bem assim, alterar a petição inicial, retificando-a, para substituir o ora contestante.

(demais preliminares do art. 337)

Se assim não entender Vossa Excelência e, por cautela, passa o réu a rebater os argumentos da inicial:

IV – Tabela price – anatocismo

No (...) da cláusula (...), o contrato objeto da presente ação estipula que as parcelas são acrescidas de juros à razão de 1% ao mês pelo sistema da tabela price (...).

A tabela price – como é conhecido o sistema francês de amortização – pode ser definida como o sistema em que, a partir do conceito de juros compostos ou capitalizados (juros sobre juros), elabora-se um plano de amortização em parcelas periódicas, iguais e sucessivas, considerado o termo vencido. Nesse caso, as parcelas são compostas de um valor referente aos juros, calculado sobre o saldo devedor amortizado, e outro referente a própria amortização.

Trata-se de juros capitalizados de forma composta na exata medida em que, sobre o saldo amortizado, é calculado o novo saldo com base nos juros sobre aquele aplicados, e, sobre este novo saldo amortizado, mais uma vez os juros, e assim por diante.

Citando o preclaro professor Mário Geraldo Pereira, em dissertação de doutoramento, ensina José Dutra Vieira Sobrinho:

> *"A denominação Tabela Price se deve ao matemático, filósofo e teólogo inglês Richard Price, que viveu no século XVIII e que incorporou a teoria dos juros compostos às amortizações de*

empréstimos (ou financiamentos). A denominação "Sistema Francês", de acordo com o autor citado, deve-se ao fato de o mesmo ter-se efetivamente desenvolvido na França, no Século XIX. Esse sistema consiste em um plano de amortização de uma dívida em prestações periódicas, iguais e sucessivas, dentro do conceito de termos vencidos, em que o valor de cada prestação, ou pagamento, é composto por duas parcelas distintas: uma de juros e uma de capital (chamada amortização)." (Mário Geraldo Pereira, Plano básico de amortização pelo sistema francês e respectivo fator de conversão. *Dissertação (Doutoramento)*, São Paulo: FCEA, 1965 apud *José Dutra Vieira Sobrinho, ob. cit., p. 220).*

A tabela price é o sistema de amortização baseado na capitalização composta de juros. Ensina Walter Francisco:

"Tabela price é a capitalização dos juros compostos" (Walter Francisco, Matemática Financeira. São Paulo: Atlas, 1976).

No caso de tabela *price*, por definição, os juros são capitalizados de forma composta (juros sobre juros).

No caso vertente, há, portanto, sistema de amortização francês, e juros, quanto à capitalização, classificados como compostos (juros sobre juros).

Posta assim a questão, é de se dizer que os juros aplicados aos contratos não podem embutir capitalização composta (tabela price), conforme o art. 4º do Decreto 22.626/1933 – Lei da Usura, Súmula 121 do STF e remansosa jurisprudência.

O art. 4º do Decreto 22.626/1933 está assim redigido:

"Art. 4º É proibido contar juros dos juros (...)"

Aliás, nos ensina o insigne José Afonso da Silva:

"As cláusulas que estipularem juros superiores são nulas. A cobrança acima dos limites estabelecidos, diz o texto, será conceituada como crime de usura, punido, em todas as suas modalidades, nos termos em que a lei dispuser. Neste particular, parece-nos que a velha lei de usura (Dec. nº 22.626/33) ainda está em vigor" (José Afonso da Silva, Curso de Direito Constitucional Positivo. 9. ed. São Paulo: Malheiros, 1994, p. 704).

A jurisprudência pátria tem se manifestado acerca do tema, que não é novo:

"Súmula 121 do STF: É vedada a capitalização de juros, ainda que expressamente convencionada."

Superior Tribunal de Justiça. *"Civil e Comercial. Juros. Capitalização. Lei de usura (STJ). Somente se admite a capitalização dos juros havendo norma legal que excepcione a regra proibitória estabelecida no art. 4º do Dec. 22.626/1933. Lei de Usura"* (REsp. nº 63.372-9-PR – Min. Costa Leite – unânime – 3ª Turma – publ. em 18.08.1995 – Florisberto Alberto Berger x Banco Bandeirantes S.A., Volnei Luiz Denardi e Júlio Barbosa Lemes Filho).

Tribunal de Justiça de São Paulo. *"Compromisso de compra e venda. Pedido revisional de contrato fundado em arguição de ilegalidade da Tabela Price. Sentença de improcedência. Inconformismo dos autores. Provimento. Incontroversa utilização da Tabela Price para atualização do contrato. Posicionamento de que a utilização da Tabela Price implica ocorrência de juros sobre juros, vedada pelo ordenamento. Recurso provido"* (Apelação 0016130-57.2009.8.26.0032 – Relator: Piva Rodrigues – Comarca: Araçatuba – Órgão julgador: 9ª Câmara de Direito Privado – Data do julgamento: 18.03.2014 – Data de registro: 26.03.2014).

V – Dever de indenizar

Tanto no caso de mora como no de inadimplemento absoluto, mister se faz a culpa do devedor, sem a qual não se configurará a obrigação de pagar cláusula penal compensatória (perdas e danos), nos termos dos arts. 394, 396, 389 e 393 do novo Código Civil.

Na exata medida em que o inadimplemento absoluto ou a mora presumem a culpa do devedor, esta presunção é relativa (*juris tantum*), de tal sorte que pode ser afastada pela comprovação, pelo devedor, que o descumprimento decorreu de fato causado pelo próprio credor (Código Civil de 1916, art. 963 e novo Código Civil, art. 396).

Esta é a lição de Silvio Rodrigues:

> *"...a inexecução da obrigação só conduzirá ao dever de ressarcir, se houve culpa do inadimplente (...) Assim, de pronto, se deduz ser a culpa elementar na caracterização do inadimplemento"* (Silvio Rodrigues, Direito Civil – parte geral das obrigações. *São Paulo: Saraiva, 1991, p. 307-308).*

Resta completamente afastada a culpa da ré pela mora no pagamento das parcelas, que decorreu única e exclusivamente das ilegalidades perpetradas pela autora que cobrou tabela price, ávida por lucros exorbitantes.

Portanto, inexiste dever de indenizar, seja através de cláusula penal compensatória, seja pela prova de perdas e danos, fazendo-se mister o retorno ao *status quo ante*.

VI – Inadmissível pretensão da autora à cumulação de cláusula penal compensatória e perdas e danos (*bis in idem*)

Da leitura da cláusula (...) (documento 2 da inicial), invocados pela autora para pleitear cláusula penal compensatória, infere-se cláusula abusiva e nula nos termos dos arts. 51 e 53 do Código de Defesa do Consumidor.

A uma, porque afronta os precitados artigos e, a duas, porque cumula perdas e danos com cláusula penal compensatória, que já é prefixação das perdas e danos (*bis in idem*).

Ardilosamente, na surdina, a autora, sem demonstrar claramente sua pretensão através de cálculos inequívocos, tenta induzir Vossa Excelência em erro e burlar o disposto no art. 53 da Lei 8.078/1990.

Pelo item 8 de sua exordial, com fundamento na indigitada cláusula 17, pretende:

(10%) custos administrativos

(0,65%) PIS

(2%) COFINS

(20%) Cláusula penal compensatória (§ 2º)

(1%) ao mês de ocupação

(5%) ao ano de depreciação

etc.

Ora Excelência, desta forma, apesar de ter pago mais de cem mil reais pelo apartamento – cujo valor total estipulado pela autora foi de cento e quarenta e quatro mil – a ré seria compelida a restituir o imóvel e, ainda, ficaria devendo! (documento 2)

Assim, a perda das prestações pagas significaria genuíno enriquecimento ilícito por parte da autora, pois a ré, que pagou grande parte do preço, perderia o imóvel e as prestações pagas. Em contrapartida, a autora receberia de volta o imóvel para ser novamente vendido e conservaria os valores pagos pela ré (vide documento 2, fornecido pela autora à ré).

O importante é que não há possibilidade de cobrança da cláusula penal compensatória (prefixação das perdas e danos) conjuntamente com perdas e danos.

Entretanto, é exatamente isso que pleiteia a autora. Admitida a teratológica e ilegal pretensão, estar-se-ia incorrendo em *bis in idem*.

> **Tribunal de Justiça de São Paulo.** *"Compromisso de compra e venda. Rescisão. Culpa dos compromissários compradores. Pretensão à cumulação de pena compensatória com o ressarcimento dos prejuízos reais. Inadmissibilidade. Critério que leva à perda da totalidade das prestações pagas. Ofensa ao art. 53, do Código de Defesa do Consumidor. Direito apenas à pena compensatória, reduzida pela metade, diante da execução parcial do contrato. Ação principal e reconvenção parcialmente procedentes. Se não há dúvida de que o inadimplemento contratual é dos compromissários compradores, por estes confessados na inicial, a ação principal, que continha em um de seus pedidos a rescisão contratual, não poderia ser julgada inteiramente procedente. A procedência da ação principal diz somente com o reembolso dos valores pagos pelos compromissários compradores. Julga-se também procedente em parte a reconvenção, para decretar a rescisão contratual por culpa dos compromissários compradores, com a condenação destes no pagamento da pena compensatória, reduzida à metade. É que viola o art. 53, do Código de Defesa do Consumidor, sendo nula de pleno direito, a disposição contratual que prevê a cumulação da pena compensatória (cláusula penal) com a reparação das perdas e danos efetivos, implicando na hipótese na perda total das quantias pagas. A redução da pena compensatória se impõe, (...) porque, se de um lado os devedores executaram em parte o contrato, de outro, em se tratando de contrato versando sobre imóvel em fase de construção, não obtiveram eles nenhum proveito da coisa"* (Apel. Cív. nº 51.914-4 – São Paulo – 9ª Câmara de Direito Privado – rel. Ruiter Oliva – 11.08.1998 – v.u.).

> **Superior Tribunal de Justiça.** *"Direito civil. Rescisão de contrato de compra e venda de imóvel e reivindicatória. Cláusula penal e perdas e danos. Inacumulabilidade. É possível emendar a inicial, convertendo pleito possessório em petitório, mormente quando efetuada antes da citação dos réus. Admissível a reivindicatória quando simultaneamente rescindido o contrato de compra e venda. O pagamento de cláusula penal compensatória exclui a possibilidade de exigir-se ainda a solução de perdas e danos. Recursos especiais parcialmente conhecidos e, nessa parte, providos"* (REsp 556.620/MT – Recurso Especial 2003/0084103-7 – Ministro Cesar Asfor Rocha – Quarta Turma – 10.05.2004)

Ad argumentandum tantum, já que não há falar-se em cláusula penal em virtude da ausência de culpa da ré, o art. 389 do Código Civil determina: Não cumprida a obrigação, responde o devedor por perdas e danos, mais juros e atualização monetária segundo índices oficiais regularmente estabelecidos, e honorários de advogado.

Entretanto, esses prejuízos devem ser provados e o ônus dessa prova pertence ao prejudicado.

Posta assim a questão, a autora não comprovou qualquer prejuízo; sequer o recolhimento dos tributos que pretende cobrar da ré.

Se o valor prefixado não é suficiente para cobrir as perdas e danos em face da inexecução, o credor deverá deixar de lado a estipulação da cláusula penal e cobrar os prejuízos experimentados provando-os, mas, jamais, cumular uns e outros.

Interpretando o art. 918 do Código Civil de 1916, que corresponde ao art. 410 do novo Código Civil, ensina Silvio Rodrigues:

> *"Portanto, tem o devedor a escolha. Ou prefere o remédio ordinário que a lei lhe confere, e reclama indenização dos danos, como se a cláusula penal inexistisse; ou, se lhe parecer mais conveniente, demanda apenas a multa convencional, ficando dispensado de evidenciar a existência de qualquer prejuízo"* (Silvio Rodrigues, Direito Civil. Parte geral. Das obrigações. São Paulo: Saraiva, 1991, p. 93).

VII – Código de Defesa do Consumidor, art. 53 – impossibilidade de perdimento das parcelas

A jurisprudência pátria já firmou entendimento pacífico acerca da impossibilidade de perdimento das parcelas pagas nos termos pretendidos pela autora.

Com efeito, dispõe o art. 53 da Lei 8.078/1990:

> *"Nos contratos de compra e venda de móveis ou imóveis mediante pagamento em prestações, bem como nas alienações fiduciárias em garantia, consideram-se nulas de pleno direito as cláusulas que estabeleçam a perda total das prestações pagas em benefício do credor que, em razão do inadimplemento, pleitear a resolução do contrato e a retomada do produto alienado."*

Em tal situação, a perda total das prestações pagas significaria verdadeiro enriquecimento ilícito por parte do credor, pois o devedor que pagou parte do preço, mas não o pagou por inteiro, perderia a coisa e as prestações pagas. Em contrapartida, o credor receberia de volta a coisa e conservaria as prestações pagas (Alberto do Amaral Jr., *Comentários ao Código de Defesa do Consumidor* – obra coletiva, coord. Juarez de Oliveira. São Paulo: Saraiva, 1991, p. 202).

Nesse sentido, a ré pede vênia para citar as decisões abaixo colacionadas admitindo o perdimento de 10% dos valores pagos:

> ***Superior Tribunal de Justiça.*** *"Compromisso de compra e venda de imóvel. Perda de parte das prestações pagas. Percentual que impõe ônus exagerado para o promitente comprador. Contrato firmado na vigência do Código de Defesa do Consumidor. Possibilidade de redução pelo juiz. Razoabilidade da retenção de 10% das parcelas pagas. Precedentes. Recurso parcialmente acolhido. I – Assentado na instância monocrática que a aplicação da cláusula penal, como pactuada no compromisso de compra e venda de imóvel, importaria em ônus excessivo para o comprador, impondo-lhe, na prática, a perda da quase totalidade das prestações pagas, e atendendo-se ao espírito do que dispõe o art. 53 do Código de Defesa do Consumidor, cumpre ao Juiz adequar o percentual de perda das parcelas pagas a um montante razoável. II – A jurisprudência da Quarta Turma tem considerado razoável, em princípio, a retenção pelo promitente vendedor de 10% do total das parcelas quitadas pelo comprador, levando-se em conta que o vendedor fica com a propriedade do imóvel, podendo renegociá-lo. Relator: Ministro Salvio de Figueiredo Teixeira" (Acórdão nº 85.936/SP (9600025029) – Recurso Especial – decisão: por unanimidade, conhecer do recurso e dar-lhe provimento parcial – Data da decisão: 18.06.1998 – 4ª Turma – publicação: DJ de 21.09.1998, p. 166).*

> ***Superior Tribunal de Justiça.*** *"Agravo regimental em agravo de instrumento. Direito Civil. Promessa de compra e venda. Resilição pleiteada pelo promissário comprador. Devolução das parcelas pagas. Percentual que deve refletir as peculiaridades do caso concreto. Agravo improvido. 1. Esta Corte Superior, à luz de precedentes firmados pela Segunda Seção, entende que 'o compromissário comprador que deixa de cumprir o contrato em face da insuportabilidade da obrigação assumida tem o direito de promover ação a fim de receber a restituição das importâncias pagas' (EREsp 59.870/SP, Rel. Ministro Barros Monteiro, Segunda Seção, julgado em 10.04.2002, DJ 09.12.2002 p. 281). 2. Porém, o percentual a ser retido pelo vendedor, bem como o valor da indenização a ser paga como contraprestação pelo uso do imóvel, são fixados à luz das particularidades do caso concreto, razão pela qual se mostra inviável a via do recurso especial ao desiderato de rever o quantum fixado nas instâncias inaugurais de jurisdição (Súmula 07). 3. Tendo em vista que o valor de retenção determinado pelo Tribunal a quo (10% das parcelas pagas) não se distancia do fixado em diversas ocasiões por esta Corte Superior, a decisão ora agravada deve ser mantida. 4. Agravo regimental improvido" (AgRg no Ag 1.100.908/RO, Rel. Ministro Luis Felipe Salomão, Quarta Turma, julgado em 18.08.2009, DJe 02.09.2009).*

> ***Tribunal de Justiça de São Paulo.*** *"Compromisso de compra e venda – ação de rescisão contratual c.c. restituição de valores de danos morais – rescisão – inadimplência do comprador*

46 | MODELOS DE PEÇAS NO NOVO CÓDIGO DE PROCESSO CIVIL – *Luiz Antonio Scavone Junior*

– contrato rescindido – retenção pela vendedora de 18% dos valores pagos – impossibilidade – percentual que se afasta do usualmente aplicado em casos sem utilização do imóvel pelo comprador – retenção de 10% que bem indeniza a vendedora pelos gastos que com administração de um negócio – devolução de todo valor – taxas de corretagem e SATI que devem também ser devolvidas – ônus da sucumbência exclusivos da ré – sentença reformada. Recurso provido" (Relator Neves Amorim – Comarca: São Paulo – Órgão julgador: 2ª Câmara de Direito Privado – Data do julgamento: 01.09.2015 – Data de registro: 02.09.2015).

Entretanto, entende a ré que mesmo nessa hipótese (perdimento de 10% do valor pago), mister se faz a culpa, inexistente no caso vertente como amplamente logrou demonstrar.

VIII – Reconvenção (CPC, art. 343) – Culpa da autora pela resolução – indenização e retenção por benfeitorias

Como amplamente demonstrado nesta resposta, a culpa pela resolução do compromisso de compra e venda celebrado entre as partes é exclusivamente da autora, que fez constar cláusulas abusivas, notadamente quanto à forma ilegal de contagem de juros (anatocismo) e, bem assim, impossibilitou o cumprimento da obrigação.

Demais disso, nos termos do art. 1.219 do Código Civil c/c art. 51, XVI, do CDC, a ré faz jus ao direito de retenção pelas benfeitorias úteis e necessárias que introduziu no imóvel, conforme descrição e caracterização em documento anexo à presente (documento 3).

Nesse sentido, é de se dizer que o § 4º da cláusula 17 do contrato (documento 2 da inicial) é imoral, afrontando os princípios da boa-fé e vedação do enriquecimento sem causa. Além de imoral, é ilegal a teor do que dispõem os arts. 6º, IV, V; 51, I, IV, XV do Código de Defesa do Consumidor.

Ora, a ré introduziu, de boa-fé, acessões e benfeitorias.

O art. 1.219 do Código Civil garante o direito de retenção pelas benfeitorias úteis e necessárias, assegurando, igualmente, o direito de indenização ao possuidor de boa-fé.

Assim, de acordo com o art. 51, I, da Lei 8.078/1990 (CDC), que inquina de nulidade cláusulas que impliquem a renúncia ou disposição de direitos, é nulo o § 4º da cláusula 17 do contrato, que determina o perdimento total das benfeitorias.

Portanto, a ré possui cristalino direito de retenção do imóvel pelas benfeitorias que introduziu, devidamente descritas e caracterizadas no documento 3.

Exemplar a seguinte decisão:

Tribunal de Justiça de São Paulo. *"Compromisso de venda e compra. Rescisão do contrato, reintegração de posse e condenação em pagamento de aluguéres. Necessária devolução dos valores pagos pela compradora e valores referentes a benfeitorias. Sentença de procedência da ação e acolhimento parcial da reconvenção. Mais adequado declarar a sucumbência recíproca. Recurso provido em parte para essa finalidade" (Apelação 0008387-56.2011.8.26.0248 – Relator: Teixeira Leite – Comarca: Indaiatuba – Órgão julgador: 4ª Câmara de Direito Privado – Data do julgamento: 26.03.2015 – Data de registro: 28.03.2015).*

IX – Pedido de tutela provisória de urgência de natureza antecipada

Vislumbra-se que Vossa Excelência não deferiu a tutela provisória requerida na exordial, postergando a decisão para momento posterior à audiência de conciliação e eventual defesa.

Por todo o exposto, resta inviável a tutela antecipatória pretendida pela autora. A uma, porque a ré possui inequívoco direito de retenção pelas benfeitorias que introduziu no imóvel e, a duas, porque não estão presentes os requisitos dos arts. 294 e seguintes e 300 do Código de Processo Civil, sequer demonstrados na exordial.

Tornou-se praxe o requerimento de tutela antecipada nas ações de conhecimento, mesmo sem fundamento. Exatamente assim procede a autora – tudo pede para algo conseguir – requerendo uma tutela de urgência sem demonstrar os requisitos da medida de exceção.

Ora, o art. 300 do Código de Processo Civil requer indelevelmente o perigo na demora da prestação da tutela jurisdicional (*periculum in mora*).

Com efeito, este requisito não está presente, mormente que o bem da vida é o imóvel, que não desaparecerá até o deslinde da ação.

Demais disso, a teor do pedido formulado pela autora de autorização da venda do imóvel, há risco de comprometimento do direito de terceiros e da segurança dos negócios jurídicos, o que torna impossível a tutela antecipada.

O art. 300, § 3º, do Código de Processo Civil impede, de forma absoluta, o resultado consistente em alienação de domínio, efeito direto da tutela antecipatória desejada, inferência que se extrai da irreversibilidade da medida, se adotada.

Nesse sentido:

> **Tribunal de Justiça de São Paulo.** *"Tutela antecipada. Indeferimento. Rescisão contratual. Compromisso de compra e venda entre particulares. Reintegração de posse. Inviabilidade. Necessidade de prévia intervenção judicial para a rescisão do contrato. Provimento negado"* (Agravo de Instrumento 0236299-75.2012.8.26.0000 – Relator: Caetano Lagrasta – Comarca: Ribeirão Preto – Órgão julgador: 8ª Câmara de Direito Privado – Data do julgamento: 31.07.2013 – Data de registro: 06.08.2013).

X – Pedido

Pelo exposto, requer a autora digne-se Vossa Excelência de:

a) Quanto às preliminares:

a.1) Em relação ao valor da causa: o valor atribuído pela autora deve ser corrigido por Vossa Excelência nos termos do art. 292, § 3º do Código de Processo Civil, determinando o complemento das custas no prazo legal sob pena de indeferimento da inicial (CPC, art. 321, parágrafo único).

a.2) Ilegitimidade de parte: Nos termos do art. 338 do Código de Processo Civil, em razão da cessão noticiada à fls. (...), a autora deve ser intimada a se manifestar e, bem assim, alterar a petição inicial, retificando-a, para substituir o ora contestante.

b) Quanto à reconvenção (CPC, art. 343):

Em razão da reconvenção, cujas razões foram lançadas no item IX, acima, notadamente em razão da cobrança de juros ilegais, requer o réu o julgamento de sua procedência, declarando a resolução do contrato por culpa da autora reconvinda com a devolução total das parcelas pagas atualizadas monetariamente e com juros desde cada desembolso:

> **Superior Tribunal de Justiça.** *"Agravo regimental. Recurso Especial da parte adversa provido. Resilição de contrato de compra e venda de imóvel. Culpa da construtora. Devolução de parcelas pagas pelo adquirente. Juros de mora. Termo a quo. Desembolso de cada prestação. Recurso a que se nega provimento. 1. De acordo com a jurisprudência desta Corte, nos casos de rescisão de contrato de compra e venda de imóvel, por culpa da construtora, a restituição das parcelas pagas pelo adquirente deve ser realizada, com incidência de juros de mora desde o efetivo desembolso de cada prestação. 2. Agravo regimental não provido"* (AgRg no AREsp 345.459/MG – Rel. Ministro Luis Felipe Salomão – Quarta Turma – julgado em 19.09.2013 – DJe 24.09.2013).

Requer-se, igualmente, em qualquer caso, a retenção pelas benfeitorias descritas e caracterizadas nesta resposta (documento 3), nos termos do art. 1.219 do Código Civil, até o seu pagamento, cuja condenação da autora reconvinda se requer e que deverá ser somado aos valores a serem restituídos à ré em virtude da resolução contratual.

Dá-se à presente reconvenção, nos termos do art. 292 do Código de Processo Civil, o valor de R$ (...).

Requer-se, outrossim, a condenação do autor reconvindo nas custas e honorários (CPC, art. 85, § 1º).

Se assim não entender Vossa Excelência, notadamente em razão da reconvenção e da ilegitimidade que possui o condão de determinar a extinção do processo sem resolução do mérito, o que se requer caso a autora não substitua o ora contestante (CPC, arts. 338 e 485, VI), por cautela, passa o réu a requerer, no mérito:

c) seja afastada a tutela provisória de natureza antecipada pretendida;

d) seja julgado totalmente improcedente o pedido de resolução POR CULPA DA RÉ, condenando a autora no pagamento de custas e honorários advocatícios nos termos do art. 85 do CPC, assim como demais ônus da sucumbência;

Caso Vossa Excelência não acolha as preliminares, notadamente de ilegitimidade ou não julgue a presente ação totalmente improcedente (item d), sucessivamente e subsidiariamente ao pedido reconvencional acima formulado, requer a ré seja a ação julgada apenas parcialmente procedente, determinando Vossa Excelência:

d) o retorno das partes ao *status quo ante* pela restituição das quantias pagas pela ré (documento 2) ante a retomada do imóvel pela autora, devidamente acrescidas de juros legais, correção monetária e demais ônus de sucumbência, de uma vez só nos termos da Súmula 2 do Tribunal de Justiça de São Paulo e independentemente de reconvenção nos termos da Súmula 3 do mesmo Tribunal:

"Súmula 2. A devolução das quantias pagas em contrato de compromisso de compra e venda de imóvel deve ser feita de uma só vez, não se sujeitando à forma de parcelamento prevista para a aquisição."

"Súmula 3. Reconhecido que o compromissário comprador tem direito à devolução das parcelas pagas por conta do preço, as partes deverão ser repostas ao estado anterior, independentemente de reconvenção."

XI – Provas

Requer provar o alegado por todos os meios em Direito admitidos, especialmente pela produção de prova documental, testemunhal, pericial e inspeção judicial, inclusive depoimento pessoal do representante legal da autora, sob pena de confissão, se não comparecer ou, comparecendo, se negar a depor (CPC, art. 343, §§ 1º e 2º).

Cumpridas as necessárias formalidades legais, deve a presente ser recebida e juntada aos autos.

Termos em que, dando, nos termos do art. 292 do CPC, à reconvenção, o valor de R$ (...)

Pede deferimento.

Data

Advogado (OAB)

3.2.1. Contestação com preliminar de incompetência ou alegação de Convenção de Arbitragem

MM. Juízo da (...) Vara (...) da Comarca de (...)

Autos nº (...) – Ordinária

(...), já qualificada nos autos da ação de resolução contratual cumulada com reintegração de posse que lhe move (...), vem, respeitosamente, perante Vossa Excelência, por seus procuradores (documento 1), que recebem intimações na (...), apresentar sua Contestação,

o que faz com supedâneo no art. 335 e seguintes do Código de Processo Civil e nos argumentos fáticos e jurídicos que a seguir, articuladamente, passa a aduzir:

I – Resumo da inicial

A autora pretende a resolução do contrato com a consequente reintegração na posse do imóvel, alegando, para tanto, que a ré encontra-se inadimplente, notadamente em razão do pagamento das parcelas desde (...).

Nada obstante, a pretensão autoral, como formulada, é completamente despida de fundamento fático e jurídico.

II – Fatos

Em (...) a ré adquiriu da autora o apartamento (...) do Condomínio (...), localizado na Rua (...), pelo preço de R$ (...), nos termos do contrato de fls. (...).

Todavia, o que não disse a autora é que a ré deixou de pagar os valores em virtude da cobrança de juros e correções em desacordo com a lei...

(Esclarecer os demais fatos e fundamentos da defesa)

III – Preliminarmente (CPC, art. 337)

Incompetência (CPC, art. 64)

O contrato questionado, a toda evidência, encerra relação de consumo.

Em consonância com o acatado, a ação deveria ter sido proposta no domicílio do réu, ora contestante e não foi.

Sendo assim, nos termos do art. 101, I, do Código de Defesa do Consumidor, requer seja reconhecida a incompetência do juízo e determinada a remessa do processo ao foro (...), inclusive com a suspensão da audiência de conciliação já designada (CPC, art. 340).

(Neste caso, nos termos do art. 340 do CPC, a contestação deve ser apresentada desde logo e não após a audiência ou petição que a dispensa).

Outra hipótese:

Incompetência – existência de convenção de arbitragem – CPC, arts. 337, X, e 485, VII

Nos termos da cláusula (...) do contrato (fls...), as partes firmaram cláusula arbitral cheia, nos termos da Lei 9.307/1996, de tal sorte que estabeleceram a competência de árbitro a ser nomeado de acordo com o regulamento do centro de arbitragem da Câmara Arbitral (...).

Posta assim a questão, de acordo com o que dispõem os arts. 337, X, e 485, VII, do CPC, o processo deve ser extinto sem resolução do mérito.

(Demais preliminares do art. 337)

50 | MODELOS DE PEÇAS NO NOVO CÓDIGO DE PROCESSO CIVIL – *Luiz Antonio Scavone Junior*

Se assim não entender Vossa Excelência e, por cautela, passa o réu a rebater os argumentos da inicial:

IV – Direito

(Esclarecer as razões jurídicas da defesa).

V – Pedido

Pelo exposto, requer a autora digne-se Vossa Excelência:

a) Quanto às preliminares:

Incompetência (CPC, art. 64): tratando-se de relação de consumo, nos termos do art. 101, I, do Código de Defesa do Consumidor, requer o réu seja reconhecida a incompetência do juízo e determinada a remessa do processo ao foro (...), inclusive com a suspensão da audiência de conciliação já designada (CPC, art. 340).

Ou

Existência de Convenção de Arbitragem: nos termos dos arts. 337, X, e 485, VII, do CPC), requer-se a extinção do processo sem resolução do mérito com a condenação da autora no pagamento de custas e honorários, respeitado o art. 85 do CPC.

(Eventuais pedidos decorrentes das demais preliminares do art. 337 do CPC)

b) Quanto ao mérito:

Seja julgado totalmente improcedente o pedido de resolução POR CULPA DA RÉ, condenando a autora no pagamento de custas e honorários advocatícios nos termos do art. 85 do CPC, assim como demais ônus da sucumbência;

VI – Provas

Requer provar o alegado por todos os meios em Direito admitidos, especialmente pela produção de prova documental, testemunhal, pericial e inspeção judicial, inclusive depoimento pessoal do representante legal da autora, sob pena de confissão, se não comparecer ou, comparecendo, se negar a depor (CPC, art. 343, §§ 1º e 2º).

Cumpridas as necessárias formalidades legais, deve a presente ser recebida e juntada aos autos.

Termos em que,

Pede deferimento.

Data

Advogado (OAB)

3.3. CONTESTAÇÃO NO JUIZADO ESPECIAL CÍVEL

MM. Juízo da (...) Vara do Juizado Especial Cível de (...).

Processo n. (...)

(...), conforme instrumento de mandato anexo (documento 1), vem, respeitosamente, perante Vossa Excelência, nos autos da ação de repetição de indébito em epígrafe, promovida por (...), já devidamente qualificado, apresentar

Contestação

o que faz com fundamento nas razões de fato e de direito a seguir aduzidas:

I – Incompetência territorial, inaplicabilidade do Código de Defesa do Consumidor e ilegitimidade ativa

Preliminarmente, mister se faz destacar que este Juízo não se mostra competente, o que se afirma em razão de dois fatos relevantes, omitidos intencionalmente pelo autor:

a) trata-se, ele, autor, de especulador imobiliário e, nesta medida, não é consumidor;

b) existe previsão contratual de foro competente (São Paulo/SP – cláusula... fls...).

O autor firmou com a contestante três contratos de promessa de venda e compra de unidades habitacionais do Edifício (...), quais sejam: (...) (documentos 3 e 4).

Para cada uma das unidades que adquiriu, o autor distribuiu ações requerendo repetição do que pagou a título de comissão de corretagem e SATI.

As ações referentes às unidades (...) e (...) são de teor idêntico à exordial desta demanda, bem como tramitam nesta e. Juízo (documento 05/06).

Demais disso, cumpre destacar que o autor cedeu seus direitos e deveres contratuais referentes ao apto. 54-B a terceiros (documento 7), tendo recentemente feito o mesmo com o contrato que embasa esta ação (documento 8).

Outrossim, o autor também promove ação de resolução contratual em face da (...) (documento 9) na qual igualmente requer repetição de pagamentos relativos à comissão de corretagem e SATI, bem como ação repetição de indébito nos mesmos moldes em face de (...) (documento 10).

Posta assim a questão, o autor não é destinatário final dos imóveis que adquire na exata medida em que, a toda evidência, firma contratos de compromisso de venda e compra, aguarda valorização imobiliária para, em seguida, revende-los e obter lucros, inclusive promovendo diversas ações de repetição de indébito contra os promitentes vendedores.

Logo, curial concluir que não se trata de consumidor[1], mas especulador imobiliário que atua de maneira empresarial.

Se não é consumidor, fato é que não pode se valer da benesse concedida pelo inciso I do art. 101 do CDC[2], qual seja, a de distribuir a ação no foro de seu domicílio.

Neste diapasão, importante verificar que as partes elegeram contratualmente (cláusula... do contrato – fls... e documento 2) o Foro da Comarca de São Paulo/SP para dirimirem quaisquer assuntos:

(...)

Sem embargo, cumpre informar que, na ação promovida pelo autor em face de (...) perante este D. Juízo (documento 10), foi proferida sentença julgando o processo extinto com fundamento no art. 51, III, da Lei 9.099/95[3], uma vez que no contrato ali discutido também havia cláusula de eleição de foro (documento 11).

---

[1] CDC (Lei 8.078/1990), Art. 2º. *Consumidor é toda pessoa física ou jurídica que adquire ou utiliza produto ou serviço como destinatário final.*

[2] CDC (Lei 8.078/1990), Art. 101. *Na ação de responsabilidade civil do fornecedor de produtos e serviços, sem prejuízo do disposto nos Capítulos I e II deste título, serão observadas as seguintes normas:*
I – *a ação pode ser proposta no domicílio do autor;*

[3] Lei 9.099/1995, Art. 51. *Extingue-se o processo, além dos casos previstos em lei:*
III – *quando for reconhecida a incompetência territorial (...).*

52 | MODELOS DE PEÇAS NO NOVO CÓDIGO DE PROCESSO CIVIL – *Luiz Antonio Scavone Junior*

Some-se a isto o fato de o autor não figurar mais como parte neste contrato, tornando-se patente sua ilegitimidade e falta de interesse para ingressar em juízo em face da ré, uma vez que transferiu seus direitos e deveres contratuais a terceiros, fato que o torna carecedor da ação (art. 337, XI, do CPC) (documento 08).

Ex positis, em razão do disposto no art. 53, III, do CPC, o presente feito deve ser extinto uma vez presente a cláusula de eleição de foro no contrato e ausente a aplicação da Lei Consumerista, tendo em vista que o autor não se enquadra no conceito de destinatário final.

Mesmo assim, requer seja a vertente ação extinta sem resolução do mérito, com fulcro no inc. VI do art. 485 do CPC[4], uma vez que o autor é carecedor da ação.

II – Incidente de uniformização

Primeiramente, pondo fim à celeuma que envolve o tema "corretagem", a turma de uniformização do sistema dos juizados especiais do Estado de São Paulo, uniformizou entendimento no sentido de que a comissão de corretagem nos contratos imobiliários é devida e pode ser imputada ao comprador do imóvel, inexistindo abusividade ou "venda casada".

Eis o entendimento firmado no v. acórdão proferido nos autos do Pedido de Uniformização nº 0000018-42.2014.8.26.0968[5], julgado em 03.07.2014 e publicado no dia 15.07.2014, cuja cópia se anexa (documento 12), no qual, com percuciência, discorre o Ilustríssimo Dr. Fernão Borba Franco:

"(...) Dizer que normalmente a comissão de corretagem é suportada por quem contratou a intermediação é ignorar as circunstâncias negociais, de livre fixação pelas partes interessadas, impedindo a cobrança direta e impondo a cobrança indireta, o que não parece razoável. Assim, uma vez que houve livre contratação a respeito do pagamento – reiterando-se que a única diferença é o pagamento direto ou o pagamento indireto, em ambos os casos suportado pelo comprador – não se vislumbra ilegalidade na cláusula. Afinal, o serviço foi efetivamente prestado.

Finalmente, não parece correto concluir que há venda casada, exatamente porque são esses custos suportados pela vendedora e que podem ser repassados, direta ou indiretamente, aos compradores. Portanto, não há exigência da compra de outro produto ou serviço para a venda do imóvel, mas simplesmente repasse dos custos respectivos, que, sendo custos, podem ser incluídos no preço final".

Desta forma, existe entendimento jurisprudencial pacificador segundo o qual a corretagem pode ser repassada ao adquirente do imóvel e que sua contratação não configura "venda casada", ao contrário do que intenta o requerente fazer.

Isto posto, a presente ação não merece prosperar em razão da falta de interesse processual, devendo o feito ser extinto sem resolução de mérito, nos termos do art. 485, I e VI, e 330, II, ambos do CPC.

III – Ilegitimidade passiva

A requerida é parte flagrantemente ilegítima para responder aos termos da vertente ação.

---

4   CPC, ART. 485. *O juiz não resolverá o mérito quando: (...)*
     VI – *verificar a ausência de legitimidade ou de interesse processual;*

5   "Pedido de uniformização – Contrato imobiliário – Comissão de corretagem devida pelo comprador, ausente abusividade no contrato – Recurso não provido" (Colégio Recursal Central da Comarca de São Paulo/SP – 0000018-42.2014.8.26.0968 – Pedido de Uniformização de Interpretação de Lei / Repetição de indébito – Relator(a): Fernão Borba Franco – Comarca: São Carlos – Data do julgamento: 03.07.2014 – Data de registro: 28.10.2014).

Isto porque não recebeu a comissão pleiteada, que foi paga à (...) (fls...), em razão da efetiva conclusão do negócio, não havendo, quanto à comissão, relação de direito material entre as partes, requerente e requerida, apta a ensejar a participação desta no polo passivo, pelo que se observa do documento constante das fls...:

(Inserir imagem da cópia do recibo ou contrato firmado com o intermediário)

É nesse sentido o seguinte julgado[6]:

"Ação de indenização por danos materiais e morais. Instrumento de Promessa de Venda e Compra de imóvel, para pagamento em parcelas. Desistência dos autores. Pretensão de devolução da comissão de corretagem e indenização por danos morais. Sentença procedente determinando a devolução dos valores recebidos pela comissão de corretagem, e danos morais. Data da Distribuição: 03.12.2011; Valor da Causa: R$ 27.941,00. Inconformadas apelam as rés, sustentando que são partes ilegítimas para responder a ação, porquanto os cheques declinados na inicial foram entregues à Lopes a título de comissão; tais valores foram entregues à empresa Lopes, na condição de responsável pela intermediação das vendas; dos cheques emitidos pelos apelados, apenas dois foram entregues à apelante, e o valor foi devolvido quando do distrato; a entrega dos cheques nas mãos dos corretores se confirma pelos próprios canhotos de cheques juntados pelos apelados; inexistindo ato ilícito, não há se falar em danos morais; pugnam pela redução dos honorários advocatícios. Preliminar de ilegitimidade passiva. Cabimento. Relação de intermediação de vendas, do qual não participaram as rés, o que as torna parte ilegítima para responder pela respectiva comissão de corretagem. Comissão de corretagem. Reconhecimento de que, ainda que a praxe seja seu pagamento pelo vendedor (comitente-contratante), inexiste óbice à avença em sentido diverso, carreando tal ônus ao comprador. Assinatura de documento que claramente dispunha acerca da comissão de corretagem. Verba que é devida sempre que a intermediação se efetive, com a assinatura do instrumento particular de venda e compra, ainda que este não se aperfeiçoe, por desistência das partes, como no caso em apreço. Inteligência do art. 725, CC. Sentença de procedência. Recurso provido para julgar extinto o processo, sem conhecimento do mérito (TJSP – 0013992-16.2010.8.26.0604 – Apelação – Relator: James Siano – Comarca: Sumaré – Órgão julgador: 5ª Câmara de Direito Privado – Data do julgamento: 18.07.2012 – Data de registro: 19.07.2012 – Outros números: 139921620108260604).

Em consonância com o acatado, a extinção do processo sem resolução de mérito é medida que se impõe também nos termos dos arts. 485, I e VI, e 330, II, do Código de Processo Civil.

---

[6] Tratando do mesmo assunto:
"Rescisão de compromisso de compra e venda de imóvel. Devolução das parcelas pagas. Sentença de procedência, para determinar a rescisão do compromisso de compra e venda e condenar as Requeridas, solidariamente, à devolução de 90% dos valores pagos pelos Autores. Requeridas SCH02 e Trisul não recolheram os valores do preparo e do porte de remessa e retorno, o que resulta na deserção do recurso. Requerida Abyara não celebrou o compromisso de compra e venda. Participação limitada à intermediação imobiliária e corretagem. Devida a comissão, porque o negócio foi concluído. Recurso das requeridas SCH02 e Trisul não conhecido e recurso da requerida Abyara provido, para afastar, quanto a ela, a condenação à restituição de valores pagos pelos autores, e condenar os autores ao pagamento das despesas processuais da requerida Abyara e dos honorários advocatícios dos patronos da requerida Abyara (fixados em R$ 1.500,00, com correção monetária e juros moratórios de 1% ao mês, ambos contados desde hoje com execução somente se comprovado que os autores perderam a condição de beneficiários da gratuidade processual)" (TJSP – 0000521-59.2010.8.26.0562 – Apelação – Relator: Flavio Abramovici – Comarca: Santos – Órgão julgador: 2ª Câmara de Direito Privado – Data do julgamento: 13/03/2012 – Data de registro: 13/03/2012 – Outros números: 5215920108260562).

IV – Verdade dos fatos

O autor propôs a presente ação de repetição de indébito em razão da aquisição que fez de imóvel da requerida (...) (fls...) nos termos do contrato (fls... e documento 2).

Alega, em síntese, na sua fabulada história, que no ato da assinatura do contrato de promessa de venda e compra do imóvel, além de ter pago o sinal negociado, fora compelido a pagar comissão de corretagem diretamente aos intermediadores de plantão em estande de vendas do empreendimento, que emitiram recibo (fls.) (documento 13), no importe de R$ (...).

Perde-se, assim, o requerente, em linhas e linhas de divagações, a pintar o quadro de desinformado e enganado pela parte mais forte, a requerida.

Parece, nesta sua longa trajetória, que não tem conhecimentos, mínimos que sejam, para enfrentar a celebração de contrato e, após celebrá-lo, cumprir seus termos.

Esquece-se, neste momento, que se qualificou como (...) de quem se espera o mínimo de tirocínio na celebração de negócios.

Posta assim a questão, a ré refuta visceralmente as infundadas acusações e a pecha imposta pelo requerente.

A ré é empresa séria, com mais de 40 anos no mercado e não admite as irresponsáveis acusações que foram lançadas pelo autor.

Não ludibria ninguém, não sonega e cumpre suas obrigações com exação.

A bem da verdade, a insurgência do autor se limita à alegação segundo a qual teria "pago por fora" comissão de corretagem de R$ (...) e Serviço de Assessoria Técnico-Imobiliária (SATI) de R$ (...), requerendo a condenação da ré a devolvê-los em dobro.

Trata-se, a toda evidência, de artimanha do autor para ludibriar o leitor de sua exordial.

Realmente, não está mesmo agindo de forma séria.

Ora, Excelência, para concluir diversamente da pretensão autoral e, conseguintemente, derrubar toda a pretensão estampada na exordial, basta verificar a planilha de cálculo da unidade adquirida (fls... – documento 13) devidamente assinada pelo autor na mesma data da assinatura do contrato de promessa de venda e compra (...), para constatar com extrema singeleza, que o valor total do negócio foi de R$ (...) e que, descontada a comissão (R$...), resultou no valor de R$ (...) para a unidade, exatamente o valor que consta de seu respectivo contrato (doc. 02).

Extrai-se da planilha firmada pelo requerente (fls. 22 / doc. 13):

(Colocar imagem digitalizada da planilha/proposta)

Como se vê, o autor tenta se fazer de enganado e forçado a efetuar o pagamento de (...) aos corretores pela intermediação da venda e pelo SATI, quando, na verdade, é ele quem está intentando iludir este Douto Juízo e a requerida, distorcendo descaradamente a verdade provada por documento com a alegação mentirosa que fundamenta seu pedido, de forma a tentar fazer parecer que a ré agiu em desacordo com o contrato e com a boa-fé, quando quem toma estas atitudes é ele, autor.

Nota-se com clareza e singeleza que a planilha firmada pelo requerente traz expressa menção ao valor da comissão devida ao corretor (R$...), do SATI (R$...) e do valor devido à incorporadora constante do contrato (R$ ...).

Impossível cogitar-se, portanto, que o requerente não tinha ciência dos valores que teria que desembolsar e que o fora forçado a tanto.

Ora, tal afirmação do autor, que não condiz com a realidade, causa, ainda, estranheza à ré, pelo simples fato de ser o requerente pessoa acima da média já que se qualifica como (...), que também adquiriu mais outras duas unidades no mesmo empreendimento (...) e, portanto, com nível de compreensão elevado ou, no mínimo, acima da média do homem normal, de quem se pode esperar atenção e discernimento ao contratar.

O autor, ademais, antes mesmo de apor sua assinatura no contrato, teve a oportunidade de analisá-lo com serenidade e atentamente, bem como indagar qualquer dúvida – como é de se pensar de alguém que vai alocar quantias na compra de unidade imobiliária, especialmente quando se trata de publicitário.

No momento da celebração do contrato, as condições lhe eram favoráveis, do contrário não o teria firmado. Agora, pretende, de má-fé, obter vantagem indevida com desconto de valores que já foram descontados do valor total que expressamente concordou.

Em suma, como cabalmente demonstrado, a alegação em sua petição inicial de que fora forçado a pagar a comissão de corretagem não está correta, ficando desde já expressamente impugnada pela requerida.

De mais a mais, o autor atua de forma especulativa no mercado imobiliário, haja vista que:

a) é promitente comprador de mais outras duas unidades do empreendimento (...) (documentos 3 e 4);

b) já cedeu a terceiros os seus direitos contratuais do contrato de promessa de venda e compra da unidade (...) e da unidade (...) (documentos 7 e 8);

c) promove perante este Foro mais duas ações: uma ação de resolução contratual em face da (...) em que pede repetição de indébito (processo n. ... – documento 9) e uma ação de repetição de indébito com exordial de idêntico teor da presente, em face da (...) (processo n. ...) já extinta com fundamento no art. 51, III, da Lei 9.099/95 – documentos 10 e 11) e na qual também requereu repetição de pagamentos relativos a comissão de corretagem.

Assim, ao que parece, o autor está mesmo imbuído de má-fé.

Portanto resta patente a temeridade da lide na exata medida em que deduz sua pretensão contra fato incontroverso e altera a verdade dos fatos, sendo mister a sua condenação por litigância de má-fé nos termos do art. 80, I e II, do CPC, ao pagamento de multa de 10% do valor da causa e à indenização de todas as despesas, que são as seguintes (...), inclusive os honorários contratuais dos patronos da ré, além daqueles arbitrados a título de sucumbência nos termos do art. 81, *caput* e § 3º, do CPC.

Em síntese, estes os fatos dignos de nota e rebate.

V – Direito

Dos fatos provados por documentos, notadamente a planilha de cálculos comparada com o contrato, é de solar clareza que do valor do imóvel efetivamente acertado, descontou-se o valor devido a título de comissão de corretagem, pago diretamente pelo requerente e somente o saldo foi colocado no contrato entre as partes.

A jurisprudência do Tribunal de Justiça de São Paulo vêm emprestando validade à praxe contratual, negando o pedido de restituição do que foi pago a título de comissão nesses casos, como faz o requerente na vertente ação, nos termos extraídos do teor dos seguintes votos condutores:

"O costume é que a corretora pessoa jurídica receba a comissão sobre a venda e ela, em seguida, faça internamente o rateio proporcional, retendo para si uma parte, e o restante distribuído entre os profissionais que participaram do negócio.

Desta forma, da comissão total, no valor de R$ 42.807,15 e que integram o preço do imóvel, no importe de R$ 1.306.950,00, ficou assim distribuída a comissão: R$ 24.559,07 para a ré (...), R$ 13.652,00 para a corretora (...), e R$ 4.556,08 para a corretora (...).

(...)

O que ocorreu, no caso concreto, foi o encurtamento da distância que o valor da comissão teria que percorrer até aos seus destinatários se tivesse que ser pago pela vendedora. O comprador, pagando a comissão diretamente aos profissionais e à (...) de forma desmembrada, agilizou a remuneração dos serviços prestados por todos os envolvidos no negócio.

Por motivos de ajuste entre a vendedora (...) e a corretora (...), foram estipulados os pagamentos da forma como narrado, não havendo nada de irregular" (TJSP – Apelação n. 367.321.4/7-00 – 7ª Câmara de Direito Privado. rel. Des. Élcio Trujilo – j. em 11.11.2009)

Afinal, de qualquer maneira, a comissão sempre é paga pelo comprador, seja indireta ou diretamente como no caso, pois seu custo é embutido no preço do imóvel.

"Em verdade, a comissão é devida pelo vendedor, mas quem paga, ao final, é o comprador, porque ela vem embutida no preço. Nada obsta, no entanto, que ela venha a ser destacada e seja transferida (expressamente) ao comprador, como parte do preço. Essa prática não é incomum e tem, evidentemente, razões fiscais" (TJSP – Apelação n. 0131555-88.2010.8.26.0100 – 7ª Câmara de Direito Privado – Rel.: Des. Luiz Antonio Costa – j. em 07.02.2012).

Importante verificar que é admitida a possibilidade de transferir a obrigação de pagamento da comissão para o promitente comprador, sem direito à restituição, até nos casos de *resolução do compromisso de compra e venda*.

Assim, nos termos do julgado abaixo, já mencionado na preliminar de ilegitimidade, eis a solução dada pelo Tribunal de Justiça de São Paulo que agora se repete:

"(...) Preliminar de ilegitimidade passiva. Cabimento. Relação de intermediação de vendas, do qual não participaram as rés, o que as torna parte ilegítima para responder pela respectiva comissão de corretagem. Comissão de corretagem. Reconhecimento de que, ainda que a praxe seja seu pagamento pelo vendedor (comitente-contratante), inexiste óbice à avença em sentido diverso, carreando tal ônus ao comprador. Assinatura de documento que claramente dispunha acerca da comissão de corretagem. Verba que é devida sempre que a intermediação se efetive, com a assinatura do instrumento particular de venda e compra, ainda que este não se aperfeiçoe, por desistência das partes, como no caso em apreço. Inteligência do art. 725, CC. Sentença de procedência. Recurso provido para julgar extinto o processo, sem conhecimento do mérito" (TJSP – 0013992-16.2010.8.26.0604 – Apelação – Relator: James Siano – Comarca: Sumaré – Órgão julgador: 5ª Câmara de Direito Privado – Data do julgamento: 18.07.2012 – Data de registro: 19.07.2012 – Outros números: 139921620108260604).

Compulsando-se os autos, verifica-se que as partes assinaram o "Instrumento Particular de Promessa de Venda e Compra" (doc. 02), sendo que constou expressamente do contrato que o preço do imóvel era de R$ (...), ocasião em que também foi apresentada planilha de cálculo que previa o valor da corretagem de R$ (...) (fls... documento 13).

Ora, ainda que em regra a vendedora, ré, suporte o pagamento da comissão pela intermediação do negócio, como de fato ocorreu no vertente caso, em que o preço pactuado foi de R$ (...) e aceito pelas partes (fls... – documento 13), nada impede que o comprador assuma o pagamento mediante desconto no preço, como de fato ocorreu.

Aliás, esta é praxe corrente no mercado e nada tem de ilegal desde que dada ciência ao adquirente, como de fato ocorreu nos autos, não se podendo admitir a afirmação de que fora induzido a erro ou sofreu pressão, não só porque é dever de todos lerem o que assinam, como porque se qualifica como empresário, o que presume o necessário tirocínio suficiente para compreender com exatidão o teor das cláusulas do instrumento que pactuou e bem assim, da planilha de cálculo (fls... – documento 13), extremamente simplificada.

Ressalte-se que o simples fato de se tratar de contrato de adesão não torna, por si só, suas cláusulas abusivas, nem tampouco retira a vontade do consumidor, que tem livre arbítrio em assiná-lo ou não, podendo perfeitamente procurar outro empreendimento, cujas disposições contratuais se mostrem, a seu ver, mais justas.

Assim, imperativo que se demonstrasse a abusividade, o que, pelo atento exame, não se dá no caso vertente em relação à taxa de corretagem, não havendo, por conseguinte, que se falar em repetição do indébito.

Ademais, observa-se que houve realmente a prestação dos serviços de inter-mediação, tendo a (...) mantido estande e funcionários especializados para atendi-mento ao público, de tal sorte que não houve propaganda enganosa, na medida em que o imóvel foi vendido pelo preço divulgado e acertado entre as partes (documento...).

Quanto ao valor, ressalte-se que o percentual pago a tal título está abaixo daquele estipulado pelo CRECI – Conselho Regional dos Corretores de Imóveis de São Paulo, entre 6 e 8% para venda de imóveis urbanos.

Sendo assim, a despeito dos argumentos apresentados e dos dispositivos legais mencionados, extraídos do Código de Defesa do Consumidor, não se vislumbra qualquer irregularidade na referida cobrança.

No mesmo sentido dos julgados já mencionados, é possível colacionar, ainda, os seguintes:

> *"Repetição de Indébito. Compromisso de compra e venda. Compradora pretende devolução em dobro dos valores pagos a título de comissão para imobiliária. Ausência de irregularidade na cobrança acertada entre as partes. Sentença de improcedência. Recurso contra essa decisão, desprovido" (TJSP – AC 9139228-27.2006.8.26.0000 – Relator Des. Teixeira Leite – 4ª Câmara de Direito Privado – j. em 08.04.2010).*

> *"Compromisso de compra e venda. Imóvel. Ação ordinária com pedido de declaração de nulidade c.c. repetição de indébito e abatimento de valores. Sentença de parcial procedência. Simulação maliciosa. Ato bilateral. Impossibilidade de arguir o defeito ou alegá-lo em litígio de uma contra a outra parte (Código Civil de 1916, art. 104). Coação não demonstrada. Elementos dos autos que comprovam o pagamento voluntário dos valores pelo comprador. A má-fé não se presume, sendo ineficaz sua mera alegação. CC/1916, arts. 964 e 971 (CC/2002, arts. 876 a 883). Inaplicabilidade. Ausência de indébito. Comissão de corretagem imobiliária. Pagamento pelo comprador. Quitação dada pela intermediadora mediante desconto nos valores repassados à vendedora. Abatimento indevido. Ação improcedente. Sentença reformada. Redistribuição dos ônus da sucumbência. Recurso da ré provido e recurso do autor desprovido" (TJSP – Voto n. 17061 – Apelação n. 489.667.4/5-00 – São Paulo – j. em 11.03.2008).*

Por fim, quanto ao SATI, de R$ (...), mister se faz salientar que houve contrata-ção por parte do requerente por sua livre iniciativa (fls... – documento 13), não se podendo falar em qualquer imposição, até pelas razões já mencionadas. Repete-se, para melhor visualização, a cópia da proposta:

(...)

Neste sentido:

> *"Compromisso de compra e venda de imóvel Ação declaratória de nulidade de contratual c. c. pedido de restituição de valores e indenização por danos morais SATI (Serviço de as-sessoria técnico judiciária). Assessoria contratada pelo autor em instrumento autônomo, no qual estão devidamente discriminados os serviços que ele estava contratando Inexistência de venda casada. Sentença mantida. Recurso desprovido" (TJSP – Apelação Cível nº 0004893-64.2010.8.26.0008).*

MODELOS DE PEÇAS NO NOVO CÓDIGO DE PROCESSO CIVIL – *Luiz Antonio Scavone Junior*

Fundamentou o relator:

"o que se tem é que o autor realizou a contratação dos serviços da empresa Sati (fls. 36), e ao fazê-lo aceitou a prestação de serviços objeto do contrato, prestação de serviços esta que ficou a sua disposição". Logo, a r. sentença recorrida é muito clara neste ponto, até mesmo intuitiva. E além de ser perfeitamente clara, a conclusão do D. Magistrado singular está correta. É que, no caso concreto, o autor não logrou êxito em demonstrar que de fato houve a chamada "venda casada", assim como não mencionou "nenhum ato de violência ou coação irresistível para que ele viesse a realizar tal contratação" (trecho da r. sentença recorrida). Ao contrário, assinou livremente o "Contrato de Prestação de Serviço de Assessoria Técnico Imobiliária" de nº 003744, copiado às fls. 36, em instrumento apartado do compromisso de compra e venda e no qual está discriminado, de maneira clara e inequívoca, os serviços que estava contratando (e que não se confundem com serviços de corretagem), bem como a remuneração a eles relacionada, estando conforme ao que preceitua o artigo 31 do CDC. 15. Logo, não se pode falar em cobrança indevida, tampouco em venda casada, razão pela qual a rejeição da pretensão veiculada na petição inicial era mesmo de rigor. 16. Inexistindo ato ilícito (cobrança indevida, venda casada, etc.), inexiste também o dever de indenizar."

Outrossim, não se pode olvidar de outro fato importante: o autor vem ingressando na justiça comum e neste juizado especial e com demandas contra outras construtoras, se utilizando da mesma pérfida argumentação apresentada nesta ação, ao que se verifica da cópia das exordiais das ações de ns. (...) (documento 09) e (...) (já extinta – documentos 10 e 11), o que torna clarividente o seu firme propósito de locupletar-se indevidamente.

Em suma, adquiriu diversos imóveis e, nesta qualidade, tampouco se qualifica como consumidor já que não é crível que, qualificado como (...), adquira inúmeros imóveis, de construtoras diversas e seja, em todos os casos, destinatário final, ausente, portanto, o requisito insculpido no art. 2º da Lei 8.078/1990.

Assim, é evidente – evidentíssimo, aliás – que compra imóveis para especular e, agora, com o abuso do direito de ação, como uma metralhadora giratória, pretende maximizar seus lucros propondo ações contra todas as construtoras das quais adquiriu para se locupletar ilicitamente e aumentar seus lucros com redução indevida do preço que efetivamente, licitamente e conscientemente contratou.

VI – Pedido

Preliminarmente, requer seja o presente feito extinto, com supedâneo no art. 51, III, da Lei 9.099/95, uma vez que o autor não é consumidor e o contrato elege o Foro de São Paulo/SP.

Caso não seja este o entendimento de Vossa Excelência, requer seja a presente ação extinta sem resolução de mérito, diante da ausência de condições da ação, notadamente da ilegitimidade ativa do autor e passiva da ré, nos termos dos artigos 485, I e VI, e 330, II, ambos do CPC.

Caso este não este D. Juízo não entenda pelo julgamento preliminar, requer, no mérito, até em razão da existência de incidente de uniformização mencionado nesta resposta, sejam julgados totalmente improcedentes os pleitos formulados na petição inicial e, de qualquer forma, com as cominações de praxe.

Haverá o requerente de ser condenada, ainda, por litigância de má-fé nos termos do art. 80, I e II do CPC, ao pagamento de multa de 10% do valor da causa e à indenização de todas as despesas, que são as seguintes (...), inclusive os honorários contratuais dos patronos da ré, além daqueles arbitrados a título de sucumbência nos termos do art. 81, *caput* e § 3º do CPC.

Protesta-se desde já pela produção de todas as provas em direito admitidas, sem exceção de qualquer uma.

Cap. 3 · PROCEDIMENTO COMUM | 59

Termos em que,
pede deferimento.
Data
Advogado (OAB)

3.4. RÉPLICA

MM. Juízo da (...) Vara (...) da Comarca de (...)

(...), já qualificados na ação rescisória, cumulada com devolução de valores que movem em face de (...) vem, respeitosamente, perante Vossa Excelência, com fundamento no art. 350 e 351 do Código de Processo Civil, apresentar sua manifestação à contestação:

I – Preliminares

a) Em relação às preliminares, alega o réu:

a.1) que o valor atribuído pela autora deve ser corrigido por Vossa Excelência nos termos do art. 292, § 3º, do Código de Processo Civil, determinando o complemento das custas no prazo legal sob pena de indeferimento da inicial (CPC, art. 321, parágrafo único).

Entretanto, o valor da causa corresponde exatamente ao valor do contrato atualizado, não sabendo a autora, diante da alegação genérica, qual o fundamento da preliminar deduzida.

Neste sentido, segue o cálculo do valor atualizado do contrato: (...)

a.2) Incompetência (CPC, art. 64), tendo em vista que aduz ser consumidor e, nessa medida, tratando-se de relação de consumo, nos termos do art. 101, I do Código de Defesa do Consumidor, o reconhecimento da incompetência do juízo com a remessa do processo para o foro (...), inclusive com a suspensão da audiência de conciliação já designada (CPC, art. 340, § 3º).

Todavia, a ação foi proposta no foro do local do imóvel, competente para dirimir questões decorrentes de compromisso de compra e venda nos termos Lei Estadual n. 3.947/1983, art. 4º, I, "a" e "b", segundo o qual é competente o foro regional do local do imóvel, independentemente do valor da causa e, nesse sentido:

Tribunal de Justiça de São Paulo. "Conflito negativo de competência. Ação de rescisão contratual, fundada em compromisso de compra e venda de imóvel. Redistribuição do feito ao Foro Central, em razão do valor da causa exceder o limite de quinhentos salários mínimos. Inviabilidade. Competência funcional dos foros regionais que, na hipótese, independe do valor atribuído à causa, conforme exceção prevista no artigo 4º, inciso i, alínea 'b', da lei estadual nº 3.947/83. Conflito conhecido, com a declaração da competência do juízo suscitado" (Conflito de Competência 0013210-36.2014.8.26.0000 – Relatora: Claudia Lucia Fonseca Fanucchi – Comarca: São Paulo – Órgão julgador: Câmara Especial – Data do julgamento: 26.05.2014 – Data de registro: 27.05.2014).

Outrossim, o réu é especulador, adquiriu diversos imóveis para especulação e, inclusive, pretende revender o imóvel objeto da vertente refrega (documento...).

Sendo assim, não é destinatário final e, consequentemente, nos termos dos arts. 2º e 3º do Código de Defesa do Consumidor a este diploma legal não se submete, não atraindo, assim, a aplicação da prerrogativa de foro do art. 101, I da Lei Consumerista:

Tribunal de Justiça de São Paulo. "Compromisso de compra e venda – Fundo de comércio – Preliminares corretamente afastadas – Cerceamento de defesa – (...) Indenização por danos

60 | MODELOS DE PEÇAS NO NOVO CÓDIGO DE PROCESSO CIVIL – *Luiz Antonio Scavone Junior*

morais – Restituição de valores – Inadmissibilidade – Contrato de alto risco comum no ramo de atividade e de conhecimento dos compradores – Inviabilidade de devolução do montante gasto na recuperação do imóvel e aquisição de bens para reestruturação e modernização – Dispêndio destinado ao aumento da capacidade produtiva visando lucro por iniciativa exclusiva do investidor – Ônus da sucumbência repartidos igualitariamente – Recurso provido em parte, com observação. Perdas e danos – Lucros cessantes – Improcedência – Afastamento mantido por seus próprios fundamentos – Inaplicabilidade do Código de Defesa do Consumidor – Contrato não derivado de relação de consumo, o que desautoriza a restituição de valores pagos – Inviabilidade do retorno ao status quo ante em razão da característica do negócio realizado, além da locação a terceiro de boa-fé – Ônus da sucumbência repartidos igualitariamente – Recurso provido em parte" (Apelação 0087483-35.2004.8.26.0000 – Relator: Joaquim Garcia – Comarca: Itapecerica da Serra – Órgão julgador: 8ª Câmara de Direito Privado – Data do julgamento: 27.05.2009 – Data de registro: 08.06.2009 – Outros números: 3428604300).

a.3) Ilegitimidade de parte: Nos termos do art. 338 do Código de Processo Civil, em razão da cessão noticiada à fls. (...), propugna o réu a sua ilegitimidade com a substituição pelo cessionário.

Nada obstante, a cessão confessadamente feita sem a anuência da autora a ela não pode ser oposta e, nesta medida:

Tribunal de Justiça de São Paulo. *"Agravo de instrumento. Suspensão da ordem de reintegração de posse deferida na sentença como efeito da resolução do contrato de compromisso de compra e venda inadimplido. Impossibilidade. 1. Contrato de compromisso de compra e venda. Cessão dos direitos a terceiro sem anuência da compromissária vendedora. Não se discute a validade dos "contratos de gaveta" entre as partes contratantes, mas não é razoável admitir a sua oposição em face da compromissária vendedora que a ele não anuiu. Diante da falta de anuência da agravante à cessão de direitos celebrada entre o agravado e os compromissários compradores originais, não havia impedimento à resolução do contrato de compromisso de compra e venda, e à consequente reintegração de posse do imóvel em seu favor. 2. E não importa o fato de que o agravado não integrou o polo passivo da demanda na qual foi determinada a reintegração de posse, pois, se o ocupante do imóvel recebeu a posse dos compromissários compradores, está sujeito ao destino que receber o contrato originário e por isso não precisava ser chamado ao processo. 3. Vale lembrar, ainda, que a posse dos cessionários sobre o imóvel tem o mesmo caráter, porque derivada, da posse do cedente, de forma que se é injusta a posse do cedente em razão da sua natureza precária, aquela da qual foi derivada é igualmente injusta, daí o acerto em manter a reintegração de posse. Recurso provido para autorizar o cumprimento da ordem de reintegração de posse do imóvel deferida em favor da agravante" (Agravo de Instrumento 0106112-42.2013.8.26.0000, rel. Carlos Alberto Garbi, 10ª Câmara de Direito Privado, j. em 03.09.2013, Registro: 05.09.2013).*

Posta assim a questão, o réu é, evidentemente, parte legítima, devendo ser afastada a alegação preliminar.

II – Mérito

(argumentos para rebater o mérito)

III – Litigância de má-fé

Em virtude do que foi exposto, demonstrando ausência de qualquer obrigação com os princípios da lealdade processual, verdade e boa-fé, a ré alegou inércia proposital dos autores afrontando documento elaborado por ela própria (documento 1), tentando mascarar a verdade e embair a média argúcia.

Assim, aduz contestação contra fatos incontroversos, sem qualquer argumento lógico, para fins manifestamente procrastinatórios, tumultuando o processo e altercando-lhe a verdade processual.

De acordo com o art. 80 do Código de Processo Civil, litiga de má-fé:

"Art. 80. Considera-se litigante de má fé aquele que:

I – deduzir pretensão ou defesa contra texto expresso de lei ou fato incontroverso.

II – alterar a verdade dos fatos.

(...)

V – proceder de modo temerário em qualquer incidente ou ato do processo"

Alterar a verdade dos fatos, segundo Nelson Nery Jr. e Rosa Maria Andrade Nery,

"(...) consiste em afirmar fato inexistente, negar fato existente ou dar versão mentirosa para fato verdadeiro. A Lei 6.771/1980 retirou o elemento subjetivo 'intencionalmente' desta norma [se referindo ao equivalente art. 17 do CPC/1973], de sorte que não mais se exige a intenção, o dolo de alterar a verdade dos fatos para caracterizar a litigância de má-fé. Basta a culpa ou o erro inescusável. A responsabilidade do litigante de má-fé que causa dano processual é aferida e determinada nos mesmos autos, não havendo necessidade de ser ajuizada ação autônoma para tanto."

Ensinam, ainda:

"Não é apenas o fato incontroverso do CPC, art. 334, II e III [atual 374, II e III], que é aquele afirmado por uma parte e não contestado pela outra. Este contém um Plus caracterizado pela impossibilidade de seu desconhecimento pela parte que deduz suas alegações no processo. O litigante temerário age com má-fé, já que busca êxito que sabe ser indevido. A imprudência ou simples imperícia, mesmo não configurando lide temerária, caracteriza imprudência grave, vez que decorre de erro inescusável, o que, segundo Mortara, não permite hesitação do Magistrado em considerar a má-fé."

Em casos como esses, os Tribunais têm decidido pela condenação.

Ante o exposto e reiterando os termos contidos na exordial, espera a autora o afastamento das preliminares nos termos desta réplica e, reconhecida a legitimidade do réu, seja a ação julgada procedente, condenado o réu em custas, despesas processuais, honorários de advogado e litigância de má-fé em multa de 10% sobre o valor da causa (CPC art. 81, *caput*)[7], por ser medida de inteira justiça!

Termos em que,

p. deferimento

Data

Advogado (OAB)

Documentos: (...)

---

[7] No REsp 1628065/MG, o STJ pacificou a desnecessidade de dano processual para aplicação da multa nos seguintes termos: *O dano processual não é pressuposto para a aplicação da multa por litigância de má-fé a que alude o art. 18 do CPC/73* [correspondente ao art. 81 do atual CPC], *que configura mera sanção processual, aplicável inclusive de ofício, e que não tem por finalidade indenizar a parte adversa.*

3.5. EMENDA DA INICIAL PARA SUBSTITUIR O RÉU EM RAZÃO DE ALEGAÇÃO DE ILEGITIMIDADE EM CONTESTAÇÃO

MM. Juízo da (...) Vara (...) da Comarca de (...)

(...), vem, respeitosamente, perante Vossa Excelência, na ação (...) que propôs em face de (...), nos termos do art. 338 do CPC, requerer o quanto segue.

Tendo em vista a alegação do réu na contestação e revendo seus arquivos, de fato houve cessão anuída do contrato cuja resolução se requer.

Posta assim a questão, com fundamento no art. 338 do Código de Processo Civil, requer-se a substituição do réu pelo indicado na contestação, Sr. (...).

Em consonância com o acatado, requer-se a fixação do reembolso de custas e honorários devidos ao réu original, ora substituído no mínimo legal de 3% do valor atribuído à causa determinado no parágrafo único do art. 338 do Código de Processo Civil, requerendo, outrossim, a juntada da petição inicial alterada que segue anexa e, bem assim, a citação do novo réu.

Termos em que, juntando as custas para a citação,

P. deferimento,

Data

Advogado (OAB)

3.6. EMENDA DA INICIAL PARA INCLUIR RÉU EM RAZÃO DE ALEGAÇÃO DE ILEGITIMIDADE EM CONTESTAÇÃO

MM. Juízo da (...) Vara (...) da Comarca de (...)

(...), vem, respeitosamente, perante Vossa Excelência, na ação (...) que propôs em face de (...), nos termos do art. 338 do CPC, requerer o quanto segue.

Tendo em vista a alegação do réu na contestação, de cessão dos direitos sem consentimento do autor, mister se faz a inclusão do cessionário, o que desde já se requer.

Isto porque entende a jurisprudência a aplicação do instituto da solidariedade entre cedente e cessionário quando não há, como no vertente caso – anuência do credor, ora autor.

Nesta medida:

Tribunal de Justiça de São Paulo. *"Compromisso de Compra e Venda. Reintegração da posse. Cessão irregular do contrato, sem anuência da comprometente-vendedora. Solidariedade entre cedente e cessionário. Ineficácia em relação ao vendedor. Apelação provida em parte, para a resolução do contrato sem a pretendida reintegração de posse da cessionária da ré, não citada para a ação"* (Apel. Cív. nº 28.511-4 – São Paulo – 2ª Câmara de Direito Privado – rel. Vasconcellos Pereira – 01.09.1998 – v.u.).

Posta assim a questão, até para possibilitar a eficácia da decisão em face do cessionário, com fundamento no art. 338 do Código de Processo Civil, requer-se a integração do Sr. (...), na qualidade de litisconsorte passivo.

Em consonância com o acatado, requer-se a juntada da petição inicial alterada que segue anexa e, bem assim, a citação do litisconsorte (...).

Termos em que, juntando as custas para a citação,

P. deferimento,

Data

Advogado (OAB)

Cap. 3 · PROCEDIMENTO COMUM | 63

3.7. PETIÇÃO INICIAL – COBRANÇA DE DÉBITOS CONDOMINIAIS – UTILIZAÇÃO DA FACULDADE DA AÇÃO DE CONHECIMENTO AINDA QUE HAJA TÍTULO EXECUTIVO EXTRAJUDICIAL (CPC, ART. 785)

MM. Juízo da (...) Vara (...) da Comarca de (...)

(...), vem, respeitosamente, perante Vossa Excelência, por seu advogado (documento 1 – convenção de condomínio, ata de eleição do síndico e procuração) aforar, pelo procedimento comum, em face de (...), a competente

Ação de cobrança de despesas condominiais

o que faz com supedâneo no art. 319 e seguintes do Código de Processo Civil, arts. 1.336, I, e 1.348, VII, do Código Civil, e pelos argumentos de fato e de direito a seguir aduzidos:

I – Fatos e Direitos

Antes até da narração dos fatos, esclarece o condomínio autor que possui interesse na formação de título executivo judicial em que pese o fato da admissão da via executiva, o que faz nos termos do art. 784, X, do Código de Processo Civil.[8]

Nesse sentido o mandamento insculpido no art. 785 do Código de Processo Civil:

"Art. 785. A existência de título executivo extrajudicial não impede a parte de optar pelo processo de conhecimento, a fim de obter título executivo judicial."

Posta assim a questão, o réu é proprietário do imóvel onde reside, ostentando, portanto, a condição de condômino.

Todavia, não vem cumprindo a obrigação de pagar as despesas condominiais do seu imóvel (documento 2 – cópia da matrícula), estando em débito com o pagamento dos meses de (...).

O réu também não cumpriu a obrigação de pagar a cota extra aprovada na Assembleia de (...) deste ano, por unanimidade, para instalação de porteiro eletrônico, serviço inclusive já realizado na sua unidade (documento 3 – ata da assembleia, bem como cópia da convocação específica).

A cota extra, referente ao porteiro eletrônico, importa em R$ (...).

A Convenção de Condomínio (documento 1) estabelece o vencimento dos rateios de despesas condominiais no primeiro dia útil de cada mês, multa de 2% (dois por cento) para pagamento após o vencimento, prevendo, ainda, juros de mora de 1% (um por cento) ao mês e autoriza a cobrança de correção monetária desde o vencimento da obrigação, além de honorários de advogado de 10% (Código Civil, art. 395).

---

[8] Até porque existe entendimento segundo o qual não cabe a inclusão de condomínios vincendos na execução: TJSP. Despesas de Condomínio – Execução de título extrajudicial – Pedido de inclusão das parcelas condominiais vincendas na ação executiva – Impossibilidade – Ainda que a dívida executada nos autos diga respeito a obrigação consistente em prestações periódicas, é certo que o art. 323 do CPC não se aplica no âmbito do processo de execução, uma vez que carece de exigibilidade a dívida ainda não vencida no momento do ajuizamento da demanda – Recurso não provido, com a manutenção da r. decisão de Primeiro Grau. (2044995-74.2017.8.26.0000 Agravo de Instrumento – Relator: Carlos Nunes; Comarca: São Paulo; Órgão julgador: 31ª Câmara de Direito Privado; Data do julgamento: 04.04.2017; Data de registro: 06.04.2017).

64 | MODELOS DE PEÇAS NO NOVO CÓDIGO DE PROCESSO CIVIL – *Luiz Antonio Scavone Junior*

Até a presente data, assim está demonstrado o débito do réu:

(planilha)

Anexa à presente exordial, o autor oferece cópia da ata da Assembleia Geral Ordinária que aprovou a previsão orçamentária (documento 4).

II – Pedido

Diante de todo o exposto, requer o autor seja a presente ação julgada procedente com a condenação do réu no pagamento da importância de R$ (...), bem como das despesas condominiais que vencerem no curso do processo até a satisfação da obrigação. (Súmula 13 do Tribunal de Justiça de São Paulo; CPC, art. 323), acrescidas de juros de 1% ao mês, correção monetária e honorários de advogado que Vossa Excelência houver por bem arbitrar, respeitados os parâmetros legais.

III – Citação

Requer-se que a citação seja efetuada pelo correio, nos termos dos arts. 246, I, 247 e 248 do Código de Processo Civil, para responder no prazo de 15 dias (art. 335 do Código de Processo Civil), sob pena de serem tidos por verdadeiros todos os fatos aqui alegados (art. 344 do Código de Processo Civil), devendo o respectivo mandado conter as finalidades da citação, as respectivas determinações e cominações, bem como a cópia do despacho do(a) MM. Juiz(a), comunicando, ainda, o prazo para resposta, o juízo e o cartório, com o respectivo endereço.

Ou

Nos termos do art. 246, II, do Código de Processo Civil (justificar o motivo, posto que a citação por Oficial de Justiça é subsidiária) requer-se a citação por intermédio do Sr. Oficial de Justiça para, querendo, responder no prazo de 15 dias (art. 335, do Código de Processo Civil), sob pena de serem tidos por verdadeiros todos os fatos aqui alegados (art. 344 do Código de Processo Civil), devendo o respectivo mandado conter as finalidades da citação, as respectivas determinações e cominações, bem como a cópia do despacho do (a) MM. Juiz(a), comunicando, ainda, o prazo para resposta, o juízo e o cartório, com o respectivo endereço, facultando-se ao Sr. Oficial de Justiça encarregado da diligência proceder nos dias e horários de exceção (CPC, art. 212, § 2º).

IV – Audiência de Conciliação

Nos termos do art. 334, § 5º, do Código de Processo Civil, o autor desde já manifesta, pela natureza do litígio, desinteresse em autocomposição.

Ou

Tendo em vista a natureza do direito e demonstrando espírito conciliador, a par das inúmeras tentativas de resolver amigavelmente a questão, o autor desde já, nos termos do art. 334 do Código de Processo Civil, manifesta interesse em autocomposição, aguardando a designação de audiência de conciliação.

V – Provas

Requer-se provar o alegado por todos os meios de prova em direito admitidos, incluindo perícia, produção de prova documental, testemunhal, inspeção judicial, depoimento pessoal sob pena de confissão caso o réu (ou seu representante) não compareça, ou, comparecendo, se negue a depor (art. 385, § 1º, do Código de Processo Civil).

VI – Valor da causa

Dá-se à presente o valor de R$ (valor do débito e, se houver pedido de cotas vincendas, acrescido de 12 cotas vincendas – CPC, art. 292, §§ 1º e 2º).

Cap. 3 • PROCEDIMENTO COMUM | 65

Termos em que,

pede deferimento.

Data

Advogado (OAB)

3.8. CONTESTAÇÃO DE AÇÃO DE COBRANÇA DE DÉBITOS CONDO-MINIAIS

MM. Juízo da (...) Vara (...) da Comarca de (...)

Autos nº (...)

(...), vem, respeitosamente, perante Vossa Excelência, por seus procuradores, que recebem intimações na (...), nos autos da ação de cobrança de débitos condominiais pelo rito comum, procedimento sumário, que lhes move o (...), processo em epígrafe, apresentar sua

Contestação

o que fazem com supedâneo nos argumentos fáticos e jurídicos que a seguir, articuladamente, passam a aduzir:

I – Resumo da inicial

O autor pretende receber dos réus valores referentes a débitos condominiais – "ação de cobrança de encargos patrimoniais" (*sic*) – além das parcelas que se vencerem no curso da ação. Tal pretensão, como se verá, é completamente despida de fundamento fático e jurídico.

II – Fatos

No dia (...), os réus adquiriram o apartamento (...) do Condomínio (...) da empresa (...), o que fizeram através de instrumento particular de venda e compra com financiamento e pacto adjeto de hipoteca sob nº (...), devidamente registrado à margem da matrícula do imóvel, financiamento este que foi concedido pelo Banco (...).

Todavia, cederam todos os direitos e obrigações referentes ao aludido imóvel através de contrato particular de compromisso de compra e venda, datado de (...) (documento 1), a (...), que passou a residir no imóvel.

Como bem sabe o autor, já que enviou os avisos de cobrança ao cessionário (vide fls. 11 e 12 – documentos 3 e 4 da inicial), a partir do momento em que se operou a cessão (...) – todos os pagamentos devidos pelas despesas condominiais são de responsabilidade e foram efetuados pelo cessionário adquirente, Sr. (...).

Pelo que se observa, a exordial falta com a verdade, vez que jamais houve "insistentes contatos promovidos pelo condomínio", até porque os avisos foram enviados ao próprio Sr. (...) e não aos réus! (fls. 11 e 12 – item 3 da inicial) (documento 2 em anexo extraído das fls.).

Portanto, se os pagamentos não foram efetuados, não o foram em face de já ter sido operada a cessão dos direitos e obrigações da unidade 73 a terceiro – Sr. (...) – fato esse de pleno conhecimento do autor, até porque a esse terceiro enviou as "cartas de cobrança" (fls. 11 e 12).

Os réus receberam uma única correspondência (telegrama – documento 3) em (...), que, de maneira falaciosa, informava que a ação (já proposta!) – seria aforada em 48 horas no caso de não atendimento.

MODELOS DE PEÇAS NO NOVO CÓDIGO DE PROCESSO CIVIL – *Luiz Antonio Scavone Junior*

Imediatamente após o recebimento da missiva, o corréu (...) esteve no escritório dos patronos do autor, tendo sido recebido pelo Dr. (...).

Nessa oportunidade, demonstrando boa-fé, entregou-lhe cópia do contrato de cessão firmado com o Sr. (...), quando foi ratificada a inverdade de que o condomínio ainda não havia ingressado com a ação de cobrança.

Aos réus ainda foi dito que é fato notório no prédio, e de conhecimento do "síndico", a circunstância do atual titular ser o Sr. (...), já que o mesmo pretendeu candidatar--se a síndico, o que só não foi possível em virtude de encontrar-se em débito com as contribuições e, por tal razão, impedido de concorrer nos termos da Convenção.

Mesmo assim os réus notificaram o condomínio no sentido de esclarecer que nenhum direito ou obrigação mais lhes competia em face da unidade 73 (documento 4).

Diante de tudo o quanto foi exposto, com surpresa, receberam a citação para a presente ação de cobrança de débitos condominiais.

III – Preliminares

a) Ilegitimidade passiva

Os réus são partes manifestamente ilegítimas para figurar no polo passivo da presente ação.

Como se prova do instrumento de cessão (documento 1) e das próprias cartas enviadas pelo condomínio (fls 11 e 12 – item 3 da inicial) (documento 2 em anexo extraído das fls), desde (...) o Sr. (...), tomou posse e passou a residir no imóvel, sendo o titular da unidade condominial e parte legítima para responder a qualquer cobrança de débitos da unidade (...) do Edifício (...).

Convém ressaltar que em caso de cessão de contratos, o cessionário sub-roga-se nos direitos e obrigações do cedente.

Nesse caso, os créditos e os débitos do imóvel são transmitidos ao cessionário.

Destarte, a partir da cessão operada, responsabiliza-se o cessionário pelo pagamento de valores condominiais cobrados.

Aliás, essa é exatamente a decisão a seguir:

> **Tribunal de Justiça de São Paulo.** *"Ação de Cobrança. Despesas condominiais. Existência de Instrumento Particular de Cessão de Direitos não registrado. Ciência inequívoca do condomínio autor quanto à posse do cessionário à época da propositura da ação evidenciada pela emissão dos boletos de cobrança em seu nome. Ilegitimidade passiva ad causam dos cedentes declarada com acerto. Vinculação do cessionário à integralidade das despesas condominiais vencidas e não pagas. (...). Recurso do réu Raphael desprovido, provido em parte o apelo do condomínio autor"* (Apelação 0121978-28.2006.8.26.0100 – Relator: Airton Pinheiro de Castro – 32ª Câmara de Direito Privado – j. em 23.01.2014).

Nem poderia o Condomínio alegar desconhecimento do fato da cessão, vez que, além da notificação, o cessionário – verdadeiro titular da unidade – até postulou o cargo de síndico, conforme dito alhures. Ademais, os "insistentes contatos promovidos pelo condomínio", foram promovidos em face deste – Sr. (...) – e não dos réus, conforme prova os documentos trazidos à colação pelo próprio autor – documentos 3 e 4 da inicial – fls. 11 e 12 dos autos.

Como se pode notar, a hodierna e remansosa orientação jurisprudencial é no sentido de considerar que as despesas de condomínio não são de responsabilidade daquele que detém o título registrado, devendo, em verdade, operar-se em face do adquirente da unidade, independentemente do fato do título aquisitivo não estar registrado na competente Circunscrição Imobiliária:

Tribunal de Justiça de São Paulo. *"Apelação cível. Ação de cobrança. Despesas Condominiais. Sentença que Julgou Extinto o Processo, sem resolução do mérito, nos termos do artigo 267, inciso VI, do Código de Processo Civil [atual art. 485, VI]. Inconformismo. Não acolhimento. Transmissão da posse aos Promissários Compradores, mediante Contrato de Compromisso de Compra e Venda de Imóvel. A ausência de outorga uxória da esposa do Promitente Comprador não impede a validade do referido Contrato. Ilegitimidade Passiva do Promitente Vendedor Configurada. Fato presumidamente de conhecimento do Condomínio Autor. Decisão bem fundamentada. Ratificação da sentença, nos termos do artigo 252, do Regimento Interno. Recurso não provido" (Apelação 0014336-56.2008.8.26.0510 – Relator: Penna Machado – 30ª Câmara de Direito Privado – j. 23.07.2014).*

Como se depreende, é a orientação que mais se coaduna com a lei e com a justiça, vez que no mundo fático é sabida a existência dos chamados "contratos de gaveta", prática já arraigada nos negócios imobiliários que não tem sido ignorada pelo Judiciário, atento à realidade social.

Sendo assim, obrigar o cedente ao pagamento de despesas de exclusiva responsabilidade do cessionário-adquirente seria premiar o enriquecimento ilícito deste que, afinal, é o verdadeiro possuidor e titular do imóvel.

Ora, quem reside no apartamento e usufrui os serviços, água, elevadores e demais equipamentos do prédio?

Por evidente que não são os cedentes, ora réus, que nenhum direito mais possuem sobre o imóvel.

Aliás, a jurisprudência atual acerca do caso em tela, em consonância com os artigos 9º e 12 da Lei 4.591/1964 (arts. 1.334, § 2º, e 1.333, do Código Civil), não é nova e segue a lição de Wilson Melo da Silva, em obra admirável, inclusive reportando-se ao "Fausto", de Goethe, segundo o qual a evolução reflete o social primando sobre o individual, a realidade se impondo à ficção, o fato triunfando sobre a palavra:

Primeiro Tribunal de Alçada Civil de São Paulo. *"Ilegitimidade ad causam – condomínio – despesas condominiais – compra e venda de unidade condominial, imitidos os promitentes compradores imediatamente na posse – irrelevância da não transcrição da escritura no Cartório de Registro de Imóveis – ilegitimidade do promitente vendedor para responder pela ação de cobrança – cobrança improcedente – recurso provido" (Apelação Sumaríssimo nº 605.062-1/00 – São Paulo – 4ª Câmara – 28.07.1995 – relator: Franco de Godoi, decisão: unânime).*

Primeiro Tribunal de Alçada Civil de São Paulo. *"Condomínio – ação de cobrança de despesas condominiais movida contra compromissária-compradora do apartamento, imitida na posse direta, mas sem título dominial registrado – inicial indeferida – recurso provido para que a ação prossiga, admitida a legitimação da ré" (Apelação nº 556.676-8/00 – São Paulo – 8ª Câmara, 27.04.1994, relator: Márcio Franklin Nogueira. Por maioria – JTA (Lex) 147/65).*

Segundo Tribunal de Alçada Civil de São Paulo. *"Cobrança – Legitimidade passiva – Despesas condominiais – Promitente comprador – Vencimento anterior e posterior a aquisição – Reconhecimento. O promitente comprador de imóvel responde pelas dívidas de sua unidade condominial, quer vencidas antes quer vencidas após a aquisição. E pode, ao depois, voltar-se contra quem deixou de pagá-las ao condomínio, por obrigação contratualmente assumida. Apelo provido para acolher integralmente a demanda" (Apel. s/ rev. nº 481.786, 4ª Câm., rel. Juiz Mariano Siqueira, j. em 10.06.1997. No mesmo sentido: Apel. s/ rev. nº 481.960, 6ª Câm., rel. Juiz Carlos Stroppa, j. em 11.06.1997, quanto a promitente comprador ou arrematante: Apel. s/ rev. nº 503.639 – 11ª Câm. – rel. Juiz Mendes Gomes – j. em 1º.12.1997 – quanto a adquirente: Apel. s/ rev. nº 513.564 – 4ª Câm. – rel. Juiz Celso Pimentel – j. em 31.03.1998).*

Tribunal de Alçada do Paraná. *"Apelação cível – Cobrança – Taxas condominiais compromisso de compra e – Venda – Responsabilidade pelo pagamento – Recurso improvido. O*

68 | MODELOS DE PEÇAS NO NOVO CÓDIGO DE PROCESSO CIVIL – *Luiz Antonio Scavone Junior*

promitente-vendedor não é responsável pelo pagamento das taxas condominiais do imóvel vendido. Legislação: CC – art. 530. Doutrina: Washington de Barros Monteiro, Curso de direito civil, 28ª ed., 1990, vol. 3. Orlando Gomes, Direitos reais, 10ª ed., 1994. Caio Mário da Silva Pereira, Condomínio e Incorporações, 5ª ed., Editora Forense, 1988, p. 143" (Apel. Cív. nº 109.031.300 – Curitiba – Juiz Manasses de Albuquerque – 8ª Câm. Cív. – j. em 1º.09.1997 – Ac. nº 6.253 – public.: 19.09.1997).

Tribunal de Alçada Cível do Rio de Janeiro. *"Condomínio. Despesas. Cobrança de cotas. Adquirente. Legitimidade passiva. Em face de recente alteração do parágrafo único do art. 4º. da Lei 4.591/64, reputase com legitimidade passiva, para responder pelos débitos condominiais, o adquirente da unidade imobiliária, como tal considerado o cessionário dos direitos à aquisição da mesma, ainda que o instrumento respectivo não se ache registrado no RGI pertinente. Precedente do STJ" (Apelação Cível nº 2.504/95 – reg. 1973-2, cod. 95.001.02504 – 6ª Câmara – por maioria – Juiz: Luiz Odilon Gomes Bandeira – julgamento: 16.05.1995).*

Tribunal de Justiça do Distrito Federal. *"Processual Civil – ação de cobrança – dívida de condomínio – caráter propter rem – responsabilidade do cessionário de direito sobre o imóvel. 1 – As obrigações oriundas de dívidas de condomínio em edifício têm caráter propter rem, aderindo à coisa e não à pessoa que as contraiu, de forma que o atual cessionário dos direitos sobre o imóvel respectivo responde por elas. 2 – Recurso desprovido. Decisão: Conhecer e improver. Unânime" (Apelação Cível nº 41.548/96 – DF – 14.10.1996 – 4ª Turma Cível – relator: Desembargador João Mariosa – Diário da Justiça, Seção II/Seção III – 20.11.1996 – p. 21.183).*

Falta, portanto, uma das condições da ação, qual seja: a pertinência subjetiva ou a titularidade do direito material.

Assim, deve o autor ser declarado carecedor da ação, extinto o processo sem julgamento de mérito (art. 485, VI, c/c o art. 337, XI, do CPC), condenado a pagar despesas e verba honorária, consoante apreciação equitativa de Vossa Excelência.

b) Ilegitimidade ativa

O Código Civil estabelece que:

"Art. 1.347. A assembleia escolherá um síndico, que poderá não ser condômino, para administrar o condomínio, por prazo não superior a dois anos, o qual poderá renovar-se."

Todavia, não se trata de norma cogente, devendo ser aplicada a convenção do condomínio.

A Convenção do Condomínio (fls. 8 dos autos – cap. V – cláusula primeira) estipula que:

"(...) o condomínio será administrado e representado por um síndico, pessoa física ou jurídica, condômino do edifício, eleito em Assembleia Geral Ordinária, com mandato no máximo, de 01 (um) ano (...)."

Este comando da Convenção é repetido na cláusula dez do mesmo capítulo.

Entretanto, pelo que consta – fls. 7 (documento 1 da inicial) verifica-se que o síndico, além de não ser condômino (síndico profissional), foi eleito por Assembleia Geral Extraordinária, forma vedada pela Convenção do condomínio.

A Convenção é soberana. Conforme preleciona João Batista Lopes sua natureza jurídica é institucional e normativa.

Em consonância com o acatado, à evidência que, da leitura do texto do art. 1.347 do Código Civil, não se extrai a inferência de que se trate de norma cogente.

Sendo assim, pode ser derrogada pela Convenção Condominial que, afinal, *in casu*, proibiu síndico que não seja condômino bem como sua eleição por Assembleia Extraordinária. Esta é a lição de João Nascimento Franco:

"(...) o síndico pode ser condômino, ou pessoa física ou jurídica estranha ao condomínio. À convenção cabe optar pela alternativa legal ou estabelecer critério próprio (...)".

Portanto, não há representação regular do condomínio para a propositura da presente ação. Por via de consequência, inexiste capacidade postulatória dos patronos, uma vez que constituídos por quem não os podia constituir.

"Condomínio. Síndico. Gestão finda. Reeleição. Assembleia. Convocação irregular. Atos não ratificados. Ilegitimidade para estar em juízo. Processo extinto (TJBA)" (RT 582/173).

c) Inépcia da petição inicial

É de ser indeferida a petição inicial, nos termos dispostos no artigo 330, I, do Código de Processo Civil, em face da previsão contida no §1º, inciso III, do citado artigo.

A petição inicial contém um silogismo. É lição velha. Nela está uma premissa maior (fundamentos de direito), uma premissa menor (fundamentos de fato) e uma conclusão (o pedido). Consequentemente, entre os três membros desse silogismo deve haver, para que se apresente como tal, um nexo lógico. Portanto, se o fato não autoriza as consequências jurídicas, a conclusão é falha; se as consequências jurídicas não guardam coerência com os fatos, igualmente; e por último, se a conclusão está em desarmonia com as premissas, ela é inconsequente.

A ação de cobrança, conforme proposta, é ação que emana de uma obrigação de pagar.

Em razão disso, deveria o autor juntar demonstrativo das despesas do condomínio (ordinárias; extraordinárias, fundo de reserva etc.), ou, ao menos, os alegados "recibos", até porque, só para exemplificar, não cabe multa sobre a parcela de fundo de reserva, entretanto, o réu incluiu multa de 20 % sobre um valor total, sem que na exordial haja qualquer elemento que especifique quais são as despesas cobradas, sequer um documento nesse sentido.

Na verdade, o autor limitou-se à juntada de uma memória de cálculos (fls. 30), não demonstrando do que é composta a alegada despesa condominial constante do "recibo" que não juntou.

Segundo Tribunal de Alçada Civil de São Paulo. *"Cobrança – condomínio – despesas condominiais – petição inicial – multa – infração contratual – inclusão – necessidade. Necessidade de inclusão na inicial de demonstrativo do débito, até para permitir contestação específica" (Apel. s/ rev. nº 497.357 – 8ª Câm. – rel. Juiz Narciso Orlandi, j. em 19.11.1997. No mesmo sentido: Apel. s/ rev. nº 505.658 – 2ª Câm. – rel. Juiz Peçanha de Moraes – j. em 29.01.1998).*

Conforme nos ensina J. Nascimento Franco:

"A cobrança das despesas depende do preenchimento dos seguintes requisitos:

a) orçamento previamente aprovado pela Assembleia Geral Ordinária para as despesas rotineiras (art. 24), ou por Assembleia Geral Extraordinária regularmente convocada, para os gastos eventuais não previstos no orçamento anual do condomínio;

b) aprovação por quórum regular previsto na Convenção (art. 24, § 2º); e

c) exibição dos comprovantes."

O autor, além de não juntar os recibos ou demonstrativos, não anexou à exordial cópia da ata da Assembleia Geral que aprovou as despesas (se é que existe esse documento), nos termos do estatuído pelo artigo 24 da Lei 4.591/1964 (art. 1.350 do Código Civil). Nem sequer há qualquer comprovação de que foi cumprida a exigência do § 2º do mesmo artigo.

Sendo assim, não há como os réus rebaterem o mérito e nem como aferir a exatidão da cobrança, o que viola o mandamento insculpido no artigo 5°, inciso LV, da Constituição Federal!

Se os réus devem pagar ao autor, qual a fonte e o fundamento de pagar a quantia alegada? Com que fundamento fático teriam obrigação desse jaez, já que não se juntou o demonstrativo das despesas e tampouco os comprovantes dos requisitos da Lei 4.591/1964?

Posta assim a questão, inexiste um silogismo na enunciação fático-jurídica. Em razão disso, não há lógica no pedido do autor. Portanto, é inepta a petição inicial, devendo o presente processo ser julgado extinto, sem apreciação do mérito.

Em virtude de tudo o quanto foi até aqui exposto, sobretudo em face das questões preliminares levantadas, há manifesta inépcia da inicial, o que impede a defesa de mérito, além de ilegitimidade ativa e passiva para a presente ação, de modo que, data vênia, a petição inicial deveria ter sido liminarmente indeferida nos termos do artigo 330, incisos I e II, do Código de Processo Civil.

Em suma Excelência, a ação padece por múltiplos fatores, impondo-se, por via de consequência, a extinção do processo sem julgamento de mérito com supedâneo nos artigos 485, incisos I, IV e VI, 330, I e II, 337, IV e XI, do Código de Processo Civil, arcando o autor com os ônus da sucumbência.

Se, no entanto, assim não for entendido, o que se admite só por hipótese, à evidência, deve o pedido ser rejeitado estudando-se o

IV – Mérito *ad cautelam*

Pelas questões preliminares levantadas, mormente a questão da inépcia da inicial, os réus encontram-se cerceados no seu direito de defesa, posto que desconhecem a origem a exatidão e a composição das despesas que lhes são imputadas.

Pelo princípio da eventualidade, *ad argumentandum tantum*, pelo amor ao debate, passam os réus a rebater o mérito, já que têm plena convicção de que a Vossa Excelência, à luz do direito, e em face da costumeira justiça e correção das decisões que toma, irá acolher as preliminares arguidas.

a) Multa incidindo sobre o fundo de reserva

É fato, Excelência, que todo condomínio, nos termos do artigo 1.334, do Código Civil, defere à convenção a faculdade de estipular a forma de constituição do fundo de reserva.

Da leitura da convenção (Capítulo...), verifica-se a forma de sua constituição, inclusive pelas multas cobradas dos condôminos.

Nesse caso, cobrar multa sobre a parcela do fundo de reserva constitui um verdadeiro *bis in idem*.

É de verificar-se que, mesmo não apontando qual o percentual sobre o total do "recibo" se trata de fundo de reserva, impossibilitando a defesa de mérito por ausência do próprio recibo ou de demonstrativos, é incontroverso que o autor calculou a multa sobre o total, inclusive sobre o fundo de reserva, o que é inadmissível:

> **Segundo Tribunal de Alçada Civil de São Paulo.** *"Cobrança – Condomínio – Fundo de reserva – Valor acrescido da multa – Descabimento. As parcelas referentes ao fundo de reserva do condomínio não podem ser acrescidas de multa, porque esta deve se destinar apenas ao provimento de despesas ordinárias, que sugere dano ou prejuízo do credor" (Apel. s/ rev. n° 481.922 – 6ª Câm. – rel. Juiz Carlos Stroppa – j. em 30.07.1997).*

Impõe-se, por conseguinte, a exclusão da multa a incidir sobre o valor de eventual fundo de reserva, nos termos da jurisprudência e da convenção, já que o fundo de reserva já é constituído pelas multas.

b) Pretensão às quotas vincendas

Percebe-se que o autor pretende receber as parcelas vincendas nos termos do artigo 323 do Código de Processo Civil.

Todavia, não especifica o termo final e nem protesta pela juntada de novos documentos, no caso, os demonstrativos dessas despesas.

Os Tribunais consideram que, no caso de ação de cobrança de despesas condominiais, o termo final das quotas vincendas é o da audiência:

> **Primeiro Tribunal de Alçada Civil de São Paulo.** *"Juros – Despesas condominiais – Incidência a partir da citação quando então constituída a mora do devedor – Recurso da ré provido. Condomínio – Despesas condominiais – Cobrança – Pretensão do condomínio no alongamento do termo final das prestações vincendas admissibilidade apenas da cobrança das prestações vencidas no curso do processo até a data da audiência – Cobrança, nestes termos procedentes – Recurso da ré provido, improvido o do autor. Nem poderia ser diferente, já que diante do princípio constitucional da ampla defesa (Constituição Federal, art. 5º, LV), estariam os réus diante de condição puramente potestativa, vez que os débitos condominiais não possuem valores prefixados em contrato. Destarte, há necessidade da juntada de demonstrativos até a data da audiência, desde que a juntada seja requerida na exordial – o que não ocorreu – isso para que se permita aos réus impugnar os novos valores se assim entenderem" (Apelação nº 697.126-7/00 – São Paulo – 12ª Câmara – 26.09.1996 – relator: Kioitsi Chicuta – Decisão: unânime).*

c) Da multa, dos juros e da correção monetária (Código Civil)

De acordo com o art. 1.336, § 1º, do Código Civil:

> *"§ 1º O condômino que não pagar a sua contribuição ficará sujeito aos juros moratórios convencionados ou, não sendo previstos, os de um por cento ao mês e multa de até dois por cento sobre o débito."*

Portanto, descabida a pretensão de se cobrar multa moratória de 20%, como pretende o autor.

c.1) Juros de mora e multa

Os juros moratórios, nos termos do art. 405 do Código Civil, somente são devidos após a citação para a presente ação:

> **Primeiro Tribunal de Alçada Civil de São Paulo.** *"Juros – Despesas condominiais – Incidência a partir da citação quando então constituída a mora do devedor – Recurso da ré provido" (Apelação nº 697.126-7/00 – São Paulo – 12ª Câmara – 26.09.1996 – relator: Kioitsi Chicuta – Decisão: unânime).*

Devem, assim, ser excluídos do cálculo do autor, que inclui juros moratórios sem respeitar o comando cogente e cristalino do art. 405 do Código Civil.

c.2) Correção monetária. O autor aplica a correção monetária, sem, contudo, citar qual o índice que está aplicando. Pela variação constante da memória de cálculos deduz-se a aplicação da variação diária da TR (Taxa Referencial).

Entrementes, a TR não reflete a desvalorização da moeda como se pode esperar de um índice de correção monetária, aliás, o Excelso Pretório asseverou que:

> **Supremo Tribunal Federal.** *"A Taxa Referencial (TR) não é índice de correção monetária, pois, refletindo as variações do custo primário da captação dos depósitos à prazo fixo, não constitui índice que reflita a variação do poder aquisitivo da moeda" (ADIN nº 493-DF).*

72 | MODELOS DE PEÇAS NO NOVO CÓDIGO DE PROCESSO CIVIL – *Luiz Antonio Scavone Junior*

Neste sentido os Tribunais pátrios têm se manifestado de forma remansosa:

Superior Tribunal de Justiça. *"Processual civil. Recurso especial. Cálculo de liquidação de aluguéis (pagamento de benefício previdenciário). Inclusão da taxa referencial – TR como fator de correção monetária. Vedação. ADIN nº 493-DF. I – O Supremo Tribunal Federal, ao julgar a ADIN nº 493-DF, deixou posto que: "a taxa referencial (TR) não é índice de correção monetária, pois, refletindo as variações do custo primário da captação dos depósitos à prazo fixo, não constitui índice que reflita a variação do poder aquisitivo da moeda". II – Recurso Especial conhecido e provido. Relator: Ministro Pedro Acioli, por unanimidade, conhecer e dar provimento ao recurso. Veja: REsp nº 38.660-RJ, (STJ)"* (Acórdão nº 00025646 – decisão: 06.09.1994 – Recurso Especial nº 52.961 – ano: 94 – UF: RJ – 6ª Turma – Diário de Justiça: 10.10.1994 – p. 27.198).

Superior Tribunal de Justiça. *"Comercial – Taxa referencial (TR) inaplicável – Correção monetária pelo IPC. I – A jurisprudência do STJ pacificou entendimento no sentido de que o indexador adequado para corrigir valores é o IPC do IBGE. II – O mesmo direito pretoriano não admite a taxa referencial (TR) como índice de reajuste do poder real da moeda, sendo certo que este deve ceder lugar em prol do índice de preços. III – Recurso conhecido e parcialmente provido. Relator: Ministro Waldemar Zveiter – Observação: por unanimidade, conhecer do recurso especial e lhe dar provimento parcial para adotar como indexador o INPC. Veja: REsp nº 37.997-GO, REsp nº 39.285-SP, REsp nº 34.094-RS, REsp. nº 31.024-GO, REsp nº 39.315-RS, REsp nº 36.623, (STJ), ADIN 493, (STF)"* (Acórdão nº 00009307 – decisão: 02.05.1995 – Recurso Especial nº 0046372 – ano: 94 – UF: SP – 3ª Turma – Diário de Justiça: 04.12.1995 – p. 42.110).

Superior Tribunal de Justiça. *"Liquidação de sentença. Correção monetária. Variação do IPC. TR. I – É pacífica a jurisprudência desta corte no sentido de que é correta a inclusão dos índices correspondentes às inflações ocorridas nos meses de março de 1990 a fevereiro de 1991, nos cálculos de liquidação de sentença. II – A Taxa Referencial configura coeficiente de remuneração do capital, portanto, não traduzindo a variação do poder aquisitivo da moeda, não pode ser utilizada como indexador para efeito de atualização monetária. Precedentes. III – Recurso da Fazenda desprovido. Apelo de (...), provido. Relator: Ministro José de Jesus Filho – Observação: por unanimidade, negar provimento ao recurso da Fazenda e dar provimento ao recurso do espólio"* (Acórdão nº 00049414 – decisão: 25.10.1995 – Recurso Especial nº 0075575 – ano: 95, UF: SP – 1ª Turma – Diário de Justiça: 04.12.1995 – p. 42.090).

Segundo Tribunal de Alçada Civil de São Paulo. *"Execução – correção monetária – Utilização da TR – Inadmissibilidade. A taxa referencial (TR) não pode ser usada como índice de correção nos cálculos de atualização destinados a refletir a perda de poder aquisitivo da moeda por força da espiral inflacionária, visto configurar coeficiente de remuneração de capital, não traduzindo variação do aludido poder aquisitivo"* (AI nº 486.133 – 3ª Câm. – rel. Juiz Milton Sanseverino – j. em 13.05.1997. Referências: RTJ 143/724, REsp nº 70.431-RS – 1ª Turma – rel. Min. José de Jesus Filho – DJ de 27.10.1995, p. 35.634; REsp nº 44.089-SP – 1ª Turma – rel. Min. Humberto Gomes de Barros – DJ de 11.12.1995, p. 43.185; REsp nº 31.033-SP – 1ª Turma – rel. Min. Humberto Gomes de Barros – DJ de 27.06.1994, p. 16.907. No mesmo sentido: Apel. c/ rev. nº 489.160 – 11ª Câm. – rel. Juiz Mendes Gomes – j. em 11.08.1997).

d) Prescrição

O condomínio autor cobra parcelas vencidas desde (...).

Posta desta maneira a questão, resta evidente que estão prescritas a cotas vencidas até (...) tendo em vista a consolidada jurisprudência sobre a prescrição quinquenal da pretensão de cobrança de condomínios como se observa do seguinte julgado:

Superior Tribunal de Justiça. *"Recurso Especial representativo de controvérsia. Direito Civil. Cobrança de taxas condominiais. Dívidas líquidas, previamente estabelecidas em deliberações de assembleias gerais, constantes das respectivas atas. Prazo prescricional. O art. 206, § 5º, I, do Código Civil de 2002, ao dispor que prescreve em 5 (cinco) anos a pretensão de cobrança de dívidas líquidas constantes de instrumento público ou particular, é o que deve ser aplicado ao caso. 1. A tese a ser firmada, para efeito do art. 1.036 do CPC/2015* *(art. 543-C do CPC/1973), é a seguinte: Na vigência do Código Civil de 2002, é quinquenal o prazo prescricional para que o Condomínio geral ou edilício (vertical ou horizontal) exercite a pretensão de cobrança de taxa condominial ordinária ou extraordinária, constante em instrumento público ou particular, a contar do dia seguinte ao vencimento da prestação. 2. No caso concreto, Recurso Especial provido" (REsp 1483930/DF, Rel. Ministro Luis Felipe Salomão, Segunda Seção, j. 23.11.2016, DJe 01.02.2017).*

V – Pedido

Pelo exposto, requerem os réus sejam acolhidas as preliminares de extinção do processo e, se assim não entender Vossa Excelência, que seja a presente ação julgada totalmente improcedente, ou, se procedente, que o seja parcialmente, nos termos do pedido sucessivo abaixo, condenado o autor no pagamento de custas e honorários advocatícios que Vossa Excelência houver por bem arbitrar, assim como demais ônus da sucumbência.

Aclarando o pedido, requer-se:

I – Preliminarmente:

a) declaração de ilegitimidade passiva dos réus, em face do artigo 485, VI, c/c o art. 337, XI, do CPC;

b) declaração de ilegitimidade ativa de parte em face de não haver síndico regular nos termos da Convenção, com fundamento nos artigos 1.347 do Código Civil e artigo 485, VI c/c o art. 337, XI, do Código de Processo Civil;

c) declaração da inépcia da inicial, uma vez que da narração dos fatos não decorreu logicamente o pedido, já que não foram juntados demonstrativos de despesa aptos a embasar a pretensão e também a defesa dos réus, extinguindo-se o processo sem julgamento do mérito; artigos 485, incisos IV e VI; 330, I, II e § 1º, IV, II; 337, IV e XI, todos do Código de Processo Civil;

d) condenação do autor nos ônus de sucumbência, custas e honorários de advogado que Vossa Excelência houver por bem arbitrar.

II – Ou, no caso de as preliminares não serem acatadas, *de meritis*:

a) julgamento da total improcedência desta ação, em virtude da ausência de qualquer obrigação dos réus em pagar o autor;

b) condenação do autor nos ônus de sucumbência, custas e honorários de advogado que Vossa Excelência houver por bem arbitrar.

Subsidiariamente (CPC, art. 326), somente para argumentar, caso a presente ação seja julgada procedente, no que não acreditam os réus à luz da Lei, da Justiça e do Direito, que o seja parcialmente, termos em que requerem:

a) seja excluída a correção com base na TR (Taxa Referencial) e aplicada a correção de acordo com tabela do Tribunal de Justiça publicada no DOE Just., 17.08.1998, p. 61, nos termos do já decido pelo Supremo Tribunal Federal (ADIN nº 493-DF) e de forma pacífica pelos demais Tribunais;

b) sejam excluídos os juros anteriores à citação (Código Civil, art. 405), bem como aqueles incidentes sobre valor do fundo de reserva eventualmente embutidos no "recibo" citado no demonstrativo de fls. 30;

c) seja considerado o termo final para as quotas vincendas o da audiência de conciliação;

d) sejam declaradas prescritas as quotas vencidas até (...) nos termos da fundamentação, de acordo com o julgado pela sistemática dos recursos repetitivos pelo STJ no REsp 1483930/DF;

e) seja condenado o autor a pagar custas e honorários de advogado nos termos do artigo 86, parágrafo único, do Código de Processo Civil.

VI – Provas

Requerem provar o alegado por todos os meios em direito admitidos, especialmente pela produção de prova documental, juntada de novos documentos, oitiva de testemunhas abaixo arroladas, depoimento pessoal do autor na pessoa do síndico sob pena de confissão se não comparecer ou, comparecendo, se negar a depor (CPC, art. 385, § 1º) e perícia.

Cumpridas as necessárias formalidades legais, deve a presente ser recebida e juntada aos autos, renovado o processo nos termos da preliminar, ou, no mérito, rejeitado o pedido.

Termos em que,

P. deferimento.

Data

Advogado OAB/SP (...)

Documento 1

Cessão de direitos e obrigações da unidade (...) ao Sr. (...), comprovando a legitimidade passiva para a presente ação.

Documento 2

"Insistentes contatos do condomínio" com o Sr. (...) não com os réus, extraído dos documentos 3 e 4 trazidos à colação pelo autor (fls. 11 e 12), comprovando que o item 3 da inicial falta com a verdade e que o Condomínio já possuía pleno conhecimento do novo titular da unidade 73.

Documento 3

Telegrama enviado aos réus em (...), que de maneira falaciosa, sem compromisso com a boa-fé, informava que a ação, já proposta, seria aforada em 48 horas.

Documento 4

Notificação enviada ao Condomínio

3.9. PETIÇÃO INICIAL – AÇÃO REDIBITÓRIA – RESTITUIÇÃO DAS QUANTIAS PAGAS – REQUERIMENTO PARA QUE A CITAÇÃO SEJA EFETUADA POR INTERMÉDIO DO SISTEMA DE CADASTRO DE PROCESSOS EM AUTOS ELETRÔNICOS, NOS TERMOS DO ART. 246, § 1º, DO CÓDIGO DE PROCESSO CIVIL

MM. Juízo da (...) Vara (...) da Comarca de (...)

(...), por seus procuradores (documento 1), (...), vem, respeitosamente, perante Vossa Excelência, aforar, pelo procedimento comum, rito ordinário, em face de (...), a competente

Ação redibitória com pedido de tutela provisória de natureza antecipada,

o que faz com supedâneo nos arts. 12 e 18 da Lei 8.078/1990, expondo e requerendo o quanto segue:

I – Fatos

No dia (...), através de contrato escrito (documento 2), a autora adquiriu da ré o imóvel localizado na rua (...), pelo preço de R$ (...).

Todavia, no último dia (...), em plena madrugada, parte do telhado do aludido imóvel ruiu (fotos anexas – documento 3), obrigando a autora a se deslocar para um hotel e, posteriormente, para imóvel locado, conforme comprovam os documentos anexos (documentos 4 e 5).

Noticiando o fato à construtora fornecedora através de notificação levada a efeito em (...) (documento 6), esta se quedou inerte, deixando ultrapassar *in albis* o prazo de 30 dias do § 1º do art. 18, do Código de Defesa do Consumidor, recusando-se, terminantemente, a adotar qualquer providência, seja para o reparo no imóvel, seja para ressarcir os prejuízos da autora.

As providências solicitadas são urgentes, o que se afirma em virtude das despesas geradas à autora, que não havia se programado para o pagamento de diárias de hotel e, tampouco, locação de outro imóvel.

Posta assim a questão, ante a resistência da ré em cumprir sua obrigação legal, não restou alternativa à autora senão aforar a presente ação.

II – Direito

Os arts. 12 e 18 da Lei 8.078/1990 são claros ao estabelecer a responsabilidade objetiva do fornecedor por vícios do produto, preceituando que:

"Art. 18, § 1º Não sendo o vício sanado no prazo máximo de trinta dias, pode o consumidor exigir, alternativamente e à sua escolha:

I – A substituição do produto por outro da mesma espécie, em perfeitas condições de uso;

II – a restituição imediata da quantia paga, monetariamente atualizada, sem prejuízo de eventuais perdas e danos;

III – o abatimento proporcional no preço."'

Ensina Roberto Senise Lisboa que:

"O consumidor tem o direito de ter reparado em seu favor o dano ou ameaça de prejuízo patrimonial sofrido, em face da existência de um defeito intrínseco do produto ou serviço fornecido" (Relação de consumo e proteção jurídica do consumidor, São Paulo: Juarez de Oliveira, 1999, p. 55).

Zelmo Denari é esclarecedor acerca dos vícios por insegurança (art. 12 do CDC) e vícios por inadequação (arts. 18 e 19 do CDC):

"Para bem explicitar a distinção entre os dois modelos de defeito e responsabilidade, podemos considerar as seguintes distinções jurídicas:

a) um produto pode ser defeituoso sem ser inseguro;

b) um produto ou serviço pode ser defeituoso e, ao mesmo tempo, inseguro." (Código Brasileiro de Defesa do Consumidor comentado pelos autores do anteprojeto. São Paulo: Forense Universitária, 1999, p. 153).

Mais adiante, esclarece:

"O construtor é aquele que introduz produtos imobiliários no mercado de consumo, através do fornecimento de bens ou serviços. Sua responsabilidade por danos causados ao consumidor pode decorrer dos serviços técnicos de construção, bem como dos defeitos relativos ao material empregado na obra. Nesta última hipótese, responde solidariamente com o fabricante do produto defeituoso, nos termos do § 1º do art. 25 do CDC." (Zelmo Denari, ob. cit., p. 158).

Portanto, no vertente caso, estão presentes as duas espécies de vícios: por insegurança ou defeitos (art. 12) e por inadequação ou simplesmente vícios (art. 18).

Deveras, ninguém adquire imóvel para, depois de pouco mais de três anos da construção, ver parte de seu teto ruir!

Danos morais

Segundo o inigualável José de Aguiar Dias:

"O dano moral é o efeito não patrimonial da lesão de direito e não a própria lesão abstratamente considerada." (Da responsabilidade civil. 10. ed. Rio de Janeiro: Forense, 1995, p. 737).

A Constituição Federal garante expressamente no art. 5º, incs. V e X, a indenização por dano moral, cumulável com indenização por dano material oriundo do mesmo fato (Súmula nº 37 do Superior Tribunal de Justiça), não exigindo, por outro lado, a comprovação do reflexo patrimonial do prejuízo, isso de acordo com o Superior Tribunal de Justiça (Revista do Superior Tribunal de Justiça, 34/284) e Supremo Tribunal Federal (RT 614/236).

No âmbito do Código de Defesa do Consumidor, os incs. VI e VII do art. 6º contemplam a hipótese:

"Art. 6º São direitos básicos do consumidor: (...)

VI – a efetiva prevenção e reparação de danos patrimoniais e morais, individuais, coletivos e difusos.

VII – o acesso aos órgãos judiciários e administrativos, com vistas à prevenção ou reparação de dá-nos patrimoniais e morais, individuais, coletivos ou difusos, assegurada a proteção jurídica, administrativa e técnica aos necessitados."

Ensina o professor José Osório de Azevedo Junior (O dano moral e sua avaliação. *Revista do Advogado*, nº 49, p. 9, dez./1996):

"O tema do dano moral normalmente é tratado, aliás, sempre é tratado dentro do campo da Responsabilidade Civil e a responsabilidade civil é sempre estudada em sua forma esquemática. Esse esquema parte dos pressupostos da Responsabilidade Civil. Um ato ou omissão, um dano, o nexo de causalidade e a culpa que pode estar presente ou não. Os três primeiros elementos estão sempre presentes e sem eles não se estabelece uma situação de Responsabilidade Civil."

Como demonstrado, se aplica o Código de Defesa do Consumidor à relação jurídica entre as partes. Portanto, há responsabilidade objetiva, sendo desnecessária a presença ou prova da culpa.

"A responsabilidade civil sem culpa, conquanto de natureza excepcional, se impõe no campo das relações de consumo como único meio efetivo de viabilizar na prática o direito do consumidor (aquele que não tem como repassar seus prejuízos) ser indenizado quando lesado pela persuasão oculta ou pelos sutis comportamentos de mercado lesivos ao interesse geral." (Luiz Amaral, O código do consumidor. Revista de Informação Legislativa, p. 159, 27 abr.-jun./1990).

A grande inovação do CDC foi alterar a tradicional concepção da responsabilidade civil baseada na culpa.

A responsabilidade da ré passa a ser objetiva, já que responde "independentemente da existência de culpa pelos danos causados aos consumidores" (art. 12, *caput*), sejam eles materiais ou morais (art. 6º, inc. VII).

Por evidente que a ré, ante ao defeito do produto, causou inúmeros transtornos para a autora, que teve, às pressas, que sair de sua residência, providenciar imóvel para locação, passando por angústias e incertezas.

Com isso, experimentou situação humilhante, saindo de sua residência em plena madrugada, em virtude do defeito de construção perpetrado pela ré. Dificilmente irá apagar-se de sua memória esse fato ocorrido.

A indenização pleiteada não irá reparar o sofrimento da autora, mas servirá para compensá-la, de alguma forma, atenuando as adversidades que enfrentou e ainda enfrenta.

Ora, Excelência, a quebra simultânea e violenta da expectativa de residir em casa própria e, principalmente, os momentos aterrorizantes que passou ante o desabamento, em plena madrugada, de parte do teto de sua residência continuam sendo extremamente danosos à autora, que teve que providenciar a retirada de seus pertences e buscar abrigo em outro lugar, enfim, passar por transtornos que jamais poderia imaginar, aos quais a ré assistiu absolutamente inerte.

Há que se considerar que nosso tempo de vida é bem valioso; sem ele, todo o resto nada significa.

Para Poli, o dano, em sentido jurídico, significa abolição ou diminuição, mesmo parcial ou temporária, de um bem da vida (*Il reato, il risarcimento, la riparazione*, Bolonha, 1925, p. 120 *apud* José de Aguiar Dias, *Da responsabilidade civil*. 10. ed. Rio de Janeiro: Forense, 1995, p. 714).

A ré é a única responsável pelos dissabores passados pela autora e, nesse caso, impõe-se que arque com a responsabilidade de reparação, mormente em face dos ilícitos perpetrados em função da sua ganância.

A autora entende, com sustentáculo nos doutos, que a dor moral é o maior dos males, já que incide sobre o íntimo do homem, sua própria vida, diminuindo--lhe a qualidade e intensidade. Por conseguinte, quem causa essa dor moral deve responder pelo ato danoso.

De fato, nada obstante a dificuldade que surge na avaliação dessa dor, entende Planiol que não é pelo fato de não se poder fazer melhor que haveria justificativa para nada se fazer.

Complementa Aguiar Dias que a condição da impossibilidade matemática exata da avaliação só pode ser tomada em benefício da vítima e não em seu prejuízo (José de Aguiar Dias, *Da responsabilidade civil*. 10. ed. Rio de Janeiro: Forense, 1995, p. 739).

É que em sede de reparação por danos morais, não se pede um preço a ser pago pela dor sofrida. Em verdade é apenas um meio de atenuar parcialmente a ilação extraída da lesão jurídica.

Nesse caso, o dinheiro não serve como equivalente, o que ocorre nos danos materiais, mas como pena traduzida da função satisfatória.

Pelo substrato legal e diante dos fatos trazidos à colação, cumpre a Vossa Excelência, Nobre Julgador, em cujos ombros recai a missão de aplicar o direito e, sobretudo a justiça, fazê-la presente nestes autos, acolhendo o pedido e produzindo a harmonia entre o dano moral sofrido pela autora e sua reparação, tutelando a paz social – objetivo do Direito – pelo exemplo que se seguirá.

Preleciona Carlos Alberto Bittar acerca dessa função inibitória de novas práticas do mesmo jaez pela condenação por danos morais:

> *"Também são cumuláveis os pedidos de indenização por danos patrimoniais e morais, observadas as regras próprias para o respectivo cálculo em concreto, cumprindo-se frisar que os primeiros se revestem de caráter ressarcitório, e os segundos, reparatórios, de sorte que insistimos na necessidade de, quanto a estes, na respectiva fixação, adotar-se fórmulas que venham a inibir novas práticas atentatórias à personalidade humana, para cuja defesa*

MODELOS DE PEÇAS NO NOVO CÓDIGO DE PROCESSO CIVIL – Luiz Antonio Scavone Junior

se erigiu a teoria do dano moral, que vem sendo aplicada, ora com tranquilidade, nos tribunais do país" (Carlos Alberto Bittar, Responsabilidade civil, teoria e prática. *Rio de Janeiro: Forense Universitária, 1989, p. 90).*

Nesse sentido, ainda ensina o preclaro professor:

"Interessante é assinalar que têm os Tribunais compreendido o alcance de orientação por que temos propugnado, e imposto a reparação em níveis satisfatórios, a fim de elidirem-se eventuais comportamentos futuros indevidos" (Carlos Alberto Bittar, Defesa do consumidor: reparação de danos morais em relações de consumo. *Revista do Advogado, nº 49, dez./1996).*

A vida em sociedade implica um plexo de relações jurídicas de toda a espécie que, por seu turno, refletem interesses juridicamente protegidos.

Ocorrendo a lesão de um interesse que encontra guarida no Direito, torna-se imperativa a sua reparação com supedâneo no princípio do *neminem laedere* – não lesar o próximo – e na própria legislação pátria, especialmente a precitada norma consumerista, que, no caso *sub oculis*, trata a responsabilidade de forma objetiva.

O parâmetro para a condenação dos danos morais nesses casos nos dá a sentença prolatada na 21ª Vara Cível Central da Comarca da Capital, nos autos do processo 1.354/1998:

"Assim sendo, e considerando o escopo de desestímulo a situações semelhantes, reputo adequado o pedido de arbitramento da indenização em valor equivalente a 50% do valor das parcelas pagas com atualização deferida, aplicada por analogia a regra de penalização de obrigação não cumprida, conforme disposto no art. 35, § 5º, da Lei 4.591/1964".

Assim mister se faz a reparação, vez que presentes os pressupostos do dano moral:

a) Ação e omissão da ré que não construiu colocou no mercado produto que não oferece a segurança que dele legitimamente se esperava (CDC, art. 12, § 1º), mormente ante a ruína do teto, passados apenas pouco mais de três anos do habite-se.

b) Resultado danoso: em face da ação e omissão da ré (nexo causal) decorreu o sofrimento e os constrangimentos pelos quais passou a autora e as consequências no seu íntimo.

III – Prova do dano

Segundo Carlos Alberto Bittar, é absolutamente dispensável a prova concreta do dano moral, vez que se trata de presunção absoluta. Nesse sentido, ensina que: "não precisa a mãe comprovar que sentiu a morte do filho; ou a agravada em sua honra demonstrar que sentiu a lesão; ou o autor provar que ficou vexado com a não inserção de seu nome no uso público de sua obra, e assim por diante" (Carlos Alberto Bittar, Reparação civil por danos morais. *São Paulo: RT, 1993, p. 204).*

IV – Pedido de tutela provisória de urgência de natureza antecipada (CPC, arts. 294 e seguintes e 300)

Como é natural, ante a pletora de feitos que assoberba o Poder Judiciário, o processo demandará tempo, aquele necessário para a devida instrução e demais atos que lhe são pertinentes.

Até que decisão final seja proferida, independentemente da vontade de Vossa Excelência, os danos da autora poderão ser exacerbados, tornando-se difícil a reparação, mormente que seus recursos financeiros não são suficientes para continuar arcando com os custos de alugueres até que a presente ação de conhecimento chegue à sentença.

Assim, ante o comando do art. 18 do Código de Defesa do Consumidor, que requer a imediata restituição das quantias pagas, pede-se e espera-se que Vossa Excelência se digne de antecipar a tutela pedida, determinando que pague a ré, antecipadamente, a quantia de R$ (...), acrescidos de juros e correção monetária desde o desembolso, a título de restituição do valor pago pela autora.

Caso assim não entenda Vossa Excelência, que, ao menos, determine o imediato pagamento dos alugueres despendidos pela autora, já pagos (documento 5), no montante de R$ (...) e, também, os vincendos, até o deslinde da vertente ação.

V – Pedido de mérito

Ex positis, requer a autora que, ao final, digne-se Vossa Excelência de julgar procedente a presente ação para condenar a ré no pagamento:

a) de R$ (...), acrescidos de juros e correção monetária desde o pagamento, decorrentes da restituição dos valores pagos pelo imóvel[9], nos termos do inc. II do § 1º art. 18 do CDC;

b) das despesas com hospedagem e locação, enquanto não restituídos os valores pagos pelo imóvel defeituoso (documentos 4 e 5);

c) das despesas de transporte e mudança, no valor de R$ (...) (documento 7);

d) do valor a ser arbitrado por Vossa Excelência a título de danos morais, desde já estimado em R$ (...) (CPC, arts. 292, V, e 324, § 1º, II),[10] tendo em vista a posição

---

[9] Ou o valor decorrente de pedido estimatório (ação *quanti minoris*), em decorrência do abatimento proporcional no preço.

[10] **Superior Tribunal de Justiça.** Direito Processual Civil. Recurso Especial. Aplicação do CPC/1973. Ação de indenização por dano material e compensação por dano moral. Cobranças indevidas. Inscrição em cadastro de inadimplentes. Pedido genérico. Possibilidade. Individualização da pretensão autoral. Valor da causa. Quantia simbólica e provisória. 1. Ação ajuizada em 16.12.2013. Recurso Especial interposto em 14.05.2014. Autos atribuídos a esta Relatora em 25.08.2016. 2. Aplicação do CPC/1973, a teor do Enunciado Administrativo n. 2/STJ. 3. É pacífica a jurisprudência desta Corte quanto à possibilidade de formulação de pedido genérico de compensação por dano moral, cujo arbitramento compete exclusivamente ao juiz, mediante o seu prudente arbítrio. 4. Na hipótese em que for extremamente difícil a imediata mensuração do *quantum* devido a título de dano material – por depender de complexos cálculos contábeis –, admite-se a formulação de pedido genérico, desde que a pretensão autoral esteja corretamente individualizada, constando na inicial elementos que permitam, no decorrer do processo, a adequada quantificação do prejuízo patrimonial. 5. Em se tratando de pedido genérico, o valor da causa pode ser estimado em quantia simbólica e provisória, passível de posterior adequação ao valor apurado na sentença ou no procedimento de liquidação. 6. Recurso especial parcialmente provido. (REsp 1534559/SP, Rel. Ministra Nancy Andrighi, Terceira Turma, j. 22.11.2016, *DJe* 01.12.2016).
Superior Tribunal de Justiça. Recurso Especial nº 108.155/RJ (9600588457), decisão: por unanimidade, conhecer do recurso especial e lhe dar provimento, 04.12.1997, 3ª Turma. Processual civil – Danos morais – Arbitramento do "quantum debeatur" pelo magistrado – Inteligência do art. 286, I a III, do CPC [atual art. 324, § 1º, I a III]. I – O direito pretoriano acolhe entendimento no sentido de que o dano moral, não havendo outro critério de avaliação, deve ficar ao prudente critério do juiz sua quantificação. III – Recurso conhecido e provido. Relator: Ministro Waldemar Zveiter. Indexação: cabimento, pedido genérico, dano moral, hipótese, inclusão, nome, autor, SPC, posterioridade, quitação, débito, possibilidade, magis-

80 | MODELOS DE PEÇAS NO NOVO CÓDIGO DE PROCESSO CIVIL – *Luiz Antonio Scavone Junior*

social da autora, bem como a da ofensora, ou outro valor que Vossa Excelência venha a arbitrar, tendo em vista os critérios expostos nesta exordial;[11]

e) de custas, honorários de advogado, juros e demais despesas.

---

trado, arbitramento, valor, decorrência, princípio do livre convencimento. *DJ* de 30.03.1998, p. 41; Veja: REsp nº 125.417-RJ (STJ); Doutrina: Pontes de Miranda, *Comentários ao Código de Processo Civil*, Forense, 1974, vol. 4, p. 35; Vicente Greco Filho, *Direito processual civil brasileiro*, 1984, vol. 2, p. 99.

Humberto Theodoro Júnior, *Dano Moral*, São Paulo: Juarez de Oliveira, 2000, pp. 36-37, ensina que "as duas posições, sociais e econômicas, da vítima e do ofensor, obrigatoriamente, estarão sob análise, de maneira que o juiz não se limitará a fundar a condenação isoladamente na fortuna eventual de um ou na possível pobreza do outro. Assim, nunca poderá o juiz arbitrar a indenização do dano moral tomando como base tão somente o patrimônio do devedor. Sendo a dor moral insuscetível de uma equivalência com qualquer padrão financeiro, há uma universal recomendação, nos ensinamentos dos doutos e nos arestos dos tribunais, no sentido de que 'o montante da indenização será fixado equitativamente pelo Tribunal' (Código Civil Português, art. 496, inc. 3). Por isso, lembra R. Limongi França a advertência segundo a qual 'muito importante é o juiz na matéria, pois a equilibrada fixação do *quantum* da indenização muito depende de sua ponderação e critério' (Reparação do Dano Moral, RT 631/36)". Ao final, aduz que o arbitramento, pelo magistrado, deve respeitar: "a) o nível econômico do ofendido; e b) o porte econômico do ofensor".

[11] **Superior Tribunal de Justiça.** Direito Processual Civil. Recurso Especial. Aplicação do CPC/1973. Ação de indenização por dano material e compensação por dano moral. Cobranças indevidas. Inscrição em cadastro de inadimplentes. Pedido genérico. Possibilidade. Individualização da pretensão autoral. Valor da causa. Quantia simbólica e provisória. 1. Ação ajuizada em 16.12.2013. Recurso especial interposto em 14.05.2014. Autos atribuídos a esta Relatora em 25.08.2016. 2. Aplicação do CPC/1973, a teor do Enunciado Administrativo n. 2/STJ. 3. É pacífica a jurisprudência desta Corte quanto à possibilidade de formulação de pedido genérico de compensação por dano moral, cujo arbitramento compete exclusivamente ao juiz, mediante o seu prudente arbítrio. 4. Na hipótese em que for extremamente difícil a imediata mensuração do *quantum* devido a título de dano material – por depender de complexos cálculos contábeis –, admite-se a formulação de pedido genérico, desde que a pretensão autoral esteja corretamente individualizada, constando na inicial elementos que permitam, no decorrer do processo, a adequada quantificação do prejuízo patrimonial. 5. Em se tratando de pedido genérico, o valor da causa pode ser estimado em quantia simbólica e provisória, passível de posterior adequação ao valor apurado na sentença ou no procedimento de liquidação. 6. Recurso especial parcialmente provido. (REsp 1534559/SP, Rel. Ministra Nancy Andrighi, Terceira Turma, julgado em 22.11.2016, *DJe* 01.12.2016).

Superior Tribunal de Justiça. "Processual civil – danos morais – arbitramento do *quantum debeatur* pelo magistrado – inteligência do art. 286, I a III, do CPC [atual art. 324, § 1º, I a III]. I – O direito pretoriano acolhe entendimento no sentido de que o dano moral, não havendo outro critério de avaliação, deve ficar ao prudente critério do juiz sua quantificação. III – recurso conhecido e provido" (Recurso Especial nº 108.155/RJ (9600588457) – decisão: por unanimidade, conhecer do recurso especial e lhe dar provimento – 04.12.1997 – 3ª Turma – Relator: Ministro Waldemar Zveiter. Indexação: cabimento, pedido genérico, dano moral, hipótese, inclusão, nome, autor, SPC, posterioridade, quitação, débito, possibilidade, magistrado, arbitramento, valor, decorrência, princípio do livre convencimento. *DJ* de 30.03.1998, p. 41). Veja: STJ, REsp nº 125.417-RJ; **Doutrina**: Pontes de Miranda, *Comentários ao Código de Processo Civil*. Rio de Janeiro: Forense, 1974, vol. 4, p. 35; Vicente Greco Filho, *Direito processual civil brasileiro*, 1984, vol. 2, p. 99. Humberto Theodoro Júnior (*Dano Moral*. São Paulo: Juarez de Oliveira, 2000, p. 36-37) ensina que as duas posições, sociais e econômicas, da vítima e do ofensor, obrigatoriamente, estarão sob análise, de maneira que o juiz não

VI – Citação

Tratando-se a ré de pessoa jurídica, requer-se que a citação seja efetuada por intermédio do sistema de cadastro de processos em autos eletrônicos nos termos do art. 246, § 1º do Código de Processo Civil ou, caso a ré não conte com o cadastro obrigatório, que seja citada pelo correio nos termos dos arts. 246, I; 247 e 248 do Código de Processo Civil para responder no prazo de 15 (quinze) dias (art. 335 do Código de Processo Civil), sob pena de serem tidos por verdadeiros todos os fatos aqui alegados (art. 344 do Código de Processo Civil), devendo o respectivo mandado conter o prazo para resposta, o juízo e o cartório, com o respectivo endereço.

Ou

Requer-se que a citação da ré seja efetuada pelo correio, nos termos dos arts. 246, I; 247 e 248 do Código de Processo Civil, para responder no prazo de 15 (quinze) dias (art. 335 do Código de Processo Civil), sob pena de serem tidos por verdadeiros todos os fatos aqui alegados (art. 344 do Código de Processo Civil), devendo o respectivo mandado conter o prazo para resposta, o juízo e o cartório, com o respectivo endereço.

Ou

Nos termos do art. 246, II, do Código de Processo Civil (justificar o motivo, posto que a citação por Oficial de Justiça é subsidiária), requer-se a citação da ré por intermédio do Sr. Oficial de Justiça para, querendo, responder no prazo de 15 (quinze) dias (art. 335 do Código de Processo Civil), sob pena de serem tidos por verdadeiros todos os fatos aqui alegados (art. 344 do Código de Processo Civil), devendo o respectivo mandado conter as finalidades da citação, as respectivas determinações e cominações, bem como a cópia do despacho do(a) MM. Juiz(a), comunicando, ainda, o prazo para resposta, o juízo e o cartório, com o respectivo endereço, facultando-se ao Sr. Oficial de Justiça encarregado da diligência proceder nos dias e horários de exceção (CPC, art. 212, § 2º).

VII – Audiência de Conciliação

Nos termos do art. 334, § 5º, do Código de Processo Civil, o autor desde já manifesta, pela natureza do litígio, desinteresse em autocomposição.

Ou

Tendo em vista a natureza do direito e demonstrando espírito conciliador, a par das inúmeras tentativas de resolver amigavelmente a questão, o autor desde já, nos

---

se limitará a fundar a condenação isoladamente na fortuna eventual de um ou na possível pobreza do outro.

Assim, nunca poderá o juiz arbitrar a indenização do dano moral tomando como base tão somente o patrimônio do devedor. Sendo a dor moral insuscetível de uma equivalência com qualquer padrão financeiro, há uma universal recomendação, nos ensinamentos dos doutos e nos arestos dos tribunais, no sentido de que "o montante da indenização será fixado equitativamente pelo Tribunal" (Código Civil Português, art. 496, inc. 3). Por isso, lembra R. Limongi França a advertência segundo a qual "muito importante é o juiz na matéria, pois a equilibrada fixação do quantum da indenização muito depende de sua ponderação e critério" (Reparação do Dano Moral, *RT* 631/36).

Ao final, aduz que o arbitramento, pelo magistrado, deve respeitar: "a) o nível econômico do ofendido; e b) o porte econômico do ofensor".

82 MODELOS DE PEÇAS NO NOVO CÓDIGO DE PROCESSO CIVIL – *Luiz Antonio Scavone Junior*

termos do art. 334 do Código de Processo Civil, manifesta interesse em autocomposição, aguardando a designação de audiência de conciliação.

VIII – Provas

Requer-se provar o alegado por todos os meios de prova em direito admitidos, incluindo perícia, produção de prova documental, testemunhal, inspeção judicial, depoimento pessoal sob pena de confissão caso o réu (ou seu representante) não compareça, ou, comparecendo, se negue a depor (art. 385, § 1º, do Código de Processo Civil).

Requer, outrossim, nos termos do art. 6º, inc. VIII, da Lei 8.078/1990, a inversão do ônus da prova.

IX – Valor da causa

Dá-se à presente o valor de R$ (...)[12].

Termos em que,

pede deferimento

Data

Advogado (OAB)

3.10. PEDIDO NA AÇÃO DE PRECEITO COMINATÓRIO – OBRIGAÇÃO DE FAZER

Ex positis, com fundamento no art. 84 do CDC, requer a autora que, ao final, digne se Vossa Excelência de julgar procedente a presente ação:

a) Imputando ao réu a pena de multa diária de R$ (...) pelo descumprimento da final decisão (CPC, art. 500), independentemente da antecipação de tutela (CPC, art. 294) para que substitua o imóvel defeituoso.

Requer, ainda, a procedência da ação para condenar ré no pagamento:

b) Das despesas com hospedagem e locação, enquanto não substituído o imóvel defeituoso (documento 5).

c) Das despesas de transporte e mudança, no valor de R$ (...) (documento 6).

d) Do valor a ser arbitrado por Vossa Excelência a título de danos morais (CPC, art. 324, II), tendo em vista a posição social da autora, bem como a da ofensora, ou outro valor que Vossa Excelência venha a arbitrar, tendo em vista os critérios expostos nesta exordial.

e) De custas, honorários de advogado, juros e demais despesas.

---

[12] **Primeiro Tribunal de Alçada Civil de São Paulo.** "Petição inicial – responsabilidade civil – danos morais – determinação do seu aditamento para correção do valor da causa, com discriminação do "quantum" indenizatório – descabimento, por tratar-se de pedido genérico – art. 286, II, do CPC [atual art. 324, § 1º, II]– recurso provido" (Processo nº 0820142-5 – Agravo de Instrumento – 6ª Câmara – 22.09.1998 – relator: Oscarlino Moeller – decisão: unânime). O valor da causa nas ações de reparação por dano moral, entretanto, não respeita os critérios do art. 259, do Código de Processo Civil [atual art. 292], mas o disposto no art. 258 [atual art. 291] do mesmo estatuto (STJ, REsp nº 80.501/RJ). Nesse caso, o autor estima o valor e, só depois, o completa em execução, quando apurado, se for maior (STJ, REsp nº 8.323/SP; TJSP, Agravo de Instrumento nº 92.186-4).

Cap. 3 · PROCEDIMENTO COMUM | 83

3.11. PETIÇÃO INICIAL – AÇÃO DE INDENIZAÇÃO EM FACE DE CONSTRUTORA COM PEDIDO DE TUTELA DE URGÊNCIA PARA REALIZAÇÃO DE PROVA PERICIAL ANTECIPADA

MM. Juízo da (...) Vara (...) da Comarca de (...)

(...), por seus procuradores (doc. 1), (...), vem, respeitosamente, perante Vossa Excelência, aforar, pelo procedimento comum, rito ordinário, em face de (...), a competente

Ação de indenização por vícios construtivos – com pedido de antecipação dos efeitos da tutela jurisdicional pretendida para a produção antecipada de prova pericial

o que faz com fundamento no art. 5º, V e XXXV, da Constituição Federal, combinado com o art. 6º, VI, VII e VIII e art. 12, do Código de Defesa do Consumidor, nos arts. 186, 249, 389, 402 a 405, 618, parágrafo único, 884 a 886 e 927, todos do Código Civil e, por fim, nos arts. 319 e seguintes e 294 combinado com o 300, todos do Código de Processo Civil.

I – Breve resumo dos fatos

O Condomínio autor, Excelência, foi idealizado pela ré para ser um projeto altamente sofisticado e diferenciado.

Nesta qualidade, prometeu as unidades autônomas que seriam futuramente erigidas, baseada, puramente, em apelos de ordem emocional ligados às ideias de magnitude, requinte, proposta ousada, criatividade e excelente localização, atrelados, todos, aos detalhes constantes do respectivo plano, dentre os quais, a guisa de exemplo, o lazer, a segurança e o conjunto de todas as regalias que propagou, conforme se depreende de material publicitário extraído do (...) (doc. 2).

No referido material publicitário eletrônico verifica-se, com meridiana clareza, inovações tecnológicas como, por exemplo, "Elevador com reconhecimento digital, dando acesso restrito à sua residência apenas para pessoas autorizadas.", bem como a opção de apartamentos com 3, 4 ou 5 vagas de garagem.

Além da extensa área de lazer que, dentre os inúmeros itens, destaca-se: Salão de festas, Churrasqueira, Sala de recreação infantil, Playground, Fitness, Sauna com Ducha, Piscina adulto climatizada com raia, Piscina infantil climatizada, Solarium e Estação de ginástica externa.

Em suma, em tudo e por tudo, um empreendimento destinado a pessoas de elevado poder aquisitivo.

Contudo, Excelência, uma vez concluída e entregue a obra no dia (...) (certificado de conclusão anexo – doc. 3), outra passou a ser a impressão dos adquirentes – que não mais a de empreendimento diferenciado – assim que passaram a ocupar o condomínio autor.

Isto porque, à medida que o índice de ocupação do empreendimento foi se tornando maior, em razão da imissão na posse das unidades pelos compradores, constatou-se uma série de irregularidades e problemas de ordem técnica no empreendimento.

Entre eles, mas não se limitando a tais, divergências entre o projeto apresentado e aprovado perante a municipalidade bem como comercializado junto aos compradores no tocante à quantidade de vagas de garagem e ao espaço tridimensional das mesmas, espaço para circulação de veículos, divergência de layout dos ambientes do térreo (escadarias, rampas, guarita e piscina), deficiência de ventilação permanente no 2º subsolo, bloqueio de acesso ao hall do elevador social, além dos inúmeros vícios construtivos, podendo destacar-se, entre eles: infiltrações, machas de escorrimento e fissuras no revestimento da fachada, ausência de identificação de registros e casa de máquinas, deslocamentos, quebras e rejuntamentos inadequados nos pisos do empreendimento como um todo, trincas, fissuras e instalações elétricas inadequadas em muros e paredes externas, entre outros vícios.

Em razão dos inúmeros problemas verificados, o condomínio autor contratou empresa de engenharia especializada, com o escopo de realizar uma vistoria completa no empreendimento, elaborando laudo que apontasse todas as irregularidades verificadas, bem como os prejuízos experimentados pelo mesmo em razão delas.

Tal trabalho resultou na produção de dois pareceres, a saber: *Laudo de Inspeção de "Check List"* e *Laudo Técnico de Auditoria – Vagas de Estacionamento* (anexos – doc. 4).

Para a surpresa do condomínio autor, alguns dos problemas encontrados e apontados nos pareceres são extremamente sérios, não sendo passíveis, inclusive, de reparação física.

Dessa forma, buscando viabilizar uma composição amigável, o condomínio autor notificou extrajudicialmente a ré (notificação extrajudicial anexa – doc. 5), o que resultou numa missiva encaminhada pela ré agendando uma reunião para tratar dos problemas (carta encaminhada pela ré – doc. 6).

Referida reunião ocorreu no dia (...), com representantes técnicos (engenheiros) e jurídicos (advogados), tanto da ré, como do autor.

Contudo, nada obstante o esforço empreendido pelo autor para viabilizar uma composição amigável, referida reunião foi infrutífera, resultando em contranotificação enviada pela ré (doc. 7).

Logo, tendo em vista a impossibilidade de composição, bem com os inúmeros problemas existentes no condomínio autor, que resultam em enorme prejuízo, não restou alternativa ao mesmo, senão socorrer-se do Poder Judiciário a fim de buscar as devidas reparações.

II – Direito

Se a construção, durante a garantia, encontra-se em estado deplorável, significa que a mesma não observou a boa técnica de construção, agindo a ré, portanto, com flagrante culpa na execução do projeto, muito embora a sua responsabilidade no prazo quinquenal seja objetiva.

Nesse sentido o Professor Hely Lopes Meirelles,[13] como um dos Juristas precursores sobre a matéria, lecionava sobre a responsabilidade do empreiteiro:

> "A responsabilidade pela perfeição da obra é o primeiro dever legal de todo profissional ou firma de Engenharia, Arquitetura ou Agronomia, sendo de se presumir em qualquer contrato de construção, particular ou pública, mesmo que não conste de nenhuma cláusula do ajuste. Isto porque a construção civil é, modernamente, mais que um empreendimento leigo, um processo técnico de alta especialização, que exige, além da *peritia* artes do prático passado, a *peritia* técnica do profissional da atualidade."

Ocorre que a obra entregue pela ré padece de urgentes reparos da construção, vez que coloca em risco a segurança de seus moradores, entendida esta na acepção da palavra, como o atendimento às condições normais de moradia, o que não se verifica, de forma alguma, nas fotos (...) (Descrição... parecer – doc. 4).

---

[13] Hely Lopes Meirelles, *Direito de Construir*. 7. ed. São Paulo: Malheiros, 2013, p. 223

Cap. 3 · PROCEDIMENTO COMUM | 85

Assim, diante desses fatos incontroversos a construção tem sua segurança, *lato sensu*, abalada. Neste sentido, segue ementa de acórdão esclarecedor:

"Empreitada – Construção de edifício – responsabilidade do construtor pela solidez e segurança – Defeitos constatados pela perícia – Infiltrações de água e umidade – Incidência do art. 1.245 do Código Civil [atual art. 618] – Apelação provida. Conforme orientação da moderna jurisprudência, 'o art. 1.245 do Código Civil [atual art. 618] deve ser interpretado e aplicado tendo em vista as realidades da construção civil nos dias atuais. Vazamentos nas instalações hidráulicas, constatados pericialmente e afirmados como defeitos de maior gravidade nas instâncias locais. Prejuízos inclusive à saúde dos moradores. Não é seguro um edifício que não proporcione a seus moradores condições normais de habitabilidade e salubridade. Doutrina brasileira e estrangeira quanto à extensão da responsabilidade do construtor (no caso, da incorporadora que assumiu a construção do prédio). Prazo quinquenal de garantia'. (Resp n.º 1882-RJ, in RSTJ, 12/330). No caso presente, os defeitos da construção foram constatados pela perícia, consistentes em infiltrações de água e umidade, tanto nas unidades autônomas como nas partes de uso comum, pela que deve ser responsabilizada a construtora por sua reparação, eis que ocorreram durante o prazo quinquenal de garantia" (Ac. un. da 3ª C. Civ. do TAPR – AC 78.192-6 – Rel. Juiz Domingos Ramina – j 21.11.1995 – Aptes.: Condomínio Edifício S. e outros – Apdas.: Sociedade Construtora C. Ltda. e outras – DJPR 1º.12.1995, p. 51 – ementa oficial – Repertório IOB de jurisprudência n. 2/96 – p. 25 – 3/11.610).

Igualmente o Egrégio Superior Tribunal de Justiça decidiu que:

"Direito Civil. Responsabilidade Civil. Empreitada. Defeitos na Construção que comprometem as condições elementares de habitabilidade. O art.1245 do Código Civil de 1916 [correspondente ao art. 618, do Código atual] abrange os defeitos que prejudicam a habitabilidade do edifício, não se limitando aos danos que acarretem ruína da construção. Precedentes. Recurso Especial não conhecido" (REsp nº 595.239/SP – Rel. Min. César Asfor Rocha – 4ª T. – DJ 13.09.2004).

Nesse mesmo sentido:

"Empreitada de Construção de Edifício. Aplicação do Artigo 1245 [atual art. 618] do Código Civil. Conceito de 'segurança' do prédio. Infiltrações de Águas e Umidade. O Art.1245 do Código Civil deve ser interpretado e aplicado tendo em vista as realidades da construção civil nos dias atuais. Vazamentos nas instalações hidráulicas, constatados pericialmente e afirmados como defeitos de maior gravidade nas instâncias locais. Prejuízos inclusive a saúde dos moradores. Não é seguro um edifício que não proporcione a seus moradores condições normais de habitabilidade e salubridade. Doutrina Brasileira e Estrangeira quanto a extensão da responsabilidade do construtor (no caso da incorporadora que assumiu a construção do prédio). Prazo quinquenal de garantia. Recurso Especial não conhecido" (REsp nº 1.882/RJ – Rel. Min. Athos Carneiro – 4ª T. – DJ 26.03.1990).

Descumprimento obrigacional da ré

Rememorando as preleções legadas pelo direito romano – cuja essência, neste particular, é válida até hoje –, o contrato é um *acordo de vontades que cria, modifica ou extingue direitos de natureza patrimonial*[14], dele advindo um plexo de obrigações mútuas que devem ser cumpridas pelas partes, mas que na prática, por uma série de razões, não o são, o que dá ensejo à responsabilidade patrimonial do faltoso.

E desponta insofismável que, do desdobramento fático encenado entre a ré, o autor e os condôminos, o vínculo jurídico entre eles travado, como não poderia deixar de ser, não representa exceção à regra.

---

[14] Gaetano Sciascia, *Sinopse de direito romano*. 2. ed. São Paulo: Saraiva, 1959.

MODELOS DE PEÇAS NO NOVO CÓDIGO DE PROCESSO CIVIL – *Luiz Antonio Scavone Junior*

Por meio dele, a ré assumiu uma série de obrigações, sendo as mais evidentes delas – em linhas gerais –, a perfeita execução, acabamento e entrega da obra – e, em particular e como ora interessa, da área comum – nos exatos termos empenhados no memorial descritivo (documento...):

Na via oposta – mas partindo-se do mesmo prisma –, não resta a menor dúvida de que a ré executou, concluiu e entregou o edifício em péssimo estado geral e, mais particularmente, suas áreas comuns, com suas características e componentes em desconformidade com aquilo a que havia se empenhado.

Pelo que revelou o relatório de inspeção predial (doc. 4), existe a "necessidade de execução de serviços de correção e finalização das obras, para que seja efetuada a entrega adequada do condomínio" sendo que todos os reparos devem ser realizados pela construtora.

E se a falta de categoria dos arremates pela ré providenciados no narrado edifício já não fosse suficiente, nunca é demais rememorar, Excelência, que o mesmo, atualmente, também não conta com a possibilidade de uso pleno das vagas de garagem pela desconformidade apontada no parecer acostado (doc. 4).

Conclusão irreprochável de tais ideias é uma só: *a ré segue em mora com as suas peculiares obrigações.*

E a este respeito, a obrigação é o vínculo jurídico transitório – que normalmente extingue-se com o pagamento, pois é o ato que por natureza finaliza a obrigação – por meio do qual o devedor compromete-se a dar, fazer ou não fazer algo ou alguma coisa em prol do credor[15].

Seja como for, o conjunto das atitudes por ela, a ré, assumidas – em boa medida fruto da irresponsabilidade no cumprimento das obrigações a que se comprometeu –, enseja consequências outras, da mais variada ordem.

Segundo Larenz, o dano é uma perda não querida pela vítima, cujas consequências recaem sobre seus bens, saúde, integridade física, desenvolvimento profissional, expectativas de ganho, patrimônio e sobre os direitos da personalidade, ou seja, sobre a paz de espírito da vítima[16].

Para Enneccerus, o dano pode atingir qualquer espécie de desvantagem a um bem jurídico, seja ele o *"patrimônio, corpo, vida, saúde, honra, crédito, bem-estar, capacidade de aquisição etc."*[17].

Com efeito, a reparação dos danos demanda, hoje, uma configuração teleológica, que não se restringe aos aspectos técnicos, tradicionais, mas a todos os meios colocados à disposição da vítima para ter acesso a uma ordem jurídica justa.

Solução irretocável disso é legada pela letra do art. 389, do Código Civil, segundo o qual, *ipsis litteris*:

"Não cumprida a obrigação, responde o devedor por perdas e danos, mais juros e atualização monetária segundo índices oficiais regularmente estabelecidos, e honorários de advogado."

Dentro ainda deste mesmo contexto, o art. 186, do Código Civil, determina que, *in verbis*:

---

[15] Luiz Antônio Scavone Junior, *Obrigações*: abordagem didática. 4. ed. atual. e aum. São Paulo: Juarez de Oliveira, 2006, p. 7.

[16] Karl Larenz, *Lehrbuch des schuldrechts*. 12. ed. München: Beck, 1979, p. 353, n. 27, v. II.

[17] Ennecerus e Lehmann, *Derecho de obligaciones*. Barcelona, 1935, § 10. v. 1.

Cap. 3 · PROCEDIMENTO COMUM | **87**

"Aquele que, por ação ou omissão voluntária, negligência ou imprudência, violar direito e causar dano a outrem, ainda que exclusivamente moral, comete ato ilícito."

Por seu turno, o art. 927, da mesma ordenação legal, arremata, *ipsis litteris*:

"Aquele que, por ato ilícito (arts. 186 e 187), causar dano a outrem, fica obrigado a repará-lo."

Além da regra geral insculpida no art. 389 conjugado com os arts. 186 e 927, todos do Diploma Civil, verifica-se o princípio constitucional da ampla reparação, contido no art. 5º, V e X, da Constituição Federal, que bem espelha tal tendência, pois esposa a tese da ruptura com os conceitos tradicionais, ligando a reparação aos postulados do *estado social de direito* e à garantia ao prejudicado de ver realizado o princípio basilar do direito que determina seja dado a cada um o que é seu, demandando a recomposição do dano a partir da tônica da reparação integral, que hoje rege o direito obrigacional.

E o Código de Defesa do Consumidor incorporou tal tendência. Com efeito, ele dispõe que:

"Art. 6º São direitos básicos do consumidor:

(...)

VI – a efetiva prevenção e reparação de danos patrimoniais e morais, individuais, coletivos e difusos."

Desde 1990, este é o comando legal que responsabiliza o fornecedor habitual de produtos ou serviços pelos danos que vier causar ao respectivo destinatário final, danos estes representados, no particular, por todo e qualquer prejuízo ao patrimônio do ofendido bem como a um direito personalíssimo[18].

Vagas de garagem e direito aplicável – prática abusiva da ré

De fato, com a ocupação gradual do prédio, foi constatada a ausência e a irregularidade nas vagas de garagem, não sendo necessário mencionar, por evidentes, os inúmeros transtornos que esse fato gera ao Condomínio apelante.

De qualquer forma, é imprescindível que se possa abrir a porta do veículo para saída de seus ocupantes após o estacionamento.

O problema técnico com as vagas, em suma, consiste em (...)

Para evitar situações esdrúxulas como essas, existem normas técnicas, tendo em vista que o condomínio foi comercializado pela apelada com 3, 4 ou 5 vagas por apartamento – que devem, por óbvio, respeitar normas técnicas – e não existem, comprovadamente, as vagas prometidas de acordo com as normas aplicáveis.

Nesse sentido, convém mencionar decisões que emanam do Tribunal de Minas Gerais:

Tribunal de Alçada de Minas Gerais. *"Promessa de compra e venda – Bem imóvel – incorporação imobiliária – vaga de garagem – construção – defeitos e irregularidades – obrigação de fazer – regularização do imóvel – indenização – laudo pericial – prestação jurisdicional – limite – princípio da correlação – sucumbência recíproca – litigância de má-fé – não caracterização – Pelo princípio da correlação, o pedido do autor deduzido na inicial limita a prestação jurisdicional. Sendo o ponto central da lide a existência ou não de defeitos e irregularidades na construção de um edifício de apartamentos, matéria eminentemente técnica, tem-se que o conteúdo do*

---

[18] Roberto Senise Lisboa, *Relação de consumo e proteção jurídica do consumidor no direito brasileiro*. São Paulo: Juarez de Oliveira, 1999, p. 47.

laudo pericial será a base para o convencimento do julgador. Ficando comprovado nos autos que foram vendidas vagas de garagem acima da capacidade estrutural do edifício, é devida a indenização aos prejudicados. É obrigação do incorporador e da construtora a devida regularização do imóvel, e a inércia deles permite aos adquirentes as providências cabíveis" (Acórdão 0414407-6 – Apelação Cível – Juiz de Fora – Terceira Câmara Cível – Juíza Albergaria Costa – j. 03.12.2003 – Publ: 14.05.2004 – Unânime).

Tribunal de Alçada de Minas Gerais. *"Promessa de compra e venda – rescisão – vício aparente – CC/16, art. 1.101 – vício redibitório não configurado – decadência – inteligência do art. 337, CPC [atual art. 376] – subdimensionamento de vagas de garagem – Decreto-lei 84/40 de Belo Horizonte – questão de ordem pública – objeto ilícito – contrato nulo – restabelecimento do statu quo ante. 1. Não pode o contratante, com vistas a redibir o contrato, suscitar vício aparente da coisa e, ainda assim, intempestivamente, após consumada a decadência (CC/16, art. 178, § 5, IV). 2. É nula a promessa de compra e venda de vagas de garagem com dimensões inferiores à estatuída em lei (CC/16, art. 145, II c/c Decreto-lei nº 84/40, art. 225, do município de Belo Horizonte), devendo ser restabelecido o statu quo ante (CC/16, art. 158)"* (Acórdão 0391789-3 – Apelação Cível – Belo Horizonte – Primeira Câmara Cível – Juiz Osmando Almeida – j. 24.06.2003).

Certo é que a disparidade das vagas com o Código de Edificações do Município de São Paulo, conforme apurado no parecer (doc. 4), afronta o disposto no inciso VIII do art. 39 da Lei 8.078/1990, que trata das práticas abusivas:

"Art. 39. É vedado ao fornecedor de produtos e serviços, dentre outras práticas abusivas:

(...)

VIII – colocar, no mercado de consumo, qualquer produto ou serviço em desacordo com as normas expedidas pelos órgãos oficiais competentes...

Nesse sentido, esclarece Antonio Herman de Vasconcellos e Benjamin que 'é compreensível, portanto, que tais práticas sejam consideradas ilícitas 'per se', independentemente da ocorrência de dano para o consumidor. Para elas vige a presunção absoluta de ilicitude'".[19]

O ato ilícito gera o dever de indenizar.

Explica Benjamin:

"As práticas abusivas detonam o dever de reparar. Sempre cabe indenização pelos danos causados, inclusive morais..."[20]

Portanto, o réu deve indenizar o valor que for apurado na perícia pelo desrespeito às normas técnicas aplicáveis às vagas de garagem.

Se isso não bastasse, na dicção de Stiglitz, as "práticas abusivas" representam condições *"que ferem os alicerces da ordem jurídica, seja pelo prisma da boa-fé, seja pela ótica da ordem pública e dos bons costumes".*[21]

De fato, desrespeitar as normas técnicas pertinentes às vagas de garagem, representa *"alta dose de imoralidade econômica e de opressão".*[22]

---

[19] Antonio Herman de Vasconcellos e Benjamin, *Código brasileiro de defesa do consumidor comentado pelos autores do anteprojeto*. Rio de Janeiro: Forense Universitária, 1999, p. 307.

[20] Antonio Herman de Vasconcellos e Benjamin, ob. cit., p. 310.

[21] Gabriel A. Siglitz. *Protección jurídica del consumidor*. Bueno Aires: Depalma, 1990, p. 81.

[22] Antonio Herman de Vasconcellos e Benjamin, ob. cit., p. 307.

III – Urgência na antecipação da tutela para a produção antecipada de prova pericial (CPC, arts. 297 e 300)

Mais do que ponto pacífico, Excelência, chega a ser axiomático que a constatação, o reconhecimento e a verificação tanto do péssimo estado geral do edifício quanto a ausência de vagas de garagem regulares a viabilizar a utilização do prédio, pelos condôminos, segundo a destinação habitual para a qual o mesmo foi edificado, ficará necessariamente a cargo da perícia em tudo e por tudo já requerida.

(Descrever os problemas mais graves que ensejam a concessão de antecipação de tutela)

Afinal, os fatos, estes sim, uma vez surgidos no plano físico-fenomênico, jamais podem ser alterados na sua substância. Eles são o que são e nada mais.

No entanto, também é sabido que a correta aplicação do direito ao caso concreto, atividade fim do Estado juiz, passa necessariamente por uma correta contextualização destes fatos sob pena de, ao contrário, o magistrado, ao partir de uma premissa ainda que minimamente deturpada, o que dirá falsa, ser levado a erro e, assim, formar a sua convicção equivocadamente, ainda que, na pior das hipóteses, a desconhecimento seu.

Por isso toda a relevância, no presente caso, da sua colheita, e o mais rápido possível.

Probabilidade do direito

O juízo de probabilidade do acolhimento das alegações até então suscitadas, em razão da plausibilidade das mesmas, encontra-se flagrantemente presente no *parecer (doc. 4)* que o autor por sua conta providenciou.

Ausência de prejuízo com a antecipação

A antecipação de tutela de natureza cautelar, para a produção antecipada de prova pericial que ora se colima não espelha qualquer prejuízo para a ré ou para o deslinde da presente medida judicial.

Ao contrário, visto que não se busca antecipar um resultado que modifique o estado de direitos das partes, mas sim antecipar um ato inerente ao próprio processo e que, nesta exata medida, invariavelmente ocorrerá, seja agora, sem prejuízo para o autor, a ré e a demanda, ou depois, também sem prejuízo para a ré e a demanda, *mas sim – evidentíssimo, aliás – para o autor e os seus condôminos, posto que estará impedida, durante a fase da regular marcha da instrução, de providenciar o necessário para, ainda que precariamente, permitir a habitação dos condôminos de acordo com a finalidade da edificação.*

Fundado receio de dano irreparável ou de difícil reparação

Além de a antecipação que ora se colima não espelhar qualquer prejuízo para a ré ou para o deslinde da presente medida judicial, na senda oposta, o fundado receio de dano irreparável ou de difícil reparação caso a produção antecipada de prova pericial não seja concedida é ainda mais nítido.

Ocorre, Excelência, que a manutenção do atual estado de coisas, além de inviabilizar a utilização de algumas áreas comuns do prédio pelos condôminos, como um todo e segundo a destinação habitual para a qual o autor foi edificado e ser desfavorável aos direitos de ordem personalíssima dos quais os mesmos são titulares, à evidência, claramente coloca *a saúde e a segurança dos mesmos em linha direta de risco assim como submete a própria edificação a riscos desnecessários de deterioração precoce, de insegurança à funcionalidade, de desperdícios e de desvalorização* (cf. atesta o relatório de inspeção predial copiado em anexo – doc. 4).

Na seara adversa, deferida a antecipação de tutela para a produção antecipada da prova pericial, o autor terá muito mais liberdade para afastar *o fundado receio de danos irreparáveis ou de difícil reparação tanto a pessoas quanto a coisas* na exata

90 | MODELOS DE PEÇAS NO NOVO CÓDIGO DE PROCESSO CIVIL – *Luiz Antonio Scavone Junior*

medida em que a prova cabal para o deslinde da presente demanda já estará pré--constituída – *garantido, assim, o bom resultado da lide* – e a sua resolução poderá ficar a cargo da condenação da ré em perdas e danos.

Fungibilidade e instrumentalidade entre a antecipação de tutela e a medida cautelar incidental, sendo ambas para a produção antecipada da prova pericial.

Na medida em que tanto a tutela antecipada quanto a medida cautelar são meios de agilização do processo, a fungibilidade, por seu turno, é um princípio processual implícito que decorre do princípio da instrumentalidade das formas e dos atos processuais, como pode ser observado na análise do art. 277 do Código de Processo Civil, *in verbis*:

> *"Art. 277. Quando a lei prescrever determinada forma, o juiz considerará válido o ato se, realizado de outro modo, lhe alcançar a finalidade."*

Em outras palavras, o ato só se considera nulo e sem efeito se, além de inobservância da forma legal, não tiver alcançado a sua finalidade.

Via de consequência, a intenção legislativa é cristalina no sentido de pugnar pelo objetivo do ato e não pelo ato em si mesmo, conduzindo o operador do direito à lógica do sistema e à racionalidade a fim de se evitar que a finalidade do ato seja substituída pela formalidade do mesmo, o que, de per si, é um desvio de valores.

Dentro dessa perspectiva, o princípio da fungibilidade, antes admitido em razão do revogado § 7º do art. 273 do CPC de 1973, hoje é aceito em razão da leitura dos arts. 297, 300, 301 e 308, § 1º, do Código de Processo Civil vigente:

> *"Art. 297. O juiz poderá determinar as medidas que considerar adequadas para efetivação da tutela provisória.*
>
> *(...)*
>
> *Art. 300. A tutela de urgência será concedida quando houver elementos que evidenciem a probabilidade do direito e o perigo de dano ou o risco ao resultado útil do processo.*
>
> *(...)*
>
> *Art. 301. A tutela de urgência de natureza cautelar pode ser efetivada mediante arresto, sequestro, arrolamento de bens, registro de protesto contra alienação de bem e qualquer outra medida idônea para asseguração do direito.*
>
> *(...)*
>
> *Art. 308. Efetivada a tutela cautelar, o pedido principal terá de ser formulado pelo autor no prazo de 30 (trinta) dias, caso em que será apresentado nos mesmos autos em que deduzido o pedido de tutela cautelar, não dependendo do adiantamento de novas custas processuais.*
>
> *§ 1º O pedido principal pode ser formulado conjuntamente com o pedido de tutela cautelar."*

A redação é hialina ao permitir que tutelas de natureza cautelar sejam requeridas a título de urgência no bojo da ação principal.

A este respeito, William Santos Ferreira observa que:

> *"(...) feito o pedido de tutela antecipada, pode o magistrado entendendo como de natureza cautelar e não antecipatória, conceder o resultado almejado pelo autor sem obrigá-lo ao ajuizamento de ação cautelar, o que será feito de maneira incidente no processo, em outras palavras sem a necessidade de ajuizamento e tramitação de processo cautelar. Neste caso a decisão do juiz deve se pautar nos requisitos específicos da medida cautelar (fumus boni juris e periculum in mora) e não da tutela antecipada[23]."*

---

[23] *Aspectos polêmicos e práticos da nova reforma processual civil.* Rio de Janeiro: Forense, 2003, p. 218.

Portanto, como sói ocorrer no presente caso, desde já requer o autor a concessão do resultado por ele almejado sem a necessidade ao ajuizamento de medida cautelar autônoma de produção antecipada de provas (CPC, arts. 381 a 383), o que, se for o caso, poderá ser determinado incidentalmente.

IV – Inversão do ônus da prova

Quanto à inversão do ônus da prova, as características do direito vindicado (vícios no imóvel nas áreas comuns) indicam, por si só, que os condôminos, interessados por evidente no deslinde da questão e representados pelo condomínio no interesse coletivo, devem ser considerados como hipossuficientes técnicos.

Nesse sentido, já se decidiu que:

"(...) a hipossuficiência, que vem exigida pela lei como um dos requisitos alternativos para inversão do ônus probatório, pode dar-se no tocante à dificuldade técnica do consumidor em desincumbir-se do ônus de provar os fatos constitutivos de seu direito" (RT 775/275).

Segundo a lição de Luiz Antonio Rizzatto Nunes, *o significado da hipossuficiência do texto do preceito normativo do CDC não é econômico, mas sim o técnico.*[24]

Deve essa hipossuficiência ser entendida como o desconhecimento, pelo consumidor, das questões técnicas que envolvem a construção de um edifício, de exclusivo domínio da ré.

Com efeito, o disposto no art. 6º, VIII, do Código de Defesa do Consumidor, tem a força suficiente para afastar a incidência das normas do Código de Processo Civil (arts. 95 e 373, I) em matéria relacionada ao ônus probatório.

Por outro lado, *não há como viabilizar o princípio contido no referido dispositivo sem vinculá-lo ao pagamento das despesas periciais, pois invertido o ônus processual incumbirá à parte atingida por seus efeitos, a produção da prova.*

Neste sentido:

Tribunal de Justiça do Estado de São Paulo. *"Prova – Perícia – Determinação de inversão do ônus da prova e depósito dos honorários periciais pelo banco-agravante – Caracterização de relação de consumo no contrato bancário – Hipótese em que a viabilização do princípio contido no art. 6º, VIII, do Código de Defesa do Consumidor importa na sua vinculação ao pagamento das despesas periciais – Recurso improvido" (Agravo de Instrumento 990101247968 – Rel. J. B. Franco de Godoi – Comarca: Votuporanga – Órgão julgador: 23ª Câmara de Direito Privado – Data do julgamento: 04.08.2010 – Data de registro: 18.08.2010).*

Aliás, o princípio da carga dinâmica das provas foi expressamente admitida pelo vigente Código de Processo Civil, o que se infere do § 1º do art. 373:

"§ 1º Nos casos previstos em lei ou diante de peculiaridades da causa relacionadas à impossibilidade ou à excessiva dificuldade de cumprir o encargo nos termos do caput ou à maior facilidade de obtenção da prova do fato contrário, poderá o juiz atribuir o ônus da prova de modo diverso, desde que o faça por decisão fundamentada, caso em que deverá dar à parte a oportunidade de se desincumbir do ônus que lhe foi atribuído."

Típica aplicação do vertente dispositivo é a situação ora apresentada, na qual a prova deve ser levada a efeito pela ré, construtora do empreendimento que se reputa defeituoso e viciado.

---

[24] *Comentários ao Código de Defesa do Consumidor*. São Paulo: Saraiva, 2000, p. 123.

MODELOS DE PEÇAS NO NOVO CÓDIGO DE PROCESSO CIVIL – *Luiz Antonio Scavone Junior*

Logo, é mister a inversão do ônus da prova, requerendo-se desde já que, em razão dela, a ré pague os honorários periciais.

V – Pedidos

Com fundamento nos argumentos de fato e de direito trazidos à colação, requer o autor:

a) em regime de urgência, a antecipação cautelar dos efeitos da tutela pretendida para a produção antecipada de prova pericial a ser custeada pela ré, em razão da necessária inversão do ônus, a fim de que seja apurado, primeiramente, o péssimo estado geral do edifício no autor asilado e, notadamente, das suas áreas comuns, suas características e componentes e, depois, para apurar a ausência de itens que deveriam ter sido pela ré entregues com a área comum, a inviabilizar a plena utilização do prédio segundo a destinação habitual para a qual o mesmo foi edificado, dado a conjugação do relatório de inspeção predial copiado em anexo (doc. 10) com, de um lado, a existência de riscos contra a saúde e a segurança dos condôminos e, de outro lado, *de riscos de deterioração precoce da edificação, de segurança à funcionalidade, de desperdícios e de desvalorização da mesma*, observados os arts. 297 e 300, do Código de Processo Civil;

b) ao final, seja a presente ação julgada totalmente procedente para tornar definitiva a antecipação de tutela que se espera seja irrogada, bem como a condenação da ré ao pagamento ao autor, em sede de perdas e danos, de valor equivalente à correção e finalização das obras, inclusive dos defeitos existentes e que venham a ser apurados, além do valor correspondente aos produtos inerentes às áreas comuns em função de suas características e componentes que se empenhou no material de comercialização das unidades autônomas (doc. 3) e, mais do que isto, no memorial descritivo (doc. 7) ou, o que também aguarda seja pericialmente apurado;

c) a condenação da ré nas custas, honorários de advogado, juros legais moratórios desde a citação inicial, com relação às condenações pleiteadas a título de dano material (art. 405, do Código Civil), juros legais moratórios desde a prática do ato, com relação à condenação pleiteada a título de danos morais, correção monetária de todos os valores a serem apurados de acordo com a tabela prática para cálculo de atualização monetária dos débitos judiciais do Tribunal de Justiça do Estado de São Paulo e demais despesas inerentes do presente feito, nos termos do art. 85, do Código de Processo Civil.

VI – Citação e intimação

Tratando-se a ré de pessoa jurídica, requer-se que a citação seja efetuada por intermédio do sistema de cadastro de processos em autos eletrônicos nos termos do art. 246, § 1º do Código de Processo Civil ou, caso a ré não conte com o cadastro obrigatório, que seja citada pelo correio nos termos dos arts. 246, I; 247 e 248 do Código de Processo Civil para acatar a determinação e a eventual cominação que se espera sejam irrogadas, ambas, nos exatos termos da alínea "a", *supra*, e para que também, ao depois e querendo, responda no prazo de 15 (quinze) dias (art. 335 do Código de Processo Civil), sob pena de serem tidos por verdadeiros todos os fatos aqui alegados (art. 344 do Código de Processo Civil), devendo o respectivo mandado à citanda conter as finalidades da citação, as respectivas determinações e cominações, bem como a cópia do despacho do(a) MM. Juiz(a), comunicando, ainda, o prazo para resposta, o juízo e o cartório, com o respectivo endereço.

VII – Audiência de Conciliação

Nos termos do art. 334, § 5º, do Código de Processo Civil, o autor desde já manifesta, pela natureza do litígio, desinteresse em autocomposição.

Ou

Tendo em vista a natureza do direito e demonstrando espírito conciliador, a par das inúmeras tentativas de resolver amigavelmente a questão, o autor desde já, nos termos do art. 334 do Código de Processo Civil, manifesta interesse em autocomposição, aguardando a designação de audiência de conciliação.

VIII – Provas

Requer-se provar o alegado por todos os meios de prova em direito admitidos, incluindo perícia, produção de prova documental, testemunhal, inspeção judicial, depoimento pessoal sob pena de confissão caso o réu (ou seu representante) não compareça, ou, comparecendo, se negue a depor (art. 385, § 1º, do Código de Processo Civil).

Requer, outrossim, nos termos da fundamentação contida no item IV, *supra*, a inversão do ônus da prova.

IX – Valor da causa

Dá-se à causa o valor de R$ (...), apenas para efeitos legais (v., a respeito, a guia recolhida, em apenso).

Termos em que,

pede deferimento

Data

Advogado (OAB)

3.12. PETIÇÃO INICIAL – AÇÃO DE COBRANÇA

MM. Juízo da (...) Vara (...) da Comarca de (...)

(...), por seus procuradores (documento 1), com escritório na (...), vem, respeitosamente, perante Vossa Excelência, propor em face de (...), a presente

Ação de cobrança de comissão de corretagem

o que faz com supedâneo nos argumentos de fato e de direito que passa a aduzir:

I – Fatos

Na qualidade de corretor de imóveis, devidamente autorizado pelo réu, consoante autorização de venda anexa (documento 2), o autor, com grande dispêndio de tempo e de dinheiro (publicidade, combustível etc.), logrou angariar comprador idôneo.

Sendo assim, vendedor e comprador firmaram a competente escritura pública de compra e venda, título esse que foi levado a registro.

No ato da outorga da escritura, o vendedor, ora réu, recebeu integralmente o preço ajustado, de R$ (...).

No entanto, a par da efetiva participação do autor que mediou o negócio entre as partes, o réu se nega a cumprir a sua obrigação de pagar a comissão ajustada, no montante de 6% (seis por cento) sobre o valor da operação, ou seja, R$ (...).

Sendo assim, baldos os esforços para receber amigavelmente o valor devido, não restou alternativa ao autor senão a propositura da vertente ação.

II – Direito

Determina o Código Civil:

"Art. 725. A remuneração é devida ao corretor uma vez que tenha conseguido o resultado previsto no contrato de mediação, ou ainda que este não se efetive em virtude de arrependimento das partes."

Sendo assim, o réu deverá ser condenado a pagar a comissão a que o autor faz jus em razão da mediação útil, acrescida de custas, despesas e honorários, isso mesmo não havendo contrato escrito, como atesta remansosa jurisprudência. Como não se trata de contrato solene, a jurisprudência remansosa admite a prova do contrato através da ordem de venda anexa (documento 2) e até mesmo por testemunhas:

Segundo Tribunal de Alçada Civil de São Paulo. *"Mediação – comissão de corretagem – cobrança – prova exclusivamente testemunhal – validade. ..." (Apel. c/ Rev. nº 516.255, 4ª Câm. – rel. Juiz Mariano Siqueira – 02.06.1998. Referências: REsp nº 8.216-MG, 4ª Turma – rel. Min. Barros Monteiro – 27.08.1991; REsp nº 13.508-SP – 3ª Turma – rel. Min. Cláudio Santos – 14.12.1992; Apel. Cív. nº 216.876-2 – rel. Accioli Freire, SP – 03.02.1994; AC nº 134.467-2 – Birigui – rel. Camargo Viana – 19.09.1988 – RT 535/230, 476/235 – RTJ 121/1.189; RE nº 106.442-PR, 25.895, 102.747, 70.563; REsp 11.553. No mesmo sentido: Apel. nº 520.977 – 12ª Câm. – rel. Juiz Gama Pellegrini – 27.08.1998; Apel. nº 553.226 – 12ª Câm. – rel. Juiz Gama Pellegrini – 19.11.1998; Apel. nº 521.845 – 1ª Câm. – rel. Juiz Vieira de Moraes – 09.11.1998).*

Segundo Tribunal de Alçada Civil de São Paulo. *"Mediação – comissão de corretagem – cobrança – prova – existência – percentual de 6% sobre o valor da transação – cabimento. Se a prova documental e oral confirma a intermediação da transação, é devida a comissão cobrada, de 6% sobre o valor real da venda, comprovada nos autos, Sentença mantida. Agravo retido e recurso de apelação improvidos" (Apel. nº 516.936 – 2ª Câm. – rel. Juiz Felipe Ferreira – 27.04.1998. No mesmo sentido: Apel. nº 516.646 – 3ª Câm. – rel. Juiz Ribeiro Pinto – j. em 11.08.1998).*

III – Demonstração do débito

Valor da operação: R$ (...)

Comissão de corretagem: 6% = (...)

IV – Pedido

Ex positis, requer o autor que, ao final, digne-se Vossa Excelência de julgar procedente a presente ação, condenando o réu a pagar o principal, no valor de R$ (...), acrescido de juros legais desde a citação, correção monetária desde a data do negócio, despesas, custas e honorários advocatícios que Vossa Excelência houver por bem arbitrar.

V – Citação

Requer-se que a citação do réu seja efetuada pelo correio, nos termos dos arts. 246, I; 247 e 248 do Código de Processo Civil, para responder no prazo de 15 (quinze) dias (art. 335, do Código de Processo Civil), sob pena de serem tidos por verdadeiros todos os fatos aqui alegados (art. 344 do Código de Processo Civil), devendo o respectivo mandado conter as finalidades da citação, as respectivas determinações e cominações, bem como a cópia do despacho do(a) MM. Juiz(a), comunicando, ainda, o prazo para resposta, o juízo e o cartório, com o respectivo endereço.

Ou

Nos termos do art. 246, II, do Código de Processo Civil (justificar o motivo, posto que a citação por Oficial de Justiça é subsidiária) requer-se a citação do réu por intermédio do Sr. Oficial de Justiça para, querendo, responder no prazo de 15 (quinze) dias (art. 335, do Código de Processo Civil), sob pena de serem tidos por verdadeiros todos os fatos aqui alegados (art. 344 do Código de Processo Civil), devendo o res-

Cap. 3 · PROCEDIMENTO COMUM | 95

pectivo mandado conter as finalidades da citação, as respectivas determinações e cominações, bem como a cópia do despacho do(a) MM. Juiz(a), comunicando, ainda, o prazo para resposta, o juízo e o cartório, com o respectivo endereço, facultando-se ao Sr. Oficial de Justiça encarregado da diligência proceder nos dias e horários de exceção (CPC, art. 212, § 2º).

VI – Audiência de Conciliação

Nos termos do art. 334, § 5º, do Código de Processo Civil, o autor desde já manifesta, pela natureza do litígio, desinteresse em autocomposição.

Ou

Tendo em vista a natureza do direito e demonstrando espírito conciliador, a par das inúmeras tentativas de resolver amigavelmente a questão, o autor desde já, nos termos do art. 334 do Código de Processo Civil, manifesta interesse em autocomposição, aguardando a designação de audiência de conciliação.

VII – Provas

Requer-se provar o alegado por todos os meios de prova em direito admitidos, incluindo perícia, produção de prova documental, testemunhal, inspeção judicial, depoimento pessoal sob pena de confissão caso o réu (ou seu representante) não compareça, ou, comparecendo, se negue a depor (art. 385, § 1º, do Código de Processo Civil).

VIII – Valor da causa

Dá-se à causa o valor de R$ (...).

Termos em que,

pede deferimento.

Data

Advogado (OAB/SP)

3.13. PETIÇÃO INICIAL – AÇÃO REIVINDICATÓRIA COM PEDIDO DE TUTELA PROVISÓRIA DE URGÊNCIA DE NATUREZA ANTECIPADA

MM. Juízo da (...) Vara (...) da Comarca de (...)

(...) vem, respeitosamente, por seus advogados e procuradores (documento 1), com escritório na (...), onde receberão intimações, propor, em face de (...) a competente

Ação Reivindicatória

o que faz com supedâneo no art. 1.228 do Código Civil, pelos fatos e razões a seguir expostos:

I – Fatos

O autor é legítimo senhor, por justo título e aquisição legal, do imóvel constituído pelo lote nº (...) da quadra nº (...), área, limites e confrontações conforme planta, situado na Rua (...), nesta Capital, e respectivas construções e benfeitorias, uma casa de residência com 10 (dez) cômodos, um barracão, conforme Registro nº (...) do (...) oficial de Registro de Imóveis desta Capital (cópia da matrícula atualizada anexa – documento 2);

A cadeia sucessória do imóvel individuado e descrito no articulado nº 1, supra, perfaz mais de 15 (quinze) anos, já que o autor houve dito imóvel no inventário dos bens deixados por seu falecido pai, conforme formal de partilha registrado sob o nº (...), junto ao (...) oficial de Registro de Imóveis desta Capital, em (...).

Por sua vez, o *de cujus* comprou-o do Senhor (...), em (...), conforme escritura de compra e venda regularmente transcrita sob nº (...), no (...) oficial de Registro de Imóveis desta Capital (certidões anexas – documento 3);

96 | MODELOS DE PEÇAS NO NOVO CÓDIGO DE PROCESSO CIVIL – *Luiz Antonio Scavone Junior*

Ocorre que os réus se apossaram do imóvel de forma violenta, em (...), possuindo--o, assim, sem causa jurídica, sendo infrutíferas as tentativas dos autores para que devolvessem o bem de forma amigável.

Os réus residem no imóvel e locam o barracão, percebendo os aluguéis regularmente;

II – Direito

Os arts. 1.216 e 1.228 do Código Civil asseguram ao proprietário o direito de reaver o bem de quem injustamente o possua, assim como receber os frutos percebidos, sendo a posse injusta, como se dá no caso presente.

III – Pedido

Em face do exposto, requer o autor seja a presente ação julgada procedente, com a expedição de mandado de imissão de posse nos termos do art. 552 do Código de Processo Civil, condenados os réus a restituir o imóvel e os frutos percebidos, cujo valor será apurado em liquidação de sentença, além das custas, honorários advocatícios que Vossa Excelência houver por bem arbitrar, respeitados os limites legais.

Pedido de tutela provisória de urgência de natureza antecipada

Nos termos do art. 300 do Código de Processo Civil, em razão da urgência, tendo em vista que o autor não possui outro local para residir, requer a concessão da tutela antecipada, com a expedição de mandado de imissão na posse do imóvel *inaudita altera parte*.

IV – Citação

Requer-se que a citação dos réus seja efetuada pelo correio, nos termos dos arts. 246, I; 247 e 248 do Código de Processo Civil, para responder no prazo de 15 (quinze) dias (art. 335, do Código de Processo Civil), sob pena de serem tidos por verdadeiros todos os fatos aqui alegados (art. 344 do Código de Processo Civil), devendo o respectivo mandado conter as finalidades da citação, as respectivas determinações e cominações, bem como a cópia do despacho do(a) MM. Juiz(a), comunicando, ainda, o prazo para resposta, o juízo e o cartório, com o respectivo endereço.

Ou

Nos termos do art. 246, II, do Código de Processo Civil (justificar o motivo, posto que a citação por Oficial de Justiça é subsidiária), requer-se a citação dos réus por intermédio do Sr. Oficial de Justiça para, querendo, responder no prazo de 15 (quinze) dias (art. 335, do Código de Processo Civil), sob pena de serem tidos por verdadeiros todos os fatos aqui alegados (art. 344 do Código de Processo Civil), devendo o respectivo mandado conter as finalidades da citação, as respectivas determinações e cominações, bem como a cópia do despacho do(a) MM. Juiz(a), comunicando, ainda, o prazo para resposta, o juízo e o cartório, com o respectivo endereço, facultando-se ao Sr. Oficial de Justiça encarregado da diligência proceder nos dias e horários de exceção (CPC, art. 212, § 2º).

Audiência de Conciliação

Nos termos do art. 334, § 5º do Código de Processo Civil, o autor desde já manifesta, pela natureza do litígio, desinteresse em autocomposição.

Ou

Tendo em vista a natureza do direito e demonstrando espírito conciliador, a par das inúmeras tentativas de obter seu imóvel amigavelmente, o autor desde já, nos termos do art. 334 do Código de Processo Civil, manifesta interesse em autocomposição, aguardando a designação de audiência de conciliação.

V – Provas

Requer-se provar o alegado por todos os meios de prova em direito admitidos, incluindo perícia, produção de prova documental, testemunhal, inspeção judicial,

Cap. 3 · PROCEDIMENTO COMUM | **97**

depoimento pessoal dos réus sob pena de confissão caso não compareçam, ou, comparecendo, se negue a depor (art. 385, § 1º, do Código de Processo Civil).

Valor da causa

Dá-se à causa o valor de R$ (...).

Termos em que,

pede deferimento.

Data

Advogado (OAB)

3.14. PETIÇÃO INICIAL – AÇÃO DE ADJUDICAÇÃO COMPULSÓRIA

MM. Juízo da (...) Vara (...) da Comarca de (...)

(...), por seus procuradores (documento 1), com escritório na Av. (...), São Paulo, SP, onde receberão intimações, vem, respeitosamente, perante Vossa Excelência, aforar, pelo procedimento comum, em face de (...)

Ação de obrigação de fazer – adjudicação compulsória,

o que faz com fundamento nos arts. 497 e 536 do Código de Processo Civil, arts. 16 e 22 do Decreto-Lei 58/1937 e arts. 1.417 e 1.418 do Código Civil, pelas razões que, a seguir, passa a aduzir:

I – Fatos

No dia (...), a autora firmou com o réu um compromisso de compra e venda (documento 2) do imóvel localizado na rua (...) que, na matrícula nº (...), Junto ao (...)º Ofício de Registro de Imóveis da (...) (documento 3), está assim descrito e caracterizado: (descrição do imóvel, idêntica à matrícula).

O referido compromisso de compra e venda foi firmado em caráter irrevogável e irretratável, constando no seu bojo todos os elementos necessários à escritura definitiva.

Estabeleceu-se, assim, o preço certo de R$ (...), pagos através de 4 (quatro) parcelas iguais e consecutivas de R$ (...), a primeira na data da assinatura do contrato e as demais em iguais dias dos meses subsequentes.

O valor avençado entre as partes foi efetivamente quitado, conforme provam os recibos anexos (documento 4)

Ou

Embora tenha recebido as três primeiras parcelas (documento 4), o réu, arrependido ainda que tenha firmado o negócio em caráter irretratável, recusa-se a receber a última parcela.

Nada obstante os esforços da autora, o réu se recusa, ainda, a outorgar a escritura definitiva.

Sendo assim, a autora notificou o réu (documento 5), no dia (...), para que, no dia (...), comparecesse com seus documentos pessoais no (...)º Tabelião de Notas da Capital, para outorgar a escritura conforme minuta que enviou.

Dominado pela solércia, cruzando os braços, o réu não compareceu e, tampouco, alegou qualquer motivo para justificar sua mora na obrigação de outorgar a escritura definitiva.

Assim, não existindo outra forma, baldos os esforços da autora, não lhe restou alternativa senão socorrer-se do Poder Judiciário, para obter sentença de adjudicação substitutiva da vontade do réu, apta a transmitir a propriedade do imóvel objeto do compromisso de compra e venda.

II – Direito

O Código Civil é claro quanto à responsabilidade do réu, que se nega a cumprir sua obrigação de outorgar a escritura:

"Art. 247. Incorre na obrigação de indenizar perdas e danos o devedor que recusar a prestação a ele só imposta, ou só por ele exequível.

(...)

Art. 389. Não cumprida a obrigação, responde o devedor por perdas e danos, mais juros e atualização monetária segundo índices oficiais regularmente estabelecidos, e honorários de advogado.

(...)

Art. 395. Responde o devedor pelos prejuízos a que sua mora der causa, mais juros, atualização dos valores monetários segundo índices oficiais regularmente estabelecidos, e honorários de advogado."

Nestes casos, prevê o Código de Processo Civil:

"Art. 497. Na ação que tenha por objeto a prestação de fazer ou de não fazer, o juiz, se procedente o pedido, concederá a tutela específica ou determinará providências que assegurem a obtenção de tutela pelo resultado prático equivalente.

(...)

Art. 501. Na ação que tenha por objeto a emissão de declaração de vontade, a sentença que julgar procedente o pedido, uma vez transitada em julgado, produzirá todos os efeitos da declaração não emitida.

(...)

Art. 536. No cumprimento de sentença que reconheça a exigibilidade de obrigação de fazer ou de não fazer, o juiz poderá, de ofício ou a requerimento, para a efetivação da tutela específica ou a obtenção de tutela pelo resultado prático equivalente, determinar as medidas necessárias à satisfação do exequente.

§ 1º Para atender ao disposto no caput, o juiz poderá determinar, entre outras medidas, a imposição de multa, a busca e apreensão, a remoção de pessoas e coisas, o desfazimento de obras e o impedimento de atividade nociva, podendo, caso necessário, requisitar o auxílio de força policial.

§ 2º O mandado de busca e apreensão de pessoas e coisas será cumprido por 2 (dois) oficiais de justiça, observando-se o disposto no art. 846, §§ 1º a 4º, se houver necessidade de arrombamento.

§ 3º O executado incidirá nas penas de litigância de má-fé quando injustificadamente descumprir a ordem judicial, sem prejuízo de sua responsabilização por crime de desobediência.

§ 4º No cumprimento de sentença que reconheça a exigibilidade de obrigação de fazer ou de não fazer, aplica-se o art. 525, no que couber.

§ 5º O disposto neste artigo aplica-se, no que couber, ao cumprimento de sentença que reconheça deveres de fazer e de não fazer de natureza não obrigacional."

Neste sentido:

Tribunal de Justiça de São Paulo. *Compromisso de compra e venda. Ação de obrigação de fazer e indenização por perdas e danos ajuizada pelo comprador que praticamente inte-*

gralizou o preço do imóvel, remanescendo, do total de R$ 235.000,00, a quantia derradeira (R$ 15.000,00) a ser satisfeita quando da outorga da escritura definitiva, como previsto. Embora possa haver dúvida sobre qual das prestações deveria ser providenciada primeiro, não soa como proporcional ou razoável a recusa dos vendedores na subscrição do ato conclusivo se a obrigação inadimplida do comprador é módica diante da totalidade do negócio (adimplemento substancial) Aplicação do regime jurídico da execução específica do contrato promessa de Portugal para determinar que o autor deposite, em juízo, o valor atualizado da prestação, resguardando o direito dos réus e conservando o negócio por inteiro, que é o interesse maior. Recurso parcialmente provido para considerar os vendedores obrigados a outorgar a escritura (aplicação do art. 466-B, do CPC) [atual art. 512] servindo a sentença como título translativo junto à matrícula do imóvel após realizado o depósito. (Apelação 0007109-37.2007.8.26.0126. Relator: Enio Zuliani Comarca: Caraguatatuba Órgão julgador: 4ª Câmara de Direito Privado Data do julgamento: 24.02.2011 Data de registro: 25.02.2011 Outros números: 71093720078260126).

III – Depósito do valor contratado dada a *mora accipiendi*:

Em razão da notificação (documento 5), é curial concluir a mora do réu que se nega, injustificadamente, a cumprir a obrigação assumida, utilizando, para tanto, o artifício de não receber a quantia contratada, referente à última parcela do preço.

Em consonância com o acatado, o autor oferece, desde já, a quantia de (...), correspondente ao valor atualizado devido pela última parcela recusada injustamente pelo réu. (documento 6 – guia de depósito judicial).

É este o entendimento esposado pelo seguinte julgado:

Tribunal de Justiça de São Paulo. "Outorga de escritura – Relator: José Carlos Ferreira Alves – Comarca: São Paulo – Órgão julgador: 7ª Câmara de Direito Privado – Data do julgamento: 04/06/2008 – Data de registro: 13/06/2008 – Outros números: 4449674500, 994.06.015735-1 – Ação de obrigação de fazer – depósito judicial pelos compradores, no decorrer da lide, do saldo remanescente devidamente corrigido – reconhecido o cumprimento integral da obrigação pelos compradores que implica exigência da outorga da escritura do imóvel pelos vendedores, sob pena de multa diária – Sucumbência parcial – Recurso parcialmente provido" (Apelação 9136773-89.2006.8.26.0000).

Aliás, o depósito liberatório da obrigação quando há cumulação de pedidos, como no caso em tela, é admitido por jurisprudência remansosa do Superior Tribunal de Justiça, que, nos termos do § 2º do art. 327 do CPC, exige a adoção do rito comum:

"Processual civil. Recurso especial. Dissídio jurisprudencial. Comprovação. Acórdão recorrido. Fundamento inatacado. Cumulação de pedidos. Consignação em pagamento e revisão de cláusulas contratuais. Possibilidade. Emprego do procedimento ordinário. – Comprova-se o dissídio jurisprudencial com a cópia dos acórdãos paradigmas ou a menção do repositório oficial nos quais estejam publicados. – O recurso especial deve atacar os fundamentos do acórdão recorrido. – Admite-se a cumulação dos pedidos de revisão de cláusulas do contrato e de consignação em pagamento das parcelas tidas como devidas por força do mesmo negócio jurídico. – Quando o autor opta por cumular pedidos que possuem procedimentos judiciais diversos, implicitamente requer o emprego do procedimento ordinário [agora comum]. – Recurso especial não conhecido" (REsp 464439/GO – Rel. Ministra Nancy Andrighi – Terceira Turma – julgado em 15.05.2003 – DJ 23.06.2003 – p. 358).

IV – Pedido

Isto posto, requer a autora a procedência da presente ação com:

a) a declaração de quitação da última parcela injustamente recusada pelo réu, objeto de depósito nos presentes autos.

100 | MODELOS DE PEÇAS NO NOVO CÓDIGO DE PROCESSO CIVIL – *Luiz Antonio Scavone Junior*

b) a procedência da presente ação de adjudicação compulsória, com o consequente suprimento da declaração de vontade não emitida voluntariamente, valendo a sentença como título translativo, expedindo-se o competente mandado ao (...)° Ofício de Registro de Imóveis da Capital para que proceda ao registro;

c) a condenação do réu no pagamento de custas, despesas e verba honorária, fixada esta entre os limites legais.

d) a condenação do réu nas perdas e danos consubstanciadas no valor dos honorários despendidos pelo autor, independentemente dos honorários sucumbenciais, para postular seu direito nos termos dos arts. 389, 395 e 404 do Código Civil (documento 7), acrescido de juros legais.[25]

---

[25] Nesse sentido:

Tribunal de Justiça de São Paulo. "No que tange ao ressarcimento do valor despendido a título de contrato de honorários de advogado (cf. fls. 86/88), embora decorrentes de avença estritamente particular, devem ser ressarcidos pela parte sucumbente, mesmo que esta não tenha participado do ajuste. Isto porque os honorários contratados, também conhecidos como honorários convencionais, integram o valor devido a título de perdas e danos, nos termos do quanto contido nos artigos 389, 395 e 404, do Código Civil" (Apelação 0002478-27.2012.8.26.0562, Santos, Voto n° 17078, j. em 25.10.2012).

No STJ:
"Direito civil e processual civil. Prequestionamento. Ausência. (...). Honorários convencionais. Perdas e danos. Princípio da restituição integral. Aplicação subsidiária do Código Civil.
(...)
4. Os honorários convencionais integram o valor devido a título de perdas e danos, nos termos dos arts. 389, 395 e 404 do CC/02.
(...)" (REsp 1.027.797/MG, rel. Min. Nancy Andrighi, 3ª Turma, j. em 17.02.2011, *DJe* 23.02.2011).
Nesse julgado, consignou a culta Ministra Relatora:
Ademais, o Código Civil de 2002 determina, de forma expressa, que os honorários advocatícios integram os valores devidos a título de reparação por perdas e danos.
Os arts. 389, 395 e 404 do CC/02 estabelecem, respectivamente:
Art. 389. Não cumprida a obrigação, responde o devedor por perdas e danos, mais juros e atualização monetária segundo índices oficiais regularmente estabelecidos, e honorários de advogado.
Art. 395. Responde o devedor pelos prejuízos a que sua mora der causa, mais juros, atualização dos valores monetários segundo índices oficiais regularmente estabelecidos, e honorários de advogado.
Art. 404. As perdas e danos, nas obrigações de pagamento em dinheiro, serão pagas com atualização monetária segundo índices oficiais regularmente estabelecidos, abrangendo juros, custas e honorários de advogado, sem prejuízo da pena convencional.
Os honorários mencionados nos referidos artigos são os honorários extrajudiciais, pois os sucumbenciais relacionam-se com o processo e constituem crédito autônomo do advogado. Assim, como os honorários contratuais são retirados do patrimônio do lesado, para que haja reparação integral do dano sofrido o pagamento dos honorários advocatícios previsto na Lei Civil só pode ser o dos contratuais.
Nesse tocante, é elucidativa a doutrina de Luiz Antonio Scavone Júnior (*Do descumprimento das obrigações*: consequências à luz do princípio da restituição integral. São Paulo: J. de Oliveira, 2007, p. 172-173):
"Sendo assim, os honorários mencionados pelos arts. 389, 395 e 404 do Código Civil, ressarcitórios, evidentemente não são aqueles decorrentes do Estatuto da Advocacia, ou seja, os honorários de sucumbência; de outro lado, são pagos diretamente pelo credor ao advogado e constituem em prejuízo (dano emergente) decorrente da mora e do inadimplemento.

V – Citação

Requer-se que a citação do réu seja efetuada pelo correio, nos termos dos arts. 246, I; 247 e 248 do Código de Processo Civil, para responder no prazo de 15 (quinze) dias (art. 335, do Código de Processo Civil), sob pena de serem tidos por verdadeiros todos os fatos aqui alegados (art. 344 do Código de Processo Civil), devendo o respectivo mandado conter as finalidades da citação, as respectivas determinações e cominações, bem como a cópia do despacho do(a) MM. Juiz(a), comunicando, ainda, o prazo para resposta, o juízo e o cartório, com o respectivo endereço.

Ou

Nos termos do art. 246, II, do Código de Processo Civil (justificar o motivo, posto que a citação por Oficial de Justiça é subsidiária) requer-se a citação do réu por intermédio do Sr. Oficial de Justiça para, querendo, responder no prazo de 15 (quinze) dias (art. 335, do Código de Processo Civil), sob pena de serem tidos por verdadeiros todos os fatos aqui alegados (art. 344 do Código de Processo Civil), devendo o respectivo mandado conter as finalidades da citação, as respectivas determinações e cominações, bem como a cópia do despacho do(a) MM. Juiz(a), comunicando, ainda, o prazo para resposta, o juízo e o cartório, com o respectivo endereço, facultando-se ao Sr. Oficial de Justiça encarregado da diligência proceder nos dias e horários de exceção (CPC, art. 212, § 2º).

VI – Audiência de Conciliação

Nos termos do art. 334, § 5º do Código de Processo Civil, a autora desde já manifesta, pela natureza do litígio, desinteresse em autocomposição.

Ou

Tendo em vista a natureza do direito e demonstrando espírito conciliador, a par das inúmeras tentativas de resolver amigavelmente a questão, a autora desde já, nos termos do art. 334 do Código de Processo Civil, manifesta interesse em autocomposição, aguardando a designação de audiência de conciliação.

VII – Provas

Requer-se provar o alegado por todos os meios de prova em direito admitidos, incluindo perícia, produção de prova documental, testemunhal, inspeção judicial, depoimento pessoal sob pena de confissão caso o réu (ou seu representante) não compareça, ou, comparecendo, se negue a depor (art. 385, § 1º, do Código de Processo Civil).

(...)

Assim os honorários atribuídos a título de sucumbência não se confundem como os honorários ressarcitórios, convencionais ou arbitrados.

Os honorários ressarcitórios, convencionais ou arbitrados, representam dispêndio do credor e, por essa razão, perdas e danos decorrentes do inadimplemento das obrigações, notadamente em razão da necessidade de contratação de advogado para efetivar o direito de receber o objeto da prestação da relação jurídica obrigacional.

Rompe-se, em razão do ordenamento jurídico, o entendimento corrente, porém equivocado, que decorria do direito anterior, segundo o qual apenas haveria lugar para a condenação do devedor nos honorários de sucumbência.

Não é crível, ante o princípio da restituição integral, que os honorários pagos pelo credor sejam por ele suportados sem qualquer ressarcimento pelo devedor, que a eles deu causa.

Antonio de Pádua Soubhie Nogueira preleciona (Honorários advocatícios extrajudiciais: breve análise (e harmonização) dos artigos 389, 395 e 404 do novo Código civil e do artigo 20 do Código de processo civil. *Revista Forense*, v. 105, n. 402, p. 597-607, mar./abr., 2009, p. 602):

102 | MODELOS DE PEÇAS NO NOVO CÓDIGO DE PROCESSO CIVIL – *Luiz Antonio Scavone Junior*

VIII – Valor da causa

Dá-se à presente o valor de R$ (...).

Termos em que,

Pede deferimento.

Data

Advogado (OAB)

3.15. PETIÇÃO INICIAL – AÇÃO DE OBRIGAÇÃO DE FAZER

MM. Juízo da (...) Vara (...) da Comarca de (...)

(...), vêm, respeitosamente, perante Vossa Excelência, por seus advogados (documento 1), propor, pelo procedimento comum, rito ordinário, em face de (...)

Ação de obrigação de fazer com pedido de antecipação de tutela, cumulada com perdas e danos

O que faz com supedâneo nos argumentos de fato e de direito a seguir aduzidos:

I – Fatos

Os autores são promitentes vendedores (documento 2) do imóvel assim descrito e caracterizado:

(...), localizado na (...). objeto, da matrícula nº (...) do (...) Oficial de Registro de Imóveis de (...) (documento 3).

A promessa de compra e venda (documento 2) foi efetuada em (...) pelo valor de R$ (...), para pagamento da seguinte forma:

(...)

O réu quitou as parcelas do preço no dia (...), restando, portanto, receber a escritura para cumprimento integral do contrato (documento 4 – cópia do termo de quitação).

Entretanto, nada obstante tenha o réu sido notificado para receber a escritura (documento 5 – notificação), inexplicavelmente não a atendeu.

Enquanto isto, a autora continua responsável tributária pelos impostos e taxas que recaem sobre o imóvel (documento 6 – comprovantes de lançamentos de tributos), o que gera funestas consequências, mormente no caso de execução fiscal com penhora de recursos financeiros dos quais não pode prescindir.

Pela sistemática do direito material que garante a ampla indenização, amparada no conhecido princípio da *restitutio in integrum*, mostra-se bastante razoável a interpretação no sentido de que os dispositivos do Código Civil visam, realmente, disciplinar a indenização dos honorários advocatícios extrajudiciais. O direito material, portanto, vai além das regras de direito processual, permitindo a recomposição de tudo aquilo que a parte despendeu para fazer valer seus interesses (em juízo ou fora dele), inclusive as verbas contratuais comprometidas aos advogados que atuam em sua representação.

(...)

Com efeito, na realidade forense os honorários sucumbenciais são apenas uma parcela, cada vez mais importante, de todo remuneratório fixado pelos serviços jurídicos prestados pelo advogado. 'Pressupondo-se que, principiologicamente, a reparação civil deve ser integral, e não parcial, para que o cliente (vítima do ato ilícito) seja efetivamente ressarcido, de rigor que na conta indenizatória seja computada, igualmente, a chamada verba extrajudicial, na hipótese de sua contratação'".

Cap. 3 · PROCEDIMENTO COMUM | 103

Urge observar que a legitimidade da proprietária – a autora –, para responder pelos tributos em que pese a existência de promessa de compra e venda, é tema pacificado no Egrégio Superior Tribunal de Justiça nos termos do art. 1.036 do Código de Processo Civil:

> **Superior Tribunal de Justiça.** *"Processual civil. Tributário. IPTU. Contrato de promessa de compra e venda de imóvel. Legitimidade passiva do possuidor (promitente comprador) e do proprietário (promitente vendedor). Tema já julgado pelo regime do art. 543-C do CPC [atual art. 1.036] e da Resolução STJ 08/08.*
>
> *1. Não há como apreciar o mérito da controvérsia com base na dita malversação dos artigos 1.227 e 1.245 do Código Civil, bem como nas teses a eles vinculadas, uma vez que não foram objeto de debate pela instância ordinária, o que inviabiliza o conhecimento do especial no ponto por ausência de prequestionamento. Incide ao caso a Súmula 282 do STF.*
>
> *2. A jurisprudência desta Corte Superior é no sentido de que tanto o promitente comprador (possuidor a qualquer título) do imóvel quanto seu proprietário/promitente vendedor (aquele que tem a propriedade registrada no Registro de Imóveis) são contribuintes responsáveis pelo pagamento do IPTU. (REsp 1110551/SP e REsp 1111202/SP – Rel. Min. Mauro Campbell – Primeira Seção – DJ 18.6.2009 – julgados de acordo com o regime previsto no art. 543-C do CPC).*
>
> *3. Recurso especial parcialmente conhecido e, nessa parte, provido" (REsp nº 1.272.478/SP – rel. Min. Mauro Campbell Marques – 2ª Turma – j. em 17.11.2011 – DJe 28.11.2011).*

Nessa medida, a autora foi (está sendo) executada por dívidas fiscais (IPTUs) que recaem sobre o imóvel do réu (documento 7 – cópia da execução fiscal e comprovante de quitação desses tributos).

Posta desta maneira a questão, não restou alternativa à autora, baldos os esforços para demover o réu a receber a escritura, senão ingressar com a presente ação para buscar o desincumbir-se da obrigação de outorgar a escritura dada a renitência do promitente comprador em recebê-la, posto que, notificado, quedou-se inerte, configurando *mora accipiendi*.

II – Direito

Resta evidente que existe interesse processual da autora, promitente vendedora, em buscar tutela jurisdicional para compelir o réu, promitente comprador, a receber a escritura.

O direito de propriedade do promitente vendedor foi quase que totalmente esvaziado pela quitação do preço pelo réu.

Na verdade, a propriedade, no sistema que regula as promessas de compra e venda de imóveis, é mantida apenas como garantia do recebimento de preço, não havendo mais qualquer utilidade na sua manutenção depois do pagamento final pelo promitente comprador.

Pelo contrário, a manutenção da propriedade pode impor à autora prejuízos consideráveis, o que justifica plenamente o seu interesse processual.

Além do risco iminente de ser executado por dívidas fiscais do imóvel, responde, ainda, pelos danos decorrentes de ruína, o que se afirma com suporte no art. 937 do Código Civil, responsabilidade esta que encontra sua origem na *cautio damni infecti* do Direito Romano.

Há outras consequências, decorrentes de obrigações *propter rem*, além daquelas de natureza tributária, como as obrigações oriundas de obrigação de pagar as contas de consumo de água, que assim é considerada por parte da jurisprudência:

104 | MODELOS DE PEÇAS NO NOVO CÓDIGO DE PROCESSO CIVIL – *Luiz Antonio Scavone Junior*

Tribunal de Justiça de São Paulo. "Prestação de serviços de fornecimento de água e coleta de esgoto. Pagamento do débito de consumo. Obrigação de natureza "propter rem". Responsabilidade do proprietário do imóvel. Reconhecimento. Procedência do pedido inicial. Sentença reformada. Apelo da autora provido. É de natureza "propter rem" a obrigação pelo pagamento das tarifas relativas aos serviços públicos de fornecimento de água e coleta de esgoto, uma vez que destinados ao imóvel, cabendo ao titular do domínio responder por eventual dívida de consumo, independentemente de esta haver sido constituída antes da aquisição do bem ou de quem tenha efetivamente utilizado os serviços, sendo-lhe assegurado, contudo, o exercício do direito de regresso em ação própria" (Apelação nº 0205819-04.2009.8.26.0006 – rel. Mendes Gomes – São Paulo – 35ª Câmara de Direito Privado – j. em 20.05.2013 – Data de registro: 20.05.2013 – Outros números: 2058190420098260006).

Por todas essas razões, pelo perigo de dano irreparável ou de difícil reparação, é indispensável a tutela que, ao final, será requerida, inclusive através do instituto processual da tutela antecipada.

Nesse sentido, o seguinte julgado do Tribunal de Justiça de São Paulo:

Tribunal de Justiça de São Paulo. "Compromisso de venda e compra. Obrigação de fazer. Ação ajuizada pela promitente vendedora contra o promitente comprador para compeli-lo a receber a escritura do imóvel, cujo preço se encontra integralmente pago. Interesse da promitente vendedora para que as taxas e tributos ou mesmo obrigações propter rem, ou responsabilidade civil por ruína do prédio, não recaiam sobre quem mantém formalmente o domínio, mas despido de todo o conteúdo, já transmitido ao adquirente. Dano moral. Ocorrência. Autora que, em decorrência da inexistência de regularização da propriedade do bem, teve seu nome negativado. Ação procedente. Recurso provido" (Apelação nº 0002542-08.2010.8.26.0077 – rel. Francisco Loureiro – Birigui – 4ª Câmara de Direito Privado – j. em 28.04.2011 – Data de registro: 29.04.2011 – Outros números: 25420820108260077).

No seu voto, de maneira lapidar, esclareceu o insigne relator, Desembargador Francisco Loureiro:

"Existe o direito de o promitente comprador liberar-se da obrigação de outorgar a escritura, de recuperar a sua liberdade e evitar todos os ônus de um imóvel registrado em seu nome, como, por exemplo, lançamento de impostos, despesas condominiais e eventual responsabilidade civil pelo fato da coisa".

"Na visão contemporânea do direito obrigacional, o pagamento, em sentido amplo, é não somente um dever, como também um direito do devedor para liberar-se da prestação. Cabe, assim, ação de obrigação de fazer também do promitente vendedor contra o promitente comprador, para que a sentença substitua a escritura injustamente negada pelo adquirente".

"Problema surge com o registro da escritura, ou da sentença que a substitui, que exige o recolhimento do ITBI e o pagamento das custas e emolumentos devidos ao registrador e ao Estado, ou de imposto predial em atraso. Em tal caso, abre-se em favor do promitente vendedor uma obrigação alternativa. Ou recolhe os impostos e taxas, faz o registro e posteriormente pede o reembolso, ou requer ao juiz a fixação de multa (...) até que o promitente comprador promova o recolhimento das citadas verbas e o registro".

Em igual sentido, entre inúmeras decisões do Tribunal de Justiça, a Apelação nº 466.654.4/8-00 (j. em 07.12.2006 – Quarta Câmara de Direito Privado).

Por fim, é preciso observar que a simples recusa do credor em receber aquilo que o devedor oferece no tempo, lugar e forma convencionados, configura a *mora accipiendi*.

Cap. 3 · PROCEDIMENTO COMUM | 105

O art. 401 do Código Civil estipula, no inciso II, a hipótese de purgação da mora pelo credor que não recebe o que lhe é devido:

"Art. 401. Purga-se a mora:

(...)

II – por parte do credor oferecendo-se este a receber o pagamento e sujeitando-se aos efeitos da mora até a mesma data;"

E é exatamente este direito, de liberar-se da obrigação de outorgar a escritura (crédito do réu no contrato bilateral e comutativo de promessa de compra e venda), que a autora visa exercer com a propositura da vertente ação.

Isto posto, vejamos o:

III – Pedido

a) Tutela provisória de natureza antecipada de urgência:

Tendo em vista a verossimilhança das alegações, a prova inequívoca da existência do contrato entre as partes bem como da quitação, além da notificação não atendida pelo réu, requer a autora, nos termos dos arts. 294, 297, 300 e 536 e 537 do Código de Processo Civil, digne-se Vossa Excelência de antecipar a tutela ora requerida, determinando que o réu, sob pena de multa diária de 1.000,00 (mil reais), receba a escritura no prazo de 15 (quinze) dias, sem prejuízo das perdas e danos decorrentes da sua omissão (Código de Processo Civil, art. 500).

b) Mérito

Diante de todo o exposto, requer a autora seja a presente ação julgada procedente, com:

a) A confirmação da tutela antecipada que espera seja irrogada;

b) Na hipótese de não ter sido concedida a antecipação de tutela, o que se admite apenas por hipótese, requer a autora o julgamento da procedência do pedido com a condenação do réu na obrigação de receber a escritura, valendo a sentença como título hábil ao registro nos termos do *caput* do art. 497 do Código de Processo Civil, além da condenação do réu, nesta eventualidade, ao ressarcimento dos valores despendidos pela autora com escritura, registro e tributos incidentes sobre a transmissão;

ou (escolher o pedido acima ou o seguinte)

b) Na hipótese de não ter sido concedida a antecipação de tutela, o que se admite apenas por hipótese, requer a autora o julgamento da procedência do pedido com a condenação do réu na obrigação de receber a escritura no prazo de 15 (quinze dias) sob pena de multa diária de R$ 1.000,00 (mil reais) ou outra que Vossa Excelência julgar suficiente, tudo nos termos dos arts. 497 e 537 do Código de Processo Civil;

c) A condenação do réu nos prejuízos consubstanciados no ressarcimento dos tributos (IPTUs) lançados em nome da autora e por ela pagos nos termos dos documentos anexos (documento 7) (caso existentes, senão, suprimir).

Por fim, requer a condenação do réu no pagamento das custas e honorários de advogado que Vossa Excelência houver por bem arbitrar nos termos do art. 85 do Código de Processo Civil.

IV – Citação

Requer-se que a citação do réu seja efetuada pelo correio, nos termos dos arts. 246, I; 247 e 248 do Código de Processo Civil, para responder no prazo de 15 (quinze) dias (art. 335, do Código de Processo Civil), sob pena de serem tidos por verdadeiros todos os fatos aqui alegados (art. 344 do Código de Processo Civil), devendo o respectivo mandado conter as finalidades da citação, as respectivas determinações e

106 | MODELOS DE PEÇAS NO NOVO CÓDIGO DE PROCESSO CIVIL – *Luiz Antonio Scavone Junior*

cominações, bem como a cópia do despacho do(a) MM. Juiz(a), comunicando, ainda, o prazo para resposta, o juízo e o cartório, com o respectivo endereço.

Ou

Nos termos do art. 246, II, do Código de Processo Civil (justificar o motivo, posto que a citação por Oficial de Justiça é subsidiária) requer-se a citação do réu por intermédio do Sr. Oficial de Justiça para, querendo, responder no prazo de 15 (quinze) dias (art. 335, do Código de Processo Civil), sob pena de serem tidos por verdadeiros todos os fatos aqui alegados (art. 344 do Código de Processo Civil), devendo o respectivo mandado conter as finalidades da citação, as respectivas determinações e cominações, bem como a cópia do despacho do(a) MM. Juiz(a), comunicando, ainda, o prazo para resposta, o juízo e o cartório, com o respectivo endereço, facultando-se ao Sr. Oficial de Justiça encarregado da diligência proceder nos dias e horários de exceção (CPC, art. 212, § 2º).

V – Audiência de Conciliação

Nos termos do art. 334, § 5º, do Código de Processo Civil, os autores desde já manifestam, pela natureza do litígio, desinteresse em autocomposição.

Ou

Tendo em vista a natureza do direito e demonstrando espírito conciliador, a par das inúmeras tentativas de resolver amigavelmente a questão, os autores desde já, nos termos do art. 335 do Código de Processo Civil, manifestam interesse em autocomposição, aguardando a designação de audiência de conciliação.

VI – Provas

Requer-se provar o alegado por todos os meios de prova em direito admitidos, incluindo perícia, produção de prova documental, testemunhal, inspeção judicial, depoimento pessoal sob pena de confissão caso o réu (ou seu representante) não compareça, ou, comparecendo, se negue a depor (art. 385, § 1º, do Código de Processo Civil).

VII – Valor da causa

Dá-se à causa o valor de R$ (... a princípio, o valor do contrato, mas é possível admitir valor de referência).

Termos em que, cumpridas as necessárias formalidades legais, deve a presente ser recebida, conhecida, processada e acolhida, como medida de inteira Justiça.

Data

Advogado (OAB)

3.16. AÇÃO DE NUNCIAÇÃO DE OBRA NOVA

MM. Juízo da (...) Vara (...) da Comarca de (...)[26]

(...), por seus procuradores (documento 1), com escritório na (...), vem, respeitosamente, perante Vossa Excelência, propor em face de (...), a presente

Ação de nunciação de obra nova

---

[26] "Art. 47. Para as ações fundadas em direito real sobre imóveis é competente o foro de situação da coisa.

§ 1º O autor pode optar pelo foro de domicílio do réu ou pelo foro de eleição se o litígio não recair sobre direito de propriedade, vizinhança, servidão, divisão e demarcação de terras e de nunciação de obra nova".

Cap. 3 • PROCEDIMENTO COMUM | 107

o que faz com supedâneo nos arts. 1.300 e 1.301 do Código Civil e nos argumentos de fato e de direito que passa a aduzir:

I – Fatos

O autor, nunciante, é proprietário e possuidor do imóvel onde reside (planta e cópia atualizada da matrícula – documento 2).

O réu é proprietário do prédio e terreno vizinho contíguos, sob o nº (...), onde inicia construção de um barracão (fotos anexas – documento 3), que não somente invade a área do terreno do autor como ainda deita sobre ele o beiral, cujas goteiras irão precipitar-se necessariamente sobre o terreno do demandante.

A construção do réu fere as posturas municipais, vez que não se trata de obra autorizada.

Além disso, em face da altura das paredes, o autor ficará desprovido de ventilação e claridade, experimentando considerável prejuízo, mormente que possui um escritório ao lado da construção nova, recebendo claridade e ventilação pelas janelas do dito lado.

II – Direito

O Direito ampara o vizinho contra os prejuízos no prédio de sua propriedade, suas servidões, ou fins a que é destinado, proveniente da obra nova em outro prédio, que prejudique o prédio.

O proprietário pode embargar a construção de imóvel que lhe cause prejuízo (CC, art. 1.299):

> *"Art. 1.299. O proprietário pode levantar em seu terreno as construções que lhe aprouver, salvo o direito dos vizinhos e os regulamentos administrativos."*

III – Pedido

Em face do exposto, nos termos dos arts. 294 e seguintes e 301 do Código de Processo Civil, em razão da urgência, requer a concessão da tutela antecipada, sem prejuízo das perdas e danos (Código de Processo Civil, arts. 294, 297, 300, 500, 536 e 537) para embargar a construção, ordenando a sua suspensão liminar e, ao final, seu desfazimento, sob pena de multa de R$ (...) pela desobediência, determinando ainda a intimação do construtor (...) e dos operários que se encontrarem em serviço na obra, por mandado, do embargo, para que não continuem os trabalhos, sob pena de desobediência.

Requer, ainda, em razão dos prejuízos experimentados pelo autor e que serão objeto de prova no curso da instrução, posto que houve impedimento do uso do seu imóvel, a condenação do réu, além do desfazimento, no valor desde já estimado em R$ (...) a título de perdas e danos, além das custas e honorários que Vossa Excelência arbitrar nos termos do art. 85 do CPC.

IV – Citação do réu e intimação do construtor e dos operários

Nos termos do art. 246, II, do Código de Processo Civil e em razão de, além do ato citatório do réu, a necessidade de intimação do construtor (...) e dos operários que se encontrarem na obra, lembrando que estes (construtor e operários) serão apenas intimados para paralisar os trabalhos sob pena de desobediência e não são réus, que os atos sejam praticados por intermédio do Sr. Oficial de Justiça de tal sorte que, intimados, o construtor e os operários paralisem os trabalhos e, citado, o réu, querendo, responda no prazo de 15 dias (art. 335, do Código de Processo Civil), sob pena de serem tidos por verdadeiros todos os fatos aqui alegados (art. 344 do Código de Processo Civil), devendo o respectivo mandado conter as finalidades da

MODELOS DE PEÇAS NO NOVO CÓDIGO DE PROCESSO CIVIL – *Luiz Antonio Scavone Junior*

citação, as respectivas determinações e cominações, bem como a cópia do despacho do(a) MM. Juiz(a), comunicando, ainda, o prazo para resposta, o juízo e o cartório, com o respectivo endereço, facultando-se ao Sr. Oficial de Justiça encarregado da diligência proceder nos dias e horários de exceção (CPC, art. 212, § 2º).

V – Audiência de Conciliação

Nos termos do art. 334, § 5º do Código de Processo Civil, o autor desde já manifesta, pela natureza do litígio, desinteresse em autocomposição.

Ou

Tendo em vista a natureza do direito e demonstrando espírito conciliador, a par das inúmeras tentativas de resolver amigavelmente a questão, o autor desde já, nos termos do art. 334 do Código de Processo Civil, manifesta interesse em autocomposição, aguardando a designação de audiência de conciliação.

VI – Provas

Requer-se provar o alegado por todos os meios de prova em direito admitidos, incluindo perícia, produção de prova documental, testemunhal, inspeção judicial, depoimento pessoal sob pena de confissão caso o réu (ou seu representante) não compareça, ou, comparecendo, se negue a depor (art. 385, § 1º, do Código de Processo Civil).

Dá-se à presente, para efeitos fiscais, o valor de R$ (...)

Termos em que,

pede deferimento.

Data

Advogado (OAB/SP)

Capítulo 4

Tutela provisória de urgência

4.1. TUTELA PROVISÓRIA DE URGÊNCIA DE NATUREZA ANTECIPADA REQUERIDA EM CARÁTER ANTECEDENTE

MM. Juízo da (...) Vara (...) da Comarca de (...)

(...), por seus procuradores (documento 1), vem, respeitosamente, perante Vossa Excelência, requerer em face de (...), a presente:

Tutela provisória de urgência de natureza antecipada em caráter antecedente

o que faz com supedâneo nos arts. 303 e 304 do Código de Processo Civil e nos argumentos de fato e de direito a seguir aduzidos.

Exposição da lide e do direito:

O requerente firmou com o requerido compromisso de compra e venda de imóvel, mediante pagamento de sinal de 10% do valor do negócio e o saldo dividido em 36 parcelas mensais e consecutivas, nos termos do contrato anexo (documento 2).

A posse foi entregue, nos termos do pacto, na data da assinatura do contrato e pagamento do sinal.

Ocorre que, nada obstante as insistentes tentativas de receber o que lhe é devido, certo é que, demonstrando absoluto desdém pelo que pactuou, o requerido se instalou no imóvel e nada mais pagou, deixando de honrar as parcelas do preço desde a primeira prestação.

Se isto não bastasse, deixou de honrar com o pagamento dos impostos que recaem sobre o imóvel e, pior, deu início a demolição de parte da construção.

Insta observar que o requerido já foi notificado para purgar a mora nos termos do que determina o Decreto-lei 745/1969, sem que tivesse atendido à interpelação (documento 3).

Posta assim a questão, a mora é incontroversa.

Risco de dano irreparável (*periculum in mora*):

Pelas fotos anexas (documento 4), as alterações no imóvel à revelia do contrato (cláusula ...) bem como a oneração tributária que certamente recairá sobre os ombros do requerente são motivos suficientes para justificar a antecipação ora requerida.

110 | MODELOS DE PEÇAS NO NOVO CÓDIGO DE PROCESSO CIVIL – *Luiz Antonio Scavone Junior*

Pedido:

Posta assim a questão, requer:

a) A concessão da tutela provisória de urgência de natureza antecipada, em caráter antecedente, para determinar, nos termos do art. 297 do Código de Processo Civil, a reintegração imediata da posse do imóvel prometido, dispensando-se a prestação de caução;

b) A intimação pessoal do réu sobre a concessão da presente tutela provisória de urgência para, querendo, recorrer sob pena de sua estabilização, o que desde já se requer nos termos do art. 304 c/c art. 303, § 6º do Código de Processo Civil.

c) Com a concessão da tutela pleiteada, havendo recurso do réu, requer-se o prazo de 15 (quinze) dias ou outro maior que Vossa Excelência determinar, para aditar a presente inicial;

d) Com o aditamento da presente inicial nos termos do inciso I do § 1º do art. 303 do Código de Processo Civil, o autor requererá a citação do réu para responder ao pedido definitivo.

Em respeito ao art. 303, § 5º, do CPC, o autor pretende se valer do benefício previsto no *caput* do mesmo dispositivo legal e, bem assim, aguarda a estabilização da tutela prevista no art. 304 do Estatuto Processual Civil.

Nos termos do art. 303, § 4º, dá-se á causa o valor de R$ (...), valor correspondente ao débito do requerido (CPC, art. 292, II do CPC).

Termos em que,

p. deferimento.

Data

Advogado (OAB)

4.2. TUTELA PROVISÓRIA DE URGÊNCIA DE NATUREZA CAUTELAR REQUERIDA EM CARÁTER ANTECEDENTE

MM. Juízo da (...) Vara (...) da Comarca de (...)

Urgente – com pedido de tutela antecipada cautelar de urgência

(...), vêm, respeitosamente, perante Vossa Excelência, por seus procuradores (documento 1), aforar em face do (...), o competente:

Pedido de prestação de tutela provisória de urgência de natureza cautelar antecedente,

O que faz para sustação de execução extrajudicial, o que fazem com supedâneo nos arts. 294, 300, e 305 do Código de Processo Civil, expondo e requerendo o quanto segue:

I – Fatos

Os autores, mediante instrumento particular de venda e compra de bem imóvel, financiamento com garantia hipotecária e outras avenças (documento 2), firmado com o réu em (...), adquiriram imóvel situado na (...), financiando o valor de R$ (...).

Entretanto, em virtude de diversas ilegalidades contratuais, está sendo cobrada dívida cujos valores são manifestamente incorretos, mormente ante os juros sobre juros (anatocismo) pela aplicação da tabela price, além de correções abusivas.

Note Vossa Excelência que, desde a assinatura do contrato até o mês de (...), os autores cumpriram suas obrigações (...parcelas), cada uma ascendendo hoje o valor aproximado de R$ (...). Portanto, já pagaram valor superior ao montante objeto do contrato R$ (...).

Outrossim, praticando evidente violência a diversos preceitos constitucionais, o réu, sem permitir qualquer possibilidade de discussão das ilegalidades perpetradas, que elevaram irregularmente o valor devido, iniciou procedimento para alienação do imóvel dos autores mediante execução extrajudicial do Decreto-lei 70/1966, ameaçando vender extrajudicialmente o imóvel através do seu agente fiduciário, (...) – Companhia Hipotecária (documento 3), que age por ordem do banco réu, nos termos do art. 31 do Decreto-Lei 70/1966.

II – Direito ameaçado – ***fumus boni iuris***

Tabela price – anatocismo

No "quadro resumo" do contrato objeto da presente ação (documento 2), encontra-se estipulada a amortização pelo sistema da tabela price.

A tabela price – como é conhecido o sistema francês de amortização – pode ser definida como o método em que, a partir do conceito de juros compostos ou capitalizados (juros sobre juros), elabora-se um plano de amortização em parcelas periódicas, iguais e sucessivas, considerado o termo vencido.

Nesse caso, as parcelas são compostas de um valor referente aos juros, calculado sobre o saldo devedor amortizado, e outro referente à própria amortização.

Trata-se de juros capitalizados de forma composta na exata medida em que, sobre o saldo amortizado, é calculado o novo saldo com base nos juros sobre aquele aplicados, e, sobre este novo saldo amortizado, mais uma vez os juros, e assim por diante.

Citando o preclaro professor Mário Geraldo Pereira em dissertação de doutoramento, ensina José Dutra Vieira Sobrinho:

> *"(...) a denominação Tabela Price se deve ao matemático, filósofo e teólogo inglês Richard Price, que viveu no século XVIII e que incorporou a teoria dos juros compostos às amortizações de empréstimos (ou financiamentos). A denominação "Sistema Francês", de acordo com o autor citado, deve-se ao fato de o mesmo ter-se efetivamente desenvolvido na França, no Século XIX. Esse sistema consiste em um plano de amortização de uma dívida em prestações periódicas, iguais e sucessivas, dentro do conceito de termos vencidos, em que o valor de cada prestação, ou pagamento, é composto por duas parcelas distintas: uma de juros e uma de capital (chamada amortização).[27]"*

A tabela price é o sistema de amortização baseado na capitalização composta de juros. Ensina Walter de Francisco:

> *"Tabela price é a capitalização dos juros compostos.[28]"*

No caso de tabela price, por definição, os juros são capitalizados de forma composta (juros sobre juros).

No caso vertente, há, portanto, sistema de amortização francês, e juros, quanto à capitalização, classificados como compostos (juros sobre juros).

Os juros aplicados aos contratos não podem embutir capitalização composta (tabela price), conforme o art. 4º do Decreto 22.626/1933 – Lei da Usura, Súmula 121 do STF e remansosa jurisprudência.

---

[27] Mário Geraldo Pereira, *Plano básico de amortização pelo sistema francês e respectivo fator de conversão*, Dissertação (Doutoramento) – FCEA, São Paulo, 1965 *apud* José Dutra Vieira Sobrinho, ob. cit., p. 220.

[28] Walter de Francisco, *Matemática Financeira*, São Paulo: Atlas, 1976.

112 | MODELOS DE PEÇAS NO NOVO CÓDIGO DE PROCESSO CIVIL – *Luiz Antonio Scavone Junior*

Relevante para compreensão do caso vertente o julgado:

Tribunal de Justiça de São Paulo. *"Financiamento imobiliário – Tabela Price – Exclusão – Sistema de amortização que incorpora juros compostos (juros sobre juros, juros capitalizados de forma composta ou juros exponenciais) – Existência de controvérsia em torno de elementos ligados à matemática financeira e ao próprio direito – Fato que somente reforça a incerteza, a falta de transparência e a ambiguidade no uso da Tabela Price – Sistema que é inacessível ao homem médio – Perícia contábil que constatou a cobrança, pelo banco réu, de juros capitalizados mensalmente. Financiamento imobiliário – Sistema de amortização – Amortização da dívida que deve ser realizada sem o emprego da Tabela Price, utilizando-se o Sistema de Amortização Constante (SAC) – Valor correto do débito ou crédito que deve ser apurado em liquidação de sentença por arbitramento – Apelo do banco réu provido em parte"* (Apelação nº 0007777-15.2005.8.26.0114 – Relator José Marcos Marrone – Comarca: Campinas – Órgão julgador: 23ª Câmara de Direito Privado – Data do julgamento: 27.05.2015 – Data de registro: 29.05.2015).

O art. 4º do Decreto 22.626/1933 está assim redigido:

"Art. 4º É proibido contar juros dos juros; (...)"

A jurisprudência pátria tem se manifestado acerca do tema, que não é novo:

Súmula nº 121 do STF: É vedada a capitalização de juros, ainda que expressamente convencionada."

Superior Tribunal de Justiça. *"Civil. Recurso Especial. Sistema financeiro da habitação. FCVS. Plano de equivalência salarial. Reajuste de acordo com a categoria profissional do mutuário. Interpretação de cláusula contratual. Súmula 5/STJ. Incidência. Tabela price. Juros capitalizados. Anatocismo. Caracterização. A aplicação da Tabela Price aos contratos de prestações diferidas no tempo impõe excessiva onerosidade aos mutuários devedores do SFH, pois no sistema em que a mencionada Tabela é aplicada, os juros crescem em progressão geométrica, sendo que, quanto maior a quantidade de parcelas a serem pagas, maior será a quantidade de vezes que os juros se multiplicam por si mesmos, tornando o contrato, quando não impossível de se adimplir, pelo menos abusivo em relação ao mutuário, que vê sua dívida se estender indefinidamente e o valor do imóvel exorbitar até transfigurar-se inacessível e incompatível ontologicamente com os fins sociais do Sistema Financeiro da Habitação"* (Recurso Especial nº 668.795 – RS (2004/0123972-0) – Primeira Turma – Relator Ministro José Delgado – julgamento: 03.05.2005 – DJ 13.06.2005, p. 186).

Além dessas ilegalidades, outras tantas podem ser apontadas, dentre as quais destaca-se a outorga de mandato inserto no contrato de adesão, em desacordo com o inc. VIII do art. 51 da Lei 8.078/1990 (cláusula décima nona do contrato – documento 2).

Ilegalidade da inclusão do nome dos autores no Serasa

O Serasa, centralização de serviços dos bancos, infringe gritantemente a Constituição Federal na exata medida em que joga na marginalidade cidadãos decentes que, no presente momento, lutam para se manter no caminho da retidão financeira.

Assim o faz manchando sua ficha cadastral, impedindo-os de reempregar-se, humilhando-os perante a sociedade e seus familiares, ferindo, além de preceitos legais, os princípios atinentes aos direitos humanos.

Como asseverou o eminente Juiz Jurandir de Souza Oliveira, do Primeiro Tribunal de Alçada Civil, o sistema jurídico, ao contrário do que pensam alguns, estipula a garantia de que o devedor não pode ser constrangido.

Tal se dá exatamente em virtude da Lei 8.078/1990 que, no art. 42, dispõe que na cobrança de débitos o consumidor inadimplente não será exposto ao ridículo, nem será submetido a qualquer tipo de constrangimento ou ameaça.

Segundo, ainda, o eminente Juiz de Alçada, hoje desembargador, pacífico na jurisprudência o entendimento segundo o qual, estando a dívida sendo questionada judicialmente, é indevida a negativação. Some-se a isso o fato de que a negativação não aproveita o credor, servido apenas para prejudicar os autores no mercado. Veja Vossa Excelência a posição do STJ:

> **Superior Tribunal de Justiça.** *"Ação revisional. Dívida em juízo. Cadastro de inadimplentes. Serasa. SPC. Cadin. Inscrição. Inadequação. Precedentes do tribunal. Nos termos da jurisprudência desta Corte, estando a dívida em juízo, inadequada em princípio a inscrição do devedor nos órgãos controladores de crédito"* (Recurso Especial nº 180.665/PE (9800488391) – Decisão: por unanimidade, não conhecer do recurso – Data: 17.09.1998 – 4ª Turma – Rel. Ministro Sálvio de Figueiredo Teixeira – DJ 03.11.1998, p. 172).

Não de forma diferente, o:

> **Primeiro Tribunal de Alçada Civil de São Paulo.** *"Medida cautelar. Sustação de protesto – contrato de fornecimento bancário – deferimento da liminar – impossibilidade de inscrição do nome do recorrente no cadastro de inadimplentes do SERASA visto que o montante do débito acha-se "sub judice" – recurso provido para esse fim"* (Agravo de Instrumento 748.712-3 – São Paulo – 6ª Câmara – j. 02.09.1997 – Rel. Massami Uyeda – Decisão: unânime).

E, também, o

> **Tribunal de Alçada do Rio Grande do Sul.** *"Agravo de instrumento. Revisional de contrato de crédito. Registro do nome do devedor no SERASA. Proposta a ação revisional de cláusulas de contrato bancário, pode o juiz determinar, em razão de cautela requerida, que o réu se abstenha de fazer o registro do devedor na central de informação de restrição SERASA, que funciona como órgão de pressão e constrangimento ao devedor, mormente quando este se insurge contra o contrato de crédito que mantém com a instituição financeira, especialmente quando o credor nada tem a perder, pois seu crédito está forrado de segurança bastante, e não fez nenhuma comprovação de ser beneficiado com a medida pleiteada. Negado provimento"* (Agravo de Instrumento 196.159.040 – Data: 23.10.1996 – 7ª Câmara Cível – Rel. Roberto Expedito da Cunha Madrid – Origem: Canoas).

As expressões "negativar" e "negativação" lembram as antigas marcas de iniquidade que existiam nos primórdios da sociedade, mediante as quais os iníquos eram punidos pela perda do nariz (assírios).

Em França do Rei Luiz XIII, as mulheres desonestas, através de ferrete em brasa, eram marcadas com uma flor-de-lis.

Hoje pouca coisa mudou. Em verdade, agravaram-se as consequências: os devedores são marcados através dos ferretes da moderna tecnologia online, via *modem*, fax, satélite etc.

Ora, Nobre Julgador, esse juízo sumário e inflexível deve ser, de alguma forma, contido em um Estado Democrático de Direito.

Bem por isso o CDC colocou freio aos órgãos que a si arrogam e atribuem a prerrogativa de dizer quem é honesto, quem é desonesto, quem pode comerciar e quem não pode, quem terá acesso ao mercado de trabalho e ao crédito e quem será excluído.

A questão se apresenta ainda mais grave na exata medida em que se verifica no caso vertente que a negativação dos autores, que discutem a correta aplicação de encargos, colide violentamente com o mandamento insculpido no art. 5º, inc. XXXV, da Constituição Federal, que garante a não exclusão de ameaça ou lesão de direitos da apreciação do Poder Judiciário.

114 | MODELOS DE PEÇAS NO NOVO CÓDIGO DE PROCESSO CIVIL – *Luiz Antonio Scavone Junior*

III – Perigo na demora da prestação jurisdicional – *periculum in mora*

Os autores estão ameaçados de sofrer danos irreparáveis tendo em vista a iminente alienação extrajudicial do imóvel onde residem sem que, antes, se lhes tenha dado qualquer oportunidade de ver apreciado pelo Poder Judiciário as ilegalidades aqui sucintamente apontadas.

No caso vertente, é certo que a situação litigiosa jamais seria afastada espontaneamente pela ré, permitindo vislumbrar que será efetivamente necessário outro futuro processo, apto a enfrentar a implementação pelo banco réu das inúmeras ilegalidades já apontadas, que lhe permitem se apropriar de verbas acoimadas de indevidas (juros capitalizados e abusivos, acrescidos de indexador remuneratório e não de atualização monetária).

Como se evidencia dos fatos e da franca probabilidade do direito esgrimido, a persistir a nefasta condução do negócio subjacente pela ré, a única forma de reparar a lesão do direito dos autores seria, se houvesse possibilidade, efetivar o pagamento incorreto para, ao depois, ajuizar outra demanda para repetição do indébito, fazendo renascer a sepulta cláusula *solve et repete*.

Ora, o simples prenúncio dessa repudiada cláusula permite, sem qualquer delonga, divisar a potencialidade de dano aos autores. Aliás, ensina Calmon de Passos:

> *"O critério mais adequado, a nosso ver, para se aferir da dificuldade e incerteza da reparação é considerar a possibilidade de ressarcimento dos danos no próprio processo e a curto prazo ou com meios expeditos. Se isto não ocorrer é válido entender-se a lesão como de difícil e incerta reparação."*[29]

Como ensina, também, o preclaro Ovídio Baptista, supedaneado em Apicella (I provvedimenti cautelari non nominati, 1948):

> *"Se a tutela cautelar somente pudesse ser concedida quando não fosse possível a reparação pecuniária, então a própria instituição perderia sentido, dado que um tal entendimento, ao contrário do que se tem em vista com a tutela cautelar, admitiria prévia violação do direito para depois recompô-lo monetariamente, quando a própria lei concebe a tutela cautelar contra prevenção de dano iminente, mas não consumado."*[30]

Só a tutela cautelar, liminarmente concedida, terá o condão de garantir, portanto, o resultado útil e eficaz da ação principal a ser proposta.

Se não fosse só por isso, os autores possuem filhos menores, um com três anos (documento 6), e estão na iminência do desalojamento em virtude de medida arbitrária e ilegal.

Situação iníqua como essa não merece guarida do Poder Judiciário.

IV – Ação a ser proposta

Os autores esclarecem que, no trintídio legal, apresentarão o seu pedido principal nos termos do art. 308 do CPC, que consistirá na revisão do contrato.

V – Conclusão

A execução extrajudicial, diante da evidência que o réu pratica ilegalidades na cobrança ao impor juros sobre juros pela aplicação da tabela price, contrariando a

---

[29] Calmon de Passos, *Comentários ao Código de Processo Civil*. São Paulo: RT, 1984, vol. X, tomo I, pp. 98-99.

[30] Ovídio A. Baptista da Silva, *Do processo cautelar*. Rio de Janeiro: Forense, 1996, p. 77-78.

Súmula 121 do STF, o que se demonstra, inclusive, por farta jurisprudência, é motivo para concessão da medida ora pleiteada.

Outrossim, a questão da TR deve ser objeto de análise na ação principal, mormente que foi considerada ilegal por ocasião do julgamento da ADIN nº 493-DF.

Verifica-se, pois, que os direitos que possuem os autores estão ameaçados de sofrer danos irreparáveis, somente podendo ser obstaculizados pela tutela cautelar liminarmente deferida, mormente ante a iminente alienação extrajudicial do imóvel onde residem.

No caso vertente estão presentes, portanto, o *fumus boni iuris* e o *periculum in mora*. Isso posto, deduz-se o

VI – Pedido

Como medida acautelatória, urgente e preparatória de ação ordinária que lhe seguirá, serve a presente para requerer digne-se Vossa Excelência de determinar a expedição de mandado, liminarmente, *inaudita altera parte*, para (CPC, arts. 294 e 300):

a) obstar a execução extrajudicial, bem como o leilão extrajudicial, caso esteja em andamento, até o julgamento final desta ação;

b) que seja obstada a inclusão do nome dos autores no SERASA ou em qualquer outro órgão de proteção ao crédito até o final julgamento da ação, ou, caso já tenham sido incluídos, que seja efetuada a retirada no prazo de cinco dias, sob pena de multa diária de R$ (...) enquanto perdurar a desobediência à ordem;

c) que o réu, abstenha-se de executar extrajudicialmente a dívida, nos termos do Decreto-Lei 70/1966;

Requer, ao final, seja julgada procedente a presente medida cautelar, obstada a execução extrajudicial do Decreto-Lei 70/1966, confirmada a liminar concedida.

VII – Requerimento

Requer a Autora se digne Vossa Excelência de determinar:

a) a expedição do Mandado objeto do pedido ao réu, para cumprimento por Oficial de Justiça dada a urgência da medida, a ser cumprido na Rua (...), ordenando a suspensão da execução extrajudicial do imóvel objeto do contrato nº (...) entre as partes e obstada a inclusão do nome dos autores no SERASA ou em qualquer outro serviço de proteção ao crédito até final julgamento e, caso já tenham sido incluídos, que seja efetuada a retirada no prazo de cinco dias sob pena de multa diária de R$ (...);

b) a expedição do competente mandado de citação do réu, por Oficial de Justiça, na pessoa de seu representante legal, ou outra, com poderes de administração ou gerência geral, para, querendo, oferecer resposta no prazo de 5 (cinco) dias, sob pena de confissão e efeitos da revelia;

c) embora prescinda de autorização, ao Oficial de Justiça encarregado da diligência proceder com os benefícios do art. 212 § 2º, do CPC.

Tratando-se de ato conservatório do direito dos autores, pede-se que o processo tramite durante as férias (Código de Processo Civil, art. 215, I).

VIII – Valor da causa

Dá-se à presente o valor de (...).

IX – Provas

Requer-se a produção de prova documental, testemunhal, pericial, inspeção judicial e de todos os meios probantes em Direito admitidos, inclusive depoimento pessoal do representante legal do réu sob pena de confissão, se não comparecer ou, comparecendo, se negar a depor.

Termos em que, cumpridas as necessárias formalidades legais, deve a presente ser recebida e afinal julgada procedente, como medida de inteira

JUSTIÇA!

Data.

Advogado (OAB)

Documento 1

Procuração

Documento 2

Contrato

Documento 3

Notificação para a execução extrajudicial

Documento 4

Planilha de débito fornecida pelo réu

Documento 5

Jurisprudência

Capítulo 5

Arguição de falsidade

5.1. ARGUIÇÃO DE FALSIDADE DE DOCUMENTO NOVO

MM. Juízo da (...) Vara (...) da Comarca de (...)

Processo nº (...)

(...), já qualificado nos autos da ação ordinária que move em face de (...), por seus procuradores, vem, respeitosamente, perante Vossa Excelência, expor e requerer o quanto segue:

Atendendo ao respeitável despacho de fls. (...), para falar sobre o documento apresentado pela ré a fls., vem o autor dizer o seguinte:

Tal documento, apresentado pela ré como prova de suas alegações de fls. (...), é manifestamente falso, porque (dar a fundamentação, indicando em que ponto o documento está falsificado).

Assim sendo, o Autor requer que, intimada a parte contrária (Código de Processo Civil, art. 432), se digne V. Exa. ordenar exame pericial, por perito especializado (Código de Processo Civil, arts. 432 e 478), para proceder ao exame do documento, protestando desde logo pela indicação de seu Assistente Técnico e pela apresentação de quesitos.

Finalmente, espera que, ao final, seja declarada a falsidade do documento de fls. (...) (Código de Processo Civil, art. 19, II), com julgamento da presente arguição como questão principal (Código de Processo Civil, art. 430, parágrafo único e art. 433 do Código de Processo Civil).

Termos em que,

p. deferimento.

Data

Advogado (OAB)

5.2. AÇÃO AUTÔNOMA

MM. Juízo da (...) Vara (...) da Comarca de (...)

Urgente: com pedido de registro da citação a ser apreciado liminarmente, bem como expedição de ofício para complementação de prova

118 | MODELOS DE PEÇAS NO NOVO CÓDIGO DE PROCESSO CIVIL – *Luiz Antonio Scavone Junior*

(...), por seus procuradores (documento 1), vem, respeitosamente, à presença de Vossa Excelência, propor, pelo procedimento comum,

Ação Declaratória de Nulidade de Escritura

em face de (...), e sua mulher (...), pelos motivos de fato e de direito a seguir aduzidos.

I – Fatos

Pela escritura pública, datada de (...), o autor adquiriu o imóvel objeto da matrícula (...) junto ao (...)º Oficial de Registro de Imóveis da (...) (documento 2), conforme consta do R. (...) da matrícula do imóvel (documento 3 – matrícula).

O imóvel está assim descrito e caracterizado:

(...)

Com a propriedade registrada em seu nome, o autor diligenciou na aprovação de projeto de construção no referido terreno, conforme comprova o pedido de alvará para construção nova (extrato anexo – documento 4).

Nada obstante, em uma das visitas ao imóvel de sua propriedade, verificou movimentação estranha e, questionando as pessoas lá presentes, descobriu tratar-se de pessoa que se dizia contratada pelo proprietário.

Estranhando o fato, diligenciou na obtenção de certidão da matrícula do seu imóvel e descobriu, com surpresa, que constava registro de compra e venda do imóvel de sua propriedade para os corréus, por escritura de venda e compra datada de (...) (livro... – fls. ...) do Tabelião de Notas de (...), deste Estado (documento 5 – escritura falsa), registrada no dia (...) (R. ... da matrícula – documento 3).

Todavia, o autor não vendeu seu imóvel, e, nesta medida, até então desconhecia os réus.

Assim, a escritura aqui tida por falsa (documento 5) certamente foi outorgada por estelionatários que falsificaram os documentos do autor.

Nesta exata medida, o autor providenciou a lavratura de Boletim de Ocorrência (documento 6 – Boletim de Ocorrência) e, bem assim, determinou diligências no cartório de notas de (...), local no qual foi exibida cópia de Carteira de Motorista do autor falsificada (em poder do Tabelião e arquivado às notas daquele cartório) utilizada como documento para justificar a outorga da escritura.

Ao final desta exordial, requerer-se-á, de antemão, que seja expedido Ofício ao Tabelião de Notas de (...), para que remeta, diretamente ao Ofício judicial, a cópia dos referidos documentos, tendo em vista que o Sr. Tabelião se recusou, salvo ordem judicial, a entregar cópia da indigitada carteira de motorista falsificada e demais documentos que justificaram a lavratura da escritura falsa.

Consta também que o Sr. Tabelião comunicou o fato ao Juiz corregedor dos cartórios da comarca, remetendo os documentos àquele magistrado (documento 7 – comunicação ao Juiz corregedor pelo Tabelião de Notas de...)

Importante observar um fato axiomático para a conclusão que requer a vertente refrega: o simples fato de a escritura do imóvel ter sido lavrada no longínquo Distrito de (...), considerando que se trata de imóvel de pessoa residente na comarca da Capital, localizado na comarca da Capital tendo como comprador pessoas que também se declaram residentes na comarca da Capital, constitui prática não corriqueira e gera, por si só, estranheza para dizer o mínimo.

Basta uma simples vista d'olhos nos documentos pessoais do autor (documento 1 – documentos pessoais do autor) comparando-os com a assinatura constante da escritura para verificar, sem a menor dificuldade, que não se trata da sua assinatura:

Carteira de motorista n. (...):

RG (...):

Assinatura falsa constante da escritura (documento 5):

Assim, com a vinda aos autos dos documentos que ensejaram o teratológico ato notarial aqui guerreado, clara estará a falsidade e, portanto inexistência de manifestação volitiva, elemento fundamental para autorizar qualquer efeito do ato jurídico que o autor não praticou e, bem assim, a nulidade do ato notarial subsequente.

II – Direito

O negócio jurídico ora atacado é inexistente.

O autor não manifestou vontade, ou seja, não assinou a escritura que deu origem à transmissão aos corréus.

Assim, aplicável a doutrina de Flávio Tartuce (*Direito Civil*. 9. ed. São Paulo: Método, 2014, p. 15, v. 3), que esclarece:

"Pois bem, o negócio jurídico, na visão de Pontes de Miranda, é dividido em três planos: – Plano da existência. – Plano da validade. – Plano da eficácia."

"No plano da existência estão os pressupostos para um negócio jurídico, ou seja, os seus elementos mínimos, seus pressupostos fáticos, enquadrados dentro dos elementos essenciais do negócio jurídico. Nesse plano há apenas substantivos sem adjetivos, ou seja, sem qualquer qualificação (elementos que formam o suporte fático). Esses substantivos são: agente, vontade, objeto e forma. Não havendo algum desses elementos, o negócio jurídico é inexistente..."

Ensina Silvio Rodrigues (*Direito Civil*. 34. ed. São Paulo, Saraiva: 2007, n. 91, p. 171, v. 1):

"O Código Civil, em seu art. 104, menciona quais os pressupostos de validade do negócio jurídico, determinando serem: a) a capacidade do agente; b) o objeto lícito; c) a forma prescrita em lei."

"A doutrina, entretanto, distingue os elementos estruturais do negócio jurídico, isto é, os elementos que constituem seu conteúdo, dos pressupostos ou requisitos de validade, que são os mencionados no aludido art. 104. Entre os elementos essenciais do negócio jurídico, figura, em primeiro lugar, a vontade humana, pois, vimos, o negócio jurídico é fundamentalmente um ato de vontade. Todavia, como a vontade é um elemento de caráter subjetivo, ela se revela através da declaração, que, desse modo, constitui, por sua vez, elemento essencial."

Mais adiante, esclarece (Silvio Rodrigues, *Direito Civil*, cit., n. 149, p. 290):

"Completando o campo das nulidades surgiu na doutrina, paralelamente ao conceito de ato nulo ou anulável, a noção de ato inexistente, o qual seria o negócio que não reúne os elementos de fato que sua natureza ou seu objeto supõem, e sem os quais é impossível conceber sua própria existência. A ideia surgiu na doutrina francesa, com a obra de Zacarias, e apareceu para solucionar um problema que se propunha de maneira relevante em matéria de casamento."

Completa o saudoso civilista (Silvio Rodrigues, cit., p. 293):

"A ideia de ato inexistente, ultrapassando o quadro do direito matrimonial, alcançou grande êxito, ao ser acolhida pela maioria dos escritores. Não são poucos, porém, os que a condenam, por achá-la inexata, inútil e inconveniente.

120 | MODELOS DE PEÇAS NO NOVO CÓDIGO DE PROCESSO CIVIL – *Luiz Antonio Scavone Junior*

Seria inexata porque, no mais das vezes, o ato malsinado cria uma aparência que para ser destruída implica recurso judicial. A compra e venda, devidamente transcrita, transfere o domínio, ainda que falte o consenso de uma das partes; por conseguinte, necessário se faz a declaração de ineficácia para que o ato não produza efeitos."

Em suma, defende, como sói ocorrer no vertente caso, que se declare a nulidade absoluta do ato praticado por ausência de elemento essencial à sua construção, qual seja: a manifestação volitiva.

Resume a questão Caio Mário da Silva Pereira (*Instituições de Direito Civil.* 20. ed. Rio de Janeiro: Forense, 2004, v. 1):

"Se em vez de consentimento defeituoso, não tiver havido consentimento nenhum [como é o caso], o ato é inexistente. Ao contrário da nulidade, em que a declaração de vontade conduz à ineficácia por desconformidade com as determinações legais, a inexistência advém da ausência de declaração de vontade..."

Conclui, discorrendo sobre a posição dos irmãos Mazeud, que:

"Costuma-se objetar que o ato inexistente não deixa de ser uma aparência de ato, que há mister seja desfeita, e, para tanto, requer-se um decreto judicial, o que (concluem) induz equivalência entre a nulidade e a inexistência."

Como atesta Flávio Tartuce (*Direito Civil.* 10. ed. São Paulo: Método, 2014, p. 421 e 422, v. 1):

"Desse modo, para a corrente doutrinária que não aceita a ideia de ato inexistente, os casos apontados como de inexistência do negócio jurídico são resolvidos com a solução de nulidade".

"Ressalte-se que, como não há qualquer previsão legal a respeito da inexistência do negócio jurídico, a teoria da inexistência não foi adotada expressamente pela novel codificação, a exemplo do que ocorreu com o código de 1916... Na realidade, implicitamente, o plano da existência estaria inserido no plano da validade do negócio jurídico. Por isso é que, em tom didático, pode-se afirmar que o plano da existência está embutido no plano da validade..."

Complementa, afirmando que:

"...eventualmente, haverá necessidade de propositura de demanda, a fim de afastar eventuais efeitos decorrentes desta inexistência de um negócio celebrado..."

É exatamente a demanda declaratória de nulidade, que ora se propõe, necessária para afastar os efeitos gerados decorrentes do registro da escritura falsa e da subsequente na cadeia registral.

Nessa medida, em caso idêntico ao presente (documento 8 – acórdão paradigma), o Tribunal de Justiça de São Paulo decidiu:

Tribunal de Justiça de São Paulo. *"Negócio Jurídico – Inexistência – Escritura de venda e compra lavrada com assinaturas falsificadas dos alienantes – Cancelamento do registro imobiliário – Boa-fé dos adquirentes e subadquirentes sem relevância para conferir validade a negócio sem elemento do consentimento – Ausência de prova de que os autores tenham tramado a falsa venda – Ação de nulidade procedente – Recursos improvidos" (Apelação Cível nº 430.106.4/0-00 – Quarta Câmara de Direito Privado – Relator: Des. Francisco Loureiro – Julg: 27.07.2006).*

Cap. 5 · ARGUIÇÃO DE FALSIDADE | 121

No seu voto, deduziu, com percuciência, o Relator:

"Claro que as escrituras públicas e registros imobiliários são dotados de presunção de veracidade. Na lição da mais autorizada doutrina, o registro no sistema brasileiro é causal, porque vinculado ao título que lhe deu origem. Segue a sorte jurídica do título e não tem efeito saneador de eventuais invalidades do negócio jurídico. Disso decorre que anulado o título, cancela-se o registro que nele teve origem. A presunção de veracidade do registro, assim, é relativa, até que se promova o seu cancelamento (art. 1.247 do novo CC e 859 do CC de 1.916)."

De fato, nesta esteira menciona o art. 1.247 do Código Civil:

"Art. 1.247. Se o teor do registro não exprimir a verdade, poderá o interessado reclamar que se retifique ou anule.

Parágrafo único. Cancelado o registro, poderá o proprietário reivindicar o imóvel, independentemente da boa-fé ou do título do terceiro adquirente."

Conclui, afastando direito de adquirentes e subadquirentes:

Em suma, não mais paira dúvida na doutrina e na jurisprudência sobre a presunção relativa de veracidade do registro imobiliário que, ao contrário do sistema alemão, não é dotado de fé-pública e nem é abstrato em relação ao título que lhe deu origem (por todos, confira-se completo estudo sobre o tema: Afrânio de Carvalho, *Registro de Imóveis*. Rio de Janeiro: Forense, p. 167 e seguintes).

Antigo aresto do Supremo Tribunal Federal bem assentou a questão:

"No Brasil, ao contrário do sistema germânico, que assentou os princípios de presunção e fé pública no registro, o Código Civil não adotou simultaneamente esses dois postulados, mas apenas o primeiro deles, de sorte que a presunção pode ser destruída por prova contrária que demonstre que a transcrição foi feita, v.g., com base em venda a non domino*" (RT 547/252, Rel. Min. Soarez Munõz).*

Em resumo, a boa-fé dos adquirentes e subadquirentes tem relevância apenas para conferir eventual direito à percepção de frutos, ou indenização por benfeitorias, enquanto tiveram a posse dos imóveis e persistir a ignorância do vício (arts. 1.219/1.222 CC). Não, porém, para validar aquisição inexistente feita a *non domino*, sem o elemento do consentimento do verdadeiro proprietário.

III – Pedido

Com fundamento nos argumentos de fato e de direito trazidos à colação, requer o autor seja, ao final, a presente ação julgada procedente:

a) Para declarar a inexistência e consequente nulidade da escritura de venda e compra datada de (...) (livro... – fls. ...) do Tabelião de (...) (documento 5 – escritura falsa) registrada no dia (...) (R. ... da matrícula – documento 3), determinando-se, também, a anulação do registro... e eventuais subsequentes na matrícula... junto ao ... Oficial de Registro de Imóveis da Capital;

b) Para condenar os réus nos honorários a serem arbitrados por Vossa Excelência nos termos do art. 85 do CPC, além de custas e demais despesas.

IV – Citação

Requer-se que a citação dos réus seja efetuada pelo correio, nos termos dos arts. 246, I; 247 e 248 do Código de Processo Civil, para responder no prazo de 15 (quinze) dias (art. 335, do Código de Processo Civil), sob pena de serem tidos por verdadeiros todos os fatos aqui alegados (art. 344 do Código de Processo Civil), devendo o respectivo mandado conter as finalidades da citação, as respectivas determinações e cominações, bem como a cópia do despacho do(a) MM. Juiz(a), comunicando, ainda, o prazo para resposta, o juízo e o cartório, com o respectivo endereço.

Ou

Nos termos do art. 246, II, do Código de Processo Civil (justificar o motivo, posto que a citação por Oficial de Justiça é subsidiária) requer-se a citação dos réus por intermédio do Sr. Oficial de Justiça para, querendo, responder no prazo de 15 (quinze) dias (art. 335, do Código de Processo Civil), sob pena de serem tidos por verdadeiros todos os fatos aqui alegados (art. 344 do Código de Processo Civil), devendo o respectivo mandado conter as finalidades da citação, as respectivas determinações e cominações, bem como a cópia do despacho do(a) MM. Juiz(a), comunicando, ainda, o prazo para resposta, o juízo e o cartório, com o respectivo endereço, facultando-se ao Sr. Oficial de Justiça encarregado da diligência proceder nos dias e horários de exceção (CPC, art. 212, § 2º). Requer o autor, outrossim, nos termos do art. 167, I, n. 21 da Lei 6.015 de 1973, seja a citação dos réus para a presente ação, de natureza reipersecutória, registrada na matrícula nº (...) junto ao (...) Oficial de Registro de Imóveis da Capital para o conhecimento de terceiros.

V – Audiência de Conciliação

Nos termos do art. 334, § 5º, do Código de Processo Civil, o autor desde já manifesta, pela natureza do litígio, desinteresse em autocomposição.

VI – Provas

Requer-se provar o alegado por todos os meios de prova em direito admitidos, incluindo perícia, produção de prova documental, testemunhal, inspeção judicial, depoimento pessoal dos réus sob pena de confissão caso não compareçam, ou, comparecendo, se negue a depor (art. 385, § 1º, do Código de Processo Civil).

Requer o autor, desde já, seja expedido ofício ao Tabelião (...), deste Estado, para que remeta cópia de boa qualidade, diretamente ao Ofício, dos documentos pessoais do outorgante com ele arquivados e que ensejaram a escritura de venda e compra datada de (...) (livro... – fls...), cuja falsidade embasa o vertente pedido.

VII – Valor da Causa

Dá-se à causa o valor de R$ (...), sendo este o valor das escrituras cuja anulação se busca.

Termos em que, requerendo que as intimações sejam feitas em nome dos subscritores da vertente exordial,

Pede e aguarda deferimento.

Data.

Advogado (OAB)

Sumário de documentos:

Documento 1: Procuração e documentos pessoais do autor.

Documento 2: Escritura de aquisição pelo autor – origem de sua aquisição e documentos correlatos.

Documento 3: Matrícula atualizada.

Documento 4: Pedido de alvará para construção feito pelo autor.

Documento 5: ESCRITURA FALSA.

Documento 6: Boletim de Ocorrência.

Documento 7: Comunicação levada a efeito pelo Tabelião ao Juiz Corregedor.

Documento 8: Acórdãos do Tribunal de Justiça de São Paulo em caso idêntico.

Documento 9: Custas.

Capítulo 6

Ação probatória autônoma – produção antecipada de provas

MM. Juízo da (...) Vara (...) da Comarca de (...)

Urgente – com pedido liminar

(...), por seus procuradores (documento 01), vem, respeitosamente, à presença de Vossa Excelência, aforar em face de (...), a competente:

Produção antecipada de prova pericial, o que faz com fundamento nos fatos e razões a seguir expostos:

Razões que justificam a necessidade de antecipação da prova – Código de Processo Civil, art. 382

A requerente locou, ao requerido, casa de sua propriedade, localizada na (...), conforme prova contrato anexo (documento 02).

No contrato, consta o recebimento do imóvel, na ocasião do início da locação, em perfeito estado de conservação e limpeza (laudo de vistoria – documento 03).

Ocorre que, terminado o prazo da locação, o requerido restituiu o imóvel em estado deplorável, totalmente depredado (fotos anexas – documento 04).

Posta assim a questão, à requerente não restará alternativa, senão promover ação ordinária de indenização por danos em face do requerido.

Contudo, para a propositura da referida ação, é indispensável a realização de exame pericial, consistindo em uma vistoria *ad perpetuam rei memoriam*, para que sejam quantificados os prejuízos.

Sucede que há urgência na produção dessa prova, posto que o requerente pretende locar novamente o imóvel e a demora inevitável do transcurso da ação ordinária de indenização, mormente ante a pletora de feitos que assoberba o Poder Judiciário, irá causar elevados prejuízos, de difícil, senão impossível reparação.

Direito

O atual Código de Processo Civil ampliou as hipóteses de produção antecipada de provas que deixou de ter característica puramente cautelar, se prestando, inclusive, para prevenir a propositura da ação principal a depender do que for apurado.

Nesta medida:

Art. 381. A produção antecipada da prova será admitida nos casos em que:

I – haja fundado receio de que venha a tornar-se impossível ou muito difícil a verificação de certos fatos na pendência da ação;

II – a prova a ser produzida seja suscetível de viabilizar a autocomposição ou outro meio adequado de solução de conflito;

III – o prévio conhecimento dos fatos possa justificar ou evitar o ajuizamento de ação.

(...)

124 | MODELOS DE PEÇAS NO NOVO CÓDIGO DE PROCESSO CIVIL – *Luiz Antonio Scavone Junior*

§ 5º Aplica-se o disposto nesta Seção àquele que pretender justificar a existência de algum fato ou relação jurídica para simples documento e sem caráter contencioso, que exporá, em petição circunstanciada, a sua intenção.

Art. 382. Na petição, o requerente apresentará as razões que justificam a necessidade de antecipação da prova e mencionará com precisão os fatos sobre os quais a prova há de recair.

§ 1º O juiz determinará, de ofício ou a requerimento da parte, a citação de interessados na produção da prova ou no fato a ser provado, salvo se inexistente caráter contencioso.

§ 2º O juiz não se pronunciará sobre a ocorrência ou a inocorrência do fato, nem sobre as respectivas consequências jurídicas.

§ 3º Os interessados poderão requerer a produção de qualquer prova no mesmo procedimento, desde que relacionada ao mesmo fato, salvo se a sua produção conjunta acarretar excessiva demora.

§ 4º Neste procedimento, não se admitirá defesa ou recurso, salvo contra decisão que indeferir totalmente a produção da prova pleiteada pelo requerente originário.

Isso posto, deduz-se o

Pedido

Pede-se que Vossa Excelência se digne de designar perito (Código de Processo Civil, art. 465), liminarmente (Código de Processo Civil, arts. 294 e 300, § 2º), como medida de extrema urgência, fixado dia e hora para a entrega do laudo apto a apurar os danos causados ao imóvel do requerente, notadamente para responder aos seguintes quesitos no laudo a ser produzido:

1. Considerando a vistoria prévia quando da locação do imóvel, quais os estragos observados no imóvel?

2. Desses estragos, quais o foram pelo desgaste normal e quais o foram pela ação do inquilino?

3. Qual o valor das reparações, para reconduzir o imóvel ao *status quo ante*?

4. Qual o tempo necessário para repor o imóvel nas condições anteriores?

Requerimento

Requer-se a expedição do competente mandado de citação do requerido para, querendo, acompanhar a perícia requerida.

Requer-se, outrossim, que a citação seja feita pelo correio, nos termos dos arts. 246, I; 247 e 248 do Código de Processo Civil.

Requer-se, finalmente, a produção das provas supramencionadas.

Valor da causa

Dá-se à presente o valor de R$ (...).[31]

Termos em que,

Pede deferimento.

Data

Advogado (OAB)

---

[31] Produção Antecipada de Provas e Valor da Causa – Decisão agravada que determinou a retificação do valor da causa para o correspondente ao valor da edificação – Descabimento – Objeto da produção antecipada de provas que não se confunde com o conteúdo econômico de eventual ação principal – Valor da causa inestimável, devendo prevalecer, à míngua de critérios objetivos, o valor indicado na petição inicial (R$ 1.000,00) – Decisão reformada – Recurso provido. (TJ-SP – AG: 994093032573 SP, Relator: De Santi Ribeiro, j. 02.03.2010, 1ª Câmara de Direito Privado, data de publicação: 11.03.2010).

Capítulo 7

Cumprimento de sentença

7.1. PETIÇÃO REQUERENDO O CUMPRIMENTO PROVISÓRIO DE SENTENÇA QUE RECONHECE EXIGIBILIDADE DE OBRIGAÇÃO DE PAGAR QUANTIA CERTA

MM. Juízo da (...) Vara (...) da Comarca de (...)

Processo nº (...)

(...), por seus advogados, nos autos da ação (...), que move em face de (...), processo em epígrafe, em trâmite perante esse e. Juízo, vem, respeitosamente, à presença de Vossa Excelência, promover o presente pedido de cumprimento provisório de sentença (CPC, arts. 513, § 1º e 520 e seguintes), pelas razões de fato e de direito a seguir aduzidas:

Por força de sentença, o exequente tornou-se credor da executada pela quantia de R$ (...), conforme cálculo aritmético anexo (ou abaixo demonstrado), que se encontra devidamente atualizado até a presente data nos moldes estabelecidos na sentença, em respeito ao art. 524, do Código de Processo Civil:

Planilha discriminada do débito

Nada obstante o Recurso Especial manejado pelo ora executado, certo é que o inconformismo não conta com efeito suspensivo, notadamente em razão da negativa de atribuição desse efeito requerido pelo executado nos termos do art. 1.029, § 5º, do Código de Processo Civil (fls...), o que autoriza a presente execução.

Dessa forma, a executada deve ao exequente a quantia de R$ (...).

Ex positis, e na forma dos arts. 520 e seguintes do Código de Processo Civil, requer-se a intimação do executado, na pessoa de seu advogado (CPC, art. 513, § 2º, I) *(ou: por carta com aviso de recebimento na forma do art. 513, § 2º, II, do CPC, posto que representado por defensor público; ou: posto que não representado por advogado, que renunciou – fls...) (ou: por meio eletrônico, posto que pessoa jurídica não representada por advogado, na forma do art. 513, § 2º, III c/c § 1º do art. 246 do CPC) (ou: por edital, posto que revel, nos termos do art. 513, § 2º, IV do CPC)*, para efetuar o pagamento do quantum demonstrado, no prazo de 15 (quinze) dias, sob pena de acréscimo a título de multa de 10% (dez por cento) e honorários de 10% sobre o valor executado e penhora.

Não efetuado o pagamento, requer-se desde já, ato contínuo e independentemente de novo pedido, nos termos do art. 523, § 3º, do CPC, a expedição de mandado de penhora e avaliação. *(ou: o bloqueio de ativos financeiros pelo sistema Bacen-jud)*

Termos em que,

Pede deferimento.

Data

Advogado (OAB)

7.2. PETIÇÃO REQUERENDO O CUMPRIMENTO DEFINITIVO DE SENTENÇA QUE RECONHECE EXIGIBILIDADE DE OBRIGAÇÃO DE PAGAR QUANTIA CERTA

MM. Juízo da (...) Vara (...) da Comarca de (...)

Processo nº (...)

(...), por seus advogados, nos autos da ação (...), que move em face de (...), processo em epígrafe, em trâmite perante esse e. Juízo, vem, respeitosamente, à presença de Vossa Excelência, promover o presente pedido de cumprimento de sentença que reconhece exigibilidade de obrigação de pagar quantia certa (CPC, arts. 513, § 1º, e 523 e seguintes), pelas razões de fato e de direito a seguir aduzidas:

Por força de sentença, o exequente tornou-se credor da executada pela quantia de R$ (...), conforme cálculo aritmético anexo (ou abaixo demonstrado), que se encontra devidamente atualizado até a presente data nos moldes estabelecidos na sentença, em respeito ao art. 524, do Código de Processo Civil:

(Planilha discriminada do débito na forma do art. 524 do CPC.)

Posta assim a questão, a executada deve ao exequente a quantia de R$ (...).

Ex positis, e na forma do art. 523, do Código de Processo Civil, requer-se a intimação do executado, na pessoa de seu advogado (CPC, art. 513, § 2º, I) *(ou: por carta com aviso de recebimento na forma do art. 513, § 2º, II do CPC, posto que representado por defensor público; ou: posto que não representado por advogado, que renunciou – fls...) (ou: por meio eletrônico, posto que pessoa jurídica não representada por advogado, na forma do art. 513, § 2º, III c/c § 1º do art. 246 do CPC) (ou: por edital, posto que revel, nos termos do art. 513, § 2º, IV, do CPC)*, para efetuar o pagamento do *quantum* demonstrado, no prazo de 15 (quinze) dias, sob pena de acréscimo a título de multa de 10% (dez por cento) e honorários de 10% sobre o valor executado e penhora.

Não efetuado o pagamento requer-se desde já, ato contínuo e independentemente de novo pedido, nos termos do art. 523, § 3º, do CPC, a expedição de mandado de penhora e avaliação. *(ou: o bloqueio de ativos financeiros pelo sistema Bacen-jud.)*

(Caso os autos não sejam eletrônicos)

Requer o exequente a juntada das peças enumeradas nos incisos do parágrafo único, do art. 522 do Código de Processo Civil, cuja autenticidade é certificada pelo subscritor do presente requerimento, sob sua responsabilidade.

Termos em que,

Pede deferimento.

Data

Advogado (OAB)

Cap. 7 · CUMPRIMENTO DE SENTENÇA | 127

7.3. PETIÇÃO REQUERENDO CONSTRIÇÃO DE BENS EM RAZÃO DA FRUSTRAÇÃO DA PENHORA INICIAL

MM. Juízo da (...) Vara (...) da Comarca de (...)

Processo nº (...)

(...), por seus advogados, nos autos da ação (...), que move em face de (...), processo em epígrafe, em trâmite perante esse e. Juízo, vem, respeitosamente, à presença de Vossa Excelência, expor e requerer o quanto segue.

Inobstante a determinação de intimação para pagamento a executada quedou--se inerte e restou infrutífera a tentativa de penhora pelo Sr. Oficial de Justiça nos termos do § 3º do art. 523 do CPC.

Posta assim a questão, tendo em vista que decorreu *in albis* o prazo para pagamento voluntário insculpido no art. 523 do Código de Processo Civil, o valor devido de R$ (...) importa em (...) atualizados que, acrescido de 10% (multa do art. 523, § 1º), resulta no valor devido de R$ (...) que, acrescido de honorários de 10% pela execução (independentemente daqueles fixados na fase de conhecimento), importa no valor total devido de R$ (...).

(Memória discriminada dos cálculos)

Posta assim a questão, mister se faz a pesquisa/bloqueio pelos sistemas Bacenjud, Infojud, Arisp e Renajud.

Nestes termos, a exequente requer, pelo valor executado:

a) A realização de pesquisa eletrônica de titularidade de imóveis via ARISP[32] (art. 3º do Provimento 30/2011, *DJE* de 19/11/2011 e *DJE* de 09/01/2012, pág. 12 – decisão normativa da Corregedoria Geral da Justiça);

b) O emprego de INFOJUD (requisição de cópia da declaração de bens entregue à Receita Federal);

c) O emprego do RENAJUD (pesquisa e bloqueio de veículos automotores);

d) BACENJUD (pesquisa e bloqueio de ativos financeiros); e,

Insta observar que todas as pesquisas/bloqueios devem ser realizadas em nome da executada:

(...)

Para o cometimento, apresenta a exequente as guias de recolhimento das taxas respectivas (por ferramenta empregada e por CPF consultado – Guia do Fundo Especial de Despesa do Tribunal de Justiça, código 434-1, "Impressão de Informações do Sistema Infojud/Bacenjud/Renajud" – Prov. CSM 1.826/2010, Prov. CSM 1.864/2011 e Comunicado CSM 97/2010), devendo a zelosa Serventia observar o prazo de 05 dias (art. 228 do CPC), contado da apresentação das guias que seguem anexas.

Por derradeiro, requer o cumprimento do requerimento supra, antes de qualquer intimação através da imprensa oficial ou de qualquer outra medida, com o escopo de evitar que os executados tomem, antecipadamente, ciência do ato e frustre a medida.

Posta assim a questão, juntando as guias (BACENJUD, ARISP, INFOJUD e RENAJUD) para as pesquisas/bloqueios ora requeridos.

---

[32] No Estado de São Paulo. Em outros Estados, verificar o órgão responsável.

128 | MODELOS DE PEÇAS NO NOVO CÓDIGO DE PROCESSO CIVIL – *Luiz Antonio Scavone Junior*

Ou

a) Nos termos do inciso VII do art. 524 e art. 844, do Código de Processo Civil, por auto ou termo de penhora, a penhora do apto.(...), conforme matrícula atualizada anexa à presente;

a.1) Desde já o exequente indica o valor do imóvel sobre o qual deve recair a penhora, de acordo com as avaliações anexas correspondente a R$ (...).

É preciso observar que, nos termos da lição dos preclaros Luiz Rodrigues Wambier, Teresa Arruda Alvim Wambier e José Miguel Garcia Medina:

"Ao requerer a realização da execução e indicar bens sobre os quais recairá a penhora [art. 524, VII do CPC], poderá o exequente estimar o seu valor. Caso o executado aceite o valor atribuído aos bens pelo exequente, a realização de avaliação por assistente do juiz será desnecessária" (cf. art. 871, I, do CPC, aplicável analogicamente ao caso).

b) Nos termos do art. 871 do Código de Processo Civil, requer-se a nomeação de avaliador, caso a executada não concorde com o valor ora indicado pelo exequente.

c) Ultrapassado "in albis" o prazo para impugnação a que alude o art. 525 do CPC requer-se a designação de praça.

Termos em que,

Pede deferimento.

Data

Advogado (OAB)

7.4. PETIÇÃO REQUERENDO O CUMPRIMENTO DE SENTENÇA (OU DECISÃO INTERLOCUTÓRIA) QUE RECONHECE EXIGIBILIDADE DE OBRIGAÇÃO DE PRESTAR ALIMENTOS

MM. Juízo da (...) Vara (...) da Comarca de (...)

Processo n° (...)

(...), por seus advogados, nos autos da ação de alimentos que move em face de (...), processo em epígrafe, em trâmite perante esse e. Juízo, vem, respeitosamente, à presença de Vossa Excelência, promover o presente pedido de cumprimento de sentença *(ou de decisão interlocutória que reconheceu obrigação de prestar alimentos)* (CPC, arts. 528 e seguintes), pelas razões de fato e direito a seguir aduzidas:

Por força de sentença *(ou: de decisão interlocutória)*, o exequente tornou-se credor do executado pela quantia de R$ (...), conforme cálculo aritmético anexo (ou abaixo demonstrado), que se encontra devidamente atualizado até a presente data nos moldes estabelecidos na decisão.

(Planilha discriminada do débito)

Dessa forma, o executado deve ao exequente a quantia de R$ (...).

Ex positis, e na forma dos arts. 528, do Código de Processo Civil, requer-se a intimação do executado, na pessoa de seu advogado (CPC, art. 513, § 2º, I) *(ou: por carta com aviso de recebimento na forma do art. 513, § 2º, II, do CPC, posto que representado por defensor público; ou: posto que não representado por advogado, que renunciou – fls...) (ou: por meio eletrônico, posto que pessoa jurídica não representada por advogado, na forma do art. 513, § 2º, III c/c § 1º do art. 246 do CPC) (ou: por edital, posto que revel, nos termos do art. 513, § 2º, IV, do CPC)*, para efetuar o pagamento do quantum demonstrado, no prazo de 3 (três) dias, sob pena de prisão nos termos do § 3º do art. 528 do Código de Processo Civil.

Cap. 7 · CUMPRIMENTO DE SENTENÇA | **129**

Não efetuado o pagamento requer-se desde já, independentemente da prisão ou de novo pedido, ato contínuo, nos termos do art. 528, § 5º do CPC, a expedição de mandado de penhora e avaliação. *(ou: o bloqueio de ativos financeiros pelo sistema Bacen-jud.)*

Termos em que,

Pede deferimento.

Data

Advogado (OAB)

7.5. PETIÇÃO REQUERENDO O CUMPRIMENTO DEFINITIVO DE SENTENÇA QUE RECONHECE EXIGIBILIDADE DE OBRIGAÇÃO DE FAZER, NÃO FAZER OU ENTREGAR COISA

7.5.1. Pelo resultado prático equivalente

MM. Juízo da (...) Vara (...) da Comarca de (...)

Processo nº (...)

(...), por seus advogados, nos autos da ação (...), que move em face de (...), processo em epígrafe, em trâmite perante esse e. Juízo, vem, respeitosamente, à presença de Vossa Excelência, promover o presente pedido de cumprimento de sentença (CPC, arts. 536 e seguintes), pelas razões de fato e de direito a seguir aduzidas:

Por força de sentença, o exequente tornou-se credor da executada da obrigação de outorgar a escritura do imóvel objeto da matrícula (...).

Ex positis, e na forma do art. 536, do Código de Processo Civil, requer-se a expedição de mandado dirigido ao (...) Oficial de Registro de Imóveis da (...) determinando a transmissão do imóvel objeto da matrícula (...).

Termos em que,

Pede deferimento.

Data

Advogado (OAB)

7.5.2. Mediante imposição de multa (*astreintes*) ou busca e apreensão

MM. Juízo da (...) Vara (...) da Comarca de (...)

Processo nº (...)

(...), por seus advogados, nos autos da ação (...), que move em face de (...), processo em epígrafe, em trâmite perante esse e. Juízo, vem, respeitosamente, à presença de Vossa Excelência, promover o presente pedido de cumprimento de sentença (CPC, arts. 536 e seguintes), pelas razões de fato e de direito a seguir aduzidas:

Por força de sentença, o exequente tornou-se credor da executada da obrigação de (*entrega de bem* móvel ou imóvel *ou prestação de atividade – descrever*).

Ex positis, e na forma dos arts. 536 e 537, do Código de Processo Civil, requer--se a intimação do executado, na pessoa do seu advogado (CPC, art. 513, § 2º, I) *(ou: por carta com aviso de recebimento na forma do art. 513, § 2º, II, do CPC, posto que representado por defensor público; ou: posto que não representado por advogado, que renunciou – fls...) (ou: por meio eletrônico, posto que pessoa jurídica não representada por advogado, na forma do art. 513, § 2º, III, c/c o § 1º do art. 246*

130 | MODELOS DE PEÇAS NO NOVO CÓDIGO DE PROCESSO CIVIL – *Luiz Antonio Scavone Junior*

do CPC) (ou: por edital, posto que revel, nos termos do *art. 513, § 2º, IV, do CPC)* para cumprir a obrigação de *(descrever a obrigação de fazer/prestar serviço ou atividade ou de não fazer objeto da condenação)* determinado pela sentença sob pena de multa diária de R$ (...) igualmente fixada no julgado. Julgado. *(ou: sob pena de multa diária de R$... desde já requerida ou outra que Vossa Excelência fixar nos termos do art. 537 do CPC).*

(Ou, tratando-se de obrigação de entrega de bem móvel ou imóvel)

Ex positis, e na forma dos arts. 538, do Código de Processo Civil, requer-se a expedição de mandado de busca e apreensão *(ou imissão na posse, posto trata-se de bem imóvel)* em favor do exequente.

Termos em que,

Pede deferimento.

Data

Advogado (OAB)

7.6. PETIÇÃO REQUERENDO O CUMPRIMENTO DEFINITIVO DE SENTENÇA QUE RECONHECE EXIGIBILIDADE DE OBRIGAÇÃO DE PAGAR QUANTIA CERTA PELA FAZENDA PÚBLICA

MM. Juízo da (...) Vara (...) da Comarca de (...)

Processo nº (...)

(...), por seus advogados, nos autos da ação (...), que move em face de (...), processo em epígrafe, em trâmite perante esse e. Juízo, vem, respeitosamente, à presença de Vossa Excelência, promover o presente pedido de cumprimento de sentença (CPC, arts. 513, § 1º e 534 e 535), pelas razões de fato e de direito a seguir aduzidas:

Por força de sentença, o exequente tornou-se credor da executada pela quantia de R$ (...), conforme cálculo aritmético anexo (ou abaixo demonstrado), que se encontra devidamente atualizado até a presente data nos moldes estabelecidos na sentença, em respeito ao art. 534, do Código de Processo Civil:

*(Planilha discriminada do dé*bito *na forma do art. 534)*

Dessa forma, a executada deve ao exequente a quantia de R$ (...).

Ex positis, e na forma do art. 535, do Código de Processo Civil, requer-se a intimação da executada, na pessoa do seu representante judicial, por carga, remessa ou meio eletrônico, para, querendo, no prazo de 30 (trinta) dias e nos próprios autos, impugnar a execução.

Não impugnada a execução ou rejeitada a impugnação, requer o exequente, desde já, a expedição de ofício ao presidente do tribunal para expedição de precatório em favor do exequente (CPC, art. 535, § 3º, I).

Ou, tratando-se de pequeno valor:

Não impugnada a execução ou rejeitada a impugnação, requer o exequente, desde já, a expedição de mandado dirigido ao (descrever a autoridade responsável pelo ente público), na pessoa do seu representante judicial para pagamento no prazo de 2 (dois) meses, mediante depósito no Banco (...), tratando-se do banco oficial mais próximo da residência do exequente, nos termos do art. 535, § 3º, II, do Código de processo Civil.

Termos em que,

Pede deferimento.

Data

Advogado (OAB)

7.7. PETIÇÃO DO DEVEDOR OFERTANDO O PAGAMENTO EM CUMPRIMENTO DE SENTENÇA QUE RECONHECE EXIGIBILIDADE DE OBRIGAÇÃO DE PAGAR QUANTIA CERTA

MM. Juízo da (...) Vara (...) da Comarca de (...)

Processo nº (...)

(...), por seus advogados, nos autos da ação (...), que lhe move (...), processo em epígrafe, em trâmite perante esse e. Juízo, vem, respeitosamente, à presença de Vossa Excelência, oferecer o pagamento decorrente da condenação (CPC, art. 526), pelas razões de fato e de direito a seguir aduzidas:

Por força de sentença, requerente tornou-se devedor da quantia de R$ (...), conforme cálculo aritmético anexo (ou abaixo demonstrado), que se encontra devidamente atualizado até a presente data nos moldes estabelecidos na sentença, em respeito ao art. 524, do Código de Processo Civil:

(Planilha discriminada do débito na forma do art. 524 do CPC)

Posta assim a questão, deve a quantia atualizada de R$ (...).

Ex positis, e na forma do art. 526, do Código de Processo Civil, requer o depósito da referida quantia, bem como:

a) a intimação do credor para, querendo, manifestar-se no prazo de 5 (cinco) dias;

b) com ou sem manifestação, requer digne-se Vossa Excelência a declarar satisfeita a obrigação e extinguir o processo por sentença nos termos do art. 316 do Código de Processo Civil;

c) com a extinção, a comunicação ao distribuidor para as referidas baixas.

Termos em que,

Pede deferimento.

Data

Advogado (OAB)

7.8. IMPUGNAÇÃO AO CUMPRIMENTO DE SENTENÇA – EXCESSO DE EXECUÇÃO

MM. Juízo da (...) Vara (...) da Comarca de (...)

Processo nº (...)

(...), por seus advogados, nos autos da ação (...), que lhe move (...), processo em epígrafe, em trâmite perante esse e. Juízo, vem, respeitosamente, à presença de Vossa Excelência, oferecer impugnação (CPC, art. 525), pelas razões de fato e de direito a seguir aduzidas:

Por força de sentença, requerente tornou-se devedor da quantia de R$ (...), conforme cálculo aritmético anexo (ou abaixo demonstrado), que se encontra devidamente atualizado até a presente data nos moldes estabelecidos na sentença, em respeito ao art. 524, do Código de Processo Civil:

MODELOS DE PEÇAS NO NOVO CÓDIGO DE PROCESSO CIVIL – *Luiz Antonio Scavone Junior*

(Planilha discriminada do débito na forma do art. 524 do CPC)

Nada obstante, o exequente *(alegar e justificar uma das causas do § 1º do art. 525)*.

Posta assim a questão, em cumprimento ao art. 525, § 4º, do CPC, entende o impugnante ser correto o valor de R$ (...), havendo, portanto, excesso de execução nos termos do art. 525, § 1º, inciso V, do Código de Processo Civil.

Ex positis, e na forma do art. 525, do Código de Processo Civil, requer:

a) a concessão de efeito suspensivo eis que deposita o valor incontroverso de R$ (...), a teor do § 6º do art. 525 do Código de Processo Civil;

b) a remessa dos autos ao contador judicial nos termos § 2º do art. 524 do Código de Processo Civil ou, supletivamente, a designação de perícia para apurar a exatidão dos cálculos contidos nesta impugnação.

c) ao final, o acolhimento integral desta impugnação com a declaração de exatidão dos cálculos apresentados e extinção do processo por sentença nos termos do art. 316 do Código de Processo Civil.

Termos em que,

Pede deferimento.

Data

Advogado (OAB)

7.9. IMPUGNAÇÃO AO CUMPRIMENTO DE SENTENÇA – OUTRAS CAUSAS

MM. Juízo da (...) Vara (...) da Comarca de (...)

Processo nº (...)

(...), por seus advogados, nos autos da ação (...), que lhe move (...), processo em epígrafe, em trâmite perante esse e. Juízo, vem, respeitosamente, à presença de Vossa Excelência, oferecer impugnação (CPC, art. 525), pelas razões de fato e de direito a seguir aduzidas:

Por força de sentença, requerente tornou-se devedor da quantia de R$ (...), conforme consta de fls...

Nada obstante, o exequente não foi citado na fase de conhecimento e o processo correu à revelia *(ou: alegar e justificar uma das demais causas do § 1º do art. 525)*.

Posta assim a questão, o impugnante não pode, a toda evidência, sofrer a presente execução.

Ex positis, e na forma do art. 525, do Código de Processo Civil, requer:

a) a concessão de efeito suspensivo eis que deposita o valor incontroverso de R$ (...) *(ou: oferece como garantia do juízo o seguinte bem ...)*, a teor do § 6º do art. 525 do Código de Processo Civil. *(ou: a concessão de efeito suspensivo, excepcionalmente sem caução tendo em vista os fundamentos desta impugnação)*

b) ao final, o acolhimento integral desta impugnação com a anulação dos atos praticados e o recebimento da contestação anexa, posto que comparece espontaneamente nos termos do art. 239, § 1º, do Código de Processo Civil.

Termos em que,

Pede deferimento.

Data

Advogado (OAB)

Capítulo 8

Procedimentos Especiais

8.1. AÇÃO DE CONSIGNAÇÃO EM PAGAMENTO

MM. Juízo da (...) Vara (...) da Comarca de (...)

(...), por seus procuradores (documento 01), com escritório na (...), onde receberão intimações, vem, respeitosamente, perante Vossa Excelência, aforar, em face de (...), a competente

Ação de consignação em pagamento

o que faz com fundamento no art. 539 e seguintes do Código de Processo Civil e nas razões de fato e de direito a seguir aduzidas:

I – Exposição dos fatos

A autora firmou com a ré, no dia (...), Compromisso de Venda e Compra de Imóvel em construção mediante o qual se obrigou a adquirir a unidade (...).

Por tal unidade se comprometeu a pagar a quantia de R$ (...).

De fato, em razão do aludido contrato, deu início aos pagamentos durante a construção do imóvel.

Todavia, antes da entrega das chaves, em razão das parcelas exigidas pela ré, a autora verificou a cobrança de valores discrepantes do que havia contratado.

Esse fato se deveu, efetivamente, à desconsideração, pela ré, de valores efetivamente pagos pela autora, deixando de incorporá-los em seu sistema de "conta-corrente".

Questionada, a ré mostrou-se inflexível, sempre condicionando a entrega das chaves a mais e mais pagamentos.

Motivada pela necessidade de receber as chaves do imóvel, a autora pagava o que era exigido ante a promessa de a ré transmitir a posse com o pagamento de mais "aquela" parcela.

Ainda assim, sempre manifestou seu inconformismo com os valores cobrados.

Baldos os esforços para pagar o que era justo e contratual, verificando as cobranças ilegais levadas a efeito pela ré que sempre exigia mais, condicionando a entrega das chaves a novos pagamentos, a autora pagou parcela no dia (..), cessando os pagamentos a partir de então.

Insta esclarecer que tomou essa atitude para frear as exigências da ré, despidas de suporte contratual, até porque as chaves do imóvel adquirido não foram entregues.

Considerados todos os valores efetivamente pagos e devidamente comprovados nos autos, a verdade é que a Autora se encontrava em dia com seus pagamentos, tendo pago a quantia total de R$ (...), conforme comprovantes anexos.

Portanto, foi ilegal a recusa na entrega das chaves.

Frise-se que o valor contratado, originariamente, é de R$ (...).

Assim, a autora já havia pagado mais de (...)% do preço do imóvel.

Ressalte-se, porquanto relevante, que as chaves não foram entregues até a presente data por culpa única e exclusiva da ré, que pretende receber valores ilegais e condiciona a entrega do imóvel a esses pagamentos.

Frise-se que a pretensão da ré em receber valores ilegais persistiu e persiste até hoje, conforme carta enviada por ela a Autora no dia (...), na qual ela exige, inclusive, o pagamento de cotas condominiais que segundo ela são devidas, cuja cópia segue anexa.

Ora Excelência, como pode a ré cobrar taxas condominiais, se nunca entregou as chaves do imóvel?

Outrossim, por incrível que isso possa parecer, mesmo sem entregar as chaves, passou a exigir, também, o pagamento de juros.

Ora, os juros remuneram o capital, possuindo natureza jurídica de frutos civis.

Sendo assim, tendo conservado o imóvel por sua opção e mais os valores pagos – mais de 80% do preço convencionado – como pode a ré, ainda, cobrar juros de capital que não saiu de sua disponibilidade?

Desta forma, pergunta-se: se a promitente compradora não recebeu as chaves porque a ré optou por manter a posse mesmo tendo recebido (...)% do preço que convencionou, para cobrar valores a que não faz jus, como pode exigir da autora o pagamento dos condomínios que sequer está pagando e juros de capital que não saiu de sua esfera patrimonial?

É evidente que não pensou nisso.

E a autora, como ficam os seus direitos?

Pagou mais de (...)% do valor do imóvel, não recebeu as chaves, e, ainda, é cobrada de valores ilegais e condomínios de período que sequer ocupou o imóvel, tudo por culpa da Ré.

Ou seja, no raciocínio torpe da ré, a autora deve pagar pelas cotas condominiais e juros, mesmo que o capital (o imóvel), jamais tenha ficado à sua disposição e saído da esfera patrimonial da construtora Ré que o mantém e ainda mantém todos os valores que recebeu.

Diante de tais pretensões absolutamente descabidas, a autora, em diversas ocasiões, demonstrou seu inconformismo perante a pretensa credora, ora ré, conforme carta enviada através de Cartório de Títulos e Documentos no dia (...), cuja cópia segue anexa.

Em suma, baldos os esforços para que a Ré recebesse apenas o que é devido, a autora solicitou parecer de técnico especializado, que apurou as diferenças, notadamente quanto à não incorporação de pagamentos que efetuou, parecer este que segue anexo.

Portanto, a Ré:

a) Exigiu valores ilegais, em razão de desconsiderar valores efetivamente pagos pela autora;

b) Exigiu valores a que não faz jus em razão de juros antes da entrega do imóvel, o que é ilegal a teor do que dispõe a Portaria n. 3, da Secretaria de Direito Econômico; e

c) Se recusou a entregar as chaves.

II – Direito

a) Incidência de juros antes da entrega das chaves

O ordenamento jurídico vigente é cristalino ao tratar da questão da incidência de juros antes da entrega das chaves do imóvel, na exata medida que afasta essa possibilidade por completo, considerando absolutamente abusiva tal prática.

Nesse sentido, a Portaria n. 3, da Secretaria de Direito Econômico do Ministério da Justiça.

Antes do seu teor, convém verificar que as portarias da Secretaria de Direito Econômico do Ministério da Justiça são admitidas no ordenamento jurídico em razão da enumeração exemplificativa de cláusulas abusivas relativas ao fornecimento de produtos e serviços constantes do art. 51, da Lei n. 8.078, de 11 de setembro de 1990.

Sendo assim, é possível a complementação do rol de cláusulas abusivas nos termos do art. 56, do Decreto n. 2.181, de 20 de março de 1997[33] que regulamentou o Código de Defesa do Consumidor para os fins do art. 22, inciso IV desse Decreto[34].

Nesse sentido, no que interessa ao deslinde da questão:

"Ministério Da Justiça – Secretaria de Direito Econômico – Portaria nº 3, de 15 de março de 2001. O Secretário de Direito Econômico do Ministério da Justiça, no uso de suas atribuições legais; considerando que o elenco de Cláusulas Abusivas relativas ao fornecimento de produtos e serviços, constantes do art. 51 da Lei nº 8.078, de 11 de setembro de 1990, é de tipo aberto, exemplificativo, permitindo, desta forma a sua complementação; considerando o disposto no artigo 56 do Decreto nº 2.181, de 20 de março de 1997, que regulamentou a Lei nº 8.078/1990, e com o objetivo de orientar o Sistema Nacional de Defesa do Consumidor, notadamente para o fim de aplicação do disposto no inciso IV do art. 22 desse Decreto, bem assim promover a educação e a informação de fornecedores e consumidores, quanto aos seus direitos e deveres, com a melhoria, transparência, harmonia, equilíbrio e boa-fé nas relações de consumo; considerando que decisões judiciais, decisões administrativas de diversos PROCONs, e entendimentos dos Ministérios Públicos pacificam como abusivas as

---

[33] "Art. 56. Na forma do art. 51 da Lei nº 8.078, de 1990, e com o objetivo de orientar o Sistema Nacional de Defesa do Consumidor, a Secretaria de Direito Econômico divulgará, anualmente, elenco complementar de cláusulas contratuais consideradas abusivas, notadamente para o fim de aplicação do disposto no inciso IV do art. 22 deste Decreto.
§ 1º Na elaboração do elenco referido no *caput* e posteriores inclusões, a consideração sobre a abusividade de cláusulas contratuais se dará de forma genérica e abstrata.
§ 2º O elenco de cláusulas consideradas abusivas tem natureza meramente exemplificativa, não impedindo que outras, também, possam vir a ser assim consideradas pelos órgãos da Administração Pública incumbidos da defesa dos interesses e direitos protegidos pelo Código de Defesa do Consumidor e legislação correlata.
§ 3º A apreciação sobre a abusividade de cláusulas contratuais, para fins de sua inclusão no elenco a que se refere o *caput* deste artigo, se dará de ofício ou por provocação dos legitimados referidos no art. 82 da Lei nº 8.078, de 1990".

[34] "Art. 22. Será aplicada multa ao fornecedor de produtos ou serviços que, direta ou indiretamente, inserir, fizer circular ou utilizar-se de cláusula abusiva, qualquer que seja a modalidade do contrato de consumo, inclusive nas operações securitárias, bancárias, de crédito direto ao consumidor, depósito, poupança, mútuo ou financiamento, e especialmente quando:
(...)
IV – estabelecer obrigações consideradas iníquas ou abusivas, que coloquem o consumidor em desvantagem exagerada, incompatíveis com a boa-fé ou a equidade;"

136 | MODELOS DE PEÇAS NO NOVO CÓDIGO DE PROCESSO CIVIL – *Luiz Antonio Scavone Junior*

cláusulas a seguir enumeradas, resolve: Divulgar o seguinte elenco de cláusulas, as quais, na forma do artigo 51 da Lei nº 8.078, de 11 de setembro de 1990, e do artigo 56 do Decreto nº 2.181, de 20 de março de 1997, com o objetivo de orientar o Sistema Nacional de Defesa do Consumidor, serão consideradas como abusivas, notadamente para fim de aplicação do disposto no inciso IV, do art. 22 do Decreto nº 2.181:

(...)

14. Estabeleça, no contrato de venda e compra de imóvel, a incidência de juros antes da entrega das chaves;"

Deveras, antes da entrega das chaves o devedor não dispõe do capital, que se encontra na esfera patrimonial do credor que, por essa simples razão, não pode cobrar tal remuneração.

No vertente caso, verifica-se, com meridiana clareza, que a culpa pela não entrega do imóvel é exclusiva da ré, que deve arcar com sua omissão.

Não entregou as chaves por reputar ser credora em razão de desconsiderar valores efetivamente pagos.

Em suma, não se pode imputar à autora a obrigação de pagar juros, se o que os motivou foi à conduta ilícita e reprovável da ré, consistente em desconsiderar valores efetivamente pagos pela autora, deixando de lançá-los em seu sistema de "conta-corrente" e se recusando a entregar as chaves.

b) Possibilidade de discussão do valor em consignação

A consignação em pagamento pode ser definida como o depósito judicial ou extrajudicial da coisa devida, nos casos e formas legais, cujo resultado é a extinção da obrigação.

Sendo assim, além de liberar o devedor, pode configurar meio de discussão do valor indevidamente cobrado, como ocorre no caso vertente.

É nesse sentido a mais recente posição do Superior Tribunal de Justiça:

"Agravo regimental. Agravo de instrumento. Ação de consignação em pagamento. Discussão sobre o valor do débito. Revisão de cláusulas contratuais. Possibilidade. Existência de outra ação discutindo o quantum. Prequestionamento. Ausência. 1. É pacífica a jurisprudência desta Corte no sentido de que pode ser discutido, em sede de ação consignatória, o valor do débito, mesmo que isso implique na revisão de cláusulas contratuais. 2. A matéria referente à existência de outro processo no qual se discute o valor da dívida não foi objeto de decisão pelo Tribunal de origem, ressentindo-se o recurso da falta de prequestionamento. 3. Agravo regimental improvido" (AgRg no Ag 619.154/RJ – Rel. Ministro Fernando Gonçalves – Quarta Turma – julgado em 03.02.2005 – DJ 07.03.2005 – p. 275).

"Agravo em Recurso Especial. Consignatória. Limites. Firme o entendimento desta Corte no sentido da possibilidade de discussão do débito e do respectivo valor em sede de ação consignatória. Subsistentes os fundamentos do decisório agravado, nega-se provimento ao agravo" (AgRg no REsp 672.123/CE – Rel. Ministro Cesar Asfor Rocha – Quarta Turma – julgado em 02.12.2004 – DJ 14.03.2005, p. 379).

O STJ tem entendido que sequer o depósito, ainda que insuficiente – que não é o caso do vertente processo –, pode ensejar a improcedência total do pedido:

"Processo civil – recurso especial – infringência aos arts. 21 e 899, §§ 1º e 2º, do CPC [atual CPC, arts. 86 e 545, §§ 1º e 2º] – ausência de prequestionamento – Súmulas 356/STF e 211/ STJ – ação de consignação em pagamento – insuficiência do depósito – parcial procedência do pedido – saldo remanescente – título executivo judicial – sucumbência recíproca – distribuição proporcional das despesas processuais e honorários advocatícios.

1 – Não enseja interposição de recurso especial matérias não ventiladas no v. julgado impugnado (arts. 21 e 899, §§ 1º e 2º, do CPC). Incidência das Súmulas 356/STF e 211/STJ (cf. REsp nº 649.200/SP, de minha Relatoria, DJ de 17.12.2004). 2 – Esta Corte de Uniformização Infraconstitucional firmou entendimento no sentido de que o depósito efetuado a menor em ação de consignação em pagamento não acarreta a total improcedência do pedido, na medida em que a obrigação é parcialmente adimplida pelo montante consignado, acarretando a liberação parcial do devedor. O restante do débito, reconhecido pelo julgador, pode ser objeto de execução nos próprios autos da ação consignatória (cf. REsp nº 99.489/SC, Rel. Ministro Barros Monteiro, DJ de 28.10.2002; REsp nº 599.520/TO, Rel. Ministra Nancy Andrighi, DJ de 01.02.2005; REsp nº 448.602/SC, Rel. Ministro Ruy Rosado de Aguiar, DJ de 17.02.2003; AgRg no REsp nº 41.953/SP, Rel. Ministro Aldir Passarinho Júnior, DJ de 6.10.2003; REsp nº 126.326/RJ, Rel. Ministro Barros Monteiro, DJ de 22.09.2003). 3 – Recurso conhecido apenas pelo dissídio e, nesta parte, provido, para julgar parcialmente procedente a ação de consignação em pagamento, declarando a extinção parcial da obrigação e a possibilidade de execução do saldo remanescente nos mesmos autos. Despesas processuais e honorários advocatícios reciprocamente suportados pelas partes, na proporção de 50% para cada uma, mantido o valor fixado no v. acórdão recorrido, permitindo-se a compensação, nos termos da lei" (REsp 613.552/RS – Rel. Ministro Jorge Scartezzini – Quarta Turma – julgado em 20.10.2005 – DJ 14.11.2005, p. 329).

Dessa forma, com o depósito do verdadeiro valor devido, o qual se efetuou por ocasião da distribuição, a presente ação configura-se via adequada para discutir-se o real valor do débito, liberando a Autora da obrigação.

c) Ilegalidade da inclusão do nome da autora nos órgãos de proteção ao crédito

É preciso observar que os cadastros de inadimplentes infringem gritantemente a Constituição Federal na exata medida em que joga na marginalidade cidadãos decentes que, no presente momento, lutam para se manter no caminho da retidão financeira.

Assim fazem manchando sua ficha cadastral, impedindo-os de reempregar-se, humilhando-os perante a sociedade e seus familiares, ferindo, além de preceitos legais, os princípios atinentes aos direitos humanos.

O sistema jurídico, ao contrário do que pensam alguns, estipula a garantia de que o devedor não pode ser constrangido.

Tal se dá exatamente em virtude da Lei n. 8.078/1990 que, no art. 42, dispõe que na cobrança de débitos o consumidor inadimplente não será exposto ao ridículo, nem será submetido a qualquer tipo de constrangimento ou ameaça.

Na jurisprudência é pacífico o entendimento segundo o qual, no caso de a dívida estar sendo questionada judicialmente, é indevida a negativação.

Nesse sentido, decisão do Tribunal de Justiça de São Paulo:

Tribunal de Justiça de São Paulo. *"Banco de Dados – SERASA – Pretensão à retirada do nome dos devedores dos cadastros de inadimplentes – Admissibilidade – Direito ao bom nome, à imagem e dignidade da pessoa, protegidos constitucionalmente – Anotação efetivada em decorrência da distribuição de ação de execução contra os autores – Convênio firmado com a CGJ, que não pode sobrepor-se às garantias fundamentais da Carta Magna – Artigos 1º, inciso III e 5º, inciso X da Constituição Federal – Necessidade de autorização da pessoa para divulgação da informação – Discussão "sub judice" do crédito exequendo que afasta a legitimidade da negativação – Exclusão do nome determinada – Recurso provido para esse fim". (Agravo de Instrumento 1347214-1/00 – São Paulo – Rel. Sorteado Rizzatto Nunes – 4ª Câmara (Extinto 1º TAC) – Julgamento: 09.03.2005).*

Some-se a isso o fato de a negativação não aproveitar o credor, servindo apenas para prejudicar a imagem da autora no mercado.

138 | MODELOS DE PEÇAS NO NOVO CÓDIGO DE PROCESSO CIVIL – *Luiz Antonio Scavone Junior*

Veja Vossa Excelência a posição do STJ:

Superior Tribunal de Justiça. *"Civil. Órgãos de proteção ao crédito. Cancelamento, nos respectivos cadastros, do registro do nome do devedor. Pendência judicial. A jurisprudência do Superior Tribunal de Justiça firmou-se, contra meu entendimento, no sentido de que, pendente discussão judicial do débito, o registro do nome do devedor deve ser excluído dos cadastros de órgãos de proteção ao crédito. Agravo regimental não provido" (AgRg no REsp 466.828/MG – Rel. Ministro Ari Pargendler – Terceira Turma – julgado em 06.03.2003 – DJ 22.04.2003, p. 230).*

Superior Tribunal de Justiça. *"Civil e Processual Civil. Inscrição no SERASA. Previsão legal. Ação revisional. Tutela antecipada. Permissão do registro pelo tribunal estadual. Descabimento. Lei n. 8.038/90, ART. 43, § 4º. I. Legítimo é o procedimento adotado pela instituição financeira em inscrever a empresa devedora inadimplente em cadastro de proteção ao crédito, por autorizado na legislação pertinente. II. Caso, todavia, em que movida ação de revisão de contrato, havendo discussão jurídica sobre o débito, pertinente a concessão de tutela antecipada para evitar a inscrição, sob pena de se frustrar, ao menos em parte, o direito de fundo discutido, pela imediata perda da credibilidade do mutuário na praça em que atua. III. Recurso conhecido e provido" (REsp 471957/SP (200201289504) – Relator Ministro Aldir Passarinho Junior – DJ 24.03.2003, p. 236).*

Superior Tribunal de Justiça. *"Ação revisional de contrato. Dívida em juízo. Registro do devedor em cadastro de inadimplente. Tutela antecipada. Cabível o pedido de antecipação de tutela para pleitear a exclusão do nome do devedor de cadastro de inadimplentes, por integrar o pedido mediato, de natureza consequencial. Precedentes: REsp nº. 213.580-RJ e AgRg. no Ag. nº 226.176-RS. Estando o montante da dívida sendo objeto de discussão em juízo, pode o Magistrado conceder a antecipação da tutela para obstar o registro do nome do devedor nos cadastros de proteção ao crédito. Recurso especial não conhecido" (REsp 396894/RS (200101940211) – 24.09.2002 – Quarta Turma – Relator: Ministro Barros Monteiro – DJ 09.12.2002, p. 348).*

Superior Tribunal de Justiça. *"Ação revisional. Dívida em juízo. Cadastro de inadimplentes. Serasa. SPC. Cadin. Inscrição. Inadequação. Precedentes do tribunal. Nos termos da jurisprudência desta Corte, estando a dívida em juízo, inadequada em princípio a inscrição do devedor nos órgãos controladores de crédito" (Recurso Especial n. 180665/PE (9800488391) – Decisão: por unanimidade, não conhecer do recurso – Data: 17.09.1998 – Quarta Turma – Relator: Ministro Sálvio de Figueiredo Teixeira – DJ 03.11.1998, p. 172).*

Não de forma diferente:

"Banco de dados – Serasa – Impossibilidade de anotação do nome dos supostos devedores enquanto ainda pendente de discussão do débito – Posição da Câmara alterada – Ação cautelar procedente" (Processo: 1135465-3/01 – Recurso: medida cautelar – Origem: São Paulo – Órgão julgador: 11ª Câmara – julgamento: 07.08.2003 – Relator: Everaldo de Melo Colombi – Revisor: Vasconcellos Boselli).

"Medida cautelar – sustação de protesto – contrato de fornecimento bancário – deferimento da liminar – impossibilidade de inscrição do nome do recorrente no cadastro de inadimplentes do SERASA visto que o montante do débito se acha "sub judice" – recurso provido para esse fim" (Agravo de Instrumento nº 748712-3 – São Paulo – 6ª Câmara – Julgamento: 02.09.1997 – Relator: Massami Uyeda – Decisão: Unânime).

Certo é que as expressões "negativar" e "negativação" lembram as antigas marcas de iniquidade que existiam nos primórdios da sociedade, mediante as quais os iníquos eram punidos pela perda do nariz (assírios).

Em França do Rei Luiz XIII, as mulheres desonestas, através de ferrete em brasa, eram marcadas com uma flor-de-lis.

Hoje pouca coisa mudou.

Em verdade, agravou-se.

Os supostos devedores são marcados através dos ferretes da moderna tecnologia *on-line*, via *modem*, fax, satélite etc.

Ora, Nobre Julgador, esse juízo sumário e inflexível deve ser, de alguma forma, contido em um Estado Democrático de Direito.

Bem por isso o CDC colocou freio aos órgãos que a si arrogam e atribuem a prerrogativa de dizer quem é honesto, quem é desonesto, quem pode comerciar e quem não pode, quem terá acesso ao mercado de trabalho e ao crédito e quem será excluído.

A questão se apresenta ainda mais grave na exata medida em que se verifica no caso vertente que a negativação da Autora, que discute a correta cobrança levada a efeito, apenas irá prejudicá-la no mercado, constrangendo-a a deixar de reivindicar seus direitos, o que colide violentamente com o mandamento insculpido no art. 5º, inc. XXXV, da Constituição Federal, que garante a não exclusão de ameaça ou lesão de direitos da apreciação do Poder Judiciário.

Ademais, a Autora é sócia de empresa e tal mácula está lhe causando diversos transtornos e prejuízos, atrapalhando substancialmente seus negócios, o que não aproveita em nada ao credor e apenas a prejudica financeiramente, tornando ainda mais difícil que a mesma honre com seus compromissos.

Portanto, a exclusão do nome da Autora dos órgãos de restrição ao crédito é medida imperativa e deve se dar de forma imediata, sob pena de impingir-lhe prejuízos de difícil, senão impossível reparação.

d) Valor depositado e da tutela provisória de urgência

A autora, como já mencionado, solicitou parecer de técnico especializado, que apurou as diferenças, notadamente quanto à não incorporação de pagamentos que efetuou, bem como da cobrança de juros ilegais.

Esse parecer apurou sua dívida real até a data da propositura desta ação, diferente do valor injustamente cobrado pela ré.

Posta assim a questão, foi apurado o real valor devido, qual seja: R$ (...).

Dessa forma, a autora, na ocasião da distribuição desta ação, providenciou o depósito de aludida quantia, que se encontra à disposição deste e. Juízo, conforme comprova a guia de depósito judicial anexa à presente.

Sendo assim, nada obsta a antecipação parcial da tutela, a ser concedida, *inaudita altera pars*, no sentido de determinar a imediata entrega das chaves a Autora, bem como a exclusão de seu nome dos cadastros dos órgãos de restrições ao crédito.

Frise-se que, em ambas as questões, se faz premente a necessidade de concessão da tutela pretendida, para o fim de, nos termos dos arts. 297 e 301 do Código de Processo Civil:

a) no primeiro caso, concedendo-se as chaves, afastar discussões futuras a respeito das cotas condominiais que venham a vencer no curso da presente demanda, garantindo, assim, à autora, que já pagou R$ (...) dos R$ (...) contratados originalmente, seu lídimo direito de ocupar o imóvel que adquiriu.

b) no segundo caso, da negativação, evitar prejuízos de difícil, senão impossível reparação à autora, que é empresária e não pode, de forma alguma, ter seu nome maculado injustamente, mormente ante a demonstração de sua boa-fé, depositando, antecipadamente, o valor de fato devido e que só não foi pago antes em razão da cobrança indevida levada a efeito pela ré.

Repita-se que, no que pertine à entrega das chaves, com o depósito efetuado de R$ (...), somado ao valor de R$ (...) já pagos, resta que a autora já pagou R$ (...).

MODELOS DE PEÇAS NO NOVO CÓDIGO DE PROCESSO CIVIL – *Luiz Antonio Scavone Junior*

Posta assim a questão, o valor do imóvel originalmente contratado já foi praticamente pago, restando tão somente, a discussão nos presentes autos do valor a ser pago a título de juros que, no entendimento da autora, não cabem até a entrega das chaves.

Quanto à questão de o nome da autora estar constando nos cadastros dos órgãos de restrições ao crédito, faz-se igualmente mister a concessão da antecipação parcial da tutela para a imediata exclusão, eis que o débito supostamente devido e cobrado foi depositado, restando a discussão em Juízo de apenas uma pequena parte, no tocante aos juros.

Veja-se que o fundamento da presente demanda é relevante e está presente o fundado receio de ineficácia do provimento final, sendo, portanto, lícita à concessão da tutela liminarmente, inaudita altera parte.

Nesse sentido:

a) Probabilidade do direito

Os documentos que instruem a inicial são robustos e proporcionam a conclusão de que o pleito da Autora é justo.

Segue anexo aos autos o contrato firmado pelas partes.

Esse contrato somado aos comprovantes de pagamento das parcelas quitadas, aos comunicados trocados entre as partes que comprovam a intenção de cobrança de valores ilegais, à discordância da Autora, à notificação que informou a inclusão do nome da Autora no Serasa, ao laudo preparado por técnico especializado e aos demais documentos, indicam a verossimilhança das alegações contidas nesta exordial.

Em síntese, todos os documentos acostados à inicial corroboram para o entendimento de que as alegações tecidas pela Autora são verossímeis, refletem a realidade dos fatos e estes, por si só, denotam os abusos cometidos pela Ré e a injustiça que restaria configurada caso a Autora seja privada de tomar posse do imóvel pelo qual já pagou vultosa quantia, bem como tenha seu nome mantido nos cadastros dos órgãos de restrição ao crédito, tendo já pago quase a totalidade do valor do imóvel.

b) Fundado receio de dano irreparável ou de difícil reparação

O fundado receio de dano irreparável ou de difícil reparação emerge do seguinte fato: caso a Autora não tome posse do imóvel agora, futuramente surgirão discussões a respeito de quem será responsável pelo pagamento das cotas condominiais que venham a vencer no curso da presente demanda, bem como dos prejuízos financeiros que a Autora irá experimentar em razão da manutenção de seu nome nos cadastros dos órgãos de restrições ao crédito, uma vez que é empresária e necessita estar com o nome limpo para poder exercer atividade mercantil e ter acesso a crédito no mercado, além do prazo em que foi privada injustamente do uso do imóvel que já pagou quase a totalidade, tendo que despender com o aluguel de outro imóvel.

Certo é que toda essa situação merece ser evitada, razão pela qual se faz mister a antecipação parcial da tutela pretendida, para o fim de determinar a imediata imissão da Autora na posse do imóvel que adquiriu e pagou a quase totalidade, bem como que a Ré providencie a exclusão de seu nome dos cadastros dos órgãos de restrições ao crédito, sob pena de multa diária de R$ (...).

III – Pedido

Diante de todo o exposto, restando evidente e cristalino o direito que fundamenta a presente ação, requer a autora, primeiramente, seja deferida a antecipação parcial da

Cap. 8 · PROCEDIMENTOS ESPECIAIS | **141**

tutela provisória pretendida, para o fim de determinar a imediata imissão da autora na posse do imóvel que adquiriu e do qual pagou a quase totalidade, bem como que a Ré providencie a exclusão de seu nome dos cadastros dos órgãos de restrições ao crédito, sob pena de multa diária de R$ (...), confirmando-a ao fim da demanda, a fim de afastar discussões futuras a respeito das cotas condominiais que venham a vencer no curso da presente demanda, bem como os prejuízos financeiros de difícil, senão impossível reparação a Autora, uma vez que é empresária e necessita estar com o nome limpo para poder exercer atividade mercantil e ter acesso a crédito no mercado.

Outrossim, no mérito, requer a autora:

Seja a presente ação julgada procedente, a fim de declarar cumpridas as obrigações da autora em razão do contrato firmado com a ré, requerendo, outrossim, a consignação do valor de R$ (...) referente às parcelas vencidas até a propositura da ação, bem como das vincendas.

Com a procedência da consignação e o depósito das parcelas vincendas, requer a confirmação da tutela antecipada de imissão de posse e, caso não tenha sido deferida, o que se cogita por hipótese, que seja ao final, com a sentença de mérito.

Por fim requer a condenação da Ré no pagamento de custas, despesas processuais e honorários advocatícios que Vossa Excelência entender arbitrar nos limites legais.

IV – Citação

Tratando-se de pessoa jurídica, requer-se que a citação do réu seja efetuada pelo cadastro no sistema de processos em autos eletrônicos determinado no § 1º do art. 246 ou, ausente o cadastro, pelo correio, nos termos dos arts. 246, I; 247 e 248 do Código de Processo Civil, para levantar o depósito ou, querendo, oferecer contestação no prazo legal (CPC, art. 542, II).

V – Provas

Protesta a autora por provar o alegado através de todos os meios de prova em direito admitidos, especialmente pela produção de prova documental, testemunhal, pericial e inspeção judicial, depoimento pessoal do réu sob pena de confissão, caso não compareça, ou, comparecendo, se negue a depor (CPC, art. 385, § 1º).

VI – Audiência de conciliação

Tendo em vista a aplicabilidade subsidiária do procedimento comum (Código de Processo Civil, art. 318, parágrafo único), nos termos do art. 334, § 5º do Código de Processo Civil, o autor desde já manifesta, pela natureza do litígio, desinteresse em autocomposição.

Ou

Tendo em vista a aplicabilidade subsidiária do procedimento comum (Código de Processo Civil, art. 318, parágrafo único) e em razão da natureza do direito e demonstrando espírito conciliador, a par das inúmeras tentativas de resolver amigavelmente a questão, o autor desde já, nos termos do art. 334 do Código de Processo Civil, manifesta interesse em autocomposição, aguardando a designação de audiência de conciliação.

VII – Valor da causa

Dá-se à causa o valor de (...).

Termos em que,

Pede deferimento.

Data

Advogado (OAB)

142 | MODELOS DE PEÇAS NO NOVO CÓDIGO DE PROCESSO CIVIL – *Luiz Antonio Scavone Junior*

8.2. AÇÃO DE EXIGIR CONTAS (PRESTAÇÃO DE CONTAS)

MM. Juízo da (...) Vara (...) da Comarca de (...)

(...), vem, respeitosamente, perante Vossa Excelência, por seus advogados (documento 1) propor em face de (...), a presente:

Ação de prestação de contas (exigir contas)

o que faz com supedâneo no art. 550 e seguintes do Código de Processo Civil, pelos fatos e fundamentos jurídicos a seguir expostos:

I – Razões de fato e de direito

Requerente e requerido são titulares de imóvel em condomínio, consubstanciado em (...), conforme prova a matrícula anexa (documento 2).

Nada obstante a propriedade comum, o requerido passou a administrar o imóvel cobrando as despesas na proporção do quinhão do requerente nos termos do art. 1.324 do Código Civil.

Ocorre que, nos últimos seis meses, deixou de encaminhar os comprovantes, havendo dúvida fundada sobre a exatidão daquilo que cobra posto que, instado a comprová-los (documento 3), quedou-se inerte.

Nesse sentido:

Tribunal de Justiça de São Paulo. "Ação de Prestação de Contas. Ação que possui duas fases: uma para o reconhecimento do dever de prestação de contas e a condenação dos réus a fazê-lo, e outra para a discussão da regularidade das contas e acertamento de eventuais pendências. Réus que administravam imóvel que também era de propriedade da autora. Em sentença de primeira fase, o dever de prestar contas restou caracterizado. Prestação de contas na forma mercantil, apresentada pela autora, ante o silêncio dos réus. Determinação de perícia contábil pela magistrada, apurando-se em laudo pericial o crédito a favor da autora, inferior ao pretendido, adotado em sentença. Pleito de redução. Improcedência. Não cabe mais aos apelantes impugnar as contas apresentadas pela autora, em sede de apelação. Autora é proprietária de 50% do imóvel. Comprovação de gastos somente por notas fiscais e recibos. Alegação da necessidade de pequenos reparos diários, para justificar gastos não comprovados, não prospera, eis que em imóvel alugado, tais custos, mormente com caráter de manutenção, ficam a cargo do inquilino. Sentença Mantida. Apelo desprovido" (Relator(a): Ramon Mateo Júnior – Comarca: São Paulo – Órgão julgador: 7ª Câmara de Direito Privado – Data do julgamento: 16.10.2014 – Data de registro: 16.10.2014).

Sendo assim, resta cristalino o direito do requerente em exigir as contas nos exatos termos do art. 550 do Código de Processo Civil.

II – Pedido

Isto posto, requer-se a citação do requerido, pelo correio, nos termos dos arts. 246, I; 247 e 248 do CPC (*ou: por oficial de justiça nos termos do art. 246, II, do Código de Processo Civil*), para que preste as contas na forma adequada (CPC, art. 551), com os comprovantes dos gastos ou ofereça a contestação no prazo legal de 15 (quinze) dias.

Contestado ou não o pedido, requer-se o julgamento da procedência da presente ação condenando o requerido, caso não as tenha prestado, a prestar as contas na forma adequada (CPC, art. 551) no prazo de 15 (quinze) dias sob pena de validade das contas a serem apresentadas pelo requerente (CPC, art. 550, § 6º), além de custas e honorários que Vossa Excelência arbitrar nos limites legais.

Não contestado o pedido, em razão da revelia (CPC, art. 344), requer-se o julgamento antecipado nos termos dos arts. 355 e 550, § 4º, do CPC com a condenação do requerido a em custas e honorários.

Prestadas as contas, requer desde já o autor o prazo de 15 (quinze) dias para, se for o caso, impugná-las, com o prosseguimento do processo nos termos do § 2º do art. 550 do CPC.

III – Provas

Requer-se provar o alegado por todos os meios de prova em direito admitidos, incluindo perícia e produção de prova documental.

IV – Valor da causa

Dá-se à causa o valor de (...)

Termos em que,

Pede deferimento.

Data

Advogado (OAB)

8.3. AÇÕES POSSESSÓRIAS

8.3.1. Notificação

Notificado: (...).

Endereço: (...).

Ref.: Comodato do imóvel localizado no endereço *supra*.

(...), serve-se da presente para notificá-la do quanto segue:

Desde (...), V. Sª. ocupa o imóvel localizado na Rua (...), a título de empréstimo gratuito.

Entretanto, não mais interessa à notificante a manutenção do empréstimo do referido imóvel.

Convém lembrar que V. Sª. se obrigou a desocupar o imóvel, nos termos da cláusula 2ª do contrato de comodato firmado em (...), no prazo de 30 dias da notificação.

Diante do exposto, fica V. Sª. notificada a desocupar o imóvel no prazo improrrogável de 30 dias sob pena de, assim não o fazendo, tomarem-se as medidas judiciais cabíveis, inclusive ação de reintegração de posse com pedido de liminar, sem prejuízo das perdas e danos, consubstanciadas, principalmente, nos aluguéis do imóvel, ora fixados em R$ (...), acorde com o disposto no art. 582, do Código Civil.

Era o que havia para notificar.

Data

Notificante

8.3.2. Reintegração de posse

MM. Juízo da (...) Vara (...) da Comarca de (...)

(...), vem, respeitosamente, por seus advogados e procuradores (documento 1), com escritório na (...), propor, em face de (...), a competente:

Ação de reintegração de posse cumulada com perdas e danos

o que faz com supedâneo nos artigos 554 e seguintes do Código de Processo Civil, pelos fatos e razões a seguir expendidos:

I – Fatos

De acordo com a cópia da certidão da matrícula anexa (documento 2), a autora é proprietária e possuidora indireta do imóvel localizado na Rua (...).

Nessa qualidade, emprestou gratuitamente o imóvel ao réu, tendo, assim, celebrado contrato de comodato por prazo indeterminado no dia (...) (documento 3).

Cumpre assinalar que nesse contrato ficou convencionado que:

Na hipótese de o comodante necessitar do imóvel ora dado em comodato para qualquer fim, o comodatário será previamente notificado dessa intenção, com prazo de 30 (trinta) dias para desocupação do imóvel, obrigando-se o comodatário a restituir o imóvel, inteiramente livre e desembaraçado de pessoas e coisas em perfeito estado de conservação e uso, tal como está recebendo, sob pena de responder por perdas e danos.

Apesar disso, e não obstante as insistentes tentativas da autora que, sem sucesso, tentou amigavelmente fazer com que o réu restituísse o imóvel emprestado, a verdade é que este permanece irredutível, negando-se a devolver a posse à autora.

Sendo assim, em (...), a autora, na qualidade de possuidora indireta do imóvel, constituiu o réu em mora, tendo logrado notificá-lo para que desocupasse o imóvel no prazo de 30 dias (documento 4).

Decorrido *in albis* o prazo concedido, quedando-se inerte, o réu não desocupou o imóvel.

Portanto, a partir do prazo concedido a posse do réu passou a ser viciada, precária e não restou alternativa à autora senão ingressar com a presente ação de reintegração de posse.

II – Direito

Dispõe o artigo 1.210 do Código Civil, que o possuidor tem o direito à reintegração no caso de esbulho, inclusive liminarmente (Código de Processo Civil, arts. 558 e 562) e, mais adiante, o artigo 555, I, do Código de Processo Civil, permite a cobrança de perdas e danos.

Por outro lado, tratando-se de comodato, o art. 582 do Código Civil preceitua:

Art. 582. (...) O comodatário constituído em mora, além de por ela responder, pagará, até restituí-la, o aluguel da coisa que for arbitrado pelo comodante.

O Código de Processo Civil determina, no artigo 560, que o possuidor tem o direito a ser reintegrado em caso de esbulho e, antes, defere, no artigo 555, I, a possibilidade de cumulação do pedido possessório com indenização por perdas e danos.

a) Posse

Certo é, Excelência, que o primeiro requisito para o aforamento de ação de reintegração é a prova da posse (art. 561, I, do Código de Processo Civil).

Nesse sentido, resta inequivocamente provada a posse indireta do imóvel, pela autora, em virtude do contrato de comodato, além da própria certidão da matrícula do imóvel, vez que a posse é a exteriorização do domínio.

Portanto, Nobre Julgador, a autora cedeu a posse direta em face do contrato de comodato, que agora busca recuperar.

Cap. 8 · PROCEDIMENTOS ESPECIAIS | 145

b) Do esbulho e sua data – perda da posse

O segundo requisito para a ação é o esbulho praticado pelo réu e sua data, para que se fixe o prazo de ano e dia a ensejar o rito especial dos artigos 560 a 568 do Código de Processo Civil, tudo nos termos do artigo 561, incisos II a IV, do mesmo diploma legal.

> *"O esbulho da posse é o acto em que o possuidor é privado da posse, violentamente, clandestinamente ou com abuso de confiança.[35]"*

Com efeito, o autor foi esbulhado da posse com abuso de confiança, porque, em (...), o réu foi devidamente constituído em mora, com prazo de 30 dias para desocupação do imóvel e, não o fazendo, praticou esbulho, vez que sua posse, antes justa, passou a ser injusta pelo vício da precariedade a partir do dia (...).

Ensina Carlos Roberto Gonçalves:

> *"A precariedade difere dos vícios da violência e da clandestinidade quanto ao momento de seu surgimento. Enquanto os fatos que caracterizam estas ocorrem no momento da aquisição da posse, aquela somente origina-se de atos posteriores, ou seja, a partir do instante em que o possuidor direto recusa-se a obedecer à ordem de restituição do bem ao possuidor indireto. A concessão da posse precária é perfeitamente lícita. Enquanto não chegado o momento de devolver a coisa, o possuidor tem posse justa. O vício manifesta-se quando fica caracterizado o abuso de confiança. No instante em que se recusa a restituí-la, sua posse torna-se viciada e injusta, passando à condição de esbulhador."[36]*

É sobremodo importante assinalar que a data do esbulho, ocorrido em (...), concede larga margem para o termo final de ano e dia impeditivo da concessão de liminar, nos termos do artigo 558 do Código de Processo Civil.

III – Pedido

Diante de todo o exposto, serve a presente para requerer digne-se Vossa Excelência de:

a) acorde com o mandamento insculpido no artigo 562, primeira parte, do Código de Processo Civil, provados os requisitos e estando a presente exordial devidamente instruída, determinar seja expedido mandado, concedida liminarmente, *inaudita altera parte, a* reintegração de posse do imóvel situado na Rua (...);

b) ao final, julgar procedente a presente ação, tornando definitiva a reintegração de posse, com a condenação do réu no pagamento das perdas e danos consubstanciadas nos alugueres de R$ (...) por mês, nos termos do art. 582, do Código Civil, pelo período em que permanecer no imóvel após o prazo que na notificação (documento 4) lhe fora concedido para desocupação, além das custas, honorários de advogado que Vossa Excelência houver por bem arbitrar e demais ônus de sucumbência;

Subsidiariamente, caso Vossa Excelência entenda necessária a audiência de justificação nos termos da segunda parte do artigo 562 do Código de Processo Civil, requer a autora digne-se Vossa Excelência de considerar suficiente (Código de Processo Civil, art. 563), com a consequente expedição de mandado de reintegração de posse, julgando Vossa Excelência, ao final, procedente a ação, tornando definitiva a reintegração de posse deferida com a condenação do réu no pagamento das perdas e danos

---

[35] Clóvis Bevilacqua, *C.C. dos EE. UU. do Brazil.* Rio de Janeiro: Fc. Alves, 1917, III/25.

[36] Carlos Roberto Gonçalves, *Direito das Coisas.* São Paulo: Saraiva, 1997, p. 15.

MODELOS DE PEÇAS NO NOVO CÓDIGO DE PROCESSO CIVIL – *Luiz Antonio Scavone Junior*

consubstanciadas nos alugueres de R$ (...) por mês, pelo período em que permanecer no imóvel após o prazo (...) que na notificação (documento 4) lhe fora concedido para desocupação, além de custas, honorários de advogado e demais ônus de sucumbência.

Ainda subsidiariamente, caso Vossa Excelência não conceda liminarmente, e, tampouco, após a justificação, a reintegração de posse pretendida, o que se admite somente por hipótese, requer a autora a procedência da presente ação com a consequente expedição do mandado reintegratório da posse, condenado o réu no pagamento das perdas e danos consubstanciadas nos alugueres de R$ (...) por mês, pelo período em que permanecer no imóvel após o prazo que na notificação (documento 4) lhe fora concedido para desocupação, além das custas, honorários de advogado e demais ônus de sucumbência.

IV – Citação

Requer-se a citação do Réu por oficial de justiça, nos termos do artigo 246, inciso II, do Código de Processo Civil, requerendo-se desde já que o encarregado da diligência proceda nos dias e horários de exceção (Código de Processo Civil, art. 212, § 2º), para:

a) querendo, oferecer a defesa que tiver sob pena de confissão e efeitos da revelia (Código de Processo Civil, art. 344);

b) comparecer à audiência de justificação, nos termos do artigo 562, segunda parte, do Código de Processo Civil, caso esta seja designada por Vossa Excelência.

V – Provas

Protesta a autora por provar o alegado através de todos os meios de prova em direito admitidos, especialmente pela produção de prova documental, testemunhal, pericial e inspeção judicial, depoimento pessoal do réu sob pena de confissão, caso não compareça, ou, comparecendo, se negue a depor (art. 385, § 1º, do Código de Processo Civil), inclusive em eventual audiência de justificação.

VI – Valor da causa

Dá-se à causa o valor de R$ (...).

Termos em que,

pede deferimento.

Data

Advogado (OAB)

8.3.3. Reintegração de posse após a consolidação da propriedade na alienação fiduciária de bem imóvel

MM. Juízo da (...) Vara (...) da Comarca de (...)

(...), vem, respeitosamente, perante Vossa Excelência, por intermédio dos seus advogados (procuração anexa – documento 1), propor, em face de (...), a presente

Ação de reintegração de posse

o que faz com supedâneo no art. 30 da Lei 9.514/1997, e nos argumentos de fato e de direito a seguir aduzidos:

I – Fatos

Por contrato de compra e venda com pacto de alienação fiduciária, a autora se tornou credora do réu pelas importâncias mencionadas no referido instrumento (documento 2).

Cap. 8 · PROCEDIMENTOS ESPECIAIS | **147**

Em razão do inadimplemento das obrigações assumidas pelo réu, a autora providenciou sua constituição em mora, nos termos do art. 26 da Lei 9.514/1997, e, ausente a purgação da mora, restou a consolidação da propriedade como se vê na cópia da matrícula anexa (documento 3).

Com a consolidação da propriedade em seu nome e realizados os leilões nos termos do art. 26 da Lei 9.514/1997 (atas dos leilões – documento 4), a fiduciária (credora), ora autora, adjudicou o imóvel objeto da vertente refrega, conforme prova a cópia da matrícula anexa (documento 3).

Certo é que, em razão da consolidação e da realização dos leilões, tendo em vista a posse indireta mantida pela autora por força do art. 23 da Lei 9.514/1997, o réu deveria ter restituído a posse direta, o que não fez.

Em consonância com o acatado, a teor do art. 37-A da Lei 9.514/1997, que disciplina especialmente a matéria, é obrigação do réu desocupar o imóvel no momento da consolidação da propriedade, o que se afirma na exata medida em que, se assim não proceder – como de fato não procedeu no caso concreto – deve pagar 1% do valor do imóvel corrigido (estipulado no contrato – documento 2) pela indevida ocupação:

> Art. 37-A. O devedor fiduciante pagará ao credor fiduciário, ou a quem vier a sucedê-lo, a título de taxa de ocupação do imóvel, por mês ou fração, valor correspondente a 1% (um por cento) do valor a que se refere o inciso VI ou o parágrafo único do art. 24 desta Lei, computado e exigível desde a data da consolidação da propriedade fiduciária no patrimônio do credor fiduciante até a data em que este, ou seus sucessores, vier a ser imitido na posse do imóvel. (Redação dada pela Lei nº 13.465, de 2017)

Posta desta maneira a questão e baldos os esforços da autora para obter a posse amigavelmente, não restou alternativa senão a propositura da presente ação de reintegração de posse, cuja liminar, prevista na lei especial, é medida que se impõe.

II – Direito

Nos termos do art. 30 da Lei 9.514/1997:

> "É assegurada ao fiduciário, seu cessionário ou sucessores, inclusive o adquirente do imóvel por força do público leilão de que tratam os §§ 1º e 2º do art. 27, a reintegração na posse do imóvel, que será concedida liminarmente, para desocupação em sessenta dias, desde que comprovada, na forma do disposto no art. 26, a consolidação da propriedade em seu nome." (destacou-se)

Portanto, é cristalino o comando legal e, com o inadimplemento e consequente consolidação da propriedade em nome da fiduciária, ora autora, ou de quem tenha adquirido o bem pelo leilão, facultase a qualquer dessas pessoas requerer a reintegração liminar da posse do bem alienado fiduciariamente com prazo de sessenta dias para desocupação.

É neste sentido a remansosa jurisprudência do Tribunal Bandeirante:

> **Tribunal de Justiça de São Paulo.** "Alienação Fiduciária – Bem imóvel – Inadimplemento da devedora fiduciante – Consolidação da propriedade imóvel em nome do credor fiduciário, nos termos do artigo 26 da Lei 9.514/97. Não restituição do imóvel. Esbulho configurado. Ajuizamento de ação de reintegração de posse. Concessão de liminar. Propositura de ação indenizatória em que se busca a restituição dos valores pagos, que não obsta a imediata reintegração de posse. Inexistência de prejudicialidade. Direito de retenção do imóvel até a eventual restituição dos valores pagos. Inocorrência. Sentença confirmada. Recurso improvido" (9058248-30.2005.8.26.0000 – Apelação – Rel. Walter Zeni – São Paulo – 32ª Câmara de Direito Privado – Data do julgamento: 17.03.2011 – Data de registro: 17.03.2011 – Outros números: 1015262400).

Tribunal de Justiça de São Paulo. *"Reintegração de posse – Alienação fiduciária de imóvel – Mora do fiduciante regularmente notificado – Purgação não ocorrente – Consolidação da propriedade fiduciária – Pedido do fiduciário de sua reintegração na posse do imóvel – Indeferimento – Decisão fundada na falta de prova de posse anterior. Inadmissibilidade – Matéria que não se rege pelas disposições do Cód. de. Proc. Civil, mas por lei especial – Decisão reformada – Recurso provido. 1. Com a constituição da propriedade fiduciária, decorrente do registro do contrato, o fiduciário torna-se possuidor indireto. 2. Pode o credor fiduciário, não paga a dívida e constituído o fiduciante em mora, obter a consolidação da propriedade em seu nome e reintegrar-se na posse do imóvel, liminarmente" (0334966-04.2009.8.26.0000 – Agravo de Instrumento – Rel. Reinaldo Caldas – São Paulo – 29ª Câmara de Direito Privado – Data do julgamento: 09.02.2011 – Data de registro: 17.02.2011 – Outros números: 990093349663).*

Neste julgado, asseverou o relator:

"A espécie é disciplinada pela Lei 9.514/97, cujo artigo 23 estabelece:

'Artigo 23. Constitui-se a propriedade fiduciária de coisa imóvel mediante registro, no competente Registro de Imóveis, do contrato que lhe serve de título'.

Acrescenta o parágrafo único:

'Parágrafo único. Com a constituição da propriedade fiduciária, dá-se o desdobramento da posse, tornando-se o fiduciante possuidor direto e o fiduciário possuidor indireto da coisa'.

Como se vê, o autor, com o registro da propriedade fiduciária, tornou-se possuidor indireto do bem.

(...)

Finalmente, o artigo 30 da lei de regência estatui:

Artigo 30. 'É assegurada ao fiduciário... ('omissis') a reintegração de posse do imóvel, que será concedida liminarmente para desocupação em sessenta dias, desde que comprovada, na forma do disposto no art. 26, a consolidação da propriedade em seu nome'.

Relevante é que a consolidação da propriedade, nos termos da disciplina referida, confere ao fiduciário, com título registrado e averbado, como na espécie, o direito à liminar de reintegração de posse".

Tais razões se aplicam integralmente ao presente caso.

Posta assim a questão, a autora não só faz jus à reintegração liminar da posse, para desocupação pelo réu no prazo de sessenta dias, como, igualmente, à indenização pela indevida ocupação do bem à taxa de 1% do valor do imóvel estipulado no contrato (R$ XXXXX – cláusula XXX do contrato – documento 2), desde a data da consolidação (xx/xx/xxxx – documento 4), até a data da efetiva desocupação do imóvel.

a) Posse

Certo é, Excelência, que o primeiro requisito para o aforamento de ação de reintegração é a prova da posse (art. 575, I, do CPC).

Nesse sentido, resta inequivocamente provada a posse indireta do imóvel, pela autora, em virtude do contrato de alienação fiduciária regido pela Lei 9.514/1997, além da própria certidão da matrícula do imóvel. Anote-se, neste sentido, o teor do art. 23 da Lei de Regência:

"Artigo 23. Constitui-se a propriedade fiduciária de coisa imóvel mediante registro, no competente Registro de Imóveis, do contrato que lhe serve de título.

Parágrafo único. Com a constituição da propriedade fiduciária, dá-se o desdobramento da posse, tornando-se o fiduciante possuidor direto e o fiduciário possuidor indireto da coisa imóvel."

Portanto, o contrato de alienação fiduciária registrado atribuiu à fiduciante (credora) ora autora, a qualidade de possuidora indireta.

b) Esbulho e sua data – Perda da posse

O segundo requisito para a ação é o esbulho praticado pelo réu e sua data, tudo nos termos do artigo 561, incisos II a IV do mesmo Diploma Legal.

O *"esbulho da posse é o acto em que o possuidor é privado da posse, violentamente, clandestinamente ou com abuso de confiança"*.[37]

Com efeito, o autor foi esbulhado da posse com abuso de confiança pelo réu que, obrigado por lei a restituir o imóvel após o leilão, deixou de fazê-lo.

Ensina Carlos Roberto Gonçalves:

"A precariedade difere dos vícios da violência e da clandestinidade quanto ao momento de seu surgimento. Enquanto os fatos que caracterizam estas ocorrem no momento da aquisição da posse, aquela somente origina-se de atos posteriores, ou seja, a partir do instante em que o possuidor direto recusa-se a obedecer a ordem de restituição do bem ao possuidor indireto. A concessão da posse precária é perfeitamente lícita. Enquanto não chegado o momento de devolver a coisa, o possuidor tem posse justa. O vício manifesta-se quando fica caracterizado o abuso de confiança. No instante em que se recusa a restituí-la, sua posse torna-se viciada e injusta, passando à condição de esbulhador."[38]

É preciso observar, todavia, que o requisito do prazo, em razão da especialidade do procedimento determinado pela Lei 9.514/1997, sequer seria necessário.

Em outras palavras, está consolidado o entendimento segundo o qual não se aplicam as regras do Código de Processo Civil para regular os requisitos da ação de reintegração de posse ora requerida, em razão de a matéria ser regulada por lei especial (Lei da Alienação Fiduciária de Bem Imóvel).

Esta é a lição de Marcelo Terra:

"Recordo que, pelo teor do inciso V, do art. 24, o devedor (fiduciante) somente poderá utilizar livremente do imóvel enquanto for adimplente; assim, a partir do não pagamento de qualquer das parcelas ou do não cumprimento de uma obrigação acessória, o devedor (fiduciante) é esbulhador da posse, justificando-se a reintegração."

A ação de reintegração de posse pode anteceder, até mesmo, a realização do leilão, bastando que se observe o único requisito legal (= pressuposto processual), que é a consolidação plena da propriedade na pessoa do credor (fiduciário).[39]

Em suma, de acordo com o art. 30 da Lei 9.514/1997, o único requisito legal para obtenção da liminar é a regular consolidação da propriedade nas mãos do credor (fiduciário):

"É assegurada ao Fiduciário, seu cessionário ou sucessores, inclusive o adquirente do imóvel por força do público leilão de que tratam os §§ 1º e 2º do art. 27, a reintegração na posse do imóvel, que será concedida liminarmente, para desocupação em sessenta dias, desde que comprovada, na forma do disposto no art. 26, a consolidação da propriedade em seu nome."

---

[37] Clóvis Bevilacqua, C.C. dos EE. UU. do Brazil. Rio de Janeiro: Francisco Alves, 1917, III/25.

[38] Carlos Roberto Gonçalves, *Direito das Coisas*. São Paulo: Saraiva, 1997, p. 15.

[39] Marcelo Terra, ob. cit., p. 51.

Neste sentido, os seguintes julgados:

"Alienação fiduciária – bem imóvel – reintegração de posse – liminar – consolidação da propriedade (artigos 26 e 30 da Lei 9.514/97) – Constitucionalidade – Reconhecimento. Observando-se, com rigor, os artigos 22 a 30 da Lei nº 9.514/97 e consolidada a propriedade fiduciária em nome do credor, assegura-lhe a lei o direito à concessão liminar da reintegração de posse do imóvel, que deverá ser desocupado no prazo de sessenta dias. A previsão de leilão extrajudicial e consolidação da propriedade fiduciária em nome do credor por ato do registrador imobiliário não afronta a Constituição Federal, já que o acesso ao Judiciário, a ampla defesa e o contraditório continuam assegurados ao devedor que se sentir prejudicado" (Al 880.879-00/2, 5ª Câm., Rel. Des. Pereira Calças, j. 27.01.2005).

"Alienação fiduciária – bem imóvel – reintegração de posse – liminar – requisitos – preenchimento – cabimento – aplicação do artigo 30, da Lei 9.514/97. Preenchidos os requisitos dos artigos 26 e 27 da Lei 9.514/97, de rigor a concessão da medida prevista no artigo 30 que assegura ao fiduciário, seu cessionário ou sucessores, a reintegração na posse do imóvel, a ser concedida liminarmente, para desocupação em sessenta dias, ante a comprovação da consolidação da propriedade em nome do fiduciário" (Al 838.548-00/3, 11ª Câm., Rel. Juiz Clóvis Castelo, j. 15.03.2004). No mesmo sentido: Al 804.503-00/0, 9ª Câm., Rel. Juiz Gil Coelho, j. 06.08.2003, Al 834.999-00/6, 8ª Câm., Rel. Juiz Antônio Carlos Villen, j. 11.03.2004, Al 821.157-00/0, 5ª Câm., Rel. Juiz Pereira Calças, j. 28.04.2004, Al 854.806-00/3, 3ª Câm., Rel. Juiz Ferraz Felisardo, j. 08.06.2004, Al 849.421-00/7, 11ª Câm., Rel. Juiz Mendes Gomes, j. 21.06.2004, Al 857.922-00/2, 7ª Câm., Rel. Juíza Regina Capistrano, j. 03.08.2004.

"Alienação fiduciária – bem imóvel – reintegração de posse – liminar – requisitos – preenchimento – cabimento – aplicação do artigo 30, da Lei 9.514/97. Preenchidos os requisitos dos artigos 26 e 27 da Lei 9.514/97, de rigor a concessão da medida prevista no artigo 30, que dispõe ser assegurada ao fiduciário, seu cessionário ou sucessores, inclusive o adquirente do imóvel por força do público leilão de que tratam os §§ 1º e 2º do artigo 27, a reintegração na posse do imóvel, que será concedida liminarmente, para desocupação em sessenta dias desde que comprovada, na forma do disposto no artigo 26, a consolidação da propriedade em seu nome" (Al 804.503-00/0, 9ª Câm., Rel. Juiz Gil Coelho, j. 06.08.2003).

Mesmo que assim não fosse, é sobremodo importante assinalar que a data do esbulho, ocorrido no dia da consolidação da propriedade (em XX/XXX/XXXX – documento 4), momento em que a posse deveria ser restituída posto que é o termo inicial para contagem do aluguel pena, concede larga margem para o termo final de ano e dia impeditivo da concessão de liminar, nos termos do artigo 558 do Código de Processo Civil, caso fosse aplicável.

III – Pedido

Diante de todo o exposto, serve a presente para requerer digne-se Vossa Excelência de:

a) acorde com o mandamento insculpido no artigo 562, primeira parte, do Código de Processo Civil, provados os requisitos e estando a presente exordial devidamente instruída, determinar seja expedido mandado, concedida liminarmente, *inaudita altera parte*, a reintegração de posse do imóvel;

b) ao final, julgar procedente a presente ação, tornando definitiva a reintegração de posse, com a condenação do réu no pagamento das perdas e danos consubstanciadas nos alugueres de 1% do valor do contrato, por mês de ocupação, nos termos do art. 37-A da Lei 9.514/1997, pelo período em que permanecer no imóvel após a consolidação ocorrida no dia XX/XX/XXXX (documento 4), além das custas, honorários de advogado que Vossa Excelência houver por bem arbitrar e demais ônus de sucumbência;

Sucessivamente, caso Vossa Excelência entenda necessária a audiência de justificação nos termos da segunda parte do artigo 562, requer a autora a sua procedên-

Cap. 8 · PROCEDIMENTOS ESPECIAIS | **151**

cia (CPC, art. 565), com a consequente expedição de mandado de reintegração de posse, julgando Vossa Excelência, ao final, procedente a ação, tornando definitiva a reintegração de posse deferida com a condenação do réu no pagamento das perdas e danos consubstanciadas nos alugueres de 1% do valor do contrato, por mês de ocupação, nos termos do art. 37-A da Lei 9.514/1997, pelo período em que permanecer no imóvel após a consolidação ocorrida no dia XX/XX/XXXX (documento 4), além de custas, honorários de advogado e demais ônus de sucumbência.

Ainda em ordem sucessiva, caso Vossa Excelência não conceda liminarmente, e, tampouco, após a justificação, a reintegração de posse pretendida, o que se admite somente por hipótese, requer a autora a procedência da presente ação com a consequente expedição do mandado reintegratório da posse, condenado o réu no pagamento das perdas e danos consubstanciadas nos alugueres de 1% do valor do contrato, por mês de ocupação, nos termos do art. 37-A da Lei 9.514/1997, pelo período em que permanecer no imóvel após a consolidação ocorrida no dia XX/XX/XXXX (documento 4), além das custas, honorários de advogado e demais ônus de sucumbência.

IV – Citação

Requer-se a citação do Réu por Oficial de Justiça, nos termos do artigo 246, inciso II, do Código de Processo Civil, determinando Vossa Excelência que o Sr. Oficial de Justiça encarregado da diligência proceda nos dias e horários de exceção (CPC, art. 212, § 2º), para:

a) querendo, oferecer a defesa que tiver sob pena de confissão e efeitos da revelia (CPC, art. 344);

b) comparecer à audiência de justificação, nos termos do artigo 562, segunda parte, do Código de Processo Civil, caso esta seja designada por Vossa Excelência.

V – Provas

Requer-se provar o alegado por todos os meios de prova em direito admitidos, incluindo perícia, produção de prova documental, testemunhal, inspeção judicial, depoimento pessoal sob pena de confissão caso o réu (ou seu representante) não compareça, ou, comparecendo, se negue a depor (art. 385, § 1º, do Código de Processo Civil), inclusive em eventual audiência de justificação.

VI – Valor da causa

Dá-se à causa o valor de R$ XXXXXX (valor estimativo).

Termos em que,

pede deferimento.

Data

Advogado OAB/SP n. (...)

8.3.4. Manutenção de posse

MM. Juízo da (...) Vara (...) da Comarca de (...)

(...), vem, mui respeitosamente, por seus advogados e procuradores (documento 1), com escritório na (...), propor, em face do (...) na pessoa de seu representante legal, com sede na Rua (...), a competente ação de

Manutenção de posse

o que faz com fundamento nos artigos 1.210, do Código Civil, e 554 e seguintes do Código de Processo Civil e nos argumentos de fato e de direito a seguir aduzidos.

I – Fatos e Direito

De acordo com a cópia da certidão da matrícula anexa (documento 2), a autora é proprietária e possuidora do imóvel localizado na Rua (...).

O imóvel da autora é destinado ao cultivo permanente de eucalipto para corte, conforme prova a última declaração do ITR (documento 3), dispondo, também, de uma casa onde funciona o alojamento dos empregados.

Ocorre que, em virtude de greve nacional dos trabalhadores rurais, o sindicato da região convocou grevistas a fim de impedir a extração da madeira já vendida à Companhia (...), conforme cópia de recibo anexo (documento 4).

De fato, a partir do último dia (...), os grevistas permanecem durante todo o dia em frente aos portões da propriedade da autora, impedindo a entrada de caminhões (documento 4).

Turbação praticada pelo réu (Código de Processo Civil, art. 561, II)

Perturbação da posse é todo acto praticado contra a vontade do possuidor, que lhe estorve o gozo da coisa possuída, sem dela o excluir, completamente (vis inquietativa). Ela pode ser positiva; p. ex., o turbador corta árvores da propriedade, ou negativa, p.ex., o turbador impede o possuidor de cortá-las.[40]

Com efeito, a autora foi turbada da posse, porque, embora não tenha perdido a posse, está impedida de extrair a madeira vendida, causando-lhe imensuráveis prejuízos.

Data da turbação (Código de Processo Civil, art. 561, III)

A turbação ocorreu no dia (...), ou seja, há apenas dois meses, dentro do prazo de ano e dia exigido por lei (Código de Processo Civil, art. 558).

Continuação da posse (CPC, art. 561, IV)

Verifica-se que a autora continua na posse do imóvel, estando, apenas, impedida de extrair a madeira vendida, configurando-se, claramente, a turbação apta a ensejar a presente ação.

II – Pedido

Diante de todo o exposto, serve a presente para requerer digne-se Vossa Excelência de:

a) acorde com o mandamento insculpido no artigo 562, primeira parte, do Código de Processo Civil, provados os requisitos e estando a presente exordial devidamente instruída, determinar seja expedido mandado, concedida liminarmente, inaudita altera parte, a manutenção de posse do imóvel situado na (...), com a requisição de força policial;

b) ao final, julgar procedente a presente ação, tornando definitiva a manutenção de posse, cominando a multa diária de R$ (...) se houver nova turbação pelo mesmo réu, além da condenação em custas, honorários de advogado que Vossa Excelência houver por bem arbitrar e demais ônus de sucumbência;

Subsidiariamente, caso Vossa Excelência entenda necessária a audiência de justificação nos termos da segunda parte do artigo 562 do Código de Processo Civil, requer a autora digne-se Vossa Excelência de considerar suficiente (Código de Processo Civil, art. 563), com a consequente expedição de mandado de manutenção de posse, julgando Vossa Excelência, ao final, procedente a ação, tornando definitiva a manutenção de posse, cominando a multa diária de R$ (...) se houver nova turbação pelos mesmos réus, além da condenação em custas, honorários de advogado que Vossa Excelência houver por bem arbitrar e demais ônus de sucumbência.

---

[40] Clóvis Bevilacqua, C.C. dos EE. UU. do Brazil. Rio de Janeiro: Fc. Alves, 1917, III/24.

Cap. 8 · PROCEDIMENTOS ESPECIAIS | **153**

Ainda em ordem subsidiária, caso Vossa Excelência não conceda liminarmente, e, tampouco, após a justificação, a manutenção de posse pretendida, o que se admite somente por hipótese, requer a autora a procedência da presente ação com a consequente expedição do mandado de manutenção da posse, cominando-se multa diária de R$ (...) no caso de nova turbação, além da condenação em custas, honorários de advogado e demais ônus de sucumbência.

III – Citação

Requer-se a citação dos réus por oficial de justiça, nos termos do artigo 246, inciso II, do Código de Processo Civil, requerendo-se desde já que o encarregado da diligência proceda nos dias e horários de exceção (Código de Processo Civil, art. 212, § 2º), e, tratando-se de conflito coletivo pela posse, a citação pessoal dos ocupantes que forem encontrados no local e, os que não forem na diligência que deve ser única (CPC, art. 554, § 2º), a citação por edital e, demais disso, a intimação do Ministério Público e, se envolver pessoas em situação de hipossuficiência econômica, da Defensoria Pública, tudo para:

a) querendo, oferecer a defesa que tiverem sob pena de confissão e efeitos da revelia (Código de Processo Civil, art. 344);

b) comparecer à audiência de justificação, nos termos do artigo 562, segunda parte, do Código de Processo Civil, caso esta seja designada por Vossa Excelência.

IV – Provas

Protesta a autora por provar o alegado através de todos os meios de prova em direito admitidos, especialmente pela produção de prova documental, testemunhal, pericial e inspeção judicial, depoimento pessoal do réu sob pena de confissão, caso não compareça, ou, comparecendo, se negue a depor (art. 385, § 1º, do Código de Processo Civil), inclusive em eventual audiência de justificação.

V – Valor da causa

Dá-se à causa o valor de R$ (...).

Termos em que,

Pede deferimento.

Data

Advogado OAB

8.3.5. Interdito proibitório

MM. Juízo da (...) Vara (...) da Comarca de (...)

(...), vem, mui respeitosamente, por seus advogados e procuradores (documento 1), com escritório na (...), onde receberão intimações, propor, em face do (...), o competente

Interdito proibitório

o que faz com fundamento no artigo 1.210 do Código Civil, nos artigos 567 e 568 do Código de Processo Civil e nos argumentos de fato e de direito a seguir aduzidos.

I – Fatos

De acordo com a cópia da certidão da matrícula anexa (documento 2), a autora é proprietária e possuidora do imóvel localizado na (...).

O imóvel da autora é destinado ao cultivo permanente de eucalipto para corte, conforme prova a última declaração do ITR (documento 3), dispondo, também, de uma casa onde funciona o alojamento dos empregados.

Ocorre que, em virtude de greve nacional dos trabalhadores rurais, o sindicato da região está convocando grevistas a fim de invadir a propriedade da autora, o que se prova através dos inclusos panfletos que estão sendo distribuídos na cidade de (...) (documento 4).

A ameaça do líder do movimento e presidente do sindicato foi perpetrada categoricamente, perante inúmeras testemunhas, conforme declarações anexas (documento 5).

II – Direito

O artigo 1.210 do Código Civil defere proteção ao possuidor ameaçado, cujo procedimento é regulado pelo Código de Processo Civil nos artigos 567 e 568.

Outrossim, é remansosa a jurisprudência acolhendo o interdito nessas hipóteses:

Primeiro Tribunal de Alçada Civil de São Paulo. "Competência. Possessória. Interdito proibitório – turbação da posse por movimento grevista. Alegação pelo sindicato recorrente de competir à Justiça do Trabalho tal julgamento. Descabimento, porque não se questiona o direito de posse do banco recorrido. Recurso improvido. Possessória. Interdito proibitório. Turbação da posse por movimento grevista. Liminar deferida, porque presente o requisito exigido pelo artigo 932 do Código de Processo Civil. Recurso improvido" (Acórdão nº 29.455 – Processo nº 778.091-8 – Agravo de Instrumento – São Paulo – 2ª Câmara – julgamento: 12.08.1998 – relator: Salles de Toledo – decisão: unânime).

Primeiro Tribunal de Alçada Civil de São Paulo. "Interdito proibitório. Possessória. Direito de greve. Liminar concedida porque a posse fora molestada e ameaçada por sindicalizados – admissibilidade, uma vez que estaria se evitando a interrupção da produção com consequente prejuízo. Hipótese, ademais, em que o abuso do exercício do direito de greve sujeita os responsáveis às penas da lei, reconhecida a competência da justiça comum, pois a relação existente entre as partes é de invocação dos interditos – liminar mantida – recurso improvido" (Acórdão nº 28.285 – Processo nº 767.124-5 – Agravo de Instrumento – Itapeva – 2ª Câmara – julgamento: 04.03.1998 – relator: Ribeiro de Souza – decisão: unânime).

III – Pedido

Diante do exposto, requer a autora a procedência da presente ação com a consequente concessão do mandado proibitório, impondo-se ao réu pena pecuniária de R$ (...) por dia no caso de efetivação do esbulho ou turbação, além da condenação em custas e honorários de advogado.

Requer, ainda, a concessão liminar do mandado proibitório com a fixação da pena pecuniária de R$ (...) por dia no caso de transgressão;

IV – Citação

Requer-se a citação dos réus por oficial de justiça, nos termos do artigo 246, inciso II, do Código de Processo Civil, requerendo-se desde já que o encarregado da diligência proceda nos dias e horários de exceção (Código de Processo Civil, art. 212, § 2º), e, tratando-se de conflito coletivo pela posse, a citação pessoal dos ocupantes que forem encontrados no local e, os que não forem na diligência que deve ser única (CPC, art. 554, § 2º), a citação por edital e, demais disso, a intimação do Ministério Público e, se envolver pessoas em situação de hipossuficiência econômica, da Defensoria Pública, tudo para:

a) querendo, oferecer a defesa que tiverem sob pena de confissão e efeitos da revelia (Código de Processo Civil, art. 344);

b) comparecer à audiência de justificação, nos termos do artigo 562, segunda parte, do Código de Processo Civil, caso esta seja designada por Vossa Excelência.

V – Provas

Protesta a autora por provar o alegado através de todos os meios de prova em direito admitidos, especialmente pela produção de prova documental, testemunhal, pericial e inspeção judicial, depoimento pessoal do réu sob pena de confissão, caso não compareça, ou, comparecendo, se negue a depor (art. 385, § 1º, do Código de Processo Civil), inclusive em eventual audiência de justificação.

VI – Valor da causa

Dá-se à causa o valor de R$ (...).

Termos em que,

pede deferimento

Data

Advogado OAB

8.4. AÇÃO DE DIVISÃO DE TERRAS PARTICULARES

MM. Juízo da (...) Vara (...) da Comarca de (...)

(...), vem, respeitosamente, por seus advogados e procuradores (documento 1), com escritório na (...), onde receberão intimações, propor, em face de (...), a competente

Ação divisória,

o que faz com supedâneo no artigo 1.320, do Código Civil e arts. 588 e seguintes do Código de Processo Civil, pelos fatos e razões a seguir expostos:

I – Fatos

O imóvel, situado no distrito de (...), deste Município, é de copropriedade do requerente e do requerido.

Os comunheiros receberam o imóvel por herança de seu pai, segundo formal de partilha ora exibido (documento 2).

Com (...) hectares de área, o imóvel encontra-se perfeitamente descrito e individualizado na matrícula anexa (documento 3), da seguinte forma:

(Descrição do imóvel: situação, limites e característicos e todas as benfeitorias e acessões nele contidas).

Atualmente o imóvel que se requer a divisão destina-se à cultura de (...), tendo as seguintes acessões: (descrever as acessões).

O requerente, que reside no imóvel, nele realizou as seguintes benfeitorias (descrever as benfeitorias realizadas pelo requerente e indicar a respectiva situação).

II – Direito

A todo tempo é lícito ao condômino exigir a divisão da coisa comum (Código Civil, art. 1.320).

Portanto, cabe ação de divisão ao condômino para obrigar os demais consortes a partilhar a coisa comum (Código de Processo Civil, art. 569, II).

Sendo assim, não convindo ao requerente a continuidade do estado de comunhão, quer promover a divisão geodésica do imóvel.

III – Pedido

Em razão dos fatos e do direito ora exposto, requer-se o julgamento da procedência da vertente ação, dividindo-se e partilhando-se o imóvel em testilha.

IV – Citação

Em face do exposto requer a Vossa Excelência a citação do consorte indicado no preâmbulo, para os termos da presente ação, citação essa nos moldes do artigo 247 do Código de Processo Civil, seguindo-se, após a eventual resposta, o procedimento comum (CPC, art. 578).

V – Audiência de Conciliação

Tendo em vista a natureza do direito e demonstrando espírito conciliador, a par das inúmeras tentativas de resolver amigavelmente a questão, o autor desde já, nos termos do art. 334 do Código de Processo Civil, manifesta interesse em autocomposição, aguardando a designação de audiência de conciliação.

VI – Provas

Protesta a autora por provar o alegado através de todos os meios de prova em direito admitidos, especialmente pela produção de prova documental, pericial e inspeção judicial.

VII – Valor da causa

Dá-se à causa o valor de R$ (...), valor de avaliação do imóvel (documento 4).

Termos em que,

pede deferimento.

Data

Advogado (OAB/SP)

8.5. AÇÃO DE DEMARCAÇÃO DE TERRAS PARTICULARES

MM. Juízo da (...) Vara (...) da Comarca de (...)

(...), vem, mui respeitosamente, por seus advogados e procuradores (documento 1), com escritório na (...), onde receberão intimações, propor, em face de (...), a competente

Ação de demarcação de terras particulares

o que faz com supedâneo no artigo 1.297 do Código Civil, e arts. 569 e seguintes do Código de Processo Civil, pelos fatos e razões a seguir expostos:

I – Fatos

O requerente, por escritura pública, lavrada no Tabelião de Notas de (...) (documento 2), adquiriu, mediante contrato de compra e venda, uma gleba de terras com (...) hectares, devidamente caracterizada na matrícula nº (...) (documento 3).

O imóvel, denominado (...), é situado no distrito de (...), neste Município.

São confrontantes:

a) pelo lado norte (qualificar proprietários ou indicar outros marcos, tais como rio, estrada etc.) cujas divisas e demarcações são perfeitas;

b) a oeste (qualificar proprietários ou indicar outros marcos, tais como rio, estrada etc.), também com divisas e demarcações perfeitas;

Cap. 8 · PROCEDIMENTOS ESPECIAIS | 157

c) ao sul o requerido, cuja demarcação ora se requer.

Todos os confrontantes residem neste Município.

O imóvel não tem marcos assinalando os seus limites com o imóvel do requerido.

Desse modo, podem surgir dúvidas futuras, que o requerente quer evitar, demarcando o imóvel de sua propriedade.

Não tendo havido composição amigável, baldos os esforços do requerente (notificações anexas – documento 4), não lhe restou alternativa senão a propositura da presente ação.

II – Direito

Todo proprietário pode obrigar o seu confinante a proceder com ele à demarcação entre dois prédios, repartindo-se proporcionalmente, entre os interessados, as respectivas despesas (Código Civil, art. 1.297).

A ação de demarcação compete ao proprietário de um prédio contra os possuidores do prédio confinante, buscando a fixação de rumos ou aviventação dos existentes (Código de Processo Civil, art. 569, I).

III – Pedido

Diante do exposto e provado o seu domínio sobre o imóvel com a escritura devidamente registrada junto ao oficial de Registro de Imóveis, requer digne-se Vossa Excelência de julgar procedente a ação, determinando o traçado da linha demarcada com a consequente demarcação pelo perito nomeado por Vossa Excelência, homologando-se a demarcação efetuada (Código de Processo Civil, arts. 581 e 587), condenando o requerido em custas e honorários nos limites legais.

IV – Citação

Requer a Vossa Excelência a citação do confinante da linha demarcada, indicado no preâmbulo, para, querendo, oferecer a defesa que tiver sob pena de revelia (Código de Processo Civil, arts. 344) citação essa nos moldes do artigo 247 do Código de Processo Civil, seguindo-se, após a eventual resposta, o procedimento comum (CPC, art. 578), facultando-se ao senhor oficial de justiça encarregado da diligência proceder nos dias e horários de exceção (Código de Processo Civil, art. 212, § 2º).

V – Audiência de Conciliação

Tendo em vista a natureza do direito e demonstrando espírito conciliador, a par das inúmeras tentativas de resolver amigavelmente a questão, o autor desde já, nos termos do art. 334 do Código de Processo Civil, manifesta interesse em autocomposição, aguardando a designação de audiência de conciliação.

VI – Provas

Protesta a autora por provar o alegado através de todos os meios de prova em direito admitidos, especialmente pela produção de prova documental, testemunhal, pericial e inspeção judicial.

VII – Valor da causa

Dá-se à causa o valor de R$ valor de avaliação do imóvel (documento 5 – cópias).

Termos em que,

pede deferimento.

Data

Advogado (OAB/SP)

8.6. AÇÃO DE DISSOLUÇÃO PARCIAL DE SOCIEDADE

MM. Juízo da (...) Vara (...) da Comarca de (...)

(...), vem, respeitosamente, perante Vossa Excelência, por seus advogados (documento 1) propor, em face de *(incluir sócios e sociedade nos termos do art. 601 do CPC)*, a presente:

Ação de dissolução parcial de sociedade com apuração de haveres

o que faz com supedâneo no art. 599 e seguintes do Código de Processo Civil, pelos fatos e fundamentos jurídicos a seguir expostos:

I – Razões de fato e de direito

O autor é filho e, portanto, sucessor do sócio (...) falecido no dia (...) e cuja adjudicação dos bens e direitos se deu por escritura pública lavrada pelo (...).

Portanto, coube ao autor a totalidade das cotas do seu pai.

Nada obstante, não pretendendo integrar a sociedade nos termos do art. 600, II do Código de Processo Civil, procurou os demais sócios para apuração amigável dos haveres sem que obtivesse êxito.

(Descrever os motivos da discordância e eventuais fatos que justificam tutela provisória de urgência)

Pelos documentos anexos, possível concluir que os sócios estão dilapidando o patrimônio da sociedade com o firme propósito de prejudicar o requerente.

Sendo assim, resta cristalino o direito do requerente em exigir a dissolução parcial e seus haveres.

II – Tutela provisória de urgência, de natureza cautelar incidental

Nos termos dos arts. 297 e 301 do Código de Processo Civil, requer o autor a tutela provisória de urgência, de natureza cautelar incidental com o arresto de parte do estoque e bloqueio do equivalente a (...) nas contas da sociedade, aptos a garantir a apuração dos haveres do autor.

A medida que ora se requer é plenamente admitida pelos tribunais e, nesse sentido:

Tribunal de Justiça de São Paulo. "Tutela antecipada. Ação de dissolução parcial de sociedade c/c a apuração de haveres, cobrança e indenização. Indeferimento reformado. Prova inequívoca de que o corréu pretende mudar-se para os EUA, transferindo para lá as atividades da empresa da qual é sócio o autor, havendo, ainda, valores a lhe serem pagos. Fundado receio de dano irreparável ou de difícil reparação e reversibilidade da medida. (...). Arresto de bens e bloqueio on-line de ativos financeiros, até o limite do alegado crédito. Recurso provido" (Relator(a): Teixeira Leite – Comarca: São Paulo – Órgão julgador: 1ª Câmara Reservada de Direito Empresarial – Data do julgamento: 11.12.2012 – Data de registro: 13.12.2012).

III – Pedido

Isto posto, requer-se a citação dos réus, pelo correio, nos termos dos arts. 246, I; 247 e 248 do CPC *(ou: por oficial de justiça nos termos do art. 246, II, do Código de Processo Civil)*, e da sociedade pelo cadastro nos sistemas de processo em autos eletrônicos (CPC, art. 246, § 1º) para, querendo, contestar no prazo legal de 15 (quinze) dias (CPC, art. 601) e, ao final, requer o autor que Vossa Excelência julgue procedente a ação com a condenação dos réus no pagamento dos haveres do autor, a serem apurados em liquidação na forma do art. 604 do Código de Processo

Cap. 8 · PROCEDIMENTOS ESPECIAIS | **159**

Civil, declarando, outrossim, a data da dissolução no dia da morte do sócio (...), nos termos do art. 605, I do Código de Processo Civil.

Requer-se, por fim, a condenação dos réus no pagamento de custas e honorários que Vossa Excelência arbitrar, respeitados os parâmetros legais do art. 85 e seguintes do Código de Processo Civil.

IV – Provas

Requer-se provar o alegado por todos os meios de prova em direito admitidos, incluindo perícia, produção de prova documental, testemunhal, inspeção judicial, depoimento pessoal sob pena de confissão caso os réus não compareçam, ou, comparecendo, se neguem a depor (art. 385, § 1º, do Código de Processo Civil).

V – Valor da causa

Dá-se à presente o valor de R$ (...).

Termos em que,

Pede deferimento.

Data

Advogado (OAB)

8.7. INVENTÁRIO E PARTILHA

8.7.1. Pedido de abertura de Inventário

MM. Juízo da (...) Vara (...) da Comarca de (...)

(...), vem, respeitosamente, perante Vossa Excelência, por seu advogado (documento 1) requerer:

Abertura de inventário dos bens deixados pelo falecimento de (...).

o que faz com fundamento nos artigos 615 e seguintes do Código de Processo Civil, pelos seguintes fatos e fundamentos:

I – Fatos

O requerente é *(verificar a legitimidade no art. 616 do CPC)* do "de cujus", falecido no dia (...), nesta cidade, conforme certidões de nascimento e de óbito anexas (documento 2).

Na época do falecimento o "de cujus" era *(estado civil)* deixando os seguintes herdeiros: (...)

Consta que não deixou testamento conforme faz prova a certidão anexa (documento 3).

II – Direito

Nos termos do art. 611 do Código de Processo Civil: "O processo de inventário e de partilha deve ser instaurado dentro de 2 (dois) meses a contar da abertura da sucessão, ultimando-se nos 12 (doze) meses subsequentes, podendo o juiz prorrogar esses prazos, de ofício ou a requerimento de parte".

Posta assim a questão, tendo em vista que o requerente é parte legítima para pleitear a abertura do inventário, o que se infere do art. 616 do Código de Processo Civil, requer-se a instauração.

Nomeação de inventariante

O requerente é (...) do falecido e, portanto, nos termos do art. 990 do Código de Processo Civil, está apto a exercer a função de inventariante, até porque encontra-se desde a abertura da sucessão na posse e administração dos bens.

Nesses termos, requer-se a nomeação do requerente como inventariante dos bens do "de cujus", prestando compromisso para o exercício do mister.

III – Pedido

Diante do exposto, respeitado o prazo do art. 611 do Código de Processo Civil, requer:

a) a abertura do inventário;

b) seja o requerente nomeado Inventariante, prestando compromisso, protestando para, com a nomeação, oferecer as primeiras declarações.

Requer, outrossim, provar o alegado por todos os meios em direito admitidos, notadamente pela juntada de outros documentos.

Termos em que, atribuindo à causa o valor de R$ (...),

Pede deferimento.

Data

Advogado (OAB)

8.7.2. Primeiras declarações

MM. Juízo da (...) Vara (...) da Comarca de (...)

(...), vem, respeitosamente, perante Vossa Excelência, por seu advogado, nos autos do inventário dos bens deixados pelo falecimento de (...), tempestivamente, nos termos do art. 620 do Código de Processo Civil, apresentar:

Primeiras declarações

O que faz nos seguintes termos:

Autor da Herança: *(nome, qualificação completa e último domicílio)*, que faleceu aos (...) anos, deixando *(nomear e qualificar viúva, e demais herdeiros)*, nos termos da certidão de óbito de fls...

Viúva meeira (ou: Companheira): *(nome, qualificação completa, endereço e e-mail)*, casada com o falecido pelo regime (...) (*ou: que vivia com o falecido maritalmente nos termos do contrato de convivência anexo – se houver*).

Herdeiros: *(nome, qualificação completa, endereço, e-mail, parentesco e qualidade do herdeiro)*.

Bens do Espólio: (*Descrever minuciosamente todos os bens móveis e imóveis, veículos, direitos, ações, aplicações financeiras etc.*).

Dívidas do Espólio: *(relacionar as dívidas, se houver, deixadas pelo falecido)*.

Isto posto, desincumbindo-se das primeiras declarações, requer eventuais complementos ou esclarecimentos porventura necessários.

Requer-se, outrossim, nos termos do art. 626 do Código de Processo Civil, a citação dos herdeiros, legatários e do cônjuge *(ou companheiro)* do falecido, bem como a intimação da Fazenda Pública e do Ministério Público *(havendo interesse de incapaz ou ausente)* e, bem assim, do testamenteiro *(se houver testamento)*.

Termos em que,

Pede deferimento.

Data

Advogado (OAB)

Inventariante (*se a procuração não contiver poderes especiais nos termos do § 2º do art. 620 do Código de Processo Civil*)

8.7.3. Pedido de colação

MM. Juízo da (...) Vara (...) da Comarca de (...)

(...), vem, respeitosamente, perante Vossa Excelência, por seu advogado, nos autos do inventário dos bens deixados pelo falecimento de (...), com fundamento nos artigos 639 a 641 do Código de Processo Civil, tendo em vista que, no prazo do art. 627, houve menção à doação recebida do falecido sem dispensa de colação, requerer a intimação do herdeiro (...) para que traga os bens recebidos em doação, sujeitos que estão à colação, conferindo-os por termo nos autos. Requer, caso não mais possua o herdeiro tais bens, sejam apontados os respectivos valores, sob pena de responder pela sonegação.

Termos em que,

Pede deferimento.

Data

Advogado (OAB)

8.7.4. Habilitação de crédito

MM. Juízo da (...) Vara (...) da Comarca de (...)

(...), vem, respeitosamente, por seus advogados e procuradores (documento 1), com fundamento no art. 642 do Código de Processo Civil, requerer

Habilitação de crédito

Nos autos do inventário dos bens deixados pelo falecimento de (...), processo n.º (...), o que faz pelas razões de fato e de direito a seguir aduzidas:

O requerente é credor do "de cujus" em razão de (...), conforme faz prova o documento anexo (documento 2).

A dívida não foi paga e o vencimento se deu, portanto, no dia (...). *(ou: a dívida vencerá no dia...)*

Posta assim a questão, requer-se a distribuição da presente habilitação por dependência aos autos do processo de inventário e sua autuação em apenso, para, observadas as formalidades legais, sejam separados bens suficientes ao pagamento do crédito e seus acréscimos, ou sendo o caso, em moeda corrente.

Termos em que,

Pede deferimento.

Data

Advogado (OAB)

162 | MODELOS DE PEÇAS NO NOVO CÓDIGO DE PROCESSO CIVIL – *Luiz Antonio Scavone Junior*

8.7.5. Esboço de partilha

MM. Juízo da (...) Vara (...) da Comarca de (...)

(...), vem, respeitosamente, perante Vossa Excelência, por seu advogado, nos autos do inventário dos bens deixados pelo falecimento de (...), tempestivamente, nos termos do art. 647 do Código de Processo Civil, apresentar:

Esboço de partilha

o que faz nos seguintes termos:

Bens

O "de cujus" deixou os seguintes bens no valor de (...)

(*Descrever minuciosamente todos os bens móveis e imóveis, veículos, direitos, ações, aplicações financeiras etc.*).

Valor total dos bens: (...).

Valor da meação: (...).

Quinhão dos herdeiros: (...).

Pagamentos

a) Pagamento à viúva-meeira (...) a sua respectiva meação, totalizando (...) com os seguintes bens (...).

b) Pagamento ao herdeiro (...) o seu respectivo quinhão totalizando (...) com os seguintes bens (...).

c) Pagamento ao herdeiro (...) o seu respectivo quinhão totalizando (...) com os seguintes bens (...).

(...)

Ante o ora exposto e encontrando-se quitado o Imposto de Transmissão, requer-se a homologação da partilha, determinando-se, com o trânsito em julgado da sentença homologatória, a expedição dos competentes formais.

Termos em que,

Pedem deferimento.

Data

Advogado (OAB)

8.7.6. Arrolamento sumário

MM. Juízo da (...) Vara (...) da Comarca de (...)

(...), vem, respeitosamente, perante Vossa Excelência, por seu advogado (documento 1) requerer

Arrolamento sumário

o que faz com fundamento nos arts. 659 a 663 do Código de Processo Civil e nas razões de fato e de direito a seguir aduzidas:

No dia (...) faleceu (...), (nome, qualificação completa e último domicílio), aos (...) anos, deixando (nomear e qualificar viúva, e demais herdeiros), conforme documentos anexos (certidão de óbito, de nascimento dos herdeiros e de casamento da viúva meeira – documento 2).

Consta que não deixou testamento conforme faz prova a certidão anexa (documento 3).

Cap. 8 · PROCEDIMENTOS ESPECIAIS | 163

O requerente era, portanto, (...) do falecido, e, nessa qualidade, requer-se sua nomeação para o cargo de arrolante posto que se encontra na posse e administração dos bens do *de cujus*.

Requer-se, outrossim, a juntada de procuração de todos os herdeiros, na totalidade maiores e capazes, bem como certidões negativas de impostos sobre os bens do espólio.

Isto posto, pede-se o processamento do arrolamento, juntando em documento anexo a relação de herdeiros além da declaração de bens com partilha amigável realizada entre os herdeiros, requerendo-se sua homologação nos termos do art. 659 do Código de Processo Civil.

Dá-se à presente o valor de R$ (...).

Termos em que,

Pede deferimento

Data

Advogado (OAB)

Instrui a presente: a) procuração do cônjuge e de todos herdeiros; b) certidão de óbito, c) certidão de casamento do "de cujus" com a viúva meeira (ou: contrato de convivência com a companheira); d) certidão de nascimento e casamento dos filhos; e) certidão negativa de débitos fiscais do Espólio; e, f) documentos comprobatórios das propriedades.

8.7.7. Arrolamento (art. 664 do CPC)

MM. Juízo da (...) Vara (...) da Comarca de (...)

(...), vem, respeitosamente, perante Vossa Excelência, por seu advogado (documento 1) requerer

Arrolamento

O que faz com fundamento no art. 664 do Código de Processo Civil e nas razões de fato e de direito a seguir aduzidas:

No dia (...) faleceu (...), *(nome, qualificação completa e último domicílio)*, aos (...) anos, deixando (nomear e qualificar viúva, e demais herdeiros), conforme documentos anexos (certidão de óbito, de nascimento dos herdeiros e de casamento da viúva meeira – documento 2).

Consta que não deixou testamento conforme faz prova a certidão anexa (documento 3).

O requerente era, portanto, (...) do falecido, e, nessa qualidade, requer-se sua nomeação para o cargo de arrolante independentemente de compromisso posto que se encontra na posse e administração dos bens do "de cujus".

Outrossim, requer o processamento do presente arrolamento, e para tanto, oferece desde já, a declaração de bens e de herdeiros:

Herdeiros: *(nome, qualificação completa, endereço, e-mail, parentesco e qualidade dos herdeiros)*.

Bens do Espólio: *(descrever minuciosamente todos os bens com valores, sejam eles móveis ou imóveis, veículos, direitos, ações, aplicações financeiras etc.)*.

Dívidas do Espólio: *(relacionar as dívidas, se houver, deixadas pelo falecido)*.

Os bens, portanto, não ultrapassam o limite do art. 664 do Código de Processo Civil, de 1.000 (mil) salários mínimos, o que autoriza o processamento do inventário na forma do arrolamento.

MODELOS DE PEÇAS NO NOVO CÓDIGO DE PROCESSO CIVIL – *Luiz Antonio Scavone Junior*

O plano de partilha é o seguinte:

a) Pagamento à viúva-meeira (...) a sua respectiva meação, totalizando (...) com os seguintes bens (...).

b) Pagamento ao herdeiro (...) o seu respectivo quinhão totalizando (...) com os seguintes bens (...).

c) Pagamento ao herdeiro (...) o seu respectivo quinhão totalizando (...) com os seguintes bens (...).

(...)

Requer, por fim, sejam os herdeiros não representados, quais sejam, (...) citados para acompanharem o vertente arrolamento.

Posta assim a questão requer-se a homologação do arrolamento dos bens nos termos do plano ora apresentado ou, se houver impugnação da estimativa, que Vossa Excelência, na audiência do § 2º do art. 664 delibere sobre a partilha.

Termos em que, atribuindo à causa o valor de R$ (...),

Pede deferimento.

Data

Advogado (OAB)

Instrui a presente: a) procuração do cônjuge e de todos herdeiros; b) certidão de óbito, c) certidão de casamento do "de cujus" com a viúva meeira (*ou: contrato de convivência com a companheira*); d) certidão de nascimento e casamento dos filhos; e) certidão negativa de débitos fiscais do Espólio; e, f) documentos comprobatórios das propriedades.

8.7.8. Sobrepartilha

MM. Juízo da (...) Vara (...) da Comarca de (...)

(...) e (...), por seu advogado (documento 1), nos autos de inventário dos bens deixados pelo falecimento de (...), processo n. (...), vêm, respeitosamente, perante Vossa Excelência, requerer

Sobrepartilha

o que fazem com fundamento nos arts. 669 e 670 do Código de Processo Civil, expondo e requerendo o quanto segue:

Nos termos do documento anexo (documento 2), apenas agora, depois de levada a efeito a partilha, foi localizado outro imóvel pertencente ao espólio, que, por tal razão, não foi inventariado.

O imóvel está assim descrito e caracterizado: (...)

Posta desta maneira a questão, nos termos do art. 669, inciso II, do Código de Processo Civil, mister se faz a sobrepartilha do referido bem, em razão do que se apresenta o plano de sobrepartilha nos termos que abaixo seguem.

Plano de sobrepartilha amigável:

a) Pagamento à viúva-meeira (...) a sua respectiva meação, totalizando (...).

b) Pagamento ao herdeiro (...) o seu respectivo quinhão totalizando (...).

c) Pagamento ao herdeiro (...) o seu respectivo quinhão totalizando (...).

(...)

Termos em que, atribuindo à causa o valor de R$ (...),

Pede deferimento.

Data

Advogado (OAB)

8.8. EMBARGOS DE TERCEIRO

MM. Juízo da (...) Vara (...) da Comarca de (...)

Distribuição p/ dependência ao Processo nº (...) – execução.

(...), vem, respeitosamente, perante Vossa Excelência, por seus advogados (documento 1) opor em face do (...), os presentes

Embargos de terceiro

o que faz com supedâneo no art. 674 e seguintes do Código de Processo Civil, pelos fatos e fundamentos jurídicos a seguir expostos:

Resumo:

Objeto: Imóvel objeto da matrícula nº (...), junto ao (...) ofício de Registro de Imóveis da Capital – SP.

Embargante: (...)

Embargado: (...)

Data da aquisição do objeto dos embargos: (...) (fls. ... da execução e documento 4 destes embargos)

Data do contrato que gerou a ação de execução: (...) (documento 06 da execução)

Data do aforamento da execução: (...)

Data da constrição judicial: (...) (fls. ..., da execução)

Fundamentos dos embargos: ausência de requisitos da fraude à execução do art. 792, IV, do Código de Processo Civil, vez que:

a) a alienação foi levada a efeito por devedor solvente (documento 5 – bem livre e suficiente em nome do executado);

b) não há anterioridade do crédito em relação à alienação ocorrida em (...);

c) conseguintemente não houve *consilium fraude*.

I – Fatos

O Embargante, de boa-fé, empregando as economias de uma vida de trabalho honesto, através de Escritura Pública lavrada no dia (...), adquiriu de (...), para sua residência, o imóvel localizado na (...) (documento 2), tomando todas as cautelas e extraindo todas as certidões.

Ao tentar registrar a escritura junto ao (...) oficial de Registro de Imóveis, tomou conhecimento de que o imóvel fora penhorado (documento 3) nos autos da ação de execução por quantia certa, Processo nº (...), aforada no dia (...) pelo Banco (...) em face de (...), que se processa perante essa MM. Juízo e R. Cartório.

Entretanto, o embargante é legítimo possuidor do imóvel adquirido de (...) que, por sua vez, são sucessores de (...), que adquiriu o imóvel de (...) por Instrumento Particular de Compromisso de Compra e Venda firmado em (...) (documento 4).

Sendo assim, a escritura outorgada pelo executado (...) em (...) e registrada em (...) do mesmo ano (R... da matrícula – documento 5), deu cumprimento, justamente, ao compromisso de compra e venda (documento 4), datado de (...).

MODELOS DE PEÇAS NO NOVO CÓDIGO DE PROCESSO CIVIL – *Luiz Antonio Scavone Junior*

Cumpre esclarecer a Vossa Excelência que a penhora só foi deferida por esse MM. Juízo em face das informações prestadas pelo exequente que, através da petição inicial, mencionou o imóvel objeto dos presentes embargos em nome do executado, acorde com o auto de penhora (fls... da execução).

Portanto, a penhora foi efetivada em cumprimento ao mandado, bem como determinada a averbação de ineficácia da alienação de (...) (Av. 9 da matrícula), em (...) (documento 5) sem levar em conta a data do compromisso de compra e venda que deu origem à escritura desse negócio, até porque Vossa Excelência não conhecia esse documento.

Em suma:

a) (...) prometeu vender o imóvel a (...) em (...) (documento 4);

b) O débito do executado (...) encontra sua origem em (...), tendo sido aforada a execução apenas em (...) e registrada a penhora em (...).

Consequentemente, seja sob a ótica da data da execução (...), seja sob a ótica da data do contrato, que deu origem à execução (...), é possível verificar que o crédito do embargado foi constituído quase (...) anos depois da aquisição, da transmissão da posse e da assinatura do Compromisso de Compra e Venda do imóvel objeto dos presentes embargos (...).

Oportuno ainda mencionar que o executado se insurgiu contra a penhora durante toda a execução na exata medida em que sabia que já havia negociado o imóvel (fls... dos embargos à execução).

Em consonância, o ora embargante tentou, diversas vezes, demover o embargado de seu intento, lembrando que o imóvel penhorado não mais pertencia ao executado há muito tempo, logrando, ainda, localizar outros imóveis em nome do executado para que fosse substituída a penhora (documento 6). Esses imóveis, embora penhorados por outras dívidas do executado, possuem valor bem superior aos créditos que visam garantir.

Mesmo assim, entre os imóveis localizados pelo embargante em nome do executado consta, como já constava na data do contrato de abertura de crédito e na data do aforamento da execução, um imóvel livre e desembaraçado, cuja transcrição nº (...), junto ao (...)º oficial de Registro de Imóveis segue anexa (documento 7).

Ocorre que mesmo diante da ausência de fraude sobejamente demonstrada nas linhas precedentes, quer pela ausência da anterioridade do crédito, quer pela ausência de insolvência do executado, o embargado preferiu fazer ouvidos moucos e manter a penhora, causando compreensível aflição ao embargante que adquiriu o imóvel com o produto de uma vida de trabalho honesto.

É forçoso concluir, como se prova por intermédio dos documentos anexos, que o bem penhorado foi adquirido anteriormente ao direito do embargado e, também, por conseguinte, à própria ação e à constrição determinada por esse MM. juízo, sem contar a existência de outros bens do executado passíveis de constrição.

Portanto, comprovados se acham, documentalmente, a propriedade, a posse e o ato de constrição judicial.

A violência sofrida pela Embargante é evidente, razão por que não participa, em hipótese alguma, da ação de execução do embargado, sendo cabível, portanto, os presentes embargos para excluir o bem da penhora.

II – Direito

É princípio geral de direito que a penhora deva recair tão somente em bens do executado, ou seja, daquele contra quem a sentença ou obrigação é exequível, devendo ser respeitado, portanto, o direito de propriedade ou posse de outrem.

Em consonância com o acatado, o art. 674 e seguintes, do Código de Processo Civil, defere tutela através dos Embargos de Terceiro àquele que, não sendo parte no processo, sofre turbação ou esbulho na posse de seus bens por ato de apreensão judicial.

a) Compromisso de compra e venda e embargos de terceiro

No caso em tela, a aquisição, bem anterior à execução (...), se deu por compromisso de compra e venda (documento 4).

Nesse sentido, poder-se-ia redarguir que o compromisso de compra venda sem registro não empresta supedâneo aos embargos de terceiro.

Não é assim.

A teor do que dispõe a Súmula 84 do STJ, o direito pessoal, representado pela promessa de compra e venda sem registro, pode ser contraposto, com sucesso, a outro direito pessoal que lhe seja posterior, como é o caso do crédito do embargado.

É verdade que não eram admitidos embargos de terceiro no caso de promessa de compra e venda sem registro (Súmula 621 do STF), mesmo em face de outro direito pessoal que ensejava a penhora.

Entrementes, a distorção foi corrigida pelo Superior Tribunal de Justiça a partir de sua criação:

"Processual civil – embargos de terceiro – contrato de promessa de compra e venda não inscrito no registro de imóvel – posse – penhora – execução – (...) I – Inexistente fraude, encontrando-se os recorridos na posse mansa e pacífica do imóvel, estão legitimados na qualidade de possuidores a opor embargos de terceiro, com base em contrato de compra e venda não inscrito no registro de imóvel, para pleitear a exclusão do bem objeto da penhora no processo de execução, onde não eram parte, (...)– precedentes do Superior Tribunal de Justiça. II – Recurso conhecido pela letra "c", do permissivo constitucional, a qual se nega provimento" (Processo nº 00019319-6/004 – Recurso Especial – Origem: Taubaté – 3ª Turma – julgamento: 19.05.1992 – relator: Min. Waldemar Zveiter – decisão: unânime).

"Processual Civil. Embargos de Terceiro. A jurisprudência de ambas as Turmas componentes da Segunda Seção do Superior Tribunal de Justiça, afastando a restrição imposta pelo Enunciado da Súmula nº 621/STF, norteou-se no sentido de admitir o processamento de ação de embargos de terceiro fundado em compromisso de compra e venda desprovido de registro imobiliário (REsp. nº 662, rel. Ministro Waldemar Zveiter; REsp. nº 866, rel. Ministro Eduardo Ribeiro; REsp. nº 633, rel. Ministro Sálvio de Figueiredo; REsp. nº 696, rel. Ministro Fontes de Alencar; REsp. nºs 188 e 247, de que fui Relator)" (Recurso Especial nº 8.900.097.644 – Decisão: por unanimidade, conhecer do recurso, mas negar-lhe provimento – 4ª Turma – Relator: Ministro Bueno de Souza – DJ de 06.08.1990, p. 7.337; RSTJ, vol. 10, p. 314; RSTJ, vol. 49, p. 330).

"Processual civil. Embargos de terceiro. Execução fiscal. Fraude. Contrato de promessa de compra e venda. Terceiro de boa-fé. Precedentes. Não há fraude à execução quando no momento do compromisso particular não existia a constrição, merecendo ser protegido o direito pessoal dos promissários-compradores. Há de se prestigiar o terceiro possuidor e adquirente de boa-fé quando a penhora recair sobre imóvel objeto de execução não mais pertencente ao devedor, uma vez que houve a transferência, embora sem o rigor formal exigido. Na esteira de precedentes da Corte, os embargos de terceiro podem ser opostos ainda que o compromisso particular não esteja devidamente registrado. Recurso Especial conhecido, porém, improvido" (Recurso Especial nº 173.417/MG – decisão: por unanimidade, negar provimento ao recurso – data da decisão: 20.08.1998 – 1ª Turma – Relator: Ministro José Delgado – DJ de 26.10.1998, p. 43).

b) Requisitos da fraude à execução

O art. 792 do Código de Processo Civil determina os requisitos da fraude à execução:

"Art. 792. A alienação ou a oneração de bem é considerada fraude à execução: (...)

168 | MODELOS DE PEÇAS NO NOVO CÓDIGO DE PROCESSO CIVIL – *Luiz Antonio Scavone Junior*

IV – quando, ao tempo da alienação ou oneração, tramitava contra o devedor ação capaz de reduzi-lo à insolvência;"

O Superior Tribunal de Justiça traz lapidar e esclarecedor acórdão:

"Processual Civil. Fraude a execução. Art. 593, II, do Código de Processo Civil. Inocorrência. Impugnação ao valor da causa. Agravo. Reexame de prova. Ausência de prequestionamento. Divergência não configurada. Quando não se trata, como no caso, de notória divergência, a simples citação de ementa é insuficiente para caracterização do dissídio jurisprudencial. Para que se tenha como de fraude a execução à alienação de bens, de que trata o inc. II do art. 593 do Código de Processo Civil, [atual art. 792, IV] é necessária a presença concomitante dos seguintes elementos:

a) que a ação já tenha sido aforada;

b) que o adquirente saiba da existência da ação ou por já constar no cartório imobiliário algum registro dando conta de sua existência (presunção "juris et de jure" contra o adquirente), ou porque o exequente, por outros meios, provou que do aforamento da ação o adquirente tinha ciência; e

c) que a alienação ou a oneração dos bens seja capaz de reduzir o devedor a insolvência, militando em favor do exequente a presunção "juris tantum". Inocorrente, na hipótese, o segundo elemento supraindicado, não se configurou a fraude à execução. Entendimento contrário geraria intranquilidade nos atos negociais, conspiraria contra o comércio jurídico, e atingiria a confiabilidade nos registros públicos. "A pretensão de simples reexame de prova não enseja recurso especial" (Súmula nº 7/STJ) "é admissível a oposição de embargos de terceiro fundados na alegação de posse advinda de compromisso de compra e venda de imóvel, ainda que desprovida do registro" (Súmula nº 84/STJ). Falta de prequestionamento. É cabível o agravo retido para atacar decisão na impugnação ao valor da causa. Recurso especial parcialmente conhecido e, nessa parte, provido" (Recurso Especial nº 41.128/SP (9300328760) – 4ª Turma – Relator: Ministro César Asfor Rocha – decisão: por unanimidade, conhecer em parte do recurso e, nessa parte, dar lhe provimento – data da decisão: 17.02.1998 – DJ de 18.05.1998, p. 100).

Portanto, de acordo com o STJ, são três os requisitos básicos da fraude à execução, sendo que a ausência de qualquer deles a descaracteriza:

a) insolvência do executado (*eventus damni*);

b) anterioridade do crédito;

c) conhecimento da ação pelo adquirente em razão do registro da penhora.

No caso em tela, nenhum desses requisitos está presente. Vejamos:

b.1) Devedor executado solvente – ausência do *eventus damni*

No caso vertente a ação não era suficiente para reduzir o devedor à insolvência, inexistindo, por via de consequência, o *eventus damni*.

O devedor é proprietário de outros imóveis, inclusive um livre e desembaraçado de ônus, titularidade essa anterior à data da execução e do crédito (documentos 6 e 7).

Demonstrou o Superior Tribunal de Justiça que é absolutamente imprescindível *eventus damni* para que se configure a fraude à execução.

É no mesmo sentido a lição de Antonio Cláudio da Costa Machado:

"Fraude de execução (ou à execução) é todo e qualquer ato praticado pelo devedor (simulado ou não), com ou sem intenção enganosa, que produza como efeito a subtração de bens particularizados que devam ser entregues ao credor ou a subtração não particularizada que gere a sua insolvência."[41]

---

[41] Antonio Cláudio da Costa Machado, *Código de Processo Civil Interpretado*. São Paulo: Saraiva, 1996, p. 652.

Não de forma diferente, com a costumeira clareza, Silvio Rodrigues:

"Note-se, porém, que a fraude contra credores só se caracteriza quando for insolvente o devedor, ou se tratar de pessoa que, através de atos malsinados, venha a se tornar insolvente, porque, enquanto solvente o devedor, ampla é a sua liberdade de dispor de seus bens, pois a prerrogativa de aliená-los é elementar do direito de propriedade."[42]

b.2) Crédito posterior à alienação – ausência de anterioridade do crédito

A par da solvência do executado, não restam dúvidas quanto à inexistência da ação ao tempo da alienação, não havendo, assim, o requisito da anterioridade do crédito para configuração da fraude à execução.

A alienação original é datada de (...) (documento 4) e a ação, bem como o crédito do exequente, de (...) e de (...), respectivamente.

b.3) Inexistência de registro da penhora na data da alienação – boa-fé

Se não bastassem esses elementos, verifica-se, ainda, que o embargante estava de boa-fé, não sabia da existência da ação, até em razão de o registro da penhora somente ter sido verificado após a aquisição, bastando, para tanto, verificar as datas da escritura que lhe foi outorgada e do registro da penhora na matrícula. Nesse sentido, a certidão extraída na data do negócio, bem como as certidões negativas em nome do vendedor (documento 8).

Insta observar a este respeito a seguinte Súmula do STJ:

"Súmula 375/STJ: O reconhecimento da fraude à execução depende do registro da penhora do bem alienado ou da prova de má-fé do terceiro adquirente."

Concluindo, Excelência, a teor do art. 792, IV, do Código de Processo Civil, é possível afirmar com segurança jurídica que não existe fraude à execução na exata medida em que estão ausentes todos os seus requisitos, nada obstante a suficiência da ausência de apenas um para descaracterizar a fraude.

É a pura aplicação da lei.

III – Pedido

Provados de forma incontestável os fatos alegados, especialmente a qualidade de terceiro, a propriedade, a posse indireta e o ilegal ato de constrição judicial, requer o Embargante digne-se Vossa Excelência, sejam julgados procedentes os presentes Embargos, declarando-se insubsistente a penhora (e/ou a ineficácia da transmissão) sobre o imóvel objeto da matrícula nº (...) (Av...,.e R....) junto ao (...) oficial de Registro de Imóveis da (...), com o seu respectivo levantamento e cancelamento de eventual hasta pública.

Requer-se, ainda, a condenação do Embargado em custas e verba honorária.

IV – Citação

Requer-se a expedição do competente mandado de citação do embargado, para, querendo, responder no prazo legal, sob pena de confissão e efeitos da revelia, devendo a ordem ser expedida pelo correio (Código de Processo Civil, arts. 246, I, 247 e 248).

Ou, havendo procurador do embargado constituído nos autos da ação que gerou a constrição:

---

[42] Silvio Rodrigues, Ação pauliana ou revocatória. *Enciclopédia Saraiva do Direito*. São Paulo: Saraiva, vol. 3, p. 286.

MODELOS DE PEÇAS NO NOVO CÓDIGO DE PROCESSO CIVIL – *Luiz Antonio Scavone Junior*

Requer-se a citação do embargado através do seu patrono constituído nos autos (fls...), nos termos do art. 677, § 3º, do Código de Processo Civil, para, querendo, responder no prazo legal, sob pena de confissão e efeitos da revelia.

V – Audiência de Conciliação

Nos termos do art. 334, § 5º, do Código de Processo Civil, o autor desde já manifesta, pela natureza do litígio, desinteresse em autocomposição.

Ou

Tendo em vista a natureza do direito e demonstrando espírito conciliador, a par das inúmeras tentativas de resolver amigavelmente a questão, o autor desde já, nos termos do art. 334 do Código de Processo Civil, manifesta interesse em autocomposição, aguardando a designação de audiência de conciliação.

VI – Provas

O embargante protesta por provar o alegado através de todos os meios de prova em direito admitidos, em especial pela produção de prova documental, testemunhal, pericial e inspeção judicial, além da juntada de novos documentos e demais meios que se fizerem necessários.

No caso de Vossa Excelência entender por bem designar audiência de justificação da posse, acorde com o art. 677, § 1º, do Código de Processo Civil, requer o depoimento pessoal do Embargado, sob pena de, não comparecendo, ser-lhe imposta a pena de confissão e, nesse caso, de acordo com o art. 677, do Código de Processo Civil, a Embargante arrola as testemunhas cujo rol segue abaixo, requerendo, desde já, sejam as mesmas intimadas pessoalmente.

a) (...)

b) (...)

VII – Valor da causa

Dá-se à causa o valor de R$ (...), para os efeitos fiscais.

Termos em que, requerendo seja a presente ação distribuída por dependência aos autos do processo n. (...),

Pede deferimento.

Data

Advogado (OAB)

8.9. OPOSIÇÃO

MM. Juízo da (...) Vara (...) da Comarca de (...)

Distribuição p/ dependência ao Processo nº (...) – execução.

(...), vem, respeitosamente, perante Vossa Excelência, por seus advogados (documento 1) propor, em face de (...) e (...), a presente

Ação de oposição

o que fazem com fundamento nos arts. 682 a 686 do Código de Processo Civil e nos argumentos de fato e de direito a seguir aduzidos:

I – Fatos e direito

Os opostos litigam nos autos da ação reivindicatória do imóvel *(descrever o bem detalhadamente)* (documento 2) promovida pelo primeiro oposto em face do segundo, processo n. (...), em curso perante este Juízo.

Cap. 8 • PROCEDIMENTOS ESPECIAIS | **171**

Para tanto, o primeiro oposto apresentou escritura pública lavrada no (...) Tabelião da comarca de (...) e antiquíssima transcrição (documento 3).

Por sua vez, o segundo oposto, para contrapor e contestar a pretensão, afirmou ser possuidor há mais de 15 (quinze) anos, deduzindo, assim, exceção de usucapião.

Ocorre que o imóvel objeto da refrega entre os opostos não está na posse do segundo oposto, já que se trata da residência do ora opoente que é o legítimo titular do direito real de propriedade conforme prova a certidão da matrícula anexa (documento 3), restando evidente impropriedade do título apresentado pelo primeiro oposto e a ausência de posse do segundo.

Sendo assim, nos termos do art. 682 do Código de Processo Civil, não restou alternativa ao opoente senão a vertente ação, posto que controvertem os requeridos, ora opostos, sobre bem de sua propriedade.

II – Pedido

Provados de forma incontestável os fatos alegados, especialmente a qualidade de proprietário e possuidor do opoente, requer a procedência da presente ação de oposição com o reconhecimento da posse e da propriedade do autor, afastando o direito vindicado pelos opostos.

Requer-se, ainda, a condenação dos opostos, ora requeridos, em custas e honorários que Vossa Excelência arbitrar na forma do art. 85 e seguintes do Código de Processo Civil.

III – Citação

Requer-se a expedição do competente mandado de citação dos opostos, para, querendo, responder no prazo legal de 15 (quinze) dias, sob pena de confissão e efeitos da revelia, devendo a ordem ser expedida pelo correio (Código de Processo Civil, arts. 246, I, 247 e 248).

IV – Provas

O opoente protesta por provar o alegado através de todos os meios de prova em direito admitidos, em especial pela produção de prova documental, testemunhal, pericial e inspeção judicial, além da juntada de novos documentos e demais meios que se fizerem necessários.

Termos em que, requerendo seja a presente ação distribuída por dependência aos autos do processo n. (...) por força do art. 683, parágrafo único, do Código de Processo Civil.

V – Valor da causa

Dá-se à causa o valor de R$ (...).

Pede deferimento.

Data

Advogado (OAB)

8.10. HABILITAÇÃO

MM. Juízo da (...) Vara (...) da Comarca de (...)

(...), por seus advogados e procuradores (documento 1), vem, respeitosamente, à presença de Vossa Excelência, aforar em face de (...), a presente

Habilitação

o que faz com fundamento nos arts. 687 a 692 do Código de Processo Civil e nos argumentos a seguir aduzidos:

I – Fatos e direito

O Sr. (...), parte nos autos do processo (...) perante este Juízo, faleceu no dia (...), conforme faz prova a certidão de óbito anexa (documento 2).

O requerente é sucessor de (...) nos termos da partilha por escritura pública anexa (documento 3).

Nessa condição, para que figure no processo, prevê o art. 687 do Código de Processo Civil a habilitação daquele que deve suceder a parte falecida no processo, o que ora se requer.

II – Pedido e requerimentos

Requer-se, na forma do art. 689 do Código de Processo Civil, a suspensão dos autos do processo n. (...) até o julgamento da presente habilitação.

Provados de forma inconteste os requisitos da habilitação, requer-se, ao final, a sua procedência com a sucessão do requerente no processo, substituindo a parte falecida, Sr. (...).

Transitada em julgado a sentença de habilitação, requer-se a retomada do curso da ação principal com as anotações devidas no distribuidor e, bem assim, do advogado subscritor da presente que passará a representar o habilitado.

Requer-se, ainda, a condenação do Embargado em custas e verba honorária.

III – Citação

Requer-se a expedição do competente mandado de citação do requerido, para, querendo, responder no prazo legal de 5 (cinco) dias, sob pena de confissão e efeitos da revelia, devendo a ordem ser expedida pelo correio (Código de Processo Civil, arts. 246, I, 247 e 248).

Ou, havendo procurador do embargado constituído nos autos da ação que gerou a constrição:

Requer-se a citação do requerido através do seu patrono constituído nos autos (fls...), nos termos do art. 690, parágrafo único, do Código de Processo Civil, para, querendo, responder no prazo legal de 5 (cinco) dias, sob pena de confissão e efeitos da revelia.

IV – Provas

Protesta por provar o alegado através de todos os meios de prova em direito admitidos, em especial pela produção de prova documental, testemunhal, pericial e inspeção judicial, além da juntada de novos documentos e demais meios que se fizerem necessários.

V – Valor da causa

Dá-se à causa o valor de R$ (...), para os efeitos fiscais.

Termos em que, requerendo seja a presente ação distribuída por dependência aos autos da ação n. (...),

Pede deferimento.

Data

Advogado (OAB)

8.11. AÇÕES DE FAMÍLIA

8.11.1. Divórcio

MM. Juízo da (...) Vara (...) da Comarca de (...)

(...), por seus advogados e procuradores (documento 1), vem, respeitosamente, à presença de Vossa Excelência, aforar em face de (...), o presente

Divórcio litigioso

o que faz com fundamento no art. 694 e seguintes do Código de Processo Civil e pelas razões de fato e de direito a seguir aduzidas:

I – Fatos

A requerente contraiu núpcias com o requerido no dia (...) pelo regime legal da comunhão parcial de bens nos termos da cópia da certidão de casamento anexa (documento 2).

Desta união nasceram os seguintes filhos (documento 3):

(...)

Ocorre que se tornou impossível a vida comum.

Insta observar que, depois da Emenda Constitucional 66/2010, não mais é possível a interferência estatal na autonomia de vontade privada, principalmente no Direito de Família, proporcionando a dissolução do casamento pelo divórcio imediato, independentemente de culpa, motivação ou da prévia separação judicial.

Nada obstante, as razões que levaram a requerente à vertente ação são as seguintes (...).

Insta observar que requerente e requerido não chegam a um acordo quanto aos termos da dissolução do seu vínculo e, demais disso, há filhos comuns, o que demanda a intervenção judicial.

II – Nome

A requerente voltará a usar seu nome de solteira, qual seja (...), o que requer nos termos do § 2º do art. 1.578 do Código Civil (*ou: requerente manterá o nome de casada*).

III – Filhos, guarda e alimentos

A guarda dos filhos, que já contam com (...) e (...) anos será compartilhada, o que requer seja decretado com fundamento no art. 1.584 do Código Civil tendo em vista que não há discordância entre requerente e requerido quanto ao tema. (*ou: A guarda e os alimentos devidos aos filhos está sendo discutida pelas vias ordinárias nos seguintes processos):*

Guarda – Processo n.

Alimentos – Processo n.

IV – Alimentos para a requerente

Nos termos do que ensinam Pablo Stolze Gagliano e Rodolfo Pamplona Filho:

"Se o divórcio é litigioso (e obviamente judicial), o juiz poderá fixar os alimentos devidos, no bojo do próprio processo, desde que haja pedido nesse sentido. Lembre-se de que, para efeito de dissolução do vínculo, é suficiente a formulação do pedido de divórcio, uma vez que prazo para tanto não há mais. Entretanto, caso também haja sido cumulado o pedido de

174 MODELOS DE PEÇAS NO NOVO CÓDIGO DE PROCESSO CIVIL – *Luiz Antonio Scavone Junior*

alimentos, a sua fixação será feita por decisão judicial, levando-se em conta apenas, como já dito, o binômio necessidade / capacidade econômica, sem aferição de culpa de qualquer das partes no fim do casamento. É digno de nota que, seja qual for a modalidade do divórcio judicial, os alimentos devidos aos filhos é cláusula fundamental, de natureza cogente e matiz de ordem pública" (Pablo Stolze Gagliano e Rodolfo Pamplona Filho, O novo divórcio. São Paulo: Saraiva, 2010, p. 114).

Nesta medida, tendo em vista que sempre se dedicou às tarefas domésticas, a requerente necessita dos alimentos pelo período de três anos, aptos a permitir a readequação da sua vida, tendo em vista que o requerido nunca a deixou exercer atividade laborativa.

Para tanto, tendo em vista que o requerido recebe (...), em razão das suas atividades, o que se prova pelos documentos anexos (documento 4).

É preciso notar que o requerido *(detalhar as atividades e a renda do casal)*.

V – Bens e sua partilha

Insta observar que toda a discordância quanto aos termos do divórcio entre as partes decorre da falta de consenso acerca daquilo que cabe ao requerido, ou seja, 50% (cinquenta por cento) do patrimônio pertencente ao casal, e não mais que isso, nos termos do regime matrimonial a que estão submetidos.

Isto porque, o cônjuge varão entende que faz jus a mais do que isso na exata medida em que acredita, ou faz que acredita, que *(descrever a discórdia quanto aos bens)*.

Portanto, em razão disso, não restou alternativa à requerente senão a propositura do presente divórcio direto litigioso.

Nesta medida, segue a relação dos bens pertencentes ao casal e seus respectivos valores:

(...)

VI – Pedidos

Posta assim a questão e nos termos do art. 226, § 6º da Constituição Federal, cuja redação decorrente da Emenda Constitucional 66/2010 dispõe sobre a dissolubilidade do casamento civil pelo divórcio, suprimindo o requisito de prévia separação judicial por mais de 1 (um) ano ou de comprovada separação de fato por mais de 2 (dois) anos, requer:

a) seja citado o requerido pelo correio para contestar no prazo de 15 (quinze) dias, dispensando Vossa Excelência a audiência do art. 695 do Código de Processo Civil tendo em vista a absoluta impossibilidade de reconciliação e, se assim não entender Vossa Excelência, que seja a mesma marcada com a maior brevidade, devendo o requerido ser citado para nela comparecer;

b) ao final, não havendo acordo e com a contestação apresentada pelo requerido no prazo do art. 335 do Código de Processo Civil, seja julgada procedente a presente ação com a decretação do divórcio do casal e, após as formalidades legais, a expedição de mandado de averbação e de formal de partilha nos termos da lei;

c) a condenação do requerido nos alimentos devidos à requerente, durante 3 (três) anos, no valor de 1/3 dos seus vencimentos, deduzidos, apenas, os descontos fiscais e previdenciários obrigatórios, deferindo Vossa Excelência tutela provisória de urgência nos termos do art. 297 do Código de Processo Civil;

d) a partilha dos bens dos cônjuges na proporção de 50 % (cinquenta por cento) para cada um, com as necessárias averbações;

e) a alteração do nome da requerente, para que torne a assinar o nome de solteira (...) com expedição de mandado ao Oficial de registro Civil para a competente averbação;

f) a condenação do requerido ao pagamento de custas e honorários por ter dado causa à presente demanda litigiosa.

Tendo em vista que não há interesse de incapazes posto que a guarda e os alimentos dos filhos estão sendo discutidos em ação própria, requer-se, nos termos do art. 698 do Código de Processo Civil a dispensa da oitiva do Representante do Ministério Público.

VII – Provas

Protesta por provar o alegado por meio de todos os meios de prova em direito admitidos, em especial pela produção de prova documental, testemunhal, pericial e inspeção judicial, além da juntada de novos documentos e demais meios que se fizerem necessários.

VIII – Valor da causa

Dá-se à causa o valor de R$ (...), para os efeitos fiscais.

Termos em que,

Pede deferimento.

Data

Advogado (OAB)

8.11.2. Reconhecimento e extinção de união estável

MM. Juízo da (...) Vara (...) da Comarca de (...)

(...), por seus advogados e procuradores (documento 1), vem, respeitosamente, à presença de Vossa Excelência, aforar em face de (...), a presente

Ação de reconhecimento e extinção de união estável

o que faz com fundamento no art. 694 e seguintes do Código de Processo Civil e pelas razões de fato e de direito a seguir aduzidas:

I – Fatos e direito

(Expor os fatos, descrevendo a época do início da relação, acontecimentos durante a união, notadamente situações fáticas suficientes à prova da união estável existente entre as partes, como notoriedade, publicidade, continuidade, fidelidade, existência de filhos comuns etc., a data do término e o motivo que a ensejou).

Os bens adquiridos durante a união estável foram os seguintes:

(...)

Posta assim a questão, configurou-se claramente o "affectio maritalis" com a convivência pública, contínua, duradoura e estabelecida com o objetivo de constituição de família, o que autoriza, nos termos do art. 1.723 do Código Civil, o reconhecimento da união estável que, nada obstante, findou-se em (...).

II – Alimentos

Tendo em vista que sempre se dedicou às tarefas domésticas, a requerente necessita dos alimentos pelo período de 3 (três) anos, aptos a permitir a readequação da sua vida, tendo em vista que o requerido nunca a deixou exercer atividade laborativa.

Para tanto, tendo em vista que o requerido recebe (...), em razão das suas atividades, o que se prova pelos documentos anexos (documento 4).

É preciso notar que o requerido *(detalhar as atividades e a renda do casal)*.

III – Pedidos

Nos termos do art. 693 e seguintes do Código de Processo Civil, requer a Vossa Excelência:

a) seja citado o requerido pelo correio para contestar no prazo de 15 (quinze) dias, dispensando Vossa Excelência a audiência do art. 695 do Código de Processo Civil tendo em vista a absoluta impossibilidade de reconciliação e, se assim não entender Vossa Excelência, que seja a mesma marcada com a maior brevidade, devendo o requerido ser citado para nela comparecer;

b) ao final, não havendo acordo e com a contestação apresentada pelo requerido, querendo, no prazo do art. 335 do Código de Processo Civil, seja julgada procedente a presente ação com a decretação do divórcio do casal e, após as formalidades legais, a expedição de mandado de averbação e formal de partilha nos termos da lei;

c) a condenação do requerido nos alimentos devidos à requerente, durante 3 (três) anos, no valor de 1/3 dos seus vencimentos, deduzidos, apenas, os descontos fiscais e previdenciários obrigatórios, deferindo Vossa Excelência tutela provisória de urgência nos termos do art. 297 do Código de Processo Civil;

d) a partilha dos bens dos conviventes, posto que adquiridos onerosamente no curso da união estável, na proporção de 50% (cinquenta por cento) para cada um, com as necessárias averbações;

e) a condenação do requerido ao pagamento de custas e honorários por ter dado causa à presente demanda litigiosa.

Tendo em vista que não há interesse de incapazes posto que a guarda e os alimentos estão sendo discutidos em ação própria, requer-se, nos termos do art. 698 do Código de Processo Civil a dispensa da oitiva do Representante do Ministério Público.

IV – Provas

Protesta por provar o alegado através de todos os meios de prova em direito admitidos, em especial pela produção de prova documental, testemunhal, pericial e inspeção judicial, além da juntada de novos documentos e demais meios que se fizerem necessários.

V – Valor da causa

Dá-se à causa o valor de R$ (...), para os efeitos fiscais.

Termos em que,

Pede deferimento.

Data

Advogado (OAB)

8.11.3. Regulamentação de guarda e visita cumulada com alimentos

MM. Juízo da (...) Vara (...) da Comarca de (...)

(...) e (...), por seus advogados e procuradores (documento 1), vem, respeitosamente, à presença de Vossa Excelência, propor em face de (...) a presente:

Ação de guarda c/c alimentos e regulamentação de visitas, com pedido de tutela de urgência

o que faz com fundamento na Lei 8.069/90, artigo 1.583 e seguintes do Código Civil, artigo 693 e seguintes do Código de Processo Civil e nos argumentos de fato e de direito a seguir aduzidos:

I – Fatos

O menor (...) é fruto do relacionamento entre requerente e requerido e nasceu no dia (...) nos termos da certidão de nascimento anexa (documento 2).

Nada obstante, requerente e requerido decidiram colocar um fim na relação entre ambos de tal sorte que se faz imprescindível regularizar questões referentes ao filho comum no que diz respeito à sua guarda, alimentos, bem como regulamentação das visitas, motivo pelo qual a requerente propõe a presente Ação.

II – Guarda

A requerente já exerce a guarda unilateral de fato, e assim pretende permanecer, tendo em vista que *(descrever os motivos pelos quais não deve, excepcionalmente, ser deferida a guarda compartilhada).*

Ensina Fabíola Santos Albuquerque, Poder familiar nas famílias recompostas..., pág. 171:

> *"A unidade familiar persiste mesmo depois da separação de seus componentes, é um elo que se perpetua. Deixando os pais de viver sob o mesmo teto, ainda que haja situação de conflito entre eles sobre a guarda dos filhos sujeitos ao poder familiar, é necessário definir a guarda, se conjunta ou unilateral."*

O artigo 1.583 do Código Civil prevê a guarda unilateral e a guarda compartilhada e, embora esta seja regra, a excepcionalidade do vertente caso indica a necessidade de guarda unilateral a ser exercida pela requerente, mãe do menor, posto que assim atender-se-á melhor os interesses deste.

III – Regulamentação de visitas

É direito fundamental da criança e do adolescente ter consigo a presença dos pais, e não se nega que é direito do requerido, que não convive com o filho, de lhe prestar visita nos termos do art. 19 da Lei 8.069/90 (Estatuto da Criança e do Adolescente).

O artigo 1.583, § 5º, do Código Civil diz que àquele que não detenha a guarda tem a obrigação de supervisionar os interesses do filho.

Maria Berenice Dias (*Manual de Direito da Família*, 2011, p. 447) esclarece que:

> *"A visitação não é somente um direito assegurado ao pai ou à mãe, é direito do próprio filho de com eles conviver, o que reforça os vínculos paterno e materno-filial. (...) Consagrado o princípio proteção integral, em vez de regulamentar as visitas, é necessário estabelecer formas de convivência, pois não há proteção possível com a exclusão do outro genitor."*

Em consonância com o acatado e no melhor interesse do filho, a requerente entende e requer seja regulamentada a visita do requerido da seguinte forma:

a) Finais de semana intercalados, um com a mãe e o outro com o pai, devendo o requerido avisar a genitora caso pretenda se ausentar da comarca com o filho;

b) Feriados intercalados;

c) Dias dos pais com o requerido;

d) Natal e ano novo intercalados e alternados de tal sorte que no primeiro ano o natal será com a requerente e o ano novo com o requerido.

IV – Alimentos

O dever alimentar dos pais está previsto expressamente no art. 229 da Constituição Federal.

178 | MODELOS DE PEÇAS NO NOVO CÓDIGO DE PROCESSO CIVIL – *Luiz Antonio Scavone Junior*

No mesmo sentido, o artigo 1.634, I, do Código Civil dispõe que a criação e a educação dos filhos menores competem aos pais. Este dever de sustento, criação e educação também é previsto no art. 22 do Estatuto da Criança e do Adolescente (Lei 8.069/90).

Verifica-se, portanto, que compete a ambos, na medida das suas possibilidades e da necessidade do filho, prover-lhe o sustento.

De fato, o Código Civil confere o direito de pleitear alimentos dos parentes, notadamente entre pais e filhos nos termos dos arts. 1.694 e 1.696.

De acordo com o § 1º do art. 1.694 do Código Civil, os requisitos para a concessão dos alimentos são a necessidade do alimentando e a capacidade do alimentante.

Ora, o requerido é (...) percebendo mensalmente (...), nos termos dos documentos anexos (documento 3).

Determina o art. 1.695 do Código Civil:

"São devidos os alimentos quando quem os pretende não tem bens suficientes, nem pode prover, pelo seu trabalho, à própria mantença, e aquele, de quem se reclamam, pode fornecê-los, sem desfalque do necessário ao seu sustento."

E o requerido necessita da satisfação das seguintes necessidades de natureza alimentar:

(Descrever todas as despesas do alimentando, juntando e citando os respectivos documentos que as comprovam)

Assim, uma vez constatado o grau de parentesco, a possibilidade do alimentante e a necessidade do alimentando, reconhece-se o dever de prestar alimentos e requer desde já sua fixação em R$ (...) à título de alimentos definitivos.

V – Tutela provisória de urgência – arts. 294, 297, 300 e 301 do Código de Processo Civil e art. 4º da Lei 5.478/1968

Nas ações de alimentos, é cabível a fixação de alimentos provisórios, nos temos do art. 4º da Lei 5.478/1968:

"Ao despachar o pedido, o juiz fixará desde logo alimentos provisórios a serem pagos pelo devedor, salvo se o credor expressamente declarar que deles não necessita."

No vertente caso, em razão das dificuldades financeiras por que passa a genitora do menor, mister se faz a fixação, como tutela de urgência.

De outro lado, o requerido goza de estável situação econômica e financeira e deve arcar com as necessidades do seu filho, mormente no presente caso em que não paira qualquer dúvida sobre a paternidade, o que torna injustificável a inércia do requerido, que priva o requerente, seu filho, do necessário ao sustento.

Posta assim a questão, requer-se a Vossa Excelência a fixação de alimentos provisórios, em caráter de urgência, no valor mensal de R$ (...), a serem depositados na conta corrente (...) para satisfação das necessidades do filho do requerido nos termos desta exordial.

VI – Pedido

Diante do exposto, a presente ação deve ser julgada totalmente procedente, determinando Vossa Excelência:

a) a fixação de alimentos provisórios, em caráter de urgência, no valor mensal de R$ (...), mensais, com atualização pela variação do (...), a serem depositados na conta corrente (...) para satisfação das necessidades do filho do requerido nos termos desta exordial;

Cap. 8 · PROCEDIMENTOS ESPECIAIS | 179

b) seja citado o requerido pelo correio para comparecer na audiência do art. 695 do Código de Processo Civil;

c) ao final, não havendo acordo e com a contestação apresentada pelo requerido, querendo, no prazo do art. 335 do Código de Processo Civil, sob pena de revelia, sejam fixados os alimentos definitivos no valor de R$ (...) mensais, com atualização desde a propositura da presente ação pela variação do (...) acrescido de eventuais despesas extraordinárias que surgirem durante a tramitação da presente ação;

d) seja deferida a guarda definitiva do menor (...), em favor da mãe, ora requerente, posto que já a exerce de fato e desde o seu nascimento;

e) A intimação do Ministério Público (art. 698 do CPC) para que se manifeste no presente feito em razão do interesse de incapaz;

f) a condenação do requerido ao pagamento de custas e honorários por ter dado causa à presente demanda litigiosa;

g) seja expedido ofício ao empregador do requerido para que informe os rendimentos exatos que aufere (art. 5.º, § 7.º, da Lei n. 5.478/1968), sob as penas da lei, cujo documento deverá vir para os autos até a data da audiência.

VII – Provas

Protesta por provar o alegado através de todos os meios de prova em direito admitidos, em especial pela produção de prova documental, testemunhal, pericial e inspeção judicial, além da juntada de novos documentos e demais meios que se fizerem necessários.

VIII – Valor da causa

Dá-se à causa o valor de R$ (...), para os efeitos fiscais.

Termos em que,

Pede deferimento.

Data

Advogado (OAB)

8.11.4. Investigação de paternidade

MM. Juízo da (...) Vara (...) da Comarca de (...)

(...), por seus advogados e procuradores (documento 1), vem, respeitosamente, à presença de Vossa Excelência, propor em face de (...) a presente:

Ação de investigação de paternidade cumulada com pedido de alimentos

o que faz com fundamento nos motivos de fato e de direito a seguir aduzidos:

I – Fatos

O requerido e a mãe do requerente mantiveram relacionamento íntimo e afetivo *(descrever as circunstâncias do relacionamento).*

Desse relacionamento, foi gerado o requerente que, nada obstante, recebeu apenas o nome da mãe, conforme faz prova a certidão de nascimento anexa (documento 2).

Nada obstante a flagrante paternidade pelos elementos trazidos nesta exordial, o requerido, negou-se peremptoriamente reconhecer o filho e assumir a sua evidente paternidade.

Atualmente, o requerente conta com (...) de idade e, até então, foi sustentado material e moralmente apenas pela mãe.

Baldos os esforços para uma composição amigável, que reconhecesse a paternidade, não restou alternativa senão a propositura da presente ação de investigação de paternidade cumulada com alimentos.

II – Direito

O Código Civil preceitua:

"Art. 1.607. O filho havido fora do casamento pode ser reconhecido pelos pais, conjunta ou separadamente."

Nesta exata medida, o Estatuto da Criança e Adolescente estabelece que:

"Art. 27. O reconhecimento do estado de filiação é direito personalíssimo, indisponível e imprescritível, podendo ser exercitado contra os pais ou seus herdeiros, sem qualquer restrição, observado o segredo de justiça."

Em consonância com o acatado por lei, é direito do requerente o reconhecimento do estado de filiação.

Igualmente, o Código Civil dispõe, expressamente, que:

"Art. 1.694. Podem os parentes, os cônjuges ou companheiros pedir uns aos outros os alimentos de que necessitem para viver de modo compatível com a sua condição social, inclusive para atender às necessidades de sua educação."

Ensina Yussef Said Cahali, em seu livro *Dos Alimentos* (4. ed. São Paulo: RT, p. 15), que

"O ser humano, por natureza, é carente desde a sua concepção; como tal, segue o seu fadário até o momento que lhe foi reservado como derradeiro; nessa dilação temporal – mais ou menos prolongada –, a sua dependência dos alimentos é uma constante, posta como condição de vida. Daí a expressividade da palavra 'alimentos' no seu significado vulgar: tudo aquilo que é necessário à conservação do ser humano com vida..."

E o requerido necessita da satisfação das seguintes necessidades de natureza alimentar:

(*Descrever todas as despesas do alimentando, juntando e citando os respectivos documentos que as comprovam*).

Assim, uma vez constatado o grau de parentesco, a possibilidade do alimentante e a necessidade do alimentando, reconhece-se o dever de prestar alimentos e requer desde já sua fixação em R$ (...) à título de alimentos definitivos.

No vertente caso, em razão das dificuldades financeiras por que passa a genitora do menor, mister se faz a fixação, como tutela de urgência.

De outro lado, o requerido goza de estável situação econômica e financeira e deve arcar com as necessidades do seu filho.

Desta forma, é evidente o dever de prestação de alimentos pelo requerido ao requerente.

III – Pedido

Em razão do quanto foi exposto, requer-se a procedência da ação com:

a) o deferimento dos benefícios da justiça gratuita ao requerente;

b) a fixação de alimentos provisórios, em caráter de urgência (CPC, arts. 294, 297, 300 e 301), no valor mensal de R$ (...), mensais, com atualização pela variação do

Cap. 8 · PROCEDIMENTOS ESPECIAIS | **181**

(...), a serem depositados na conta corrente (...) para satisfação das necessidades do filho do requerido nos termos desta exordial;

c) a citação do requerido, para comparecer à audiência a ser designada por Vossa Excelência prevista no art. 695 do Código de Processo Civil e, após a sua realização, não havendo acordo, contestar o feito no prazo legal do art. 335 do CPC, sob pena de sujeitar-se aos efeitos da revelia;

d) a realização de prova pericial laboratorial por meio de exame de DNA, junto a órgão oficial, ou em caso de produção por entidade particular, seja o requerido condenado nas custas e, com ou sem a sua realização, o reconhecimento da paternidade vindicada nesta ação como a consequente expedição do mandado de retificação ao cartório de registro civil para fazer constar o nome do pai e as anotações pertinentes à filiação do menor;

e) a intimação do ilustre representante do Ministério Público na forma do art. 698 do Código de Processo Civil;

f) a condenação do Requerido ao pagamento dos alimentos definitivos no valor mensal de R$ (...), mensais, com atualização pela variação do (...), a serem depositados na conta corrente (...) para satisfação das necessidades do filho do requerido nos termos desta exordial;

g) a condenação do requerido no pagamento das custas processuais e honorários advocatícios que Vossa Excelência fixar nos termos do art. 85 e seguintes do Código de Processo Civil.

IV – Provas

Protesta por provar o alegado mediante todos os meios de prova em direito admitidos, em especial pela produção de prova documental, testemunhal, pericial e inspeção judicial, além da juntada de novos documentos e demais meios que se fizerem necessários.

V – Valor da causa

Dá-se à causa o valor de R$ (...), para os efeitos fiscais.

Termos em que,

Pede deferimento.

Data

Advogado (OAB)

8.11.5. Alimentos

MM. Juízo da (...) Vara (...) da Comarca de (...)

(...), por seus advogados e procuradores (documento 1), vem, respeitosamente, à presença de Vossa Excelência, propor em face de (...) a presente:

Ação de alimentos com pedido liminar de fixação de alimentos provisórios

o que faz com fundamento na Lei n. 5.478, de 25 de julho de 1968, no art. 693, parágrafo único do Código de Processo Civil e nas razões de fato e de direito a seguir aduzidos:

I – Fatos e direito

O requerente é filho do requerido, já qualificado, conforme consta da inclusa cópia da certidão de nascimento (documento 2).

O dever alimentar dos pais está previsto expressamente no art. 229 da Constituição Federal.

MODELOS DE PEÇAS NO NOVO CÓDIGO DE PROCESSO CIVIL – *Luiz Antonio Scavone Junior*

No mesmo sentido, o artigo 1.634, I, do Código Civil dispõe que a criação e a educação dos filhos menores competem aos pais. Este dever de sustento, criação e educação também é previsto no art. 22 do Estatuto da Criança e do Adolescente (Lei 8.069/90).

Verifica-se, portanto, que compete ao requerido, na medida das suas possibilidades e da necessidade do filho, ora requerente, prover-lhe o sustento.

De fato, o Código Civil confere o direito de pleitear alimentos dos parentes, notadamente entre pais e filhos nos termos do art. 1.694 e 1.696.

Preceitua o § 1º do art. 1.694 do Código Civil, os requisitos para a concessão dos alimentos são a necessidade do alimentando e a capacidade do alimentante.

Ora, o requerido é (...) percebendo mensalmente (...), nos termos dos documentos anexos (documento 3).

Determina o art. 1.695 do Código Civil: *"São devidos os alimentos quando quem os pretende não tem bens suficientes, nem pode prover, pelo seu trabalho, à própria mantença, e aquele, de quem se reclamam, pode fornecê-los, sem desfalque do necessário ao seu sustento."*

E o requerido necessita da satisfação das seguintes necessidades de natureza alimentar:

(Descrever todas as despesas do alimentando, juntando e citando os respectivos documentos que as comprovam)

Assim, uma vez constatado o evidente e incontroverso parentesco, a possibilidade do alimentante e a necessidade do alimentando, reconhece-se o dever de prestar alimentos.

II – Tutela provisória de urgência – arts. 294, 297, 300 e 301 do Código de Processo Civil e art. 4º da Lei 5.478/68

Nas ações de alimentos, é cabível a fixação de alimentos provisórios, nos temos do art. 4º da Lei 5.478/68:

"Ao despachar o pedido, o juiz fixará desde logo alimentos provisórios a serem pagos pelo devedor, salvo se o credor expressamente declarar que deles não necessita."

No vertente caso, em razão das dificuldades financeiras por que passa a genitora do menor, mister se faz a fixação, como tutela de urgência, determinando seu pagamento exclusivamente pelo requerido.

Isto porque o requerido goza de estável situação econômica e financeira e deve arcar com as necessidades do seu filho, mormente no presente caso em que não paira qualquer dúvida sobre a paternidade, o que torna injustificável a inércia que priva o requerente, seu filho, do necessário ao sustento.

Posta assim a questão, requer-se a Vossa Excelência a fixação de alimentos provisórios, em caráter de urgência, no valor mensal de R$ (...), a serem depositados na conta corrente (...) para satisfação das necessidades do filho do requerido nos termos desta exordial.

III – Pedido

Diante do exposto, requer-se:

a) a fixação de alimentos provisórios, em caráter de urgência, no valor de R$ (...), mensais, com atualização pela variação do (...), a serem depositados na conta corrente (...) para satisfação das necessidades do filho do requerido nos termos desta exordial;

b) seja expedido ofício ao empregador do requerido para que informe os rendimentos exatos por ele auferidos (art. 5º, § 7º, da Lei n. 5.478/1968), sob as penas da lei, cujo documento deverá vir para os autos até a data da audiência;

Cap. 8 · PROCEDIMENTOS ESPECIAIS | **183**

c) seja citado o requerido pelo correio para comparecer na audiência do art. 695 do Código de Processo Civil e, não havendo composição, para apresentar a contestação, querendo, no prazo do art. 335 do Código de Processo Civil, sob pena de revelia;

d) a intimação do Ministério Público (art. 698 do CPC) para que se manifeste no presente feito em razão do interesse de incapaz;

Ao final, não havendo acordo, requer o julgamento de procedência da presente ação, condenando Vossa Excelência o requerido:

e) no pagamento dos alimentos definitivos no valor de R$ (...) mensais, com atualização desde a propositura da presente ação pela variação do (...);

f) no pagamento de custas, despesas e honorários nos termos dos arts. 85 e seguintes do Código de Processo Civil por ter dado causa à presente demanda.

IV – Provas

Protesta por provar o alegado através de todos os meios de prova em direito admitidos, em especial pela produção de prova documental, testemunhal, pericial e inspeção judicial, além da juntada de novos documentos e demais meios que se fizerem necessários.

V – Valor da causa

Dá-se à causa o valor de R$ (...), para os efeitos fiscais.

Deixa o requerente de juntar as custas tendo em vista que desde já requer a concessão dos benefícios da justiça gratuita nos termos da declaração anexa, com fundamento no art. 1º. da Lei 5.478/68.

Termos em que,

Pede deferimento.

Data

Advogado (OAB)

8.11.6. Revisão e exoneração de alimentos

MM. Juízo da (...) Vara (...) da Comarca de (...)

(...), por seus advogados e procuradores (documento 1), vem, respeitosamente, à presença de Vossa Excelência, aforar em face de (...) e (...), a presente

Ação revisional de alimentos

o que faz com fundamento nos arts. 13 e 15 da Lei n. 5.478, de 25.07.1968, no art. 693, parágrafo único, do Código de Processo Civil e nas razões de fato e de direito a seguir aduzidos:

I – Fatos e direito

O autor é divorciado da primeira requerida nos termos da (...) (documento 2).

Em razão do divórcio, obrigou-se a pagar à ex-mulher o valor correspondente a (...).

Para os filhos menores, comprometeu-se a pagar o valor de (...).

Ficou, ainda, sob a incumbência do requerente todas as despesas com educação, cursos, plano de saúde, serviços odontológicos e vestuário.

Entrementes, assumiu o requerente todas as referidas obrigações posto que, na época, recebia proventos na ordem de (...) por mês.

Ocorre que a sua situação econômico-financeira se deteriorou em razão da grave crise por que ora passa o país, impossibilitando o requerente de adimplir a obrigação alimentar originariamente assumida.

184 | MODELOS DE PEÇAS NO NOVO CÓDIGO DE PROCESSO CIVIL – *Luiz Antonio Scavone Junior*

Importante frisar que o requerente foi demitido no último dia (...), deixando de perceber os salários e até o presente momento não encontrou ocupação (documento 3).

Se tudo o quanto se relatou não bastasse, o requerente ainda está devendo ao Banco (...) (documento 4), o que retrata sua deteriorada situação financeira.

Em razão do divórcio, outrossim, viu-se obrigado a alugar imóvel para servir-lhe de residência, pagando (...) à título de aluguel, além das despesas com sua própria sobrevivência.

Em suma, a situação financeira do requerente é desconfortável, efetivamente não tem mais a possibilidade de continuar a pagar os valores pactuados posto que não subsiste o equilíbrio decorrente do binômio possibilidade e necessidade que existia no momento da fixação da obrigação.

A primeira requerida, outrossim, é comerciante, sendo sócia da (...), com sede na (...) conforme provam os documentos anexos (documento 5) e dispõe de recursos suficientes à sua própria mantença sem depender da pensão do ex-marido que, como se sabe, é deferida em caráter excepcional.

Nos termos do art. 1.694, § 1º, do Código Civil: "Os alimentos devem ser fixados na proporção das necessidades do reclamante e dos recursos da pessoa obrigada".

O art. 1.699 do Código Civil, por sua vez, estipula: *"Se, fixados os alimentos, sobrevier mudança na situação financeira de quem os supre, ou na de quem os recebe, poderá o interessado reclamar ao juiz, conforme as circunstâncias, exoneração, redução, ou majoração do encargo".*

Basílio de Oliveira (*Alimentos, Revisão e Exoneração*. Aide Editora, p. 197), deduz:

> *"Idêntico raciocínio, mutatis mutandi, se aplica na hipótese de revisão para reajuste da pensão, quer nas modificações de cláusulas de acordo de separação, ou em acordo de separação, ou em alimentos ajustados na ação especial, como também para os processos exoneratórios. Nas três hipóteses, feita a prova sumária suficiente para um juízo de probabilidade, o provimento liminar deve ser concedido. Nesse passo, ante a evidência da diminuição substancial ou da perda abrupta do poder aquisitivo do provedor, o fato autoriza a redução liminar da obrigação alimentar frente aos dados novos adventícios".*

No vertente caso, o requerente não conta mais com possibilidade de arcar com os alimentos. Sua situação mudou para pior e muito.

De mais a mais, o pensionamento da ex-mulher, que se defere excepcionalmente, considerando que agora possui condições próprias de subsistência, não pode ser mantida.

Isto posto, não restando alternativa ao requerente, segue o:

II – Pedido

Em razão do exposto, requer, nos termos dos arts. 13 e 15 da Lei n. 5.478, de 25.07.1968, seja a presente ação julgada totalmente procedente, de tal sorte que requer:

a) a título de tutela provisória de urgência (CPC, arts. 294, 297 e 300) a redução da pensão alimentícia para (...) para cada filho, exonerando-se o autor da pensão referente à ex-mulher, que do marido não mais necessita;

b) sejam citados os requeridos pelo correio, os menores na pessoa de sua genitora também requerida, para comparecer na audiência do art. 695 do Código de Processo Civil;

c) ao final, não havendo acordo e com a contestação apresentada pelos requeridos, querendo, no prazo do art. 335 do Código de Processo Civil, sob pena de revelia, sejam fixados os alimentos definitivos, revisados, para cada um dos filhos do requerente, no valor de R$ (...) mensais, com atualização pelo (...);

d) a intimação do Ministério Público (art. 698 do CPC) para que se manifeste no presente feito em razão do interesse de incapaz;

e) a condenação da requerida nas custas e honorários que Vossa Excelência fixar nos termos do art. 85 e seguintes do Código de Processo Civil.

III – Provas

Protesta por provar o alegado através de todos os meios de prova em direito admitidos, em especial pela produção de prova documental, testemunhal, pericial e inspeção judicial, além da juntada de novos documentos e demais meios que se fizerem necessários.

IV – Valor da causa

Dá-se à causa o valor de R$ (...), para os efeitos fiscais.

Termos em que,

Pede deferimento.

Data

Advogado (OAB)

8.12. AÇÃO MONITÓRIA

MM. Juízo da (...) Vara (...) da Comarca de (...)

(...), por seus advogados e procuradores (documento 1), vem, respeitosamente, à presença de Vossa Excelência, aforar em face de (...), a presente

Ação monitória

o que faz com supedâneo no artigo 700 do CPC, expondo e requerendo o quanto segue:

I – Fatos

O réu é devedor em razão de cheque prescrito, visto que decorridos 6 (seis) meses da data de apresentação (art. 59 da Lei 7.357/1985), perdendo, assim, a característica de título executivo embora mantenha a característica cambial, sendo desnecessário declinar a causa subjacente tendo em vista o teor do art. 61 da mesma lei, tendo que não decorreram 2 (dois) anos contados da prescrição da ação cambial – executiva (documento 2).

Até a presente data, assim está demonstrado o débito do Réu:

(Planilha)

II – Direito

Absolutamente possível a cobrança de cheque prescrito (prescrição da ação cambial), pela via ora eleita, da ação monitória.

Nesse sentido, a Súmula 503 do Colendo STJ: "O prazo para ajuizamento de ação monitória em face do emitente de cheque sem força executiva é quinquenal, a contar do dia seguinte à data de emissão estampada na cártula".

Igualmente, a Súmula 18 do TJSP: "Exigida ou não a indicação da causa subjacente, prescreve em cinco anos o crédito ostentado em cheque de força executiva extinta (Código Civil, art. 206, § 5º, I)".

Na jurisprudência, o seguinte julgado é paradigmático: "Cheque. Execução. Prescrição. Perda do título executivo extrajudicial e não do título de crédito. Possibilidade de o credor ajuizar contra o emitente ou outros obrigados ação de locupletamento ilícito. Hipótese em que se trata de demanda de natureza cambiária baseada no não pagamento e não de ação causal. Inteligência dos arts. 61 e 62 da Lei 7.357/1985. Não proposta a execução do cheque no prazo legal de seis meses, ocorre a prescrição, a qual não atinge o próprio direito material, mas sim a ação (no caso, executiva). A pretensão é que fica prejudicada. Perde-se o título executivo extrajudicial. Não se perde, contudo, o título de crédito. Assim, conta ainda o credor com a possibilidade, no prazo de dois anos após consumada a prescrição, de ajuizar contra o emitente do cheque ou outros obrigados a ação de enriquecimento ilícito. A ação mencionada é de natureza cambiária, porque baseada exclusivamente no fato do não pagamento do cheque. É nesse fato que reside o locupletamento injusto do devedor. Não se trata de ação causal. Esta é prevista em outro dispositivo: no art. 62 da referida lei (RT, 717/184)".

III – Requerimento

Isto posto, requer o autor:

I) Deferimento de plano da expedição do mandado de pagamento, citando o réu para, pagar o valor de R$ (...), acrescido de juros, custas, honorários de 5% e demais despesas, facultando-se ao réu, no prazo de 15 dias:

a) entregar a quantia supra, caso em que ficará isento do pagamento das custas (art. 701, § 1º, do CPC), ou;

b) oferecer embargos, nos próprios autos (art. 702 do CPC), ficando esclarecido que se o réu se omitir ou os embargos forem rejeitados, o mandado de pagamento deverá ser convertido em mandado de execução (CPC, art. 702, § 8º) com os acréscimos legais, seguindo o procedimento do art. 537 e seguintes do Código de Processo Civil.

Requer-se, finalmente, a produção das provas a seguir mencionadas.

IV – Provas

Requer-se a produção de prova documental, testemunhal, pericial, inspeção judicial e de todos os meios probantes em direito admitidos, especialmente o depoimento pessoal do Réu, sob pena de confissão se não comparecer ou, comparecendo, se negar a depor e, especialmente, dada a natureza da causa, a produção da prova escrita da obrigação ora perseguida.

V – Valor da causa

Dá-se à presente o valor de R$ (...).

Termos em que, cumpridas as necessárias formalidades legais, deve a presente ser recebida, ao final, julgada procedente, como medida de inteira Justiça.

Data

Advogado (OAB)

Capítulo 9

Procedimentos de jurisdição voluntária

9.1. ALIENAÇÃO JUDICIAL – EXTINÇÃO DE CONDOMÍNIO – AÇÃO DE VENDA DA COISA COMUM

MM. Juízo da (...) Vara (...) da Comarca de (...)

(...), vem, respeitosamente, perante Vossa Excelência, por seus advogados (documento 1), pelo procedimento de Jurisdição Voluntária dos artigos 719 e seguintes do Código de Processo Civil, requerer em face de (...), a presente

Ação de extinção de condomínio

o que faz com fundamento nos artigos 725, IV e seu parágrafo único, 730 e 745 do Código de Processo Civil, art. 1.322 do Código Civil e pelos argumentos de fato e de direito a seguir aduzidos:

Os requerentes são titulares de domínio de 25% de um apartamento localizado na cidade de São Paulo, que assim se descreve e se caracteriza (...) (documento 2 – cópia atualizada da matrícula).

Esse imóvel foi adquirido em condomínio com o requerido, conforme escritura pública lavrada no (...) Tabelião de Notas da Capital, livro (...) fls. (...), devidamente registrada sob o nº 1 na matrícula n (...), junto ao (...) oficial de Registro de Imóveis da Capital – SP.

O condômino-requerido possui a parte ideal de 50% no apartamento já referido.

Ocorre que não é possível fazer cessar comunhão pela divisão e partilha do apartamento entre os condôminos, na proporção de seus direitos, em virtude da indivisibilidade do imóvel.

Tampouco é viável acordo amigável com a adjudicação do bem a um dos condôminos, mediante reposição do preço.

Isto posto, os requerentes, não desejando permanecer em comunhão com o requerido e coproprietário, vêm requerer a venda da referida propriedade por intermédio da presente ação de extinção de condomínio.

I – Pedido

Em consonância com o acatado, requer-se a procedência da ação com a venda judicial do bem, nos termos dos arts. 879 a 903 do Código de Processo Civil.

188 | MODELOS DE PEÇAS NO NOVO CÓDIGO DE PROCESSO CIVIL – *Luiz Antonio Scavone Junior*

II – Citação

Requer-se que a citação do requerido seja efetuada pelo correio, nos termos dos arts. 246, I; 247 e 248 do Código de Processo Civil, para responder no prazo de 15 (quinze) dias (art. 721, do Código de Processo Civil), para eventual manifestação sobre o pedido ora formulado.

Ou

Nos termos do art. 246, II, do Código de Processo Civil (justificar o motivo, posto que a citação por Oficial de Justiça é subsidiária) requer-se a citação do requerido por intermédio do Sr. Oficial de Justiça para, querendo, responder no prazo de 15 (quinze) para eventual manifestação sobre o pedido ora formulado.

Requer-se, ainda, nos termos do art. 721 do Código de Processo Civil, a intimação do Ministério Público.

III – Provas

Os requerentes protestam por provar o alegado através de todos os meios de prova em direito admitidos, especialmente pela produção de prova documental, testemunhal, pericial e inspeção judicial, depoimento pessoal da requerida, inclusive em eventual audiência a ser designada por Vossa Excelência com fundamento no art. 723, parágrafo único, do Código de Processo Civil.

IV – Valor da causa

Dá-se à causa o valor de R$ (...).

Termos em que,

pedem deferimento.

Data

Advogado (OAB)

9.2. NOTIFICAÇÃO JUDICIAL

MM. Juízo da (...) Vara (...) da Comarca de (...)

(...) por seus advogados e procuradores (documento 1), vem, respeitosamente, à presença de Vossa Excelência, propor em face de (...), a presente

Notificação

O que faz com supedâneo nos artigos 726 e seguintes do Código de Processo Civil, e demais disposições legais aplicáveis, expondo e requerendo o quanto segue:

Por meio de Contrato Particular de Compromisso de Venda e Compra firmado no dia (...), a requerente, na qualidade de promitente vendedora, se comprometeu a vender ao requerido, e este a comprar, o seguinte imóvel: (...). (documento 2).

Na ocasião foi ajustado o preço de R$ (...), para pagamento da forma a seguir especificada: (...).

Todavia, o requerido encontra-se em mora no pagamento das parcelas vencidas a partir de (...), totalizando (...), conforme planilha anexa.

Buscando exercer seu direito de resolver o contrato, a requerente tentou, sem êxito, notificar extrajudicialmente o requerido.

Ocorre que o mesmo não foi encontrado pelo Oficial do Cartório de Títulos e Documentos (documento anexo).

Cap. 9 · PROCEDIMENTOS DE JURISDIÇÃO VOLUNTÁRIA | **189**

Nestas condições, a requerente viu-se compelida a postular por esse E. Juízo, o qual, segundo a Lei, é o competente para conhecer o feito.

Para imóveis prontos e lotes prometidos por quem não é o loteador: Isto posto, é a presente para requerer a Vossa Excelência que se digne de determinar o cumprimento da presente notificação, com a citação do requerido por intermédio de Oficial de Justiça (CPC, art. 246, II) para que, no prazo de 15 (quinze) dias que lhe é facultado pelo art. 1°, do Decreto-Lei n. 745/69, pague seu débito vencido e o que se vencer até o efetivo pagamento no escritório da requerente, localizado na Rua (...).

Para imóveis em construção – depois de 3 meses de atraso: Isto posto, é a presente para requerer a Vossa Excelência que se digne de determinar o cumprimento da presente notificação, com a citação do requerido por intermédio de Oficial de Justiça (CPC, art. 246, II) para que, no prazo de 15 (quinze) dias que lhe é facultado pelo art. 1°, do Decreto-Lei n. 745/69, e pelos incisos V e VI, do art. 1°, da Lei n. 4.864/65, pague seu débito vencido e o que se vencer até a data do efetivo pagamento no escritório da Requerente, localizado na Rua (...).

Para lotes prometidos pelo loteador: Isto posto, é a presente para requerer a Vossa Excelência que se digne de determinar o cumprimento da presente notificação, com a citação do requerido por intermédio de Oficial de Justiça (CPC, art. 246, II) para que, no prazo de 30 (trinta) dias que lhe é facultado pelo art. 32 da Lei 6.766/1979, pague seu débito vencido e o que se vencer até a data do efetivo pagamento no escritório da Requerente, localizado na Rua (...).

Na hipótese do não atendimento à presente notificação, não restará à requerente alternativa senão promover judicialmente a resolução do Contrato Particular de Compromisso de Venda e Compra noticiado nesta peça vestibular, o que implicará na responsabilidade por perdas e danos, reintegração da posse do imóvel e perda de benfeitorias porventura introduzidas, além do pagamento de custas, despesas processuais e honorários advocatícios.

Por derradeiro requer:

a) Seja autorizado o Sr. Oficial de Justiça a proceder de acordo com os permissivos do artigo 212, § 2°, do Código do Processo Civil.

b) Sejam os presentes autos, após os trâmites legais, entregues à Requerente, independente de traslados, em conformidade com o previsto no artigo 729 do Código de Processo Civil.

Dá à causa o valor de R$ (...), para os efeitos fiscais.

Termos em que,

Pede Deferimento.

Data

Advogado (OAB)

Demonstrativo de débito

(...)

Total do débito: R$ (...).

Documento 1

Procuração e Contrato Social da Autora

Documento 2

Contrato rescindendo

Documento 3

Notificação, comprovando a regular constituição em mora

9.3. DIVÓRCIO CONSENSUAL

MM. Juízo da (...) Vara (...) da Comarca de (...)

(...) e (...), por seu advogado comum (documento 1), vêm mui respeitosamente à presença de Vossa Excelência, requerer com fundamento no art. 731 do Código de Processo Civil:

Divórcio consensual

o que fazem pelos motivos de fato e de direito a seguir aduzidos.

I – Fatos e Direito

Os requerentes são casados sob o regime de comunhão parcial de bens, desde (...), conforme prova a inclusa certidão de casamento (documento 2).

Da união nasceram os filhos:

(...), que conta com (...) anos nos termos da certidão de nascimento anexa (documento 3);

(...), que conta com (...) anos nos termos da certidão de nascimento anexa (documento 4).

Durante a união, inclusive, os requerentes adquiriram os seguintes bens:

(...)

Ou: Declaram os requerentes inexistirem bens imóveis ou móveis a serem objeto de partilha.

Estipula o art. 731 do Código Civil:

"Art. 731. A homologação do divórcio ou da separação consensuais, observados os requisitos legais, poderá ser requerida em petição assinada por ambos os cônjuges, da qual constarão:

I – as disposições relativas à descrição e à partilha dos bens comuns;

II – as disposições relativas à pensão alimentícia entre os cônjuges;

III – o acordo relativo à guarda dos filhos incapazes e ao regime de visitas; e

IV – o valor da contribuição para criar e educar os filhos."

Nos termos do art. 226, § 6º, da Constituição Federal, cuja redação decorrente da Emenda Constitucional 66/2010 dispõe sobre a dissolubilidade do casamento civil pelo divórcio, suprimindo o requisito de prévia separação judicial por mais de 1 (um) ano ou de comprovada separação de fato por mais de 2 (dois) anos, manifestam a Vossa Excelência a intenção inequívoca de divorciarem-se consensualmente, dentro das seguintes condições:

a) Partilha dos bens:

Pretendem os requerentes partilhar os referidos bens comuns da seguinte forma:

(...)

b) Guarda dos filhos:

Caberá à requerente mulher a guarda e responsabilidade sobre os filhos menores do casal que com ela já se encontram desde a separação fática.

Caberá ao requerente varão exercer o direito de visitas quinzenais, devendo buscar os menores às 8 horas do sábado e devolvê-los às 18 horas do domingo na residência da requerente mulher.

Cap. 9 · PROCEDIMENTOS DE JURISDIÇÃO VOLUNTÁRIA | **191**

Nos feriados, os filhos menores ficarão alternadamente, um com o requerente varão e outro com a requerente mulher;

No período de férias, os filhos menores permanecerão 15 dias com o requerente varão e 15 dias com a requerente mulher.

(Ou: nos termos do art. 1.583, § 2º, do Código de Civil, estabelecem a guarda compartilhada, de tal sorte que os filhos terão a assistência mútua dos requerentes que em conjunto levarão a efeito os necessários cuidados dos filhos comuns como consequência do Poder Familiar, afirmando a necessidade de compartilhar as atribuições decorrentes da guarda.)

c) Alimentos

A título de pensão alimentícia destinada ao filho menor, o requerente varão contribuirá mensalmente com o correspondente (...) mensais, com atualização pelo (...) a partir desta data, a ser pago todo dia (...) de cada mês, diretamente a requerente mulher, mediante depósito na conta (...) ou outra que expressamente e por escrito indicar, arcando ainda com as seguintes despesas pela metade, cabendo a outra metade à requerente mulher: (...).

Os requerentes dispensam, um ao outro, da pensão alimentícia.

d) Nome

A Requerente mulher opta por retornar ao uso do nome de solteira, requerendo, nesta medida, a expedição de mandado para averbação no registro civil.

(Ou: A requerente mulher permanecerá utilizando o nome do marido.)

II – Pedido

Diante do exposto, pedem os requerentes a procedência do pedido com a homologação do divórcio consensual do casal nas condições expostas nesta exordial com a expedição de mandado de averbação e de formal de partilha. *Requer-se, outrossim, a expedição de mandado para averbação no registro civil do nome da requerente mulher, que voltará a utilizar o nome de solteira.*

Nos termos do art. 178, II, do Código de Processo Civil, tendo em vista o interesse de incapazes, requerem a oitiva do representante do Ministério Público.

Protestam pela produção de todas as provas em direito admitidas, notadamente pelos documentos que instruem o presente pedido.

Termos em que, dando à causa o valor de R$ (...)

Pede deferimento.

Data

Advogado (OAB)

9.4. EXTINÇÃO CONSENSUAL DE UNIÃO ESTÁVEL

MM. Juízo da (...) Vara (...) da Comarca de (...)

(...) e (...), por seu advogado comum (documento 1), vêm mui respeitosamente à presença de Vossa Excelência, requerer com fundamento nos arts. 731 e 732 do Código de Processo Civil:

Extinção consensual de união estável

o que fazem pelos motivos de fato e de direito a seguir aduzidos.

I – Fatos e Direito

Os requerentes viveram em união estável desde (...), conforme prova o incluso contrato de convivência *(e/ou: nos termos dos documentos e fotos anexas)* (documento 2).

(descrever os requisitos da existência de união estável)

Entretanto, deixaram de conviver desde (...).

Posta assim a questão, configurou-se, durante o prazo mencionado, claramente o "affectio maritalis" com a convivência pública, contínua, duradoura e estabelecida com o objetivo de constituição de família, nos termos do art. 1.723 do Código Civil.

Da união nasceram os filhos:

(...), que conta com (...) anos nos termos da certidão de nascimento anexa (documento 3);

(...), que conta com (...) anos nos termos da certidão de nascimento anexa (documento 4).

Durante a união, inclusive, os requerentes adquiriram os seguintes bens:

(...)

Ou: declaram os requerentes inexistirem bens imóveis ou móveis a serem objeto de partilha.

Nos termos dos arts. 731 e 732 do Código de Processo Civil:

"Art. 731. A homologação do divórcio ou da separação consensuais, observados os requisitos legais, poderá ser requerida em petição assinada por ambos os cônjuges, da qual constarão:

I – as disposições relativas à descrição e à partilha dos bens comuns;

II – as disposições relativas à pensão alimentícia entre os cônjuges;

III – o acordo relativo à guarda dos filhos incapazes e ao regime de visitas; e

IV – o valor da contribuição para criar e educar os filhos.

(...).

Art. 732. As disposições relativas ao processo de homologação judicial de divórcio ou de separação consensuais aplicam-se, no que couber, ao processo de homologação da extinção consensual de união estável."

Posta assim a questão, seguem as disposições sobre a extinção da união estável entre os requerentes:

a) Partilha dos bens:

Pretendem os requerentes partilhar os referidos bens comuns da seguinte forma:

(...)

b) Guarda dos filhos:

Caberá à requerente mulher a guarda e responsabilidade sobre os filhos menores do casal que com ela já se encontram desde a separação fática.

Caberá ao requerente varão exercer o direito de visitas quinzenais, devendo buscar os menores às 8h do sábado e devolvê-los às 18h do domingo na residência da requerente mulher;

Nos feriados, os filhos menores ficarão alternadamente, um com o requerente varão e outro com a requerente mulher;

No período de férias, os filhos menores permanecerão 15 dias com o requerente varão e 15 dias com a requerente mulher.

Cap. 9 · PROCEDIMENTOS DE JURISDIÇÃO VOLUNTÁRIA | **193**

Ou: nos termos do art. 1.583, § 2º, do Código de Civil, estabelecem a guarda compartilhada, de tal sorte que os filhos terão a assistência mútua dos requerentes que em conjunto levarão a efeito os necessários cuidados dos filhos comuns como consequência do Poder Familiar, afirmando a necessidade de compartilhar as atribuições decorrentes da guarda.

c) Alimentos

A título de pensão alimentícia destinada ao filho menor, o requerente varão contribuirá mensalmente com o correspondente a (...) mensais, com atualização pelo (...) a partir desta data, a ser pago todo dia (...) de cada mês, diretamente a requerente mulher, mediante depósito na conta (...) ou outra que expressamente e por escrito indicar, arcando ainda com as seguintes despesas pela metade, cabendo a outra metade à requerente mulher: (...).

Os requerentes dispensam, um ao outro, da pensão alimentícia.

II – Pedido

Diante do exposto, pedem os requerentes a procedência do pedido com a homologação da dissolução da união estável nas condições expostas nesta exordial.

Nos termos do art. 178, II, do Código de Processo Civil, tendo em vista o interesse de incapazes, requerem a oitiva do representante do Ministério Público.

Protestam pela produção de todas as provas em direito admitidas, notadamente pelos documentos que instruem o presente pedido.

Termos em que, dando à causa o valor de R$ (...)

Pede deferimento.

Data

Advogado (OAB)

9.5. PEDIDO DE ALTERAÇÃO DO REGIME MATRIMONIAL

MM. Juízo da (...) Vara (...) da Comarca de (...)

(...) e (...), por seu advogado comum (documento 1), vêm mui respeitosamente à presença de Vossa Excelência, requerer com fundamento no art. 734 do Código de Processo Civil:

Alteração consensual do regime de bens no casamento

o que fazem pelos motivos de fato e de direito a seguir aduzidos.

I – Fatos

Os requerentes são casados sob o regime de comunhão parcial de bens, desde (...), conforme prova a inclusa certidão de casamento (documento 2).

Entretanto, pretendem alterar o regime para a separação total de bens.

A alteração é pretendida pelos cônjuges tendo em vista que o cônjuge varão pretende iniciar atividade empresarial depois de seu desligamento da empresa que laborava e, nesta medida, em razão dos riscos inerentes ao negócio que pretende, não quer desestabilizar a família, de tal sorte que acordou com a cônjuge mulher a vertente alteração.

II – Direito

O STJ já entendeu a possibilidade de alteração de regime de bens no caso de divergência conjugal atinente à vida financeira da família.

O caso contemplava o seguinte fato, semelhante ao que ora se apresenta: "Os cônjuges se casaram em comunhão parcial de bens. O marido iniciou atividade societária no ramo de industrialização, comercialização, importação e exportação de gêneros alimentícios, o que, na visão da esposa, constitui grave risco para o patrimônio do casal." (Fonte: IBDFAM, boletim eletrônico 284).

Eis um julgado que enfrentou, naquela Corte, caso semelhante:

Superior Tribunal de Justiça. "Direito de família. Casamento celebrado na vigência do código civil de 1916. Regime de bens. Alteração. Possibilidade. Exigências previstas no art. 1.639, § 3º, do Código Civil. Justificativa do pedido. Divergência quanto à constituição de sociedade empresária por um dos cônjuges. Receio de comprometimento do patrimônio da esposa. Motivo, em princípio, hábil a autorizar a modificação do regime. Ressalva de direitos de terceiros. 1. O casamento há de ser visto como uma manifestação vicejante da liberdade dos consortes na escolha do modo pelo qual será conduzida a vida em comum, liberdade essa que se harmoniza com o fato de que a intimidade e a vida privada são invioláveis e exercidas, na generalidade das vezes, em um recôndito espaço privado também erguido pelo ordenamento jurídico à condição de "asilo inviolável". 2. Assim, a melhor interpretação que se deve conferir ao art. 1.639, § 2º, do CC/2002 é a que não exige dos cônjuges justificativas exageradas ou provas concretas do prejuízo na manutenção do regime de bens originário, sob pena de se esquadrinhar indevidamente a própria intimidade e a vida privada dos consortes. 3. No caso em exame, foi pleiteada a alteração do regime de bens do casamento dos ora recorrentes, manifestando eles como justificativa a constituição de sociedade de responsabilidade limitada entre o cônjuge varão e terceiro, providência que é acauteladora de eventual comprometimento do patrimônio da esposa com a empreitada do marido. A divergência conjugal quanto à condução da vida financeira da família é justificativa, em tese, plausível à alteração do regime de bens, divergência essa que, em não raras vezes, se manifesta ou se intensifica quando um dos cônjuges ambiciona enveredar-se por uma nova carreira empresarial, fundando, como no caso em apreço, sociedade com terceiros na qual algum aporte patrimonial haverá de ser feito, e do qual pode resultar impacto ao patrimônio comum do casal. 4. Portanto, necessária se faz a aferição da situação financeira atual dos cônjuges, com a investigação acerca de eventuais dívidas e interesses de terceiros potencialmente atingidos, de tudo se dando publicidade (Enunciado n. 113 da I Jornada de Direito Civil CJF/STJ). 5. Recurso especial parcialmente provido" (REsp 1.119.462/MG – Rel. Ministro Luis Felipe Salomão – Quarta Turma – j. em 26.02.2013 – DJe 12.03.2013).

Estipula o art. 734 do Código de Processo Civil:

"Art. 734. A alteração do regime de bens do casamento, observados os requisitos legais, poderá ser requerida, motivadamente, em petição assinada por ambos os cônjuges, na qual serão expostas as razões que justificam a alteração, ressalvados os direitos de terceiros.

§ 1º Ao receber a petição inicial, o juiz determinará a intimação do Ministério Público e a publicação de edital que divulgue a pretendida alteração de bens, somente podendo decidir depois de decorrido o prazo de 30 (trinta) dias da publicação do edital.

§ 2º Os cônjuges, na petição inicial ou em petição avulsa, podem propor ao juiz meio alternativo de divulgação da alteração do regime de bens, a fim de resguardar direitos de terceiros.

§ 3º Após o trânsito em julgado da sentença, serão expedidos mandados de averbação aos cartórios de registro civil e de imóveis e, caso qualquer dos cônjuges seja empresário, ao Registro Público de Empresas Mercantis e Atividades Afins."

Por sua vez, o Código Civil preceitua:

"Art. 1.639. É lícito aos nubentes, antes de celebrado o casamento, estipular, quanto aos seus bens, o que lhes aprouver.

§ 1º O regime de bens entre os cônjuges começa a vigorar desde a data do casamento.

§ 2º É admissível alteração do regime de bens, mediante autorização judicial em pedido motivado de ambos os cônjuges, apurada a procedência das razões invocadas e ressalvados os direitos de terceiros."

III – Pedido

Diante do exposto, requerem:

a) a intimação do Ministério Público para se manifestar sobre o pedido nos termos do § 1º do art. 734;

b) a publicação de editais para conhecimento da pretendida alteração, também nos termos do § 1º do art. 734;

c) a procedência do pedido com a homologação da alteração do regime de bens do casamento para o regime da separação total de bens pelas razões expostas nesta exordial, atribuindo-se efeito retroativo (*ex tunc*) excepcionalmente, pela vontade das partes.

d) com a procedência, após o trânsito em julgado da sentença, a expedição dos mandados de averbação aos cartórios de registro civil e de imóveis.

Nos termos do art. 178, II, do Código de Processo Civil, tendo em vista o interesse de incapazes, requerem a oitiva do representante do Ministério Público.

Protestam pela produção de todas as provas em direito admitidas, notadamente pelos documentos que instruem o presente pedido.

Termos em que, dando à causa o valor de R$ (...).

Pede deferimento.

Data

Advogado (OAB)

9.6. AÇÃO PARA SUPRIMENTO DE OUTORGA CONJUGAL

MM. Juízo da (...) Vara de Família e Sucessões do (...)

(...) vem, respeitosamente, perante Vossa Excelência, por seus advogados, pelo procedimento de jurisdição voluntária dos arts. 719 e seguintes do CPC, requerer em face de sua mulher, (...), brasileira, do lar, casada, RG nº (...), residente e domiciliada na Rua (...), CEP 03987-100, a presente

Ação de Suprimento de Outorga

o que faz com fundamento nos arts. 1.647, 1.648 e 1.649 do Código Civil e pelos argumentos de fato e de direito a seguir aduzidos:

I – Fatos

O requerente é casado com a interessada requerida, conforme se observa da cópia da certidão de casamento anexa (documento 2).

O requerente e seu irmão, Sr. (...), são coproprietários (50% cada um) dos imóveis discriminados nas matrículas nos (...), junto ao (...) Oficial de Registro de Imóveis da Capital, SP (documento 3).

Esses imóveis encontram sua origem em outro maior – matrícula nº (...) – objeto de desdobro averbado em (...) (documento 4).

O desdobro foi providenciado pelos coproprietários, respeitando a posse perfeitamente delimitada de cada um, para regularização da situação de fato.

Em consonância com o acatado, o requerente e a interessada requerida residem e são possuidores do imóvel objeto da matrícula nº (...), junto ao (...) Oficial de Registro de Imóveis de São Paulo.

Por outro lado, o irmão do requerente, Sr. (...), é possuidor residente do imóvel constante da matrícula nº (...).

Posta assim a questão, com o desdobro do terreno levado a efeito em (...), os coproprietários providenciaram minuta de escritura de permuta, que seria lavrada junto ao (...) Tabelionato de Notas da Comarca de (...), SP (documento 5).

Por essa escritura, o Sr. (...) – coproprietário – e sua mulher, (...), transfeririam ao requerente e sua mulher (a requerida), a fração ideal (50%) do imóvel, consolidando, integralmente, nas mãos do requerente, a propriedade do imóvel objeto da matrícula nº (...).

Em contrapartida, o requerente e sua mulher cederiam ao Sr. (...) a totalidade de sua fração do imóvel (50%), objeto da matrícula nº (...), onde este reside (Sr. (...), irmão do requerente).

Como resultado da permuta, as partes teriam a propriedade plena do imóvel onde residem, evitando a incômoda situação de copropriedade que foi estabelecida antes do desdobro do imóvel original.

Entretanto, no dia marcado para assinatura da escritura de permuta, inexplicavelmente, a requerida interessada deixou de comparecer para outorga, recusando-se a firmar a escritura, fato esse devidamente certificado pelo Sr. Tabelião (documento 6).

Não há qualquer motivo plausível para a recusa, mormente que não implica, de forma nenhuma, prejuízo ao patrimônio da família.

Trata-se, na verdade, de benefício ao casal, que terá consolidada em suas mãos a propriedade do imóvel onde residem, sem a incômoda participação de um terceiro.

Diante desses fatos, ao requerente não restou alternativa, senão pleitear judicialmente, através do presente procedimento, o suprimento da outorga da requerida.

II – Direito

Dispõem os arts. 1.647 e 1.648 do Código Civil:

"Art. 1.647. Ressalvado o disposto no art. 1.648, nenhum dos cônjuges pode, sem autorização do outro, exceto no regime da separação absoluta:

I – alienar ou gravar de ônus real os bens imóveis;

II – pleitear, como autor ou réu, acerca desses bens ou direitos;

III – prestar fiança ou aval;

IV – fazer doação, não sendo remuneratória, de bens comuns, ou dos que possam integrar futura meação.

Parágrafo único. São válidas as doações nupciais feitas aos filhos quando casarem ou estabelecerem economia separada.

Art. 1.648. Cabe ao juiz, nos casos do artigo antecedente, suprir a outorga, quando um dos cônjuges a denegue sem motivo justo, ou lhe seja impossível concedê-la."

Cap. 9 · PROCEDIMENTOS DE JURISDIÇÃO VOLUNTÁRIA | 197

O presente procedimento é cabível para o provimento necessário, como atesta abalizada doutrina. Neste sentido, as notas de Nelson Nery Junior e Rosa Maria Andrade Nery:

> "2. Juízo competente. O pedido deve ser postulado perante o juízo da família, por ser matéria decorrente de efeito jurídico do casamento. No procedimento de suprimento de consentimento, o juiz deverá levar em conta o interesse da família.[43]
>
> 3. Jurisdição voluntária. O procedimento para suprimento judicial do consentimento conjugal é de jurisdição voluntária (CPC 1.103 e ss.) [atual art. 719 e ss.]. Neste sentido: Barbi, Coment., 116, 82. No sistema processual revogado havia preceito expresso a respeito (CPC/39 625 e ss.).
>
> Casuística:
>
> Jurisdição voluntária. O procedimento para o suprimento de outorga conjugal é de jurisdição voluntária, devendo obedecer ao rito do CPC 1.103 e ss. [atual art. 719 e ss] (RT 530/90; RJTJSP 59/219, 48/156; TJRJ – 4ª Câm. – Apel. nº 5.601 – rel. Des. Hamilton de Moraes e Barros – v.u., j. em 12.12.1978 – PCLJ, I, 471, 120)."

Portanto, para suprimento da outorga conjugal, não há previsão de um procedimento especial de jurisdição voluntária, aplicando-se, desta forma, as regras do art. 719 e seguintes do CPC, para onde refluem todos os casos de jurisdição voluntária para os quais o legislador não previu rito especial.

> **Tribunal de Justiça do Paraná.** "Venda de imóvel – suprimento de outorga uxória – procedimento de jurisdição voluntária – citação necessária – nulidade processual reconhecida. Como o Código de Processo Civil não previu expressamente o procedimento relativo ao suprimento da outorga uxória, aplicar-se-ão o previsto nos seus arts. 1.103 e seguintes [atual art. 719 e ss.], sendo indispensável a citação da interessada, sob pena de nulidade" (Acórdão 7.884 – Apelação Cível – Rel. Juiz Domingos Ramina – Curitiba – 2ª Vara de Família – 1ª Câmara Cível – Publicação: 02.08.1991 – Decisão: acordam os Juízes integrantes da Primeira Câmara Cível do Tribunal de Justiça do Estado do Paraná, por unanimidade de votos, em proclamar a nulidade do processo, a partir de fls. 10, inclusive, por falta de citação da interessada).

III – Pedido

Isto posto, requer-se a procedência da ação com o suprimento judicial da outorga da requerida, determinando Vossa Excelência a expedição de Alvará para lavratura da escritura de permuta da fração ideal do imóvel objeto da matrícula (...), pela fração ideal do imóvel objeto da matrícula (...), ambas junto ao (...) Oficial de Registro de Imóveis de (...), consolidando, nas mãos do requerente e da requerida, a propriedade integral do imóvel onde residem, objeto da matrícula nº (...).

IV – Citação

Requer-se a citação da requerida por Oficial de Justiça, nos termos do art. 246, inc. II do Código de Processo Civil, facultando-se ao Sr. Oficial de Justiça encarregado da diligência proceder nos dias e horários de exceção (CPC, art. 212, § 2º), para, querendo, oferecer resposta no prazo legal do art. 721 do CPC.

Requer-se, ainda, nos termos do art. 721 do CPC, a intimação do Ministério Público.

---

[43] Nelson Nery Junior e Rosa Maria Andrade Nery, *Código de Processo Civil Comentado*. São Paulo: RT, 1997, notas ao art. 11.

MODELOS DE PEÇAS NO NOVO CÓDIGO DE PROCESSO CIVIL – *Luiz Antonio Scavone Junior*

V – Provas

Protesta o requerente por provar o alegado através de todos os meios de prova em direito admitidos, especialmente pela produção de prova documental, testemunhal, pericial e inspeção judicial, depoimento pessoal da requerida, inclusive em eventual audiência a ser designada por Vossa Excelência.

VI – Valor da causa

Dá-se à causa o valor de R$ (...).

Termos em que,

Pede deferimento.

Data

Advogado (OAB)

9.7. INTERDIÇÃO

MM. Juízo da (...) Vara (...) da Comarca de (...)

(...), vem, respeitosamente, perante Vossa Excelência, por seus advogados (documento 1), pelo procedimento de Jurisdição Voluntária dos artigos 747 a 758 do Código de Processo Civil, requerer em face de (...), a presente

Ação de interdição

o que faz com fundamento nos argumentos de fato e de direito a seguir aduzidos:

I – Legitimidade para requerer a interdição

O requerente é *(filho, cônjuge, companheiro, parente até o 4º grau ou representante de abrigo em que se encontra o interditando)* do requerido conforme faz prova a(o) *(certidão de nascimento, certidão de casamento, contrato de convivência, contrato social e comprovante de permanência do interditando no abrigo etc.)* (documento 2) e, nessa qualidade, nos termos do art. 747 do Código de Processo Civil, é parte legítima para requerer a interdição de seu pai.

II – Fatos (CPC, art. 749)

Ocorre que o requerido, ora interditando *(descrever minuciosamente os fatos que ensejam a incapacidade, juntando documentos, laudos médicos, exames etc.)*

Posta desta maneira a questão e como medida protetiva do requerido, deve o mesmo ser interditado e colocado sob curatela.

III – Direito

Nos termos do art. 1.767 do Código Civil:

"Art. 1.767. Estão sujeitos a curatela:

I – aqueles que, por enfermidade ou deficiência mental, não tiverem o necessário discernimento para os atos da vida civil;

II – aqueles que, por outra causa duradoura, não puderem exprimir a sua vontade;

III – os deficientes mentais, os ébrios habituais e os viciados em tóxicos;

IV – os excepcionais sem completo desenvolvimento mental;

V – os pródigos."

Quanto ao exercício da curatela, preceitua o Código Civil:

"Art. 1.775. O cônjuge ou companheiro, não separado judicialmente ou de fato, é, de direito, curador do outro, quando interdito.

§ 1º Na falta do cônjuge ou companheiro, é curador legítimo o pai ou a mãe; na falta destes, o descendente que se demonstrar mais apto.

§ 2º Entre os descendentes, os mais próximos precedem aos mais remotos.

§ 3º Na falta das pessoas mencionadas neste artigo, compete ao juiz a escolha do curador."

Portanto, o requerente, na qualidade de (...) está legitimado a assumir a curatela em favor do interditando.

IV – Pedido

Em razão de todo o exposto, requer-se:

a) em razão dos fatos, em caráter de urgência, a nomeação de curador provisório, o que se requer nos termos do parágrafo único do art. 749 do Código de Processo Civil.

b) a citação do requerido para comparecer à audiência a ser designada por Vossa Excelência a fim de ser entrevistado conforme determina o art. 751 do Código de Processo Civil, e, querendo, impugnar após a realização da audiência, no prazo legal de 15 (quinze) dias (CPC, art. 752);

c) Nos termos do § 4º do art. 751 do Código de Processo Civil, a intimação das pessoas abaixo indicadas, por carta registrada (ou pessoalmente, por intermédio de oficial de justiça), nos termos do art. 273 do Código de Processo Civil para que sejam ouvidas na audiência designada por Vossa Excelência:

(Indicar parentes e pessoas próximas, indicando a qualificação completa com endereço para intimação)

d) a procedência da ação com a interdição do requerido, declarando Vossa Excelência os limites da curatela tendo em vista o estado do interditando, nomeando-se o requerente seu curador nos termos dos arts. 1.767 e 1775 do Código Civil para prestar compromisso no prazo legal nos termos do art. 759 do Código de Processo Civil.

Nestes termos, tendo em vista a incapacidade *(absoluta ou relativa)* do interditando, deverá ser interditado para *(todos os atos da vida civil* ou *para os atos de alienação de bens etc.).*

e) a intimação do Ministério Público para se manifestar no presente feito nos termos do art. 178, II do Código de Processo Civil.

V – Provas

O requerente protesta por provar o alegado através de todos os meios de prova em direito admitidos, especialmente pela produção de prova pericial determinada pelo art. 753 do Código de Processo Civil, que deverá ser determinada após o prazo de eventual impugnação pelo requerido.

VI – Valor da causa

Dá-se à causa o valor de R$ (...).

Termos em que,

Pede deferimento.

Data

Advogado (OAB)

Capítulo 10

Execução de título extrajudicial

10.1. EXECUÇÃO POR QUANTIA CERTA

MM. Juízo da (...) Vara (...) da Comarca de (...)

(...), por seus advogados (documento 01), vem, respeitosamente, à presença de Vossa Excelência, aforar, em face de (...), a competente:

Ação de execução por quantia certa contra devedor solvente

o que faz com supedâneo nos artigos 783, 784, II, 786, e 824 e seguintes do Código de Processo Civil, expondo e requerendo o quanto segue:

A exequente é credora da importância de R$ (...) devida pelos executados, conforme o instrumento particular de compromisso de compra e venda assinado pelas partes e duas testemunhas em (...) (documento 2).

O imóvel foi entregue, cumpridas, portanto, as obrigações do exequente conforme termo de entrega anexo (documento 3), o que autoriza a execução nos termos dos arts. 802 e 798, I, "d" do Código de Processo Civil.

Relevantes, assim, as razões lançadas na Apelação 1.231.769-2, no voto proferido pela 21ª Câmara de Direito Privado-A do Tribunal de Justiça de São Paulo (rel. Alexandre Marcondes, j. em 15.02.2007):

"Embora o contrato contenha obrigações de ambas as partes, seu caráter sinalagmático não subtrai sua força executiva, pois conforme já se decidiu, o contrato bilateral pode servir de título executivo de obrigação de pagar quantia certa, desde que definida a liquidez e certeza da prestação do devedor, comprovando o credor o cumprimento integral de sua obrigação" (RSTJ 85/278).

A este respeito ensina Humberto Theodoro Júnior que

"o contrato por ser bilateral não perde o atributo da exequibilidade por parte do contratante que já cumpriu a prestação a seu cargo. A certeza da obrigação insatisfeita pelo outro contratante é atingida pela prova pré-constituída da contraprestação realizada pelo exequente" (A Reforma da Execução do Título Extrajudicial. Rio de Janeiro: Forense, 2007, p. 22).

No mesmo sentido:

Tribunal de Justiça de São Paulo. *"Embargos à execução de título extrajudicial. Compromisso de compra e venda de imóvel. Presentes a certeza, a liquidez e a exigibilidade do débito. Não configurada nulidade do título executivo. Excesso de execução superado, pois houve mero*

202 | MODELOS DE PEÇAS NO NOVO CÓDIGO DE PROCESSO CIVIL – *Luiz Antonio Scavone Junior*

erro no cálculo apresentado, devidamente corrigido pela exequente. Rejeição dos embargos mantida. Recurso não provido" (Apelação 0047122-44.2011.8.26.0577, 10ª Câmara de Direito Privado, rel. Roberto Maia, j. em 06.11.2012).

Trata-se, portanto, de título extrajudicial de obrigação (CPC, art. 784, II), certa, líquida e exigível (CPC, art. 783).

A presente execução decorre da ausência de pagamentos, pelos executados, de (...) parcelas mensais, conforme (...) do instrumento particular de promessa de compra e venda do imóvel assim caracterizado (...), objeto da presente execução, cujo demonstrativo do débito, de acordo com o art. 798, I, "b", é o que segue (ou, se a planilha for anexada: segue anexo à presente execução – documento 3):

(...)

Baldos os esforços da credora, que, sem sucesso, tentou amigavelmente receber o valor que lhe é devido, nega-se o devedor a saldar o débito, obrigando-a a socorrer-se do Poder Judiciário, o que faz por intermédio da presente ação de execução.

I – Citação e Pedido

Não restando outro meio de receber, é a presente para requerer digne-se Vossa Excelência de:

a) Determinar sejam citados os executados, pelo correio, nos termos dos arts. 246, I; 247 e 248 do Código de Processo Civil[44], (ou, subsidiariamente, justificando: por intermédio do Sr. Oficial de Justiça, com os permissivos do artigo 212, § 2º, do Código de Processo Civil,) para pagar, em 3 (três) dias, o valor de R$ (...), acrescido de juros legais, correção monetária, custas e honorários advocatícios de 5% nos termos do art. 827 do Código de Processo Civil.

---

[44] O art. 222, alínea "d", do CPC/1973 mencionava: "a citação será feita pelo correio, para qualquer comarca do País, exceto: nos processos de execução".

Todavia, não há mais vedação.

No CPC/2015 a citação postal na execução é permitida em razão da redação do art. 247, no qual foi suprimida a proibição da citação postal nos processos de execução que antes existia no CPC de 73 e, também, em razão do art. 249.

Art. 247. A citação será feita pelo correio para qualquer comarca do país, exceto:

I – nas ações de estado, observado o disposto no art. 695, § 3º;

II – quando o citando for incapaz;

III – quando o citando for pessoa de direito público;

IV – quando o citando residir em local não atendido pela entrega domiciliar de correspondência;

V – quando o autor, justificadamente, a requerer de outra forma.

Art. 249. A citação será feita por meio de oficial de justiça nas hipóteses previstas neste Código ou em lei, ou quando frustrada a citação pelo correio.

Posta assim a questão, a citação para pagamento no prazo de 3 dias será feita de acordo com o art. 248, §§ 2º e 4º, na pessoa do responsável em receber correspondência na pessoa jurídica ou na pessoa do porteiro ou responsável pelo recebimento de correspondências do condomínio edilício.

Somente se frustrado o pagamento ou a citação, sendo necessário o arresto ou necessária a penhora que não possa ser feita por termo nos autos, o Oficial de Justiça promoverá o ato nos termos dos arts. 829 e 830 do CPC.

Possível, inclusive, frustrada a citação pessoal pelo correio ou por oficial de justiça, a citação por edital, notadamente para interromper prescrição (TJSP. Agravo de Instrumento nº 2052484-02.2016.8.26.0000, j. 01.06.2016).

Caso não haja pagamento no prazo legal de 3 (três) dias, requer-se, desde já, o acréscimo aos honorários, que deverão ser de 10% do valor executado (CPC, art. 827) com a penhora de dinheiro (CPC, art. 835, I e § 1º) pelo sistema do Banco Central.

Caso se frustre a penhora de dinheiro, requer-se a expedição de mandado de penhora de tantos bens quantos bastem para garantir a execução, a ser cumprido por intermédio do Sr. Oficial de Justiça (ou: a penhora do imóvel consistente em (...) (documento 4 – matrícula), mediante termo nos autos, de acordo com o art. 837 e art. 845, § 1º, do CPC.

Caso o executado não seja encontrado para citação, *ex vi legis* (CPC, art. 830), requer o arresto do imóvel indicado e cuja matrícula segue anexa (documento 4), cumpridas as formalidades legais, seguindo o processo nos termos da Lei com a citação do executado por edital findo o qual haverá automática conversão do arresto em penhora (CPC, art. 830, § 3º). (*Apenas para o caso de serem conhecidos bens penhoráveis do executado, sendo, em tese, possível a penhora sobre os direitos do próprio imóvel prometido à venda, caso contrário a citação deve ser requerida, depois de esgotadas as tentativas, mesmo sem arresto, por edital (§ 2º. do art. 830 do CPC): "Ação de execução de título extrajudicial. Citação realizada por edital. Validade. Citação ficta ocorrida após diligências visando à obtenção de novo endereço do executado. Aplicação do disposto no artigo 231, II, CPC [atual art. 256, II]. Prescrição. Inocorrência. Interrupção do prazo prescricional. Inteligência do artigo 219, CPC [atual art. 240]. Agravo improvido"* (TJSP – 0221360-90.2012.8.26.0000 – Relator(a): Soares Levada – Comarca: Sorocaba – Órgão julgador: 34ª Câmara de Direito Privado – Data do julgamento: 05.11.2012 – Data de registro: 08.11.2012 – Outros números: 2213609020128260000).

Ou, para o caso de não serem conhecidos bens penhoráveis do executado:

a.1) Requer-se, desde já, caso não haja pagamento em 3 (três) dias e o Sr. Oficial de Justiça não localize bens penhoráveis dos executados, que sejam eles intimados para, no prazo de 5 (cinco) dias, indicar bens passíveis de penhora, sob pena de ato atentatório à dignidade da Justiça e multa de 20% do valor da execução nos termos dos arts. 774, V, e seu parágrafo único do CPC.

Por fim:

b) Requer-se a intimação da penhora por meio dos advogados do executado constituídos nos autos (CPC, art. 841) ou por via postal, caso não tenha advogado constituído.

c) Nos termos dos arts. 837 e 845, § 1º, do Código de Processo Civil, requer-se o registro da penhora por meio eletrônico ou, impossível a prática do ato por meio eletrônico pela serventia, a expedição de certidão de inteiro teor do ato, para registro na matrícula do imóvel a ser penhorado/arrestado, de propriedade do executado (documento 4), nos termos dos artigos 167, I, 5 e 239 da Lei 6.015/73.

d) Nos termos do art. 828, do Código de Processo Civil, requer-se a expedição de certidão comprobatória do ajuizamento desta execução para averbação no registro de imóveis, veículos ou outros bens sujeitos à penhora, arresto ou indisponibilidade;

e) Requer-se a inscrição do executado em cadastros de inadimplentes, na forma do artigo 782, § 3º, do Novo Código de Processo Civil.

II – Provas

Pela natureza da ação (execução), protesta por provar o alegado unicamente por intermédio do título que instrui a exordial (documento 2).

III – Valor da Causa

Atribui-se à presente execução o valor de R$ (...).

MODELOS DE PEÇAS NO NOVO CÓDIGO DE PROCESSO CIVIL – *Luiz Antonio Scavone Junior*

Termos em que,

pede deferimento.

Data

Advogado(a)

Documento 1

Procuração

Documento 2

Título executivo

Documento 3

Demonstrativo do débito

Documento 4

Matrícula do imóvel para penhora/arresto

10.2. EXECUÇÃO POR QUANTIA CERTA – CONDOMÍNIOS

MM. Juízo da (...) Vara (...) da Comarca de (...)

(...), por seus advogados (documento 01), vem, respeitosamente, à presença de Vossa Excelência, aforar, em face de (...), a competente:

Ação de execução por quantia certa contra devedor solvente

o que faz com supedâneo nos arts. 323, 771, 783, 784, X, 786, 824 e seguintes do Código de Processo Civil, expondo e requerendo o quanto segue:

O Condomínio exequente é credor da importância de R$ (...) devida pelos executados, proprietários da unidade (...) asilada no edifício (...), nos termos da matrícula anexa (documento 2).

As cotas inadimplidas pelos executados constam de previsão orçamentária aprovada na assembleia de (...) (documento 3).

Os balancetes, igualmente, seguem anexos (documento 4).

Trata-se, portanto, de título extrajudicial (CPC, art. 784, X) de obrigação certa, líquida e exigível (CPC, art. 783).

A presente execução decorre, portanto, da ausência de pagamentos, pelos executados, de (...) parcelas mensais das cotas condominiais, cujo demonstrativo do débito, de acordo com o art. 798, I, "b" é o que segue (ou, se a planilha for anexada: segue anexo à presente execução – documento 5):

(...)

Baldos os esforços do Condomínio credor, que, sem sucesso, tentou amigavelmente receber o valor que lhe é devido, negam-se os devedores a saldar o débito, obrigando-o a socorrer-se do Poder Judiciário, o que faz por intermédio da presente ação de execução.

I – Citação e Pedido

Não restando outro meio de receber, é a presente para requerer digne-se Vossa Excelência de:

a) Determinar sejam citados os executados, pelo correio, nos termos dos arts. 246, I; 247 e 248 do Código de Processo Civil, (ou, subsidiariamente, justificando:

Cap. 10 · EXECUÇÃO DE TÍTULO EXTRAJUDICIAL | 205

por intermédio do Sr. Oficial de Justiça, com os permissivos do artigo 212, § 2°, do Código de Processo Civil) para pagar, em 3 (três) dias, o valor de R$ (...), bem como os valores que se vencerem no curso da presente execução até o efetivo pagamento nos termos dos arts. 323 e 771 do Código de Processo Civil, valor este acrescido de juros legais, correção monetária, custas e honorários advocatícios de 5% nos termos do art. 827 do Código de Processo Civil.

Frise-se que o Tribunal de Justiça de São Paulo já firmou entendimento do cabimento de inclusão das vincendas, cuja advertência para pagamento deve constar do mandado:

> **Tribunal de Justiça de São Paulo.** *"Execução de título extrajudicial. Despesas de condomínio. Decisão que indeferiu pedido do exequente para que sejam incluídas na execução as cotas condominiais vincendas. Não cabimento. Aplicação subsidiária do art. 323 do CPC por se tratar de obrigação a ser cumprida em prestações sucessivas. Princípios da efetividade e da celeridade processual. Decisão reformada" (Agravo de instrumento provido. 33ª Câmara de Direito Privado. Agravo de Instrumento n° 2122435-83.2016.8.26.0000 – 33ª Câm. – Direito Privado – TJSP, j. 18.07.2016).*

> **Tribunal de Justiça de São Paulo.** *"Agravo de Instrumento. Condomínio. Execução de Título Extrajudicial. Determinação de citação do executado para pagamento do débito. Oposição de Embargos de Declaração, por omissão, quanto ao pedido de inclusão das cotas vincendas. Decisão que rejeitou os Aclaratórios, sob entendimento de inaplicabilidade do art. 323, CPC, aos processos de execução. Inclusão do crédito referente às cotas condominiais vencidas durante o processo, até a satisfação da obrigação. Possibilidade. Prestações periódicas e de trato sucessivo, exigíveis enquanto durar a obrigação. Art. 323, que tem aplicação subsidiária aos processos de execução de despesas condominiais, nos termos do art. 771, parágrafo único, do aludido Código. Primazia dos princípios da economia e celeridade processual, bem como da efetividade da prestação jurisdicional. Decisão reformada. Recurso provido" (Agravo de Instrumento 2037112-76.2017.8.26.0000 – Relator: Bonilha Filho; Comarca: São Paulo; 26ª Câmara de Direito Privado; j. 06.04.2017; registro: 07.04.2017).*

Caso não haja pagamento no prazo legal de 3 (três) dias, requer-se, desde já, o acréscimo aos honorários, que deverão ser de 10% do valor executado (CPC, art. 827) com a penhora de dinheiro (CPC, art. 835, I e § 1º) pelo sistema do Banco Central.

Se frustrando a penhora de dinheiro, requer-se a expedição de mandado de penhora do imóvel consistente em (...) (documento 2), mediante termo nos autos, de acordo com o art. 837 e art. 845, § 1º, do CPC.

Caso o executado não seja encontrado para citação, *ex vi legis* (CPC, art. 830), requer o arresto do imóvel indicado e cuja matrícula segue anexa (documento 2), cumpridas as formalidades legais, seguindo o processo nos termos da Lei com a citação do executado por edital findo o qual haverá automática conversão do arresto em penhora (CPC, art. 830, § 3º), o que admite a jurisprudência: "Ação de execução de título extrajudicial. Citação realizada por edital. Validade. Citação ficta ocorrida após diligências visando à obtenção de novo endereço do executado. Aplicação do disposto no artigo 231, II, CPC [atual art. 256, II]. Prescrição. Inocorrência. Interrupção do prazo prescricional. Inteligência do artigo 219, CPC [atual art. 240]. Agravo improvido"(TJSP – 0221360-90.2012.8.26.0000 – Relator(a): Soares Levada – Comarca: Sorocaba – Órgão julgador: 34ª Câmara de Direito Privado – j. em 05.11.2012 – Data de registro: 08.11.2012 – Outros números: 2213609020128260000).

b) Requer-se a intimação da penhora através dos advogados do executado, constituídos nos autos (CPC, art. 841) ou por via postal, caso não tenha advogado constituído.

206 | MODELOS DE PEÇAS NO NOVO CÓDIGO DE PROCESSO CIVIL – *Luiz Antonio Scavone Junior*

c) Requer, outrossim, digne-se Vossa Excelência de fixar liminarmente os honorários para a presente execução, nos termos do art. 827 do Código de Processo Civil, que serão reduzidos pela metade no caso de pagamento em 3 (três) dias da citação.

d) Requer-se a inscrição do executado em cadastros de inadimplentes, na forma do art. 782, § 3º, do Novo Código de Processo Civil.

e) Por fim, tendo em vista o teor dos arts. 837 e 845, § 1º, do Código de Processo Civil, requer o exequente que a penhora seja registrada por meio eletrônico ou, impossível a prática do ato por meio eletrônico pela serventia, a expedição de certidão de inteiro teor do ato, para registro na matrícula do imóvel a ser penhorado/arrestado, de propriedade do executado (documento 2), nos termos dos artigos 167, I, 5 e 239 da Lei 6.015/73.

II – Provas

Pela natureza da ação (execução), protesta por provar o alegado unicamente por intermédio dos documentos que instruem a exordial.

III – Valor da Causa

Atribui-se à presente execução o valor de R$ (...).

Termos em que,

pede deferimento.

Data

Advogado(a)

Documento 1

Procuração

Documento 2

Matrícula do imóvel

Documento 3

Ata da assembleia que aprovou a previsão orçamentária

Documento 4

Balancetes

Documento 5

Planilha de débitos

10.3. EXECUÇÃO PARA ENTREGA DE COISA

MM. Juízo da (...) Vara (...) da Comarca de (...)

(...), vem, respeitosamente, por seus advogados e procuradores (documento 01), propor, em face de (...), a competente

Execução para entrega de coisa certa

o que faz com supedâneo nos arts. 784, II, e 806 e seguintes do Código de Processo Civil, para receber bem imóvel, pelos fatos e razões a seguir expostos:

O exequente adquiriu do executado, em (...), através de escritura pública de venda e compra, título executivo nos termos do Código de Processo Civil, art. 784, II (documento 2), imóvel consubstanciado em um apartamento nº (...), localizado no (...) andar do Edifício (...), situado na (...).

Cap. 10 · EXECUÇÃO DE TÍTULO EXTRAJUDICIAL | **207**

Na cláusula (...) do aludido título executivo (documento 2), o executado obrigou--se a entregar o bem no mesmo ato.

Trata-se, portanto, de título executivo extrajudicial, líquido, certo e exigível (Código de Processo Civil, art. 784, II c/c 783).

Nada obstante os esforços do exequente, que tentou amigavelmente receber o que lhe é devido, o executado manteve-se irredutível, negando-se a entregar o imóvel.

Portanto, o exequente jamais recebeu a posse.

Tenha-se presente que "a *cláusula constitui não se presume; deve ser expressa ou resultar, necessariamente, de cláusula expressa, como quando o vendedor conserva o prédio em seu poder a título de aluguel.*"[45] Assim, inviabilizada ação de reintegração,[46] restando apenas a ação de execução para entrega de coisa certa, já que presentes seus requisitos: a) título executivo extrajudicial – art. 784, II (documento 2); b) liquidez, certeza e exigibilidade (art. 786); c) inadimplemento do devedor no cumprimento da obrigação de entrega do bem constante do título.

Tampouco há falar-se em ação de imissão de posse,[47] até porque não há interesse de agir em ação de conhecimento para obtenção de um título que, afinal, já se possui.[48]

Tenha-se presente que o procurador do executado chegou a enviar correspondência sinalizando a entrega das chaves (documento 4).

---

[45] Clóvis Beviláqua, *Código Civil Comentado*. Rio de Janeiro: Francisco Alves, 1945 (art. 494).

[46] **Primeiro Tribunal de Alçada Civil de São Paulo.** "*Prova – Documento – Possessória – Reintegração de posse – Juntada pelos autores de escritura e títulos dominiais – Documentos que servem para provar o domínio, mas não a posse – Improcedência – Sentença mantida*" (Apelação Cível 393.448-6/00 – São Paulo – 7ª Câmara – 11.10.1988 – rel. Donaldo Armelin – unânime – *JTA* 114/132).
Primeiro Tribunal de Alçada Civil de São Paulo. "*Possessória – Reintegração de posse – Bem imóvel, objeto de instrumento particular de adesão, promessa de cessão de direitos relativos a fração ideal de terreno – Inocorrência de contratação expressa de cláusula "constituti" – Impossibilidade, também de sua presunção – Ausência, ademais, de indicação da transferência do cessionário comprador, da posse da coisa – Inexistência de direito possessório – Carência reconhecida – Extinção do processo decretada – Recurso desprovido, alterado o dispositivo*" (Apelação Cível 458.722-4/00 – São José dos Campos – 6ª Câmara – 05.05.1992 – rel. Evaldo Veríssimo – unânime).

[47] O direito à posse nesse tipo de ação (imissão na posse) *decorre da condição de adquirente alegada pelo autor, o que pressupõe registro imobiliário válido e eficaz* (Ovídio A. Baptista da Silva, *Ação de Imissão de Posse*. São Paulo: RT, 1997, p. 194).

[48] **Tribunal de Justiça de São Paulo.** "*Reconvenção. Ação de consignação em pagamento. Pedido de quantia correspondente a parte do preço de imóvel e prestação de serviços por benfeitorias. Inadmissibilidade. Obrigação que consta de título executivo extrajudicial. Obtenção de título judicial prescindível. Falta de interesse processual. Art. 267, inc. VI, do Código de Processo Civil. Carência decretada. Carece de ação, por falta de interesse processual, quem ajuíze um processo de conhecimento, mercê da utilização da ação reconvencional, para obter a tutela de uma pretensão suscetível apenas de ser posta como objeto de um processo de execução, dada a já existência de um título executivo extrajudicial*" (Apel. Cív. nº 201.985-2 – São Paulo – 09.02.1993 – Rel. Franklin Neiva).
"A ação de imissão na posse é condenatória e não executória, com o que sua execução se submete ao processo de execução para entrega de coisa certa, como ocorre na reivindicatória" (*RJTJERGS* 140/201) – Theotonio Negrão, *Código de Processo Civil e legislação civil em vigor*. 28. ed. São Paulo: Saraiva, 1997 – anotação 3c ao art. 621.

208 | MODELOS DE PEÇAS NO NOVO CÓDIGO DE PROCESSO CIVIL – *Luiz Antonio Scavone Junior*

Todavia, ao receber o preposto do credor (documento 5), o devedor quedou-se inerte, resistindo, sem qualquer motivo plausível, ao cumprimento da obrigação de entrega do imóvel que vendeu por escritura pública (título executivo – art. 784, II, do Código de Processo Civil).

Diante do exposto, não restou alternativa ao credor senão socorrer-se do Poder Judiciário, o que faz por intermédio da presente ação de execução para entrega de coisa certa.

I – Pedido

Assim, serve a presente para requerer digne-se Vossa Excelência:

a) Ordenar a citação do executado, para, em quinze (15) dias, satisfazer a obrigação, entregando a coisa, sob pena de imissão na posse, o que desde já se requer com fundamento nos art. 806, § 2º, do Código de Processo Civil, cujo cumprimento deve se dar de imediato caso o executado não entregue o imóvel voluntariamente no prazo legal, devendo o Sr. Oficial de Justiça encarregado da diligência permanecer com o mandado a ser expedido para esse mister, podendo o executado, querendo, embargar no prazo de 15 dias contados da citação, requerendo-se, por fim, que se digne Vossa Excelência em fixar multa diária de R$ (...) nos termos do § 1º do art. 806 do Código de Processo Civil, sem prejuízo da imissão coercitiva na posse.

Requer ainda o exequente:

b) expedição de certidão de distribuição da presente execução nos termos e para as finalidades do art. 828 do Código de Processo Civil (apenas se o fundamento da execução for instrumento público ou particular não registrado);

c) expedição de mandado para registro do ato de citação do executado – após o seu cumprimento – junto à respectiva matrícula do imóvel de acordo com o art. 167, I, nº 21 da Lei de Registros Públicos (Lei 6.015/73), para advertir terceiros de que o bem está *sub judice*, do qual deve constar: a) a data da citação; b) a qualificação completa das partes; c) cópia da petição inicial, que desde já se fornece; d) descrição do imóvel, conforme aquela do registro (documento 3 em anexo); e) valor da presente execução (R$ ...) para fixação das custas e emolumentos;

d) que o Senhor Oficial de Justiça encarregado da diligência proceda nos dias e horários de exceção (Código de Processo Civil, art. 212, § 2º);

e) digne-se Vossa Excelência de fixar liminarmente os honorários para a presente execução nos termos do art. 85, § 1º, do Código de Processo Civil, seja esta embargada ou não, pagando, ainda, o executado, as despesas processuais.[49]

Sucessivamente, não sendo possível a execução específica (*in natura*), nos termos do art. 809, *caput*, do Código de Processo Civil, requer o prosseguimento da execução, nessa eventualidade por quantia certa, pelo valor de R$ (...) constante do título executivo (documento 2), acrescido de juros legais e correção monetária.

II – Provas

Dada a natureza da ação, faz-se a prova pelo título executivo (Código de Processo Civil, art. 784, II) que instrui a presente exordial.

---

[49] **Tribunal de Alçada do Paraná.** *"Ação de execução de entrega de coisa incerta requerimento para transformação em execução de quantia certa – valor da causa de R$ 321.370,60 – fixação de honorários advocatícios em 0,3% – incidência do disposto no § 4º do art. 20 do Código de Processo Civil – recurso provido a fim de majorar a verba honorária para 5% sobre o valor do debito. Em ação de execução, os honorários advocatícios devem ser fixados segundo o § 4º do art. 20 do Código de Processo Civil, atendidas as alíneas 'a', 'b' e 'c' do § 3º"* (Agravo de Instrumento nº 111.073.200 – Juiz Ronald Schulman – 1ª Câm. Cív. – 18.11.1997 – Ac.: 8.880 – Public.: 05.12.1997).

III – Valor da causa

Dá-se à presente o valor de R$ (...).

Termos em que, cumpridas as necessárias formalidades legais, deve a presente execução ser recebida e, afinal, acolhida, como medida de inteira Justiça.

Data

Advogado (OAB)

10.4. IMPUGNAÇÃO AO PEDIDO DO EXECUTADO DE REUNIÃO DA AÇÃO DE EXECUÇÃO COM AÇÃO DE CONHECIMENTO (ANULATÓRIA)

MM. Juízo da (...) Vara (...) da Comarca de (...)

Execução para entrega de coisa certa – Autos nº (...)

(...), já qualificado nos autos da execução para entrega de coisa certa que move em face de (...), vem, respeitosamente, perante Vossa Excelência, expor e requerer o quanto segue:

O executado aduz, em síntese, que "aforou ação declaratória de nulidade de ato jurídico", em face do exequente, em (...), que a citação para a presente ação de execução se deu em (...) e, por tal razão, em virtude de "conexão" (sic), Vossa Excelência deveria "avocar" a ação ordinária perante a (...) Vara Cível para julgamento simultâneo.

Requer, ainda, o executado, a lavratura do termo de depósito para apresentação de embargos.

Não há o mínimo fundamento jurídico e legal para qualquer das absurdas pretensões perpetradas:

I – Pretensa reunião de ações para julgamento conjunto

Em verdade, acorde com os mandamentos insculpidos nos arts. 240 e 312 do Código de Processo Civil, a partir da distribuição desta ação executiva em (...), todos os efeitos do art. 240 passaram a ser verificados, vez que houve citação válida em (...).

Demais disso, não há falar-se em conexão de ação executiva com ação de conhecimento por uma simples razão jurídica: não há julgamento de mérito na ação de execução![50]

Preleciona o grande Liebman, diferenciando o pedido do processo de conhecimento daquele do processo de execução, que se baseia no título executório:

---

[50] Só haveria possibilidade de reunião, em tese, com a ação incidental de embargos: **Superior Tribunal de Justiça.** "Execução por título extrajudicial, contratos de mútuo. Ajuizamento de ação de "revisão" dos contratos. Suspensão da execução. Alegação de ofensa aos arts. 265, IV, "a" [atual art. 313, V, "a"] e 791, II [atual 921, I], do CPC. O ajuizamento de ação buscando invalidar cláusulas de contratos com eficácia de título executivo, não impede que a respectiva ação de execução seja proposta e tenha curso normal. Opostos e recebidos embargos de devedor, e assim suspenso o processo da execução – CPC, art. 791, I [atual art. 921, II] – poder-se-á cogitar da relação de conexão entre a ação de conhecimento e a ação incidental ao processo executório, com a reunião dos processos de ambas as ações, para instrução e julgamento conjuntos, no juízo prevalecente. Recurso Especial não conhecido. Relator: Ministro Athos Carneiro. Por unanimidade, não conhecer do recurso" (Recurso Especial nº 8.859/RS – 10.12.1991 – 4ª Turma – *DJ* de 25.05.1992 – p. 7.399. Veja: *RTJ* 94/818, *RTJ* 94/819, REsp nº 6.734 (STJ), REsp nº 11.172 (STJ)).

MODELOS DE PEÇAS NO NOVO CÓDIGO DE PROCESSO CIVIL – *Luiz Antonio Scavone Junior*

Que determina inquestionavelmente – para os efeitos da execução – a regra sancionadora que deve ser efetivada: não cabe mais ao juiz julgar, mas, simplesmente, realizar as atividades decorrentes do conteúdo do título. O pedido do exequente visa provocar estas atividades. A tarefa do juiz consiste apenas em realizá-las.

A jurisprudência é clara nesse sentido:

Segundo Tribunal de Alçada Civil de São Paulo. *"Conexão – despejo cumulado com cobrança de alugueres em face do locatário e execução contra o fiador – inexistência. Inexiste conexão entre as ações de execução e de despejo, esta cumulada com pedido de cobrança dos aluguéis inadimplidos. E isto porque, não bastasse a diversidade das partes (apenas o credor figura como sujeito ativo em ambos os processos, figurando como passivos, respectivamente, fiador no processo de execução e a ex-locatária no de conhecimento), também são totalmente distintos os elementos objetivos e causais das ações em testilha. Mas mesmo que conexão houvesse, de modo algum acarretaria a reunião dos processos para os fins colimados pelo art. 105 do Código de Processo Civil [atual art. 57] (julgamento 'simultaneus processus'), pela simples razão de que inexiste, no processo de execução, tal julgamento de mérito" (Apel. c/ Rev. nº 501.203 – 7ª Câm. – rel. Juiz Antonio Marcato – j. em 17.02.1998).*

Primeiro Tribunal de Alçada Civil de São Paulo. *"Conexão – pretensão à reunião de ações de execução e de conhecimento – impossibilidade – recurso desprovido. Anotações da Comissão: no mesmo sentido: AC 398.389-1, relator: Pinheiro Franco" (Agravo de Instrumento nº 397.088-0/00 – 8ª Câmara – 12.10.1988 – relator: Raphael Salvador, unânime).*

II – Decurso, *in albis*, do prazo para entrega

Outrossim, verifica-se que não houve a necessária entrega, que pressupõe a desocupação, o desapossamento do bem nos termos do art. 806 do Código de Processo Civil.

III – Requerimento

Isto posto, requer-se o prosseguimento da presente execução, já que não há falar-se em reunião dos processos para julgamento conjunto por absoluta incompatibilidade procedimental.

Sendo assim, decorrido *in albis* o prazo para depósito ou entrega do bem, requer o exequente a expedição do competente mandado de imissão na posse do imóvel objeto da presente execução nos termos do art. 806, § 2º, do Código de Processo Civil.

Reitera, ainda, o pedido constante do item "c" da exordial, consistente na expedição de mandado para registro do ato de citação do executado junto à respectiva matrícula do imóvel, em consonância com o art. 167, I, nº 21 da Lei de Registros Públicos (Lei 6.015/1973), para advertir terceiros de que o bem está *sub judice*.

Observa-se que às fls. (...), Vossa Excelência declinou que apreciaria este pedido após a citação, que já ocorreu.

Outrossim, reitera também o pedido do item "d" da inicial, para que Vossa Excelência fixe os honorários para a presente execução nos termos do art. 85 § 1º do Código de Processo Civil.

Termos em que,

Pede deferimento.

Data

Advogado (OAB)

10.5. EXECUÇÃO DE OBRIGAÇÃO DE FAZER OU DE NÃO FAZER

MM. Juízo da (...) Vara (...) da Comarca de (...)

(...), vem, respeitosamente, por seus advogados e procuradores (documento 01), propor, em face de (...), a competente

Execução de obrigação de fazer (*ou: de não fazer*)

com supedâneo nos arts. 814 e seguintes do Código de Processo Civil e pelos fatos e razões a seguir expostos:

I – Fatos e direito

O exequente firmou com o executado contrato de (...), mediante o qual este se obrigou a (...) no prazo de (...) dias (documento 2, cláusula...)

Ou

O exequente firmou com o executado contrato de (...), mediante o qual este se obrigou a se abster de (...) (documento 2, cláusula...)

Trata-se, portanto, de título executivo extrajudicial, líquido, certo e exigível (Código de Processo Civil, art. 784, II, c/c o art. 783).

Nada obstante os esforços do exequente, que tentou amigavelmente o cumprimento da obrigação, o executado manteve-se irredutível.

Diante do exposto, não restou alternativa ao credor senão socorrer-se do Poder Judiciário, o que faz por intermédio da presente ação de execução.

II – Pedido

Ante o exposto, requer, nos termos do art. 815 e seguintes do CPC (ou 822 do CPC *para as obrigações de não fazer*) a execução da obrigação contida no contrato anexo (documento 2), com a citação do executado para que cumpra a obrigação de (...), no prazo de (...) dias a contar da citação, ou outro prazo que este juiz entender ser cabível, sob pena de multa diária a ser fixada por Vossa Excelência nos termos do art. 814 do CPC e se, ainda assim, não for cumprida, o deferimento de cumprimento pelo exequente à custa do executado nos termos do art. 816 do CPC (*ou: e se, ainda assim não for cumprida, que Vossa Excelência mande desfazer à custa do executado),* liquidando-se a obrigação pecuniária nestes autos com o prosseguimento do cumprimento na modalidade de execução por quantia certa.

III – Provas

Dada a natureza da ação, faz-se a prova pelo título executivo (Código de Processo Civil, art. 784, II) que instrui a presente exordial.

IV – Valor da causa

Dá-se à presente o valor de R$ (...).

Termos em que, cumpridas as necessárias formalidades legais, deve a presente execução ser recebida e, afinal, acolhida, como medida de inteira Justiça.

Data

Advogado (OAB)

212 | MODELOS DE PEÇAS NO NOVO CÓDIGO DE PROCESSO CIVIL – *Luiz Antonio Scavone Junior*

10.6. EXECUÇÃO CONTRA A FAZENDA PÚBLICA

MM. Juízo da (...) Vara (...) da Comarca de (...)

(...), vem, respeitosamente, por seus advogados e procuradores (documento 01), propor, em face do Município de (...), a competente

Execução

o que faz com supedâneo nos arts. 910 e 534 e 535 do Código de Processo Civil e pelos fatos e razões a seguir expostos:

O exequente em razão de contrato de (...), título executivo extrajudicial nos termos do art. 784, II, do CPC, tornou-se credor da executada pela quantia de R$ (...), conforme cálculo aritmético anexo (ou abaixo demonstrado), que se encontra devidamente atualizado até a presente data, em respeito ao art. 534, do Código de Processo Civil:

Planilha discriminada do débito na forma do art. 534

Dessa forma, a executada deve ao exequente a quantia de R$ (...).

Ex positis, e na forma do art. 910, do Código de Processo Civil, requer-se a citação da executada, na pessoa do seu representante judicial, para, querendo, no prazo de 30 (trinta) dias e nos próprios autos, opor embargos à execução.

Não embargada a execução ou rejeitados os embargos, requer o exequente, desde já, seja oficiado o Presidente do Tribunal para expedição de precatório em favor do exequente (CPC, art. 910, § 1º).

Ou, tratando-se de pequeno valor:

Não embargada a execução ou rejeitados os embargos, requer o exequente, desde já, a expedição de mandado dirigido ao (descrever a autoridade responsável pelo ente público), na pessoa do seu representante judicial para pagamento no prazo de 2 (dois) meses, mediante depósito no Banco (...), tratando-se do banco oficial mais próximo da residência do exequente, nos termos do art. 535, § 3º, II, do Código de processo Civil.

Protesta por provar o alegado através do título que enseja a vertente execução

Termos em que, dando à causa o valor de (...)

Pede deferimento.

Data

Advogado (OAB)

10.7. EXECUÇÃO DE ALIMENTOS

MM. Juízo da (...) Vara (...) da Comarca de (...)

(...), vem, respeitosamente, por seus advogados e procuradores (documento 01), propor, em face de (...), a competente

Execução de alimentos

o que faz com supedâneo nos arts. 911 e 528, §§ 2º a 7º, do Código de Processo Civil e pelos fatos e razões a seguir expostos:

Por força de escritura pública de divórcio, título executivo extrajudicial nos termos do art. 784, II do CPC, a exequente tornou-se credora do executado pela quantia de R$ (...), conforme cálculo aritmético anexo (ou abaixo demonstrado), que

Cap. 10 · EXECUÇÃO DE TÍTULO EXTRAJUDICIAL | 213

se encontra devidamente atualizado até a presente data nos moldes estabelecidos no referido título.

Planilha discriminada do débito

Dessa forma, o executado deve à exequente a quantia de R$ (...).

Ex positis, e na forma do art. 911, *caput* e parágrafo único, do Código de Processo Civil, requer-se a citação do executado, por intermédio de oficial de justiça, para efetuar o pagamento do *quantum* demonstrado no prazo de 3 (três) dias sob pena de prisão nos termos do § 3º do art. 528 do Código de Processo Civil.

Não efetuado o pagamento requer-se desde já, independentemente da prisão ou de novo pedido, ato contínuo, nos termos do art. 528, § 5º, do CPC, a expedição de mandado de penhora e avaliação. *(ou: o bloqueio de ativos financeiros pelo sistema Bacen-jud.)*

Protesta por provar o alegado através do título que enseja a vertente execução.

Termos em que, dando à causa o valor de (...)

Pede deferimento.

Data

Advogado (OAB)

10.8. EXCEÇÃO DE PRÉ-EXECUTIVIDADE

MM. Juízo da (...) Vara (...) da Comarca de (...)

Processo n. (...)

(...), já qualificada nos autos da ação de execução por título extrajudicial que lhe move (...), vem, respeitosamente, perante Vossa Excelência, por seus procuradores (documento 1), que recebem intimações na (...), se opor à execução por intermédio da presente

Exceção de pré-executividade

o que faz com supedâneo nos arts. 783, 786 e 803 do Código de Processo Civil.

Trata-se de execução de "título extrajudicial" proposta pela exequente, lastreada em contrato de compromisso de compra e venda de imóvel.

Já de antemão, verifica-se, à toda evidência, que o exequente não dispõe de título executivo, o que impede a presente via e autoriza a vertente objeção.

Isto porque a *execução se subordina a um pressuposto legal (título) e a um pressuposto prático (inadimplemento), ou, em outras palavras, a um pressuposto formal e a um pressuposto substancial.* (Liebman, Processo de execução, ns. 4-5 e Alberto dos Reis, Processo de execução, nº 2 – Apud Cândido Rangel Dinamarco, *Execução Civil*, São Paulo: Malheiros, 1994, p. 377)

Cândido Rangel Dinamarco (*Execução Civil*, São Paulo: Malheiros, 1994, p. 378) ensina que, se a execução constitui atividade jurisdicional, por meio do direito de ação, para unidade do sistema, há necessidade do seu estudo da mesma forma que se estuda a ação cognitiva, ou seja, com as condições da ação, sob pena de dúvidas quanto à aceitação da própria teoria da ação.

Essa solução é adotada por Humberto Theodoro Júnior (*Processo de Execução*, São Paulo: Leud, 1997, p. 47), segundo o qual a execução se sujeita às condições da ação e, ademais, possui pressupostos específicos adotados pela lei (Código de Processo Civil, arts. 783 a 788), quais sejam:

a) Formal ou legal: existência de título executivo.

b) Prático ou substancial: ato ilícito do devedor consistente no inadimplemento, comprovando a exigibilidade da dívida.

O primeiro requisito, portanto, ausente na vertente ação, é a existência de título executivo, vez que não há execução sem título (Código de Processo Civil, art. 783).

Senão vejamos:

Segundo a exordial, a exequente alega que celebrou, com a executada, contrato mediante o qual se comprometeu a comprar, e esta, a executada, a vender, o imóvel objeto da matrícula nº (...).

Passa, então, a narrar suposto descumprimento do contrato pela executada, consubstanciado na regularização de pendências que recaiam sobre o imóvel, além da ausência de apresentação de certidões, principalmente por constar, após a assinatura do compromisso de compra e venda, constrição junto à matrícula, o que, segundo a sua visão, lhe autorizaria a manejar a vertente execução.

Não há pendência que impeça a venda. As certidões foram entregues e o suposto arresto foi levantado, o que demonstra que a vertente execução, ainda que fosse cabível, não encontra qualquer supedâneo.

De qualquer forma, conclui o exequente, de forma pueril, que pela simples notificação, a promessa de compra e venda, por suposto descumprimento das obrigações da executada, estaria, portanto, "rescindida" (sic) de pleno direito, autorizando-a a promover, pela via executiva – simples assim – a restituição do que pagou por negócio irretratável e irrevogável.

Invoca, para tanto, as cláusulas (...)

Entretanto, esquece que diante de interpretação sistemática da avença, além de ser ela irrevogável e irretratável (cláusula...), as partes pactuaram que eventuais pendências seriam objeto de desconto do saldo do preço (fls...).

De mais a mais, as certidões foram entregues e o gravame que eventualmente impedia a venda foi levantado (documento 2), o que demonstra que a exequente, promitente compradora quis, na verdade, desistir em razão das alterações do mercado.

Conclui a exequente, mesmo assim, que, tendo notificado a executada, restaria a "rescisão" (sic), na verdade resolução do compromisso de compra e venda, o que, na sua deturpada visão, lhe concederia título executivo para receber de volta o que pagou.

Entretanto, ainda que sua tese prosperasse, o que se admite por hipótese, não há possibilidade de desistência unilateral de contrato de compromisso de compra e venda.

Isto porque a mora é, principalmente, o retardamento culposo da obrigação.

O Código Civil trata da mora no art. 394 e da culpa nos arts. 392 e 396. Vejamos este último:

"Art. 396. Não havendo fato ou omissão imputável ao devedor, não incorre este em mora".

E a apreciação da culpa somente pode ser feita pelo juiz.

Nesse sentido, a sempre clara lição de Carlos Roberto Gonçalves ao comentar o pacto comissório, ou seja, a cláusula resolutiva expressa do art. 474, do Código Civil, que permite ao promitente vendedor a resolução do contrato por inadimplemento do promitente comprador:

"Em ambos os casos, tanto no de cláusula resolutiva expressa ou convencional, como no caso de cláusula resolutiva tácita, a resolução deve ser judicial, ou seja, precisa ser judicialmente pronunciada. No primeiro, a sentença tem efeito meramente declaratório e 'ex tunc', pois a

Cap. 10 · EXECUÇÃO DE TÍTULO EXTRAJUDICIAL | **215**

resolução dá-se automaticamente, no momento do inadimplemento; no segundo, tem efeito desconstitutivo, dependendo de interpelação judicial. Havendo demanda, será possível aferir a ocorrência dos requisitos exigidos para a resolução e inclusive examinar a validade da cláusula, bem como avaliar a importância do inadimplemento, pois a cláusula resolutiva, 'apesar de representar manifestação de vontade das partes, não fica excluída da obediência aos princípios da boa-fé e das exigências da justiça comutativa (Ruy Rosado de Aguiar Júnior. Extinção dos contratos por incumprimento do devedor. 2. ed. Rio de Janeiro: Aide, 2003, p. 183)" (Carlos Roberto Gonçalves. Direito Civil brasileiro. Contratos e atos unilaterais. 9. ed. São Paulo: Saraiva, 2012, p. 183.).

"Apesar da expressão de pleno direito, têm os Tribunais entendido ser necessária a intervenção judicial, sendo a sentença, neste caso, de natureza meramente declaratória. Por essa razão, e porque há uma cláusula resolutiva tácita em todo contrato bilateral (cf. art. 1.092, parágrafo único – atual art. 475 do novo Código Civil), não se vislumbra utilidade em tal pacto" (Carlos Roberto Gonçalves, Direito das obrigações – parte especial, São Paulo: Saraiva, 1999, p. 75).

Certo é, então, que a cláusula resolutiva expressa produz efeitos extintivos do contrato, independentemente de sentença desconstitutiva, mas a sentença declaratória, em regular processo de conhecimento, é imprescindível como forma de controlar os pressupostos que a autorizam.

Referindo-se especificamente ao compromisso de compra e venda, ensina Orlando Gomes, sem qualquer distinção, que pelas peculiaridades do negócio, a condição resolutiva, mesmo tácita, não se opera sem pronunciamento judicial:

"Não se rompe unilateralmente sem a intervenção judicial. Nenhuma das partes pode considerá-lo "rescindido", havendo inexecução da outra. Há de pedir a resolução. Sem sentença resolutória, o contrato não se dissolve" (Orlando Gomes. Contratos. 18. ed. Rio de Janeiro: Forense, 1999, p. 252).

Não discrepa José Osório de Azevedo Junior:

"Haja ou não cláusula resolutiva expressa, impõe-se a manifestação judicial para resolução do contrato" (José Osório de Azevedo Junior. Compromisso de Compra e Venda. 2. ed. São Paulo: Malheiros, 1983, p. 16).

De fato, José Osório de Azevedo Junior discorre sobre as diferenças entre as cláusulas resolutiva expressa e tácita, sendo categórico ao afirmar que em qualquer delas a resolução do contrato depende de pronunciamento judicial (José Osório de Azevedo Junior, cit., p. 164).

Assim, em conclusão, em razão da necessidade de pronunciamento judicial o contrato de compromisso não se extinguiu.

Se não se extinguiu, não há falar em restituição de valores, muito menos pela via executiva.

Logo, está evidente a nulidade da execução, quer porque não há título executivo correspondente a obrigação certa, líquida (certa quanto à sua existência e determinada quanto ao seu objeto) e exigível (vencida).

Nesses termos:

Art. 803. É nula a execução se:

I – o título executivo extrajudicial não corresponder a obrigação certa, líquida e exigível;

II – o executado não for regularmente citado;

III – for instaurada antes de se verificar a condição ou de ocorrer o termo.

Parágrafo único. A nulidade de que cuida este artigo será pronunciada pelo juiz, de ofício ou a requerimento da parte, independentemente de embargos à execução.

Art. 783. A execução para cobrança de crédito fundar-se-á sempre em título de obrigação certa, líquida e exigível.

Art. 786. A execução pode ser instaurada caso o devedor não satisfaça a obrigação certa, líquida e exigível consubstanciada em título executivo.

Posta assim a questão, **com supedâneo no art. 803, parágrafo único, do Código de Processo Civil**, requer a excipiente digne-se Vossa Excelência de, inicialmente, a título de tutela provisória de urgência (CPC, arts. 300 e 301) suspender a vertente execução e, ao final, declarar a nulidade da presente execução com a sua extinção, condenando a exequente, ora excepta, em honorários de advogado e demais despesas.

Termos em que,

Pede deferimento.

Data

Advogado (OAB)

Capítulo 11

Embargos à execução

MM. Juízo da (...) Vara (...) da Comarca de (...)

Distribuição por dependência à execução de título extrajudicial n (...).

(...), por seus advogados subscritores, conforme instrumento de mandato anexo (documento 1), vem, respeitosamente, perante Vossa Excelência, opor em face de (...) os presentes

Embargos à execução, com pedido de efeito suspensivo (art. 919, § 1º, do CPC)

o que faz com fundamento nos arts. 914 e seguintes do Código de Processo Civil e pelos motivos de fato e de direito a seguir expostos.

O subscritor instrui os presentes embargos com a cópia integral execução que se embarga (documento 2), declarando-as autênticas nos termos do § 1º do art. 914 do CPC.

Insta esclarecer que, ao ser citada na pessoa de seu sócio, o Sr. oficial de justiça o intimou para oferecer bem à penhora, o que foi prontamente atendido.

Segue assim a descrição do imóvel indicado, de propriedade do executado e cuja matrícula se anexa (documento 3): (...)

I – Exequente carecedor de título

Preliminarmente, cumpre informar que esta execução deveria ter sua inicial indeferida de pronto (art. 485, I, do CPC), tendo em vista que o pleito para cobrança de comissão de corretagem não comporta execução de título extrajudicial, mas ação ordinária de cobrança.

Outrossim, o embargado se pauta em "instrumento particular de contrato de compromisso de compra e venda" do qual não fez parte (fls....da execução – documento 2).

Ora, o instrumento que supostamente empresta suporte à vertente execução sequer teve o embargado como parte, mas, apenas, como anuente, faltando ao exequente, por esta razão, título passível de execução.

De mais a mais, tratando-se de contrato bilateral e não demonstrado o cumprimento da obrigação nele contida, *data maxima venia*, carece a vertente execução de título executivo extrajudicial.

Ainda que o embargado se funde na letra inciso II do art. 784 do CPC, a cobrança de comissão de corretagem não encontra suporte em título de obrigação líquida, certa e exigível, afrontando, assim, o art. 786 do CPC.

Demais disso, o embargado não fez prova do cumprimento das suas obrigações na suposta qualidade de credor (art. 798, I, "d", do CPC).

A jurisprudência não diverge a este respeito, o que se infere dos julgados que se anexa e cujas ementas são abaixo transcritas (documentos 4 e 5):

MODELOS DE PEÇAS NO NOVO CÓDIGO DE PROCESSO CIVIL – *Luiz Antonio Scavone Junior*

Tribunal de Justiça de São Paulo. *"Contrato de corretagem. Ação de execução. Título executivo. Ausência. Decisão mantida. Recurso improvido. Não há falar-se, no caso, em título executivo extrajudicial, a resultar incorreta a via eleita pelo requerente. Seria caso de reclamar o crédito em sede de ação de cobrança própria" (1076407-70.2013.8.26.0100 – Apelação/Corretagem – Relator(a): Armando Toledo – Comarca: São Paulo – Órgão julgador: 31ª Câmara de Direito Privado – Data do julgamento: 15.04.2014 – Data de registro: 17.04.2014).*

Tribunal de Justiça de São Paulo. *"Execução de título executivo extrajudicial corretagem ausência de título executivo líquido, certo e exigível. Contrato bilateral que, para que possa ser tido como título extrajudicial, depende da demonstração da contraprestação do credor. In casu, contraprestação do corretor que se resume à participação de proposta aceita. Precedentes do STJ que entendem que tais circunstâncias não configuram aproximação útil a ensejar direito à comissão. Negado provimento" (0028689-26.2009.8.26.0071 – Apelação/Corretagem – Relator(a): Hugo Crepaldi – Comarca: Bauru – Órgão julgador: 25ª Câmara de Direito Privado – Data do julgamento: 07.08.2014 – Data de registro: 07.08.2014).*

Isto posto, tendo em vista a inadequação da via eleita pelo Embargado, requer seja este declarado carecedor da ação executiva, devendo este MM. Juízo extinguir a vertente execução.

II – Verdade dos fatos

A execução, *in casu*, pauta-se em (...)

Esta é a realidade.

III – Direito – falta de condição da ação de execução – ausência de título

A execução embargada padece pela ausência de sua condição básica, tendo em vista que o documento que a fundamenta se trata de "instrumento particular de contrato de compromisso de compra e venda" (fls... da execução – documento 2) que, tendo o exequente apenas como anuente, não configura título executivo extrajudicial.

Ainda que o embargado se paute na letra inciso II do art. 784 do CPC, a cobrança de comissão de corretagem obrigatoriamente deve fundar-se em título de obrigação líquida, certa e exigível, em atenção ao art. 783 do CPC.

Logo, a via eleita pelo Embargado é inadequada, pois deveria ter distribuído ação ordinária de cobrança.

Desta feita, a execução deve ser extinta, haja a vista a ausência de caráter executivo ao documento que a fundamenta (art. 784, II, do CPC).

IV – Efeito suspensivo pleiteado

Os embargos à execução de título extrajudicial não são recebidos sob efeito devolutivo, via de regra, em razão do art. 919, § 1º, do Código de Processo Civil, mostrando-se a sua concessão em situações excepcionais e desde que garantida a execução por penhora, depósito ou caução suficiente.

A toda evidência, no presente caso o embargado utiliza a via inadequada para cobrar o que entende ser-lhe devido.

Outrossim, o bem imóvel indicado à penhora, cuja matrícula segue anexa (documento 3), mostra-se suficiente a garantir a execução.

Assim, a suspensão não trará prejuízos ao embargado, mas o prosseguimento da execução nos termos em que foi proposta coloca a embargante, empresa séria, atuante na construção e incorporação civil há mais de quarenta anos, em situação de risco de difícil ou incerta reparação, posto que já tem seus negócios prejudicados pela atitude desairosa do embargante.

Cap. 11 · EMBARGOS À EXECUÇÃO | **219**

Isto posto, a concessão do efeito suspensivo, com fundamento no § 1º do art. 919 do CPC é medida que se impõe e desde já se requer.

V – Pedidos

Ante todo o exposto, pelo recebimento destes Embargos à Execução no efeito suspensivo, requer seja o exequente-embargado declarado carecedor das condições da ação de execução por inexequibilidade do título e inexigibilidade da obrigação, devendo a vertente execução ser extinta, o que se requer com supedâneo no art. 917, I, do CPC, condenando o embargado nas custas e honorários.

Protesta-se pela produção de todos os meios de prova em direito admitidos.

Termos em que, dando à causa o valor de R$ (...).

Pede deferimento.

Data

Advogado (OAB)

Capítulo 12

Recursos

12.1. AGRAVO DE INSTRUMENTO – DECISÃO QUE NEGA ANTECIPAÇÃO DE TUTELA (TUTELA DE URGÊNCIA/EVIDÊNCIA)

Exmo. Sr. Dr. Desembargador Presidente do E. Tribunal (...).

Origem: (...) Vara Cível do Foro (...), Processo (...) – Procedimento comum – Rescisão / Resolução

Autor (agravante): (...)

Réus (agravados): (...)

(...), já qualificada nos autos da ação de resolução de compromisso de compra e venda, processo em epígrafe, que promove em face de (...), por seus advogados, vem, respeitosamente, requerer a distribuição do presente

Agravo de instrumento,

o que faz com fundamento nos artigos 298 e 1.015, I, e seguintes do Código de Processo Civil.

I – Nome e endereço completo dos advogados (CPC, art. 1.016, IV)

Os advogados que funcionam no mesmo são os seguintes:

1 – Pelo agravante:

(...), Endereço: (...)

2 – Pelos agravados:

(...), Endereço: (...)

II – Juntada das peças obrigatórias e facultativas (CPC, art. 1.017)

Junta-se, desde logo, cópia integral dos autos, declarada autêntica pelo advogado subscritor da presente nos termos do art. 425, IV, do Código de Processo Civil e, entre elas, as seguintes peças obrigatórias:

a) Cópia da r. decisão agravada (fls. XXX dos autos integralmente reproduzidos);

b) Cópia da certidão da intimação da r. decisão agravada (fls. XXX, dos autos integralmente reproduzidos);

c) Cópia da procuração e substabelecimento outorgado aos advogados (fls. XXX dos autos integralmente reproduzidos).

Termos em que, requerendo o recebimento das inclusas razões, instruídas com as peças obrigatórias e facultativas retro apontadas.

Pede deferimento.

Data.

Advogado (OAB)

Origem:

(...)

Processo (...) – Procedimento Comum – Resolução

Partes (CPC, art. 1.016, I): (...)

Razões do recurso

Egrégio tribunal

Colenda Câmara

I – Exposição do fato e do direito (CPC, art. 1.016, II) e razões do pedido de reforma da decisão (CPC, art. 1.016, III)

Fatos

A presente demanda funda-se, portanto, no descumprimento da obrigação de pagar as parcelas do preço, fato inequívoco e devidamente comprovado em razão da regular notificação, sem contar as inúmeras tentativas inexitosas de demover os agravados a saldarem sua dívida.

Dessa maneira, na exordial, a agravante requereu a antecipação de parte da tutela pretendida com fundamento nos arts. 294 e seguintes e 300 do Código de Processo Civil, para que fosse reintegrada na posse do imóvel, evitando maiores danos que certamente serão de difícil, senão impossível reparação.

Nada obstante, sobreveio a decisão agravada.

Decisão agravada:

"(...) – Vistos. Recebo petição como aditamento da inicial. Anote-se a alteração do valor da causa. Em que pese a relevância dos fundamentos jurídicos invocados, INDEFIRO o pedido de antecipação de tutela formulado pela requerente, pois ausentes todos os requisitos legais do art. 300, do CPC, havendo risco de irreparabilidade da medida caso seja deferida desde o início (...)"

Direito e razões do pedido de reforma

É inquestionável que os agravados adquiriram imóvel da agravante mediante promessa de venda e compra, obrigando-se, em contrapartida, a pagar prestações mensais e consecutivas.

Ocorre que, mesmo regularmente notificados a purgar a mora, quedaram-se inertes, tornando-se inadimplentes.

Por conseguinte, não pagaram as parcelas devidas e recusam-se a qualquer tipo de acordo, locupletando-se indevidamente da posse do imóvel.

A autora, por outro lado, arca com o prejuízo causado pelos réus, posto que necessita do imóvel para, ao menos, minimizar os prejuízos causados pelo inquestionável descumprimento da avença.

Verifica-se que os réus, desdenhosamente, contando com a pletora de feitos que assoberba o Poder Judiciário, o que certamente independe da vontade de Vossa Excelência, mantém a posse do imóvel em completo locupletamento ilícito.

A necessidade de antecipação da tutela pretendida (reintegração de posse) é medida que se impõe, notadamente em razão da característica condominial do imóvel objeto do pedido, sendo certo que os agravados, inclusive, deixaram de pagar as despesas condominiais, conforme prova documento anexo.

Demonstrado, portando, o *periculum in mora* e a probabilidade do direito, mister se faz a tutela de urgência com supedâneo art. 300 do Código de Processo Civil.

A prova que instruiu a inicial é robusta.

Verifique Vossa Excelência a jurisprudência pátria, que tem admitido remansosamente a antecipação de tutela nesses casos:

> **Tribunal de Justiça de São Paulo.** *"Agravo de instrumento. Compromisso de compra e venda. Cohab/SP. Resolução Contratual c.c. reintegração de posse. Pedido de antecipação da tutela de reintegração. Inadimplemento incontroverso da mutuária. Preenchimento dos requisitos do artigo 273, do CPC [atual art. 300]. Decisão mantida. Recurso Improvido" (0206927-81.2012.8.26.0000, rel. José Joaquim dos Santos, São Paulo, 2ª Câmara de Direito Privado, j. em 18.12.2012, Data de registro: 19.12.2012, Outros números: 2069278120128260000).*

> **Tribunal de Justiça de São Paulo.** *"Antecipação da Tutela. Rescisão contratual. Pagamento parcial do valor de aquisição do imóvel. Existência de significativos débitos referentes a despesas de condomínio e de Imposto Predial e Territorial Urbano. Preenchimento dos requisitos a que se refere o art. 273, I, do Código de Processo Civil. [atual art. 300] Deferimento da antecipação da tutela para pronta reintegração de posse. Agravo provido" (Agravo de Instrumento 9051371-11.2004.8.26.0000 – rel. Luiz Antonio de Godoy – 1ª Câmara de Direito Privado – Data de registro: 23.09.2004 – Outros números: 356.628-4/2-00, 994.04.073985-1).*

> **Tribunal de Justiça de São Paulo.** *"Tutela Antecipada. Compromisso de compra e venda. Rescisão. Reintegração de posse. Agravo de Instrumento manifestado contra decisão que concede a tutela antecipada em ação de rescisão de compromisso de compra e venda, tendo em vista o não pagamento pelo compromissário comprador, há anos, das prestações, despesas condominiais e IPTU, dando ensejo ao início da execução para satisfação das despesas condominiais, com designação de peças para venda do apartamento penhorado. Requisitos autorizadores da tutela antecipada presentes. Recurso não provido" (Agravo de Instrumento 115.212-4 – São Paulo – 10ª Câmara de Direito Privado do Tribunal de Justiça do Estado de São Paul – v.u. – Rel. Des. Marcondes Machado – em 20.08.1999).*

> **Tribunal de Justiça de São Paulo.** *"Ação de rescisão. Compromisso particular de compra e venda de imóvel a prazo cumulada com reintegração de posse. Antecipação de tutela. Admissibilidade. Demonstrado quantum satis da existência dos requisitos legais, perfeitamente cabível é a concessão de antecipação de tutela de reintegração de posse, posse essa que não se confunde com posse velha", dês que concedida em caráter precário. Tomada definitiva liminar que autorizou a compradora inadimplente a retirar bens pessoais do imóvel. Mantida a reintegração. Recurso parcialmente provido" (Agravo de Instrumento 88.167-4-Guarujá – 7ª Câmara de Direito Privado do Tribunal de Justiça do Estado de São Paulo –v.u. – rel. Des. Rebouças de Carvalho – em 12.08.1998).*

De fato, na esteira destes julgados, é preciso verificar nos termos da cláusula (XX) do contrato (fls... dos autos integralmente reproduzidos), que a reintegração e a posse precária foram expressamente previstas, sendo apenas autorizada a permanência dos agravados na posse se estivessem em dia com as obrigações que assumiram.

Inúmeros outros julgados alinham-se no mesmo sentido:

224 | MODELOS DE PEÇAS NO NOVO CÓDIGO DE PROCESSO CIVIL – *Luiz Antonio Scavone Junior*

Tribunal de Justiça de São Paulo. "Tutela antecipada. Possibilidade de antecipação da tutela, pendente decisão final em ação de rescisão contratual, cumulada com perdas e danos e reintegração de posse. Decisão reformada. Recurso provido" (Agravo de Instrumento 96.290-4 – São Paulo – 1ª Câmara de Direito Privado – rel. Alexandre Germano – 15.12.1998 – v.u.).

Primeiro Tribunal de Alçada Civil de São Paulo. "Tutela antecipada. Possessória. Reintegração de posse. Presença dos requisitos legais necessários à antecipação pretendida revistos no artigo 273, I, do Código de Processo Civil [atual art. 300]. Inconfundibilidade com o pedido de liminar não típica das ações possessórias. Tutela deferida. Recurso provido" (Agravo de Instrumento 00718150-6/004 – São Paulo – 12ª Câmara – rel. Campos Mello – j. em 14.11.1996 – Decisão: unânime – RT 740/329).

Tribunal de Alçada de Minas Gerais. "Reintegração de posse. Antecipação da tutela. Liminar. Promessa de compra e venda. Mora. Comprovada a mora dos compradores, a sua posse passa, quando estabelecido em contrato, a ser precária, sendo lícito ao vendedor ajuizar ação de reintegração de posse, com pedido de antecipação de tutela e concessão de liminar, com o intuito de reaver a posse do imóvel objeto do contrato" (Agravo de Instrumento 226689-5/00 – Belo Horizonte – 2ª Câmara Cível – rel. Juiz Almeida Melo – j. em 26.11.1996 – Decisão: unânime).

Tribunal de Alçada do Rio Grande do Sul. "Ação de rescisão de contrato cumulada com perdas e danos com pedido de tutela antecipada de reintegração de posse do estabelecimento comercial. Pode o magistrado decidir num só e suficiente momento aquilo que, antes e conservadoramente, era decidido em dois ou mais momentos, postergando a prestação jurisdicional em favor, invariavelmente, do inadimplente, do devedor, que se beneficiava injustificadamente da morosidade processual. Havendo prova inequívoca, convencendo-se o magistrado da verossimilhança da alegação, verificado o fundado receio de dano irreparável ou de difícil reparação, pode ser deferido o pedido de antecipação provisória da tutela, de reintegração de posse do estabelecimento comercial. Agravo improvido" (Agravo de Instrumento 196022180 – 03.04.1996 – 7ª Câmara Cível – rel. Vicente Barroco de Vasconcelos).

A medida que se pleiteia, no que tange à antecipação da tutela de reintegração de posse, diferentemente do que sustenta a decisão agravada, não é irreversível, posto que a posse provisoriamente concedida pode ser revogada a qualquer tempo conforme já decidiu este Tribunal:

Tribunal de Justiça de São Paulo. "Contrato. Compromisso de compra e venda. Ação de rescisão contratual. Antecipação de tutela. Indeferimento. Pretensão viável ante a comprovação da mora e a não configuração da irreversibilidade da medida. Recurso provido" (Agravo de Instrumento 194.395-4 – São Paulo – 3ª Câmara de Direito Privado do Tribunal de Justiça do Estado de São Paulo – v.u. – rel. Des. Carlos Roberto Gonçalves – em 13.03.2001).

Tribunal de Justiça de São Paulo. "Agravo. Despacho que inadmitiu pedido de tutela antecipada em ação de rescisão de compromisso de compra e venda c/c a reintegração de posse. Presentes os pressupostos que autorizam a concessão de tal benefício. Não configurada a irreversibilidade da medida. Recurso provido" (Agravo de Instrumento 44.522-4 – São Paulo – 10ª Câmara de Direito Privado – rel. Ruy Camilo – 27.05.1997 – v.u.).

II – Pedido

Tendo em vista o inquestionável direito de a agravante obter a posse do imóvel ante o inadimplemento dos agravados, requer a antecipação da pretensão recursal para determinar a incontinenti reintegração da agravante na posse do imóvel (CPC, art. 1.019, I).

Ao final, requer o agravante o provimento deste recurso, com a reforma da decisão agravada, determinando-se ou confirmando-se a imediata reintegração da agravante na posse do imóvel.

III – Requerimento

Isto posto, serve a presente para requerer ao Insigne Relator que determine a intimação dos agravados (CPC, art. 1.019, II) para responder no prazo legal.

Ou (na hipótese de os agravados ainda não terem sido citados): ...determine a intimação dos agravados (CPC, art. 1.019, II), por carta com aviso de recebimento, no endereço constante do preâmbulo deste recurso, ou seja (...) para responder no prazo legal.

Termos em que, cumpridas as necessárias formalidades legais, pede e espera deferimento como medida de inteira JUSTIÇA.

Data

Advogado (OAB)

12.2. AGRAVO INTERNO

12.2.1. De decisão monocrática que dá provimento ao Recurso Especial

Exmo. Sr. Dr. Ministro Relator (...) da (...) Turma do Colendo Superior Tribunal de Justiça

Autos: REsp n. (...)

(...), por seus advogados subscritores, nos autos do recurso especial em epígrafe interposto por (...), vem, respeitosamente, perante Vossa Excelência, diante da r. decisão monocrática de fls. (...), interpor o presente

Agravo interno,

o que faz com fundamento nos artigos 258 e 259 do Regimento Interno deste E. Superior Tribunal de Justiça, 1.021 e seguintes do Código de Processo Civil e pelas razões a seguir aduzidas:

A ação da qual foi extraído o presente recurso se resume a ação de execução de título extrajudicial promovida pela recorrente em face do ora agravado e sua ex--esposa, tendo, anos após sua citação, bloqueado de sua conta corrente vinculada a poupança – o que não é poupança propriamente dita – o montante de (...) (e-STJ fl....) por decisão copiada a e-STJ fl. ...

O D. Juízo de 1º Grau proferiu decisão não acolhendo da impugnação do agravado (e-STF fls.., respectivamente), tendo ele apresentado o agravo de instrumento que origina este Recurso Especial.

O agravo foi improvido pelo Tribunal Paulista tendo em vista que o ora agravado não logrou êxito em comprovar a impenhorabilidade de algo que não se presta a sua sobrevivência, tampouco a aplicabilidade do dispositivo legal questionado (art. 833, inc. X, do CPC), pois se constatou que a conta do agravado se trata de uma conta fácil do Banco (...), modalidade que integra conta corrente e conta poupança sob o mesmo número, constituindo uma forma de remuneração em conta corrente (e-STF fls...).

As provas levadas aos autos do agravo instrumental de origem foram analisadas pelo E. TJSP.

Inconformado, o agravado interpôs o presente Recurso Especial buscando reexame de matéria fático-probatória, pois revolve provas dos autos e confronta a premissa fática estabelecida pelo E. TJSP para modificar penhora estabelecida pela instância ordinária, em flagrante contrariedade ao entendimento deste Excelso Tribunal, notadamente a Súmula de n. 7 desta Corte: "A pretensão de simples reexame de prova não enseja recurso especial".

226 | MODELOS DE PEÇAS NO NOVO CÓDIGO DE PROCESSO CIVIL – *Luiz Antonio Scavone Junior*

O dispositivo legal questionado nada menciona sobre contas correntes com rendimentos de poupança:

CPC, Art. 833. São impenhoráveis:

X – a quantia depositada em caderneta de poupança, até o limite de 40 (quarenta) salários mínimos.

Neste diapasão, o entendimento da jurisprudência bandeirante é enfático:

> **Tribunal de Justiça de São Paulo.** *"Execução. Penhora. Conta poupança integrada à conta--corrente. Inaplicabilidade do artigo 649, X do CPC [atual art. 833, X]. Impugnação rejeitada. Agravo improvido. A proteção legal que assegura a impenhorabilidade limitada a quarenta salários mínimos em caderneta de poupança não alcança a hipótese de conta integrada (corrente e poupança). Na verdade, ela não constitui verdadeira caderneta de poupança, mas simples forma de remuneração dos depósitos em conta-corrente, assegurando imediata disponibilidade na medida de sua utilização pelo respectivo titular"* (1241285007 – Agravo de Instrumento – Relator(a): Antonio Rigolin – Comarca: Bauru – Órgão julgador: 31ª Câmara de Direito Privado – Data do julgamento: 03.02.2009 – Data de registro: 19.02.2009 – cumprimento de sentença).

Nada obstante, a exegese da impenhorabilidade prevista no aludido dispositivo é a de garantir ao executado a existência de meios de subsistência mesmo em caso de vir a ter seus bens constritos para satisfação de dívida exequenda, e não importâncias mantidas a fim de produzir renda enquanto não empregadas.

No caso em tela, ao dar interpretação extensiva ao referido texto legal, afasta--se o bloqueio de valores mantidos e favorecendo uma parte não necessariamente desigual, que se vale de todos os expedientes possíveis e imagináveis, para furtar-se ao cumprimento de suas obrigações.

Destarte, entende também o E. TJSP:

> **Tribunal de Justiça de São Paulo.** *"Ação Monitoria – Em fase de execução – Penhora online – Impugnação – Alegação de que os valores bloqueados têm caráter alimentar – Indeferimento – Ausência de comprovação do alegado – Inaplicabilidade do artigo 649, incisos IV e X, do CPC [atual art. 833, IV e X]- Decisão mantida – Recurso improvido"* (0150428-14.2011.8.26.0000 – Agravo de Instrumento – Relator(a): Mario de Oliveira – Comarca: São Paulo – Órgão julgador: 19ª Câmara de Direito Privado – Data do julgamento: 15.08.2011 – Data de registro: 28.09.2011 – Outros números: 01504281420118260000).

Quanto à diferenciação entre caderneta de poupança e conta-corrente com rendimentos de poupança, a doutrina é clara: nesta, existe a remuneração mensal conjugada com a possibilidade de ordens de pagamento por parte do correntista (Danilo Silva Bittar. Repensando a impenhorabilidade da conta-poupança. *Repertório IOB de jurisprudência: civil, processual, penal e comercial*, n. 11, p. 395-389, 1º quinz. jun. 2012), ao passo que naquela, o cliente entrega quantia pecuniária à instituição financeira, que adquire sua propriedade e resta obrigada a restituí-la quando lhe for exigida, havendo remuneração do período de sua permanência (Fábio Ulhoa Coelho, *Manual de direito comercial*. 18. ed. rev. e atual. 2007, p. 450).

Isto posto, o recurso especial é manifestamente contrário ao art. 833, X do CPC, seja pela busca inadmissível de reexame de matéria fático-probatória (Súmula 7 do E. STJ), seja pela legalidade da decisão de primeira instância, razão pela qual requer-se ao Nobre Ministro Relator a reconsideração da r. Decisão monocrática, com fulcro no art. 259 do Regimento Interno deste Superior Tribunal de Justiça, para o fim de negá-lo provimento.

Cap. 12 · RECURSOS | 227

Caso não seja este o entendimento de Vossa Excelência, requer seja o vertente agravo regimental remetido à Colenda (...) Turma deste Excelso Tribunal ao qual se requer o provimento para que seja reformada a decisão monocrática e, ao final, negado provimento ao Recurso Especial interposto (art. 259, *caput*, RISTJ).

Termos em que,

Pede deferimento.

Data

Advogado (OAB)

12.2.2. De decisão monocrática que nega seguimento ao Recurso Especial

Exmo. Sr. Dr. Ministro Relator (...) da (...) Turma do Colendo Superior Tribunal de Justiça

Autos: REsp n. (...)

(...), por seus advogados subscritores, nos autos do recurso especial em epígrafe interposto por (...), vem, respeitosamente, perante Vossa Excelência, diante da r. decisão monocrática de fls. (...), interpor o presente

Agravo interno,

o que faz com fundamento nos artigos 258 e 259 do Regimento Interno deste E. Superior Tribunal de Justiça, arts. 1.021 e seguintes do Código de Processo Civil e pelas razões a seguir aduzidas:

I – Objeto deste recurso

É obter a reforma da r. decisão interlocutória que não admitiu o Recurso Especial oportunamente interposto (fls... dos autos), aduzindo, para tanto, que a o acórdão objeto do recurso interposto decidiu diante das circunstâncias fáticas próprias do processo ‹sub judice›, sendo certo, por este prisma, aterem-se às razões do recurso a uma perspectiva de reexame desses elementos.

Entrementes, esse não foi o fim colimado pelos agravantes no seu Recurso Especial que a decisão agravada não guarda, data *maxima venia*, relação com o recurso interposto e sua admissibilidade, o que se demonstrará:

II – Exposição do direito

Como afirmado, os recorrentes, mãe e filhos são réus na ação em que sua irmã e também filha, a recorrida, questiona, por reputar inoficiosa, a doação que sua mãe levou a efeito a um dos filhos.

Os recorrentes foram vencedores em primeiro grau de jurisdição e, surpreendidos pela reforma total da decisão monocrática, se viram diante de flagrante afronta ao Código Civil, Lei 10.406 de 10 de janeiro de 2002, que no seu art. 549 estabelece:

> *"Art. 549. Nula é também a doação quanto à parte que exceder à de que o doador, no momento da liberalidade, poderia dispor em testamento."*

Certo é que, diferentemente do quanto sustentado genericamente pela decisão ora agravada, de maneira alguma há o revolvimento de questões fáticas.

Ao revés, a questão tratada no acórdão e no Recurso Especial interposto é puramente jurídica, ou seja, a de saber se recorrida poderia, com supedâneo no art. 549

do Código Civil, aqui questionado, se opor a eventual doação inoficiosa levada a efeito por sua mãe, ora recorrida, antes da abertura da sucessão.

Observe-se, que o fundamento do Recurso Especial, em razão da negativa de vigência e interpretação *data venia* equivocada do direito lá agitado, é a inferência que se extrai do art. 549 do Código Civil, cuja correta interpretação, não empreendida, lamentavelmente, pelo acórdão recorrido, indica que antes da delação da herança não há partilha, nem monte partível, nem "de cujus" e tampouco legítima, de tal sorte que filho algum da recorrente poderia reivindicar qualquer coisa relativa à herança, pois não há herança, mas patrimônio!

Logo, a questão aqui discutida é tipicamente objeto da angusta via do Recurso Especial.

Acrescente-se a relevância do que aqui se trata, posto que o direito de propriedade da recorrente doadora, mãe da autora, ora recorrida, não pode ser tratado como se fosse ela a "de cujus".

Ela está viva e será ela titular de seus bens e gestora de seu patrimônio, deles dispondo livremente até o momento de sua morte (inclusive ajudando ou premiando quem lhe aprouver), sem ter que prestar contas de seus atos a filhos ressentidos, revelando-lhes e tornando públicos seus negócios, riscos, fracassos ou sucessos.

Impossível, portanto, sustentar que o recurso adere a questões de natureza fática na medida em que se questiona a possibilidade ou não, com fundamento no dispositivo de lei federal violado (CC, art. 549), de discutir inoficiosidade de doação de pai para filho antes da abertura da sucessão.

Como se sustentou alhures, no recurso cujo seguimento se nega, não é de hoje que a doutrina, interpretando o art. 1.176 do Código anterior, equivalente ao art. 549 do atual Código Civil aqui tido como violado, ensina a impossibilidade da discussão, ora travada, antes da abertura da sucessão do doador.

É esta a lição que inça da vetusta doutrina de Itabaiana de Oliveira, segundo o qual:

"a redução das doações 'inter vivos' na parte inoficiosa somente pode ser pedida pelos herdeiros necessários, E DEPOIS DA MORTE DO DOADOR; procedendo-se, para esse fim, ao respectivo inventário dos bens pertencentes ao 'de cujus', inclusive aos doados, computado o valor destes ao tempo da doação, porque é essa época a que se refere o art. 1.176 do Cód. Civil, quanto à inoficiosidade, e não à época da morte do doador" (Tratado de Direito das Sucessões. 5. ed. atualizada pelos Dês. Décio Itabaiana, Paulo Dourado de Gusmão e Paulo Pinto. Rio de Janeiro: Freitas Bastos, p. 323).

Carvalho Santos advertiu:

"a reducção só poderá ser pleiteada após a abertura da successão, em virtude da qual terá o legitimário direito à legitima: em primeiro logar, porque, não havendo herança de pessoa viva, não poderia haver legítima, nem tampouco acção de redução, visando integrá-la; em segundo logar, porque em vida daquelle de quem pretendem herdar, não podem os presumidos legitimarios impedir qualquer accto que elle queira praticar, allegando que possa implicar, ou que implica realmente, em lesão irreparável ao seu direito á legitima; nem intervir em outros actos para reconhecer si são sinceros ou simulados, e, si, por isso podem ou não expor a perigos e prejuizos os seus possíveis direitos; nem, enfim, praticar actos conservatorios..." (cf. J. M. de Carvalho Santos, Código Civil Brasileiro Interpretado. 2. ed. Rio de Janeiro: Freitas Bastos, 1938, vol. XXIV, p. 129).

A finalidade social da norma é frear os ímpetos de herdeiros afoitos que, após esbanjar ou dissipar, por sua própria inabilidade ou prodigalidade, os bens que receberam, contra os pais litigarão, como ocorre no vertente caso, motivados pelo "gosto pelo ócio ou pelos regalos da vida fácil, consequência da expectativa de gorda herança, como sustenta Lacerda De Almeida" (Carvalho Santos, ob. cit., vol. XXII, p. 35/36).

Cap. 12 · RECURSOS | 229

Neste sentido é que há muito tempo o Supremo Tribunal Federal, resolvendo caso de doação inoficiosa (RE 53.483), do qual foi relator o eminente Min. Hahnemman Guimarães, já assentava e proclamava que:

> *"pertencendo aos herdeiros necessários a ação para anular a doação inoficiosa, só é admissível depois da morte do doador"; É que não pode, em vida, um filho pretender anular doação feita pelo pai a um de seus irmãos. Tal fato é tão comezinho, pois não poderia o filho disputar uma herança que ainda não existia." (cf. Jurisprudência Brasileira, vol. 53, p. 227 a 228).*

Portanto, de acordo com a correta interpretação do art. 549 do Código Civil que se pleiteia no recurso cujo seguimento foi negado pela decisão recorrida sob argumento de se tratar de questão de fato, se antes da morte do doador é impossível aferir-se a legítima, por não existir monte partível e por ser vedado disputar a herança de pessoa viva, forçoso é concluir que, ao contrário da pálida "tese" sustentada pelo acórdão recorrido, a ação de qualquer herdeiro necessário para anular doação inoficiosa "somente pode ser admitida após o óbito do doador."

Diante do exposto, não há falar-se em análise fática, como equivocadamente faz crer a fundamentação da negativa de seguimento do Recurso Especial.

Trata-se de verdadeira negativa de vigência de Lei Federal (CC, art. 549).

Portanto, não há como deixar de reconhecer que o Recurso Especial, em verdade, está fundamentado no inciso III, "a", do art. 105 da Constituição Federal, fazendo-se mister seu conhecimento e provimento.

III – Pedido

Em razão do exposto, requer-se ao Nobre Ministro Relator a reconsideração da r. Decisão monocrática, com fulcro no art. 259 do Regimento Interno deste Superior Tribunal de Justiça, para o fim de dar provimento ao recurso.

Caso não seja este o entendimento de Vossa Excelência, requer seja o vertente agravo interno remetido à Colenda Turma deste Excelso Tribunal e que a ele seja dado provimento para apreciação e acolhimento do Recurso Especial Interposto (art. 259, *caput*, RISTJ).

IV – Requerimento

Isto posto, serve a presente para requerer a V. Excelência que, protocolada esta petição na Secretaria desse Eg. Tribunal, intime-se a agravada para responder, querendo, no prazo de dez (15) quinze dias, cumpridas as necessárias formalidades legais.

Termos em que,

Pede deferimento.

Data

Advogado (OAB)

12.3. EMBARGOS DE DECLARAÇÃO

MM. Juízo da (...) Vara (...) da Comarca de (...)

Processo n (...)

(...), por seus advogados, nos autos da (...), que lhe move (...), em trâmite perante esse e. Juízo, vem, respeitosamente, à presença de Vossa Excelência, apresentar, tempestivamente,

230 | MODELOS DE PEÇAS NO NOVO CÓDIGO DE PROCESSO CIVIL – *Luiz Antonio Scavone Junior*

Embargos de declaração,

o que faz com fundamento no artigo 1.022, I (II e/ou III) do Código de Processo Civil e pelas razões a seguir aduzidas.

I – Objeto deste Recurso

É obter o esclarecimento da r. decisão (...), proferida nos seguintes termos (fls...):

Isto porque, "data venia", certamente de forma involuntária, a decisão, com todo respeito, precisa ser esclarecida posto que há obscuridade *(contradição e/ou omissão)* tendo em vista que (...).

Assim, faltou, inclusive, a necessária fundamentação exigida pelo art. 489, § 1º do Código de Processo Civil.

Desta forma, conforme se verifica dos trechos destacados no decisório e acima copiados, não resta claro embargante (...).

Assim, mister se faz ao sanar as obscuridades, omissões e contradições existentes na decisão e, bem assim, corrigir o erro material susoapontado.

II – Pedido

Pelo exposto, é a presente para, com fundamento no artigo 1.022, I (II e/ou III) do CPC, requerer sejam sanadas as obscuridades e contradições susoapontadas.

III – Requerimento

Isto posto, requer o embargante:

a) nos termos do art. 1.023, § 2º, do Código de Processo Civil, a intimação do embargado, na pessoa do seu advogado, para responder no prazo legal de 5 (cinco) dias tendo em vista que o eventual acolhimento implicará na alteração do dispositivo;

b) ao final, que Vossa Excelência se digne em acolher os embargos dando-lhes provimento para (...).

Termos em que, cumpridas as necessárias formalidades legais, pede e espera o recebimento e provimento.

Data

Advogado (OAB)

12.4. APELAÇÃO

MM. Juízo da (...) Vara (...) da Comarca de (...)

Processo n. (...)

(...), já qualificadas nos autos da ação de resolução contratual por inadimplemento que move em face (...), não se conformando com a r. sentença proferida que indeferiu a petição inicial, vem dela apelar pelas razões anexas. Isto posto, juntando o comprovante do pagamento do preparo (CPC, artigo 1.007), requer digne-se Vossa Excelência de receber este recurso, remetendo os autos à segunda instância, cumpridas as necessárias formalidades legais, como medida de inteira justiça.

Termos em que,

Pede deferimento.

Data

Advogado (OAB)

Origem: (...) Vara Cível do Foro (...)

Processo n.º (...)

Apelante: (...)

Apelado: (...)

Razões de apelação:

Egrégio Tribunal

Ínclitos Julgadores,

Exposição do fato e do direito (CPC, art. 1.010, II)

I – Preliminarmente

No curso da instrução a apelante requereu que o Juízo *a quo*, nada obstante o requerimento que fez diretamente à Municipalidade, oficiasse o Poder Público para que informasse nos autos a inexistência de qualquer participação da apelante como loteadora do empreendimento.

O Juízo *a quo* por decisão interlocutória irrecorrível, indeferiu o pedido e determinou que a apelante efetuasse, de outro modo, a prova negativa.

Ao depois, mesmo sem aguardar as providências da ora apelante e mesmo que esta tivesse comprovado nos autos que solicitou a referida certidão, o processo foi extinto, o que agora desafia o vertente recurso.

Nada obstante, nos termos do art. 1.009, § 1º do Código de Processo Civil, requer a reforma daquela decisão, determinado-se a expedição de ofício para a Municipalidade com o intuito desta informar diretamente o juízo acerca da sua participação, ainda que indireta, no indigitado parcelamento.

II – Mérito

A r. sentença de fls. (...), *data venia*, merece reforma.

Senão vejamos: Em (...) a apelante adquiriu, através de Instrumento Particular de Promessa de Venda e Compra, dentre outros, o lote de terreno sob o nº (...) da Quadra nº (...) do loteamento denominado (...), situado no Município de (...).

A empresa (...) foi quem implantou e comercializou o loteamento (...), sendo ela a loteadora do empreendimento e não a apelante.

Posta assim a questão, a apelante é mera adquirente do lote precitado.

Portanto, nessa qualidade, tendo adquirido o imóvel da loteadora, em (...), a apelante cedeu-o através de "Instrumento Particular de Promessa de Cessão Parcial de Direitos Decorrentes de Contrato Particular de Promessa de Cessão de Direitos de Venda e Compra", ao Sr. (...).

Entretanto, o Sr. (...), ora apelado, atrasou o pagamento de (...) parcelas referentes ao negócio entre as partes, o que obrigou a apelante a notificá-lo e, ao depois, ingressar com ação de resolução contratual cumulada com reintegração de posse.

Ocorre que, sem fundamento legal, nessa ação de resolução cumulada com reintegração de posse, antes da citação do réu, ora apelado, o MM. Juiz *a quo* determinou a emenda da petição inicial da ação, para que fosse comprovada a inscrição do loteamento junto ao Registro Imobiliário, o que, para evitar maiores delongas, foi devidamente cumprido pela apelante, que juntou certidão da matrícula do loteamento. Essa decisão possui o seguinte teor:

"Cuida-se de ação ordinária de rescisão de contrato particular de compromisso de compra e venda cumulada com pedido de tutela antecipatória. Na avença há cláusula prevendo a sua rescisão, em caso de inadimplemento pela parte contratante, ora requerida. De fato, esta é a causa de pedir desta ação. O art. 38 da Lei 6.766/79 comina a nulidade à hipótese de estipulação de cláusula rescisória em virtude de inadimplemento quando não exista inscrição do

232 | MODELOS DE PEÇAS NO NOVO CÓDIGO DE PROCESSO CIVIL – *Luiz Antonio Scavone Junior*

loteamento. A norma é clara, sendo desnecessária maior inteligência. A ratio é uma só: garantir um mínimo de regularidade, planejamento urbano e infraestrutura às cidades. Daí ter o loteador que obedecer aos ditames dos arts. 18 e ss., da mencionada lei. Alvitre-se que, concessa venia de posições em contrário, a se admitir que intermediadores transacionem com imóveis irregulares, estar-se-á, no entender deste Julgador, fazendo-se letra morta do supracitado art. 39. Em geral, as pessoas jurídicas que se prestam de ponte aos adquirentes de imóveis bem sabem acerca de sua regularidade ou não. Assim sendo, emende a autora a inicial, para em 10 dias comprovar a inscrição do loteamento junto ao Registro Imobiliário, atendidos os preceitos do diploma legal susocitado, sob pena de indeferimento da inicial (arts. 320 c/c 321 do CPC)."

Conforme se verifica da certidão da matrícula (...) que a apelante juntou, consta, inclusive, o cancelamento da caução sobre os lotes dados em garantia à Prefeitura (...), pelas obras de infraestrutura, conforme averbação (...).

Entretanto, mesmo em face dessas provas carreadas aos autos e, nada obstante ter provado não ser a Loteadora do empreendimento "(...)", não satisfeito, o Juiz monocrático indeferiu a petição inicial e extinguiu o processo sem resolução de mérito proferindo sentença nos termos do art. 485, I, do Código de Processo Civil por entender que caberia à apelante a comprovação do preenchimento do inc. V, do art. 18, da Lei 6.766/1979, ou seja, que as obras do loteamento estão regularizadas, decisão esta que ora é objeto do presente recurso de apelação.

Insta observar que, apesar de a certidão da matrícula ser clara quanto ao levantamento da caução para atendimento das obras de infraestrutura, o que, por óbvio, dá ensejo à conclusão de que as obras foram executadas – caso contrário a caução não seria levantada –, a apelante efetuou requerimento à Prefeitura (...) para que certificasse o cumprimento das obras previstas no inc. V, do art. 18, da Lei 6.766/1979.

III – Razões do pedido de reforma da sentença (CPC, art. 1.010, III)

a) Efetividade da tutela jurisdicional

Mesmo que o loteamento não tivesse todas as obras concluídas – que não é o caso –, entende a apelante, na qualidade de terceira adquirente de lote de terreno regularmente inscrito junto ao oficial de Registro de Imóveis, que subsiste seu direito de rescindir o contrato e reaver a posse do imóvel do cessionário inadimplente.

Em verdade, no caso em tela, está sendo obstado o direito constitucional à ação e afrontado o art. 5º, inc. XXXV, da Constituição Federal, que consagrou o princípio da inafastabilidade da tutela jurisdicional pelo Poder Judiciário.

Ora, Nobres Desembargadores, há que se ter como premissa que todo direito corresponde a uma ação que o assegura ou, nos termos do art. 189 do Código Civil, violado o direito, nasce para o titular a pretensão...

Demais disso, o equívoco perpetrado na sentença premia o enriquecimento ilícito na exata medida em que o apelado poderia perpetuar-se na posse do imóvel sem pagar pelo negócio subjacente que a originou.

Sim, porque a apelante estaria impedida de resolver o contrato e pleitear a reintegração de posse, mesmo ante ao inadimplemento do apelado.

Outrossim, não se exclui da apreciação do Poder Judiciário as lesões a direitos desde que instrumentalizados no poder de ação, tal qual se mostra pelas normas e princípios de direito processual.

Assim, o acesso constitucional ao Poder Judiciário é incondicionado e não pode ser obstado por pseudonormas criadas para dificultar evidente direito material da apelante.

A ação demanda, hoje, uma configuração teleológica, que não se restringe aos aspectos técnicos, tradicionais, mas aos meios colocados à disposição do cidadão para acesso a uma ordem jurídica justa.

Verifica-se o princípio constitucional da inafastabilidade da tutela (art. 5º, XXXV), esposando a tese da abertura da justiça, ligando a ação aos postulados do estado social de direito e à garantia do devido processo legal.

b) Regularidade do pedido da autora, ora apelante, ante ao direito das obrigações e da Lei 6.766/1979

Excelências, encontra-se devidamente provado nos autos que a Prefeitura (...) liberou da caução todos os lotes dados em garantia para a execução das obras de infraestrutura, de responsabilidade da loteadora que, repita-se, não é a apelante!

Isso consta já averbado à margem da matrícula do loteamento Jardim das Oliveiras, cuja cópia autenticada faz parte dos autos.

Portanto, trata-se de loteamento devidamente matriculado junto ao oficial de Registro de Imóveis da circunscrição imobiliária competente.

Se isso não bastasse, o Juiz *a quo* pretendeu que a apelante comprove obrigação de exclusiva responsabilidade da loteadora.

A obrigação pode ser definida como o vínculo jurídico transitório mediante o qual o devedor (sujeito passivo) fica adstrito a dar, fazer ou não fazer (prestação) alguma coisa em favor do credor (sujeito ativo), sob pena de ver seu patrimônio responder pelo equivalente e, às vezes, por perdas e danos.

Em consonância com o acatado, temos que o art. 18, inc. V, da Lei 6.766/1979 está assim redigido:

> *"Art. 18. Aprovado o projeto de loteamento ou de desmembramento, o loteador deverá submetê-lo ao Registro Imobiliário dentro de 180 (cento e oitenta) dias, sob pena de caducidade da aprovação, acompanhado dos seguintes documentos:*
>
> *V – cópia do ato de aprovação do loteamento e comprovante do termo de verificação pela Prefeitura Municipal ou pelo Distrito Federal, da execução das obras exigidas por legislação municipal, que incluirão, no mínimo, a execução das vias de circulação do loteamento, demarcação dos lotes, quadras e logradouros e das obras de escoamento das águas pluviais ou da aprovação de um cronograma, com a duração máxima de 4 (quatro) anos, acompanhado de competente instrumento de garantia para a execução das obras;"*

Portanto, resta evidente que é de única e exclusiva responsabilidade do loteador a obrigação que a decisão apelada pretende carrear à apelante.

Segundo o mencionado inc. V do art. 18 da Lei 6.766/1979, o loteador é o sujeito passivo, aquele que possui obrigação de fazer as obras.

Se não as concretiza, poderá ser responsabilizado nos termos do mesmo diploma legal.

É o loteador, acorde com a Lei 6.766, que deve providenciar as obras. Para tanto, oferece caução à Prefeitura Municipal, como, aliás, se observa da matrícula do loteamento onde está localizado o lote da apelante.

A apelante, por conseguinte, não possui qualquer obrigação de fazer as obras mencionadas no inc. V do art. 18.

Se as obras não são efetivadas, a própria Lei 6.766/1979 oferece mecanismos à Prefeitura para que regularize o parcelamento do solo urbano nos termos dos arts. 38 a 40.

Em nenhum momento se vislumbra nesses artigos a teratológica conclusão de que o terceiro adquirente – como é a apelante – não está autorizado a pleitear tutela jurisdicional de resolução contratual cumulada com reintegração de posse para reaver o terreno de cessionário, como no caso vertente.

Aliás, repita-se, nem se sabe de onde o Magistrado *a quo* retirou tal ilação, mormente que o lote da apelante está devidamente matriculado no Registro de

234 | MODELOS DE PEÇAS NO NOVO CÓDIGO DE PROCESSO CIVIL – *Luiz Antonio Scavone Junior*

Imóveis, do qual não consta menção a bloqueio de matrícula ou qualquer outro óbice registral.

Portanto, resta absolutamente ilegal o impedimento ao prosseguimento da ação definido ao talante do magistrado *a quo*, sem supedâneo legal.

O princípio da inafastabilidade (ou princípio do controle jurisdicional) (...) garante a todos o acesso ao Poder Judiciário, o qual não pode deixar de atender a quem venha a juízo deduzir uma pretensão fundada no direito e pedir solução para ela.

Com a devida vênia, falhou o MM. Juiz *a quo*, sendo de rigor o provimento desta irresignação para reformar a r. decisão agravada, não só para evitar que a apelante seja colhida por prejuízos de duvidosa reparação, mas também para zelar e defender a correta aplicação do ordenamento jurídico.

IV – Conclusões

Destarte, resta mais do que evidenciado neste recurso a prova inequívoca da promessa de cessão firmada entre as partes, ora apelante e apelado além da efetiva regularidade registral do loteamento onde se encontra o terreno da apelante que não seria, de qualquer forma, obrigada a comprovar regularidade de obras de loteamento registrado posto que não é e não foi, de maneira alguma a loteadora.

Portanto, Nobres Julgadores, evidentes os equívocos perpetrados pela sentença, cuja reforma é necessária para prestigiar a mais pura aplicação da Lei.

Sendo assim, requer a apelante seja dado provimento ao vertente recurso para o fim de:

a) Preliminarmente, reformar a decisão interlocutória que indeferiu a expedição de ofício à Municipalidade a teor da preliminar desta contestação, nos termos do art. 1.009, § 1º do Código de Processo Civil; e,

b) Reformar a r. decisão apelada, obstando, assim, o inexistente requisito legal de comprovação de regularidade de obras do loteamento onde se encontra o terreno da apelante, que não é a loteadora, anulando a sentença e determinando o regular processamento para que tenha acesso a apreciação de sua ação de resolução contratual cumulada com reintegração de posse em face do apelado, posto que, assim julgando, estará esta Corte tutelando o melhor Direito.

Termos em que,

Pede deferimento.

Data

Advogado (OAB)

12.4.1. PEDIDO DE ATRIBUIÇÃO DE EFEITO SUSPENSIVO A APELAÇÃO RECEBIDA APENAS NO EFEITO DEVOLUTIVO, ANTES DA DISTRIBUIÇÃO DO RECURSO

Exmo. Sr. Dr. Desembargador Relator do Recurso de (...) n. (...) do E. Tribunal (...); ou: Exmo. Sr. Dr. Desembargador Presidente do E. Tribunal.

Recurso apelação n. (...)

Origem: (...)

(...), por seus advogados e procuradores, no Recurso (...) extraído da apelação na ação (...), que lhes move (...), vem, respeitosamente, perante Vossa Excelência, nos termos do § 3º do art. 1.012 do Código de Processo Civil, requerer:

Concessão de efeito suspensivo ao Recurso de Apelação interposto o que faz com fundamento nos argumentos de fato e de direito a seguir aduzidos.

I – Possibilidade jurídica do presente pedido

Nos termos da cópia do processo que segue anexo ao presente pedido, observa-se que a sentença apelada concedeu tutela provisória de natureza antecipada no seu bojo, de tal sorte que, nessa eventualidade, o recurso de apelação é recebido apenas no efeito devolutivo, permitindo, ainda, a execução provisória do julgado.

Nesse sentido eis o que dispõe o art. 1.012 do Código de processo Civil:

> *Art. 1.012. A apelação terá efeito suspensivo.*
>
> *§ 1º Além de outras hipóteses previstas em lei, começa a produzir efeitos imediatamente após a sua publicação a sentença que:*
>
> *I – homologa divisão ou demarcação de terras;*
>
> *II – condena a pagar alimentos;*
>
> *III – extingue sem resolução do mérito ou julga improcedentes os embargos do executado;*
>
> *IV – julga procedente o pedido de instituição de arbitragem;*
>
> *V – confirma, concede ou revoga tutela provisória;*
>
> *VI – decreta a interdição.*
>
> *§ 2º Nos casos do § 1º, o apelado poderá promover o pedido de cumprimento provisório depois de publicada a sentença.*

Nos termos do § 3º do art. 1.012 do Código de Processo Civil:

> *§ 3º O pedido de concessão de efeito suspensivo nas hipóteses do § 1º poderá ser formulado por requerimento dirigido ao:*
>
> *I – tribunal, no período compreendido entre a interposição da apelação e sua distribuição, ficando o relator designado para seu exame prevento para julgá-la;*
>
> *II – relator, se já distribuída a apelação.*
>
> *§ 4º Nas hipóteses do § 1º, a eficácia da sentença poderá ser suspensa pelo relator se o apelante demonstrar a probabilidade de provimento do recurso ou se, sendo relevante a fundamentação, houver risco de dano grave ou de difícil reparação.*

Posta assim a questão, em regra o Recurso de Apelação não tem, ordinariamente, o condão de salvaguardar por si só a tutela nele buscada, visto que é dotado apenas do efeito devolutivo nas hipóteses do § 3º do art. 1.012.

No entanto, em circunstâncias excepcionais e nos termos do permissivo legal que embasa o presente pedido, desde que presentes determinados requisitos, há situações em que é preciso suspender os efeitos da decisão recorrida para garantir a eficácia da ulterior decisão.

Nessas hipóteses é mister que se atribua efeito suspensivo ao Recurso de Apelação que originalmente não dispõe desse efeito.

Desta forma, considerando que o eminente risco em razão (...) poderá provocar danos irreparáveis à recorrente, e tendo em vista a plausibilidade da tese jurídica sustentada, vem requerer que Vossa Excelência conceda o efeito suspensivo ao vertente Recurso.

II – *Fumus boni iuris*

O presente recurso foi interposto, ante a demonstração de (...).

III – *Periculum in mora*

Como se depreende do andamento da ação principal, a recorrida requereu (...).

Como está claramente demonstrado nas razões do recurso, por mais de um enfoque, é extremamente gravosa a situação imposta à recorrente visto que (...).

Por outro lado, é necessário ressaltar que a atribuição de efeito suspensivo ao presente recurso não causará nenhum dano ao recorrido, mormente porque (...).

Assim, em virtude dos reflexos das atitudes da recorrida, justifica-se a concessão do efeito suspensivo, determinando a (...).

Dispõe ainda o art. 995 do Código de Processo Civil:

"Art. 995. Os recursos não impedem a eficácia da decisão, salvo disposição legal ou decisão judicial em sentido diverso.

Parágrafo único. A eficácia da decisão recorrida poderá ser suspensa por decisão do relator, se da imediata produção de seus efeitos houver risco de dano grave, de difícil ou impossível reparação, e ficar demonstrada a probabilidade de provimento do recurso".

Posta assim a questão, a concessão do efeito suspensivo almejado evitará sérios e irreparáveis prejuízos à recorrente tendo em vista (...).

Luiz Guilherme Marinoni ensina:

"Se o tempo é a dimensão fundamental na vida humana, no processo ele desempenha idêntico papel, pois processo também é vida. O tempo do processo angustia os litigantes; todos conhecem os males que a pendência da lide poder produzir. Por outro lado, a demora processual é tanto mais insuportável quanto menos resistente economicamente é a parte, o que vem a agravar a quase que insuportável desigualdade substância no procedimento. O tempo, como se pode sentir, é um dos grandes adversários do ideal de efetividade do processo" (Luiz Guilherme Marinoni, Efetividade do processo e tutela de urgência. Porto Alegre: Sergio Antonio Fabris Editor, 1994, p. 57).

E o indigitado tempo implica o perigo da demora, sendo relevante mencionar o que ensina Eduardo de Melo Mesquita:

"(...) significa o risco iminente de que, ocorrendo certos fatos, impedida estará a efetividade da prestação jurisdicional. Em outros termos, traduz-se na probabilidade da ocorrência de dano a uma das partes em atual ou futura ação principal, como resultado da morosidade no seu processamento ou julgamento. Havendo possibilidade de prejuízo do autor da ação cautelar na ação principal, decorrência da demora no seu processamento ou julgamento, estará preenchido o requisito do periculum in mora" (Eduardo Melo de Mesquita, As tutelas cautelar e antecipada. São Paulo: RT, 2002, p. 305).

Em consonância com o acatado, o recorrente preenche os requisitos legais para a atribuição do efeito suspensivo ao recurso interposto.

De outra banda, não existe perigo de irreversibilidade.

Isto posto, deduz-se o:

IV – Pedido

Diante de todo o exposto, requer a Vossa Excelência, com a urgência que o caso demanda, a concessão de efeito suspensivo ao recurso interposto, aplicando-se § 3º do art. 1.012, bem como o parágrafo único do art. 995, ambos do CPC, inclusive para manter suspenso o andamento do processo principal em primeira instância até o julgamento final.

Termos em que,

Pede deferimento,

Data

Advogado (OAB)

12.5. RECURSO ORDINÁRIO

Exmo. Sr. Dr. Desembargador Presidente do (...)

Processo n. (...)

(...), não se conformando com a decisão da (...) deste Egrégio Tribunal de Justiça que denegou a ordem, vem, respeitosamente, perante Vossa Excelência, por seu advogado, interpor

Recurso ordinário

o que faz com fundamento no artigo 105, inciso II, alínea "a" da Constituição Federal, e art. 1.027 e seguintes do Código de Processo Civil, cujas razões seguem anexas, as quais deverão ser encaminhadas ao Colendo Superior Tribunal de Justiça (e/ou Supremo Tribunal Federal).

Termos em que,

Pede deferimento,

Data

Advogado (OAB)

Exmo. Sr. Dr. Ministro Presidente do Superior Tribunal de Justiça (ou Supremo Tribunal Federal

Recorrente: (...)

Recorrido: (...)

Colenda turma

Ínclitos ministros

Douta procuradoria

I – Pressupostos de admissibilidade

O presente recurso, tendo em vista o julgamento em única instância pelo (...) é tempestivo, as partes são legítimas e estão devidamente representadas.

A presente interposição encontra supedâneo no artigo 105, inciso II, alínea "a" da Constituição Federal, e art. 1.027 e seguintes do Código de Processo Civil

Portanto, estão preenchidos os pressupostos de admissibilidade.

II – Fatos e direito

(...)

III – Razões para reforma

(...)

Posta assim a questão, a refirma da decisão ora recorrida é medida que se impõe.

IV – Conclusão

Em razão do exposto, requer-se:

a) seja conhecido o presente recurso;

b) no mérito, lhe seja dado provimento para (...) e, quando de seu julgamento, lhe seja dado integral provimento para (...).

Termos em que,

Pede deferimento,

Data

Advogado (OAB)

12.6. RECURSO ESPECIAL

Exmo. Sr. Dr. Desembargador Presidente do E. Tribunal (...).

Apelação n. (...)

Origem: (...)

(...), por seus advogados e procuradores, na ação de cobrança de débitos condominiais pelo procedimento comum (nos embargos à execução de débitos condominiais) que lhes move (...), não se conformando, data venia, com o v. acórdão da (...) Câmara que decidiu o recurso de apelação, vem, respeitosamente, interpor o presente

Recurso Especial com pedido de efeito suspensivo (CPC, art. 1.029, § 5º)

o que faz tempestivamente, exibindo, desde logo, o comprovante do pagamento do preparo (documento 1), e duplamente fundamentado no art. 105, III, "a" e "c" da Constituição Federal de 1988 c/c art. 1.029 e seguintes do Código de Processo Civil, pelos fatos e pelas razões de direito a seguir expostos:

Para melhor exposição desta matéria, vejamos o

I – Afronta a recurso repetitivo – necessidade de juízo de retratação

Nos termos do julgado cuja ementa abaixo se transcreve, a decisão ora recorrida contraria o quanto fora decidido pelo STJ na sistemática dos recursos repetitivos, sendo mister o retorno dos autos à C. (...) Câmara para o juízo de retratação.

Senão vejamos:

"(...) 1. Para efeitos do art. 543-C do CPC, firmam-se as seguintes teses: a) O que define a responsabilidade pelo pagamento das obrigações condominiais não é o registro do compromisso de compra e venda, mas a relação jurídica material com o imóvel, representada pela imissão na posse pelo promissário comprador e pela ciência inequívoca do condomínio acerca da transação. b) Havendo compromisso de compra e venda não levado a registro, a responsabilidade pelas despesas de condomínio pode recair tanto sobre o promitente vendedor quanto sobre o promissário comprador, dependendo das circunstâncias de cada caso concreto. c) Se ficar comprovado: (i) que o promissário comprador se imitira na posse; e (ii) o condomínio teve ciência inequívoca da transação, afasta-se a legitimidade passiva do promitente vendedor para responder por despesas condominiais relativas a período em que a posse foi exercida pelo promissário comprador. (...) (REsp 1345331-RS, Rel. Min. Luis Felipe Salomão, Segunda Seção, j. 08.04.2015, DJe 20.04.2015)".

Assim, requer-se, preliminarmente, que o presente Recurso Especial seja remetido à (...) Câmara deste Tribunal para o juízo de retratação previsto no art. 1.030, II, do Código de Processo Civil, segundo o qual:

> Art. 1.030. Recebida a petição do recurso pela secretaria do tribunal, o recorrido será intimado para apresentar contrarrazões no prazo de 15 (quinze) dias, findo o qual os autos serão conclusos ao presidente ou ao vice-presidente do tribunal recorrido, que deverá: (...)
>
> II – encaminhar o processo ao órgão julgador para realização do juízo de retratação, se o acórdão recorrido divergir do entendimento do Supremo Tribunal Federal ou do Superior Tribunal de Justiça exarado, conforme o caso, nos regimes de repercussão geral ou de recursos repetitivos;

II – Objeto deste recurso

É obter a reforma da decisão do Egrégio Tribunal (...) que:

a) deu ao Código Civil, arts. 1.245, 1.334, § 2º, e 1.336, interpretação diversa de acórdão do próprio Superior Tribunal de Justiça, analiticamente transcrito e comparado na parte útil, citando-se o repositório oficial de jurisprudência, cuja cópia é anexada ao presente recurso para melhor compreensão (documento 2);

b) contrariou texto do Código Civil, arts. 1.334, § 2º, e 1.336, cujos dispositivos seguem abaixo devidamente particularizados e individualizados:

> *Art. 1.336. São deveres do condômino*
>
> *I – Contribuir para as despesas do condomínio na proporção de suas frações ideais;*
>
> *Art. 1.334. Além das cláusulas referidas no art. 1.332 e das que os interessados houverem por bem estipular, a convenção determinará:*
>
> *I – a quota proporcional e o modo de pagamento das contribuições dos condôminos para atender às despesas ordinárias e extraordinárias do condomínio;*
>
> *(...)*
>
> *§ 2º São equiparados aos proprietários, para os fins deste artigo, salvo disposição em contrário, os promitentes compradores e os cessionários de direitos relativos às unidades autônomas."*

A reforma que ora se requer, como se depreende, está duplamente fundamentada na Constituição Federal:

> *"Art. 105. Compete ao Superior Tribunal de Justiça:*
>
> *...*
>
> *III – julgar, em recurso especial, as causas decididas em única ou última instância, pelos Tribunais Regionais Federais ou pelos tribunais dos Estados, do Distrito Federal e Territórios, quando a decisão recorrida:*
>
> *a) contrariar tratado ou lei federal, ou negar-lhes vigência;*
>
> *...*
>
> *c) der a lei federal interpretação divergente da que lhe haja atribuído outro tribunal."*

Isto posto, vejamos a

III – Exposição dos fatos (CPC, art. 1.029, I)

No dia (...), por intermédio de instrumento particular de venda e compra com financiamento e pacto adjeto de hipoteca sob n. (...), os recorrentes adquiriram o apartamento (...).

Todavia, no dia (...) (documento 1 da contestação), cederam todos os direitos e obrigações a (...), que desde então tem posse e reside no imóvel.

Outrossim, resta importantíssimo observar que a nova titularidade e a POSSE da unidade condominial sempre foi de conhecimento do recorrido, o que se afirma e se prova pelos documentos trazidos à colação pelo próprio Condomínio no bojo dos autos.

Mesmo assim os recorrentes foram acionados.

Nada obstante as percucientes razões apresentadas durante o processo, sem contar os inúmeros acórdãos reconhecendo a ilegitimidade de parte dos promitentes-vendedores nessas circunstâncias, a ação foi julgada parcialmente procedente, admitida a legitimidade de parte dos recorrentes.

Vejamos, então, a

240 | MODELOS DE PEÇAS NO NOVO CÓDIGO DE PROCESSO CIVIL – *Luiz Antonio Scavone Junior*

IV – Exposição do direito (CPC, art. 1.029, I) e das razões do pedido de reforma da decisão recorrida (CPC, art. 1.029, III)

1. Interpretação do Código Civil, arts. 1.245, 1.334, § 2º, e 1.336, divergente da atribuída por outro Tribunal[51] (analiticamente demonstrada e comprovada por citação de repositório oficial de jurisprudência)

Em verdade, ao decidir que:

"O vínculo do condomínio-réu com o condômino-autor decorre da circunstância de, repita-se, ser o titular do direito real de propriedade sobre a coisa..."

E ainda que:

"O imóvel de propriedade do réu a respeito do qual as despesas são cobradas têm localização, tamanho e qualidade, absolutamente consentâneas com os valores de despesas cobradas, despesas essas que autorizam cobrança por decorrerem de obrigação propter rem *(art. 1.336, I, do Código Civil);"*

Acrescentando que:

"Como proprietário que é (o recorrente), continua responsável por todos os ônus do seu imóvel, até a efetiva transferência dele, que se opera com o registro do título aquisitivo junto à matrícula do imóvel."

Além de manifesta contrariedade ao disposto nos artigos. 1.334, § 2º, e 1.336, I, do Código Civil, a verdade é que a intelecção do mesmo pela r. decisão colegiada dissente de julgados proferidos por outras Cortes de Justiça em hipóteses análogas.

Com efeito, abaixo encontram-se demonstradas analiticamente as semelhanças, bem como são transcritos os trechos do acórdão divergente e paradigma, identificado por citação do número e da página do repositório oficial onde foi publicado, também anexado ao presente recurso através de cópia, para melhor compreensão (documento 2).

A transcrição da ementa, de caráter meramente propedêutico, serve apenas ao reforço, sistematização e entendimento do dissídio.

1.1. Decisão do Superior Tribunal de Justiça

Repositório Oficial de Jurisprudência nos termos do art. 255, § 1º, do RISTJ e art. 1º, V, da Instrução Normativa nº 1, de 11.02.2008, que dispõe sobre o registro dos repositórios autorizados e credenciados da jurisprudência do Superior Tribunal de Justiça, em mídia impressa e eletrônica, e em páginas em portais da Rede Mundial de Computadores.

"Compromisso de compra e venda – Condomínio – Despesas condominiais – promitente vendedor que não responde por tais encargos após a alienação do imóvel, ainda que o contrato não tenha sido registrado" (Recurso Especial n. 76.275-SP – Quarta Turma – Julgamento: 18.12.1997 – Relator: Ministro Sálvio de Figueiredo Teixeira – DJU 23.03.1998).

---

[51] **Superior Tribunal de Justiça.** "Recurso Especial – dissídio. A expressão 'outro tribunal', contida na letra 'c' do item III do artigo 105 da Constituição, há de entender-se como compreendendo o próprio Superior Tribunal de Justiça...." (Recurso Especial n. 74370/ES (9500463750) – Decisão: por unanimidade, conhecer do Recurso Especial e lhe dar provimento – Data: 09.10.1995 – Terceira Turma – Relator: Ministro Eduardo Ribeiro. Fonte: *DJ* 20.11.1995, p. 39590).

Cap. 12 · RECURSOS | **241**

Extremamente nítido o paralelismo entre a situação enfocada na decisão recorrida e a hipótese versada no aresto paradigma, cujo relatório está assim redigido:

"*Ajuizou o recorrente ação de cobrança de taxas condominiais, sustentando que a recorrida, proprietária do apartamento n. 241 do Edifício Tanhauser, situado na Capital paulista, deixou de pagá-las nos vencimentos e se recusou a adimplir a obrigação amigavelmente.*

O Juiz extinguiu o processo por ilegitimidade passiva "ad causam", uma vez que a unidade habitacional teria sido alienada, por promessa de compra-e-venda, a terceiro. Assim, não teria a anterior proprietária que responder pelos encargos condominiais."

Em ambas as decisões, portanto, se cuida de saber se há ou não ilegitimidade passiva do proprietário, que consta do registro imobiliário, mas que cedeu seus direitos através de compromisso de compra e venda para terceiro, que se encontra na POSSE do imóvel, usufruindo dos serviços comuns do condomínio, sendo de destaque no corpo v. acórdão:

"*No mais, discute-se nos presentes autos se o promitente-vendedor de unidade imobiliária em condomínio, e efetivo proprietário, pode ser responsabilizado pelo pagamento das taxas de condomínio ou se a obrigação passa ao promissário-comprador.*

Embora pelo Código Civil a propriedade se transfira pela inscrição do título apto a transferir o bem no registro de imóveis, não é de se desconsiderar que pelo contrato de promessa de compra-e-venda, regulado no Brasil pela primeira vez em 1937, pelo Dec.-lei 58, os direitos de propriedade passam ao promissário-comprador, que inclusive já pagou todo o preço.

Assim, se o proprietário alienou o bem por meio de promessa de compra-e-venda em caráter irrevogável e irretratável, como ocorreu no caso em exame, efetivamente não é de se lhe exigir o pagamento dos encargos condominiais, uma vez que havia se desligado do condomínio-recorrente, já que o contrato é anterior ao período cobrado..."

Verifica-se, portanto, que a r. decisão recorrida é completamente oposta e visceralmente divergente desta, do E. Superior Tribunal de Justiça, aqui colocada como paradigma entre tantas outras.

De fato, ao negar o reconhecimento da ilegitimidade de parte dos recorrentes, promitentes vendedores, que transmitiram os direitos e, principalmente, a posse do imóvel a terceiro, de que tinha pleno conhecimento o condomínio recorrido, o acórdão guerreado comete, ademais, grave injustiça, mormente que prestigia o locupletamento indevido daquele que verdadeiramente utilizou o imóvel.

Aliás, o conceito de obrigação *propter rem*, conquanto tradicionalmente originária de direito real, em que se diz incrustada[52], exsurge, por igual, de especial relação que mantenha seu sujeito passivo com a coisa, por via de posse.

Nesse sentido, é a lição sempre clara de Silvio Rodrigues, ao apontar, entre seus característicos básicos, prender o titular do direito, seja ele quem for, de tal sorte que:

O devedor está atado ao vínculo obrigatório não por força de sua vontade, mas em decorrência de sua peculiar situação relativamente a um bem, do qual é proprietário ou possuidor.[53]

---

[52] Caio Mário da Silva Pereira, *Instituições de Direito Civil*. Rio de Janeiro: Forense, 1994, p. 33. v. II.

[53] Silvio Rodrigues, *Direito Civil*. Parte geral das obrigações. São Paulo: Saraiva, 1991, p. 107. v. 2.

242 | MODELOS DE PEÇAS NO NOVO CÓDIGO DE PROCESSO CIVIL – *Luiz Antonio Scavone Junior*

Demais disso, da leitura do acórdão paradigma verifica-se transcrição de decisão da Segunda Seção deste Egrégio Tribunal Superior, no Recurso Especial n. 74.495/RJ, da lavra do Ministro Eduardo Ribeiro, segundo o qual:

Não elide a responsabilidade do promitente comprador a circunstância de o contrato não haver sido registrado.

Justifica, pertinentemente, que o art. 1.334 do Código Civil, quando dispõe acerca da convenção de condomínio, expressamente prevê sua elaboração tanto pelos proprietários, quanto pelos promitentes-compradores, cessionários ou promitente cessionários dos direitos pertinentes à aquisição de unidades autônomas.

Outrossim, esta é a orientação mais moderna, que emana da evolução dos próprios institutos jurídicos, como asseverou o preclaro e culto Ministro Sálvio de Figueiredo Teixeira no acórdão paradigma:

"No mais, é de salientar-se ser de alta relevância o debate, quer pela repercussão no mundo dos negócios de compra-e-venda de imóveis, que atualmente se fazem pelos contratos de compromisso de compra-e-venda ou, em outras palavras, pelas promessas de compra-e-venda, quer pela extraordinária evolução pela qual o instituto tem passado nos últimos tempos, sobretudo em termos de execução coativa, ante a efetividade do processo civil contemporâneo."

2. Contrariedade à Lei Federal

A Lei Federal contrariada – Lei 10.406/2002 – Código Civil, estabelece, de forma cristalina, que:

"Art. 1.334. Além das cláusulas referidas no art. 1.332 e das que os interessados houverem por bem estipular, a convenção determinará:

I – a quota proporcional e o modo de pagamento das contribuições dos condôminos para atender às despesas ordinárias e extraordinárias do condomínio;

...

§ 2º São equiparados aos proprietários, para os fins deste artigo, salvo disposição em contrário, os promitentes compradores e os cessionários de direitos relativos às unidades autônomas."

Entretanto, a decisão recorrida, em completa dissonância com o texto da legislação Federal acima citado, asseverou que:

O vínculo do condomínio-réu com o condômino-autor decorre da circunstância de, repita-se, ser o titular do direito real de propriedade sobre a coisa...

O imóvel de propriedade do réu a respeito do qual as despesas são cobradas têm localização, tamanho e qualidade, absolutamente consentâneas com os valores de despesas cobradas, despesas essas que autorizam cobrança por decorrerem de obrigação *propter rem*;

Data venia, em face do texto legal, há evidente e grave equívoco.

O texto expresso do art. 1.336, I, do Código Civil determina que a despesa de condomínio é de responsabilidade do condômino.

Ora, ora, ora...

Não há como, da expressa redação do dispositivo em tela, inferir que os recorrentes, promitentes vendedores da unidade autônoma, que transferiram a posse, com o conhecimento do recorrido, sejam condôminos, e, portanto, responsáveis pelas despesas de condomínio.

Aliás, as disposições dos artigos citados reconhecem os promissários compradores, cessionários e promissários cessionários dos direitos atinentes à unidade imobiliária como condôminos.

Nem poderia ser diferente.

De forma brilhante, o Ministro Sálvio de Figueiredo Teixeira, no acórdão paradigma, identificou a evolução do direito, bem como as implicações de divergente orientação, como a guerreada por este recurso.

Com efeito, entendimento contrário geraria insegurança nos negócios jurídicos, celebrados por particulares e construtoras através de instrumentos particulares de compra e venda sem registro – que são a maioria – se, mesmo sendo esse negócio do conhecimento do corpo condominial, o alienante continuasse responsável pelas despesas comuns.

Mas não é só. Percebe-se que a decisão guerreada, caso prevaleça, acabará por gerar enriquecimento ilícito daquele que usufrui dos serviços prestados pelo condomínio, sem contar o consumo de energia e água comuns.

Acrescente-se a isso que a manutenção do acórdão recorrido duplicará as demandas, contribuindo para aumentar a pletora de feitos que assoberba o Poder Judiciário, o que certamente independe da vontade de Vossas Excelências.

Explica-se: Sendo compelido ao pagamento, o promitente comprador certamente agiria regressivamente em face do adquirente, movimentando, novamente, o aparelho judiciário.

Outrossim, convém notar que não corresponde à verdade, a alusão de existência de jurisprudência, mesmo no Tribunal *a quo*, de que as despesas condominiais devem ser carreadas àquele que consta do Registro Imobiliário.

Aliás, as decisões nesse sentido são meros precedentes.

A jurisprudência da própria Corte de origem aponta para sentido absolutamente contrário e acorde com a decisão paradigma desta Corte:

> **Tribunal de Justiça de São Paulo.** *"Apelação Cobrança Contribuições condominiais Compromisso de compra e venda Imissão do adquirente na posse do imóvel de conhecimento do condomínio Ilegitimidade passiva dos vendedores. 'Para a correta definição do responsável pelos encargos condominiais, em caso de contrato de promessa de compra e venda, deve-se aferir, pontualmente, se houve efetiva imissão na posse por parte promissário-comprador (ainda que em caráter precário) e se o condomínio teve ou não o pleno conhecimento desta' (STJ, REsp nº 1.079.177). Apelação provida em parte"* (Relator: Lino Machado – Comarca: São Carlos – Órgão julgador: 30ª Câmara de Direito Privado – Data do julgamento: 29.04.2015 – Data de registro: 30.04.2015).

> **Tribunal de Justiça de São Paulo.** *"Cobrança de despesas condominiais. Reconhecida ilegitimidade passiva dos réus. Elementos dos autos que são capazes de demonstrar que a unidade condominial foi transferida a terceira pessoa através de contrato de compromisso de compra e venda e que o Condomínio possuía ciência inequívoca de que a unidade, no período do inadimplemento, não era ocupada pelos apelados. Recurso improvido"* (Apelação 4011380-55.2013.8.26.0564 – Relator: Caio Marcelo Mendes de Oliveira – Comarca: São Bernardo do Campo – Órgão julgador: 32ª Câmara de Direito Privado – Data do julgamento: 16.04.2015 – Data de registro: 17.04.2015).

Outrossim, é distorcida a interpretação do acórdão do E. Superior Tribunal de Justiça, da lavra do Ministro Sálvio de Figueiredo Teixeira, citado no acórdão recorrido, mormente ante ao acórdão paradigma que dá supedâneo ao presente recurso, do mesmo Ministro, em sentido absolutamente contrário, o qual se pede vênia para repetir:

> *"Compromisso de compra e venda – Condomínio – Despesas condominiais – promitente vendedor que não responde por tais encargos após a alienação do imóvel, ainda que o contrato não tenha sido registrado"* (Recurso Especial nº 76.275-SP – Quarta Turma – Julgamento: 18.12.1997 – Relator: Ministro Sálvio de Figueiredo Teixeira – DJU 23.03.1998).

244 | MODELOS DE PEÇAS NO NOVO CÓDIGO DE PROCESSO CIVIL – *Luiz Antonio Scavone Junior*

Não de forma diferente:

"Agravo regimental. Direito Civil. Condomínio – taxas condominiais. Legitimidade passiva promitente comprador – detentor da posse do imóvel. Súmulas 83 do STJ. Recurso improvido. I. Na linha da orientação adotada por este Tribunal, a responsabilidade pelas despesas de condomínio ante a existência de promessa de compra e venda, pode recair tanto sobre o promitente comprador quanto sobre o promissário vendedor, dependendo das circunstâncias de cada caso concreto. Sob esse prisma, pois, a questão relacionada à posse do imóvel, e não só a propriedade, é relevante para a aferição da responsabilidade por tais encargos. II. Agravo improvido" (AgRg no Ag 660.515/ RJ – Rel. Ministro Sidnei Beneti – Terceira Turma – julgado em 26.08.2008 – DJe 23.09.2008).

Outra distorção gritante no acórdão recorrido, que dimana de falha lógica, diz respeito ao fato dos recorrentes não terem se insurgido contra as despesas, que foram enviadas à unidade. Pergunta-se: como conhecer esses balancetes se a posse e os direitos sobre o imóvel já haviam sido transferidos?

Por todo o exposto, à luz da paz social – objetivo do direito – e da Lei, não pode prevalecer o acórdão recorrido.

V – Cabimento deste recurso (CPC, art. 1.029, II)

Verifica-se tratar-se de questão decidida em última instância pelo (...), que julgou recurso de apelação contra decisão em ação sumária de cobrança de débitos condominiais, não havendo mais qualquer outro recurso senão o que ora é interposto.

Acrescente-se a isso que não há falar-se em reexame de prova, mormente por tratar-se de questão exclusivamente de direito.

1. Pela contrariedade a lei federal

Data venia, a v. decisão recorrida contrariou o Código Civil, fundamentalmente os arts 1.334, § 2º, e 1.336, I, apontados nesta irresignação e, acorde com o disposto no art. 105, III, "a", da Constituição Federal de 1988:

"Art. 105. Compete ao Superior Tribunal de Justiça:

...

III – julgar, em recurso especial, as causas decididas em única ou última instância, pelos Tribunais Regionais Federais ou pelos tribunais dos Estados, do Distrito Federal e Territórios, quando a decisão recorrida:"

a) contrariar tratado ou lei federal, ou negar-lhes vigência;

Assim, a Carta Maior, ao tratar das hipóteses de cabimento do recurso especial, foi além da negativa de vigência à lei, mas referiu-se a contrariar tratado ou lei federal.

Essa expressão é muito mais abrangente que negar vigência.

Contrariar supõe toda e qualquer forma de ofensa ao texto legal, quer deixando de aplicá-lo às hipóteses que a ele devem subsumir-se, quer aplicando-o de forma errônea ou ainda interpretando-o de modo não adequado e diferente da interpretação correta, no sentir do órgão responsável pelo controle ao respeito e pela uniformização do direito federal, que é o Superior Tribunal de Justiça.[54]

Corroborando com essa assertiva, ensina o insigne professor Nelson Luiz Pinto que a Súmula 400 do STF só dizia respeito à matéria infraconstitucional, uma vez que o dispositivo constitucional anterior (letra "a" do art. 119, III), em sua primeira

---

[54] Nelson Luiz Pinto, *Manual dos recursos cíveis*. São Paulo: Malheiros, 1999. p. 172/173.

parte, ao referir-se à matéria constitucional, dizia: "Contrariar dispositivo dessa Constituição"[55], inadmitindo-se, por via de consequência, interpretação razoável de norma constitucional.

Destarte, esse é o entendimento que vigora em relação ao Recurso Especial com supedâneo na letra "a" do art. 105, III, da Constituição Federal de 1988.

Não há como admitir-se, hoje, à luz do mandamento constitucional, que a interpretação razoável de lei federal seja motivo impeditivo do conhecimento do recurso especial, restando inaplicável o enunciado da vetusta súmula 400 do STF.

Com efeito, sendo o Superior Tribunal de Justiça incumbido constitucionalmente da missão de zelar pela correta e uniforme aplicação do direito federal, não pode contentar-se com interpretações simplesmente razoáveis de outros Tribunais.

Ademais, a interpretação perpetrada é questão de mérito do recurso especial.

Ora, no caso *sub oculis*, o recurso gira exclusivamente em torno da questão da interpretação dos arts. 1.334, § 2º, e 1.336, I, do Código Civil que, no entendimento dos recorrentes, foi contrariado pelo Egrégio Tribunal *a quo*.

2. Por dissídio jurisprudencial

Não é só.

Como visto, na decisão recorrida, de acordo com o mandamento insculpido no art. 105, III, "c" da Constituição Federal, além da flagrante contrariedade a Lei Federal, observa-se inquestionável dissídio jurisprudencial devidamente provado mediante citação do repositório oficial, com número das páginas, – documento 2) além de percuciente demonstração analítica das semelhanças com a transcrição dos acórdãos na parte útil, acorde com o disposto no art. 1.029, § 1º, do Código de Processo Civil.

Ademais, há remansosa jurisprudência do próprio Colendo Superior Tribunal de Justiça, visceralmente contrária à decisão recorrida e, por via de consequência, acorde com o pedido deste recurso nobre.

3. Prequestionamento

Resta inequívoco que a Recorrente prequestionou a questão da contrariedade do Código Civil, arts. 1.334, § 2º, e 1.336 no item "19" da inicial e "16" da contestação.[56]

Com efeito, a decisão atacada, enfrentando a questão, asseverou:

"Como proprietário que é (a recorrente), continua responsável por todos os ônus do seu imóvel, até a efetiva transferência dele, que se opera com o registro do título aquisitivo junto à matrícula do imóvel."

Referindo-se às despesas e à legitimidade, interpretando os citados dispositivos de lei federal, asseverou o acórdão recorrido que as despesas de condomínio competem àquele que, exclusivamente, figure na matrícula, vez que:

...autorizam cobrança por decorrerem de obrigação propter rem.

---

[55]   Nelson Luiz Pinto, ob. cit. p. 93.

[56]   19. Aliás, a jurisprudência atual acerca do caso em tela, segue a lição de Wilson Melo da Silva, em obra admirável, inclusive reportando-se ao "Fausto", de Goethe, segundo o qual, a evolução reflete o social primando sobre o individual, a realidade se impondo a ficção, o fato triunfando sobre a palavra...

16. Em consonância com o exposto, os apelantes pedem *venia* para citar jurisprudência acerca do tema, acolhendo o que dispõem os artigos 1.334, § 2º, e 1.336, I, do Código Civil...

4. Questão de direito – inexistência de simples reexame de provas.

"Não se pode confundir 'reexame de prova' com 'questão de fato', pois o reexame de prova é uma espécie do gênero questão de fato. Essa constatação leva a conclusão de que os fatos, quando não decorrem do reexame da prova, podem ser analisados pelas Cortes Superiores.

Por exemplo: o nascimento com vida é um fato, cuja consequência jurídica é a aquisição da personalidade civil. Existem fatos que constituem o nascimento (p. ex., a expulsão do feto do útero, a saída do corpo da criança fora do corpo da mãe) e a vida (p. ex., a ingestão de ar nos pulmões, a modificação do sangue, a ossificação de alguns pontos do esqueleto), e ambos requerem provas. Julgar se esses fatos estão provados é uma questão de fato, enquanto julgar se esses fatos deram origem à personalidade civil é uma questão de direito".[57]

Não se trata de, por exemplo, reexaminar a prova, como ocorreria na verificação de quem é a culpa em acidente de trânsito, analisando boletim de ocorrência, depoimento de testemunhas e laudo, ainda que isso seja fundamental para saber se as regras dos arts. 186 e 927 do Código Civil foram bem aplicadas. Por outro lado, se a culpa resta afirmada diante das provas dos autos e, ainda assim, não se condena o culpado pelo acidente, resta evidente que a qualificação jurídica dos fatos resulta em questão de direito, apta a ser analisada pela Corte Superior.

Logo, o questionamento sobre "o que" ou "como" as coisas ocorreram representa uma "questão de fato".

Por outro lado, a indagação sobre as consequências jurídicas do fato ocorrido é uma "questão de direito".

Essa constatação leva à conclusão de que a premissa do controle das decisões judiciais, por meio de recurso de estrito direito, é a situação fática tal como considerada existente pelas instâncias ordinárias, o que não afasta a possibilidade de se qualificar juridicamente de outra forma os fatos já provados: essa é exatamente a função constitucional das Cortes Superiores.

De acordo com José Carlos Barbosa Moreira,

"em geral se considera 'de direito' a questão relativa à qualificação jurídica do(s) fato(s), de modo que o Tribunal, embora não lhe seja lícito repelir como inverídica a versão dos acontecimentos aceita pelo juízo inferior, sem dúvida pode qualificá-la como total liberdade, eventualmente de maneira diversa daquela que o fizera o órgão 'a quo', em ordem a extrair deles consequências jurídicas também diferentes".[58]

Nesse sentido:

Superior Tribunal de Justiça. *"EB (REsp) – Processual civil – Recurso especial – fato – prova do fato – O recurso especial, por sua natureza, analisa o fato. Não há direito sem fato. Não confundir a hipótese de prova do fato – no sentido de resolver o conjunto probatório, fazer a respectiva avaliação. A interpretação da Súmula 7 do STJ reclama essa diretriz" (REsp 88.107-SP – 6ª Turma – Rel. Ministro Vicente Cernicchiaro – j. 15.10.1996 – DJU 25.08.1997, p. 39.409).*

Aliás, "donde están los procesos de puro derecho? En mi vida judicial apenas tropece con ellos. La vida esta formada por hechos; se discute sobre hechos; y de ellos nace el derecho:

---

[57] Eduardo Cambi e Paulo Nalin. In: Nelson Nery Jr. e Teresa Arruda Alvim Wambier, *Aspectos Polêmicos e atuais dos recursos cíveis*. São Paulo: RT, 2003, p. 59, v. 7.

[58] José Carlos Barbosa Moreira, *Comentários ao código de Processo Civil*. 6. ed. Rio de Janeiro: Forense, 1993, p. 531, v. V.

'ex facto oriuntur ius'. El puro derecho, desconectado de los hechos, no existe. El derecho que se aplica al hecho, el hecho que se subsume em el derecho, son, no fenômenos recíprocos, sino el mismo fenômeno".[59]

Assim, deduz-se o

VI – Pedido

Pede-se e espera-se que essa Eg. Presidência:

a) Preliminarmente, remeta o presente Recurso Especial à (...) Câmara deste Tribunal para o juízo de retratação previsto no art. 1.030, II, do Código de Processo Civil, nos termos da fundamentação, tendo em vista clara afronta ao quanto fora decidido pelo STJ na sistemática dos recursos repetitivos para a controvérsia em questão;

b) Não havendo retratação, que conheça e admita este recurso e remeta os autos ao Superior Tribunal de Justiça para recebimento, processamento e acolhimento, reformada a decisão recorrida, cumpridas as necessárias formalidades legais, como medida de inteira justiça.

Aclarando o pedido de reforma da decisão, requer-se o provimento do presente Recurso Especial e o consequente reconhecimento da ilegitimidade de parte dos recorrentes, promitentes vendedores, extinguindo-se o processo nos termos dos arts. 485, VI, c/c o art. 337, XI, do CPC, invertendo-se os ônus de sucumbência.

Vejamos, agora, o

VII – Pedido de efeito suspensivo

Nos termos do § 5º do art. 1.029 do Código de processo Civil:

"§ 5º O pedido de concessão de efeito suspensivo a recurso extraordinário ou a recurso especial poderá ser formulado por requerimento dirigido:

I – ao tribunal superior respectivo, no período compreendido entre a publicação da decisão de admissão do recurso e sua distribuição, ficando o relator designado para seu exame prevento para julgá-lo;

II – ao relator, se já distribuído o recurso;

III – ao presidente ou vice-presidente do tribunal recorrido, no período compreendido entre a interposição do recurso e a publicação da decisão de admissão do recurso, assim como no caso de o recurso ter sido sobrestado, nos termos do art. 1.037."

Posta assim a questão, tendo em vista a iminência de início da execução, o que pode gerar prejuízos de difícil reparação, requer-se de Vossa Excelência a concessão de efeito suspensivo ao presente recurso, suspendendo o processo até ulterior decisão no bojo da vertente irresignação.

VIII – Requerimentos finais ao Tribunal de origem

Requer-se a intimação do recorrido, para que responda, querendo, no prazo de 15 dias, após esta manifestação de inconformismo ser recebida e protocolizada na secretaria deste Tribunal (CPC, art. 1.030); findo esse prazo com ou sem contrarra-

---

[59] Santiago Sentis Melendo, *La prueba es libertad. La prueba. Los grandes temas Del derecho probatório*. Buenos Aires: EJEA, 1978, p. 22.

248 | MODELOS DE PEÇAS NO NOVO CÓDIGO DE PROCESSO CIVIL – *Luiz Antonio Scavone Junior*

zões, sejam remetidos incontinenti ao Superior Tribunal de Justiça, cumpridas as necessárias formalidades legais, para provimento, como medida de inteira justiça.

Termos em que,

Pede deferimento,

Data

Advogado (OAB)

12.7. PEDIDO DE ATRIBUIÇÃO DE EFEITO SUSPENSIVO A RECURSO ESPECIAL OU A RECURSO EXTRAORDINÁRIO

Exmo. Sr. Dr. Ministro Presidente do Superior Tribunal de Justiça (ou Supremo Tribunal Federal); ou: Exmo. Sr. Dr. Desembargador Relator do Recurso de (...) n. (...) do E. Tribunal (...); ou: Exmo. Sr. Dr. Desembargador Presidente do E. Tribunal.

Recurso Especial (*ou Extraordinário*) n. (...)

Origem: (...)

(...), por seus advogados e procuradores, no Recurso (...) extraído da apelação na ação (...), que lhes move (...), vem, respeitosamente, perante Vossa Excelência, nos termos do § 5º, do art. 1.029 do Código de Processo Civil, requerer:

Concessão de efeito suspensivo ao Recurso Especial (ou Extraordinário) interposto o que faz com fundamento nos argumentos de fato e de direito a seguir aduzidos.

I – Possibilidade jurídica do presente pedido

Nos termos do § 5º do art. 1.029 do Código de processo Civil:

> *§ 5º O pedido de concessão de efeito suspensivo a recurso extraordinário ou a recurso especial poderá ser formulado por requerimento dirigido:*
>
> *I – ao tribunal superior respectivo, no período compreendido entre a publicação da decisão de admissão do recurso e sua distribuição, ficando o relator designado para seu exame prevento para julgá-lo;*
>
> *II – ao relator, se já distribuído o recurso;*
>
> *III – ao presidente ou vice-presidente do tribunal recorrido, no período compreendido entre a interposição do recurso e a publicação da decisão de admissão do recurso, assim como no caso de o recurso ter sido sobrestado, nos termos do art. 1.037. ."*

Posta assim a questão, em regra o Recurso Especial (ou Extraordinário) não tem, ordinariamente, o condão de salvaguardar por si só a tutela nele buscada, posto que é dotado apenas do efeito devolutivo.

No entanto, em circunstâncias excepcionais e nos termos do permissivo legal que embasa o presente pedido, desde que presentes determinados requisitos, há situações em que é preciso suspender os efeitos da decisão recorrida para garantir a eficácia da ulterior decisão.

Nessas hipóteses é mister que se atribua efeito suspensivo ao Recurso Especial (ou Extraordinário).

Desta forma, considerando que o eminente risco em razão (...) poderá provocar danos irreparáveis à recorrente e tendo em vista a plausibilidade da tese jurídica sustentada, vem a recorrente requerer que Vossa Excelência conceda o efeito suspensivo ao vertente Recurso Especial (ou Extraordinário).

II – *Fumus boni iuris*

O presente recurso foi interposto, ante a demonstração de contrariedade aos dispositivos legais invocados, quais sejam: (...), vez que o V. Acórdão recorrido, manifestamente contraria e nega vigência aos citados dispositivos, vez que (...).

III – *Periculum in mora*

Como se depreende do andamento da ação principal, a recorrida requereu (...).

Como está claramente demonstrado nas razões do recurso especial, por mais de um enfoque, é extremamente gravosa a situação imposta à recorrente posto que (...).

Por outro lado, é necessário ressaltar que a atribuição de efeito suspensivo ao presente recurso não causará nenhum dano ao recorrido, mormente porque (...).

Assim, em virtude dos reflexos das atitudes da recorrida, justifica-se a concessão do efeito suspensivo, determinando (...).

Dispõe ainda o artigo 995 do Código de Processo Civil:

> "Art. 995. Os recursos não impedem a eficácia da decisão, salvo disposição legal ou decisão judicial em sentido diverso.
>
> Parágrafo único. A eficácia da decisão recorrida poderá ser suspensa por decisão do relator, se da imediata produção de seus efeitos houver risco de dano grave, de difícil ou impossível reparação, e ficar demonstrada a probabilidade de provimento do recurso."

Posta assim a questão, a concessão do efeito suspensivo almejado evitará sérios e irreparáveis prejuízos à recorrente tendo em vista (...).

Luiz Guilherme Marinoni ensina:

> "Se o tempo é a dimensão fundamental na vida humana, no processo ele desempenha idêntico papel, pois processo também é vida. O tempo do processo angustia os litigantes; todos conhecem os males que a pendência da lide poder produzir. Por outro lado, a demora processual é tanto mais insuportável quanto menos resistente economicamente é a parte, o que vem a agravar a quase que insuportável desigualdade substancia no procedimento. O tempo, como se pode sentir, é um dos grandes adversários do ideal de efetividade do processo" (Luiz Guilherme Marinoni, Efetividade do processo e tutela de urgência. Porto Alegre: Sérgio Antônio Fabris Editor, 1994, p. 57).

E o indigitado tempo implica o perigo da demora, sendo relevante mencionar o que ensina Eduardo de Melo Mesquita:

> "(...) significa o risco iminente de que, ocorrendo certos fatos, impedida estará a efetividade da prestação jurisdicional. Em outros termos, traduz-se na probabilidade da ocorrência de dano a uma das partes em atual ou futura ação principal, como resultado da morosidade no seu processamento ou julgamento. Havendo possibilidade de prejuízo do autor da ação cautelar na ação principal, decorrência da demora no seu processamento ou julgamento, estará preenchido o requisito do periculum in mora" (Eduardo Melo de Mesquita, As tutelas cautelar e antecipada. São Paulo: RT, 2002, p. 305).

Em consonância com o acatado, o recorrente preenche os requisitos legais para a atribuição do efeito suspensivo ao recurso interposto.

De outra banda, não existe perigo de irreversibilidade.

Isto posto, deduz-se o:

250 | MODELOS DE PEÇAS NO NOVO CÓDIGO DE PROCESSO CIVIL – *Luiz Antonio Scavone Junior*

IV – Pedido

Diante de todo o exposto, requer a Vossa Excelência, com a urgência que o caso demanda, a concessão de efeito suspensivo ao recurso interposto, aplicando-se § 5º do art. 1.029, bem como o parágrafo único do art. 995, ambos do CPC, inclusive para manter suspenso o andamento do processo principal em primeira instância até o julgamento final.

Termos em que,

Pede deferimento,

Data

Advogado (OAB)

12.8. AGRAVO INTERNO EM RECURSO ESPECIAL E EM RECURSO EXTRAORDINÁRIO

12.8.1. Modelo geral para as hipóteses de sobrestamento ou de inadmissão do recurso por correspondência do acórdão recorrido com recurso repetitivo ou precedente de repercussão geral

Exmo. Sr. Dr. Desembargador Presidente do E. Tribunal (...).

Recurso de (...) n. (...)

(...), por seus advogados e procuradores no recurso de (...), extraído da ação (...) em face de (...), processo (...), não se conformando, *data venia*, com a decisão que negou seguimento ao Recurso Especial (ou Extraordinário) interposto, vem, tempestivamente, com fundamento no art. 1.030, I (ou III) e § 2º e art. 1.021 do Código de Processo Civil, além dos arts. (...) do Regimento Interno deste E. Tribunal, interpor o presente:

I – Agravo Interno[60]

o que faz tempestivamente pelas razões a seguir aduzidas:

II – Objeto deste recurso

O objeto deste recurso é obter a reforma da decisão da Presidência deste Tribunal segundo a qual o Recurso Especial (ou Extraordinário) n. (...) deveria ser sobrestado até o julgamento do recurso repetitivo n. (...) e, nesta medida, determinou a suspensão do processamento com fundamento no art. 1.030, III, do CPC, decisão essa que ora é objeto de agravo interno nos termos da previsão contida no § 2º do mesmo dispositivo legal.

Ou:

O objeto deste recurso é obter a reforma da decisão da Presidência deste Tribunal segundo a qual, nos termos da redação do art. 1.030, I, do Código de Processo Civil, dada pela Lei 13.256/2016, o Recurso Especial (ou Extraordinário) n. (...) deveria ter seu seguimento negado na medida em que o acórdão recorrido está, *supostamente*, de acordo com o que fora decidido no recurso repetitivo n. (...) (ou no precedente de repercussão geral n...).

---

[60] O § 4º do art. 1.021 do CPC prevê imposição de multa de 1% a 5% do valor da causa se a ele for negado provimento por decisão unânime ou for considerado manifestamente inadmissível.

Nada obstante, a toda evidência, trata-se de hipótese diversa.

Isto porque (...).

Assim, deduz-se o:

III – Pedido

Pelo exposto, é o presente para, com fundamento no art. 1.030, I (ou III) e § 2º, além do art. 1.021 do Código de Processo Civil e, ainda, dos arts. (...) do Regimento Interno deste E. Tribunal, requerer o provimento do vertente recurso de agravo interno com a reforma da decisão agravada e, consequentemente, em razão do exposto, i.e, da admissibilidade do Recurso Especial (ou Extraordinário), seja ordenando o seu normal processamento e seguimento.

IV – Requerimento

Isso posto, requer-se a intimação do agravado para, querendo, oferecer contrarrazões no prazo legal de 15 (quinze) dias e, ato contínuo, a reconsideração da decisão agravada.

Caso assim não se entenda, nos termos do § 2º do art. 1.021, que Vossa Excelência submeta o agravo ao julgamento colegiado.

Cumpridas as necessárias formalidades legais, pede e espera o recebimento e provimento deste como medida de inteira justiça.

Termos em que,

Pede deferimento,

Data

Advogado (OAB)

12.8.2. Modelo específico para a inadmissão do Recurso Especial por correspondência do acórdão recorrido com recurso repetitivo

Exmo. Sr. Dr. Presidente (ou Vice-Presidente) (...) do Colendo (...)

Autos: (...)

(...), por seus advogados subscritores, nos autos do recurso especial em epígrafe interposto por (...), vem, respeitosamente, perante Vossa Excelência, diante da r. decisão monocrática de fls. (...), interpor o presente

Agravo interno em Recurso Especial (*ou Extraordinário*)

o que faz com fundamento no artigo 1.042 do Código de Processo Civil e pelas razões a seguir aduzidas:

I – Objeto deste recurso

É obter a reforma da r. decisão que, fundado no art. 1.030, I, "b", do CPC, não admitiu o Recurso Especial oportunamente interposto (fls... dos autos), aduzindo, para tanto, que o acórdão objeto do recurso coincide com orientação da Corte Superior.

Para tanto, invocou-se o precedente julgado nos termos do art. 1.036 do Código de Processo Civil, consubstanciado no seguinte aresto:

Superior Tribunal de Justiça. "*Processo Civil. Recurso Repetitivo. Art. 543-c do CPC. Fraude de execução. Embargos de terceiro. Súmula n. 375/STJ. Citação válida. Necessidade. Ciência de demanda capaz de levar o alienante à insolvência. Prova. Ônus do credor. Registro da penhora. Art. 659, § 4º, do CPC [atual art. 844]. Presunção de fraude. Art. 615-A, § 3º [atual art. 828, § 4º], do CPC. 1. Para fins do art. 543-C do CPC [atual art. 1.036], firma-se a seguinte orientação: 1.1. É indispensável citação válida para configuração da fraude de execução, ressalvada a hipótese prevista no § 3º do art. 615-A do CPC [atual art. 828, § 4º]. 1.2. O reconhecimento da fraude de execução depende do registro da penhora do bem alienado ou da prova de má-fé do terceiro adquirente (Súmula n. 375/STJ). 1.3. A presunção de boa-fé é princípio geral de direito universalmente aceito, sendo milenar a parêmia: a boa-fé se presume; a má-fé se prova. 1.4. Inexistindo registro da penhora na matrícula do imóvel, é do credor o ônus da prova de que o terceiro adquirente tinha conhecimento de demanda capaz de levar o alienante à insolvência, sob pena de tornar-se letra morta o disposto no art. 659, § 4º, do CPC [atual art. 844]. 1.5. Conforme previsto no § 3º do art. 615-A do CPC [atual art. 828, § 4º], presume-se em fraude de execução a alienação ou oneração de bens realizada após a averbação referida no dispositivo. 2. Para a solução do caso concreto: 2.1. Aplicação da tese firmada. 2.2. Recurso especial provido para se anular o acórdão recorrido e a sentença e, consequentemente, determinar o prosseguimento do processo para a realização da instrução processual na forma requerida pelos recorrentes" (REsp 956.943/PR – Rel. Ministra Nancy Andrighi – Rel. p/ Acórdão Ministro João Otávio de Noronha – Corte Especial – julgado em 20.08.2014 – DJe 01.12.2014).*

Nada obstante, a situação que se apresenta no vertente recurso é diversa daquela que embasou a decisão ora recorrida e, na verdade, se adéqua ao precedente paradigma, mas em sentido totalmente inverso.

Isto porque restou evidente, não havendo necessidade de prova ou revolvimento de matéria fática, mas simples análise daquilo que resta incontroverso nos autos, que o recorrido adquiriu imóvel enquanto pendia execução em face do vendedor na mesma comarca em que ele, vendedor do imóvel, declarou domicílio.

Nada obstante, o recorrido não extraiu as certidões de praxe, mediante as quais poderia facilmente constatar a existência da execução de onde se extrai o vertente recurso, agindo, assim, com evidente má-fé.

II – Exposição do direito

De fato, a má-fé não se presume, mas, no caso concreto, decorre da incúria deliberada do recorrido que, repita-se, não extraiu as certidões de praxe que qualquer um providencia ao praticar o negócio jurídico que praticou.

Pensar o contrário seria tornar letra morta o art. 792 do Código de Processo Civil, segundo o qual:

"Art. 792. A alienação ou a oneração de bem é considerada fraude à execução:

(...)

IV – quando, ao tempo da alienação ou da oneração, tramitava contra o devedor ação capaz de reduzi-lo à insolvência;"

Não subsistiria, igualmente, o art. 159 do Código Civil, no âmbito da fraude contra credores.

"Art. 159. Serão igualmente anuláveis os contratos onerosos do devedor insolvente, quando a insolvência for notória, ou houver motivo para ser conhecida do outro contratante."

Ou seja, não haveria mais fraude contra credores no direito brasileiro se houvesse anulabilidade do negócio apenas depois da averbação do gravame.

Com todo respeito, a questão não é tão simples quanto parece.

Assim, mister se faz responder à seguinte indagação: posso adquirir tranquilamente um imóvel se não houver penhora, arresto, sequestro ou qualquer pendência registrada ou averbada na matrícula?

Definitivamente não.

A par de o art. 54 da Lei 13.097/2015 estabelecer a eficácia dos negócios jurídicos imobiliários sem que haja qualquer constrição ou gravame na matrícula, esta presunção, como já decorria do sistema consolidado na Súmula 375 do STJ, é relativa.

Por outras palavras, evidentemente – e não haveria necessidade de Lei para isso – se houver registro ou averbação de gravame, a presunção de ineficácia da aquisição ou recebimento de direitos sobre o imóvel em face de ações reais, dívidas e restrições administrativas é absoluta, ou seja, não admitirá qualquer prova em sentido contrário.

Todavia, se não houver o registro, não significa, automaticamente, que o adquirente está livre tanto da fraude contra credores quanto da fraude à execução.

Não havendo registro de qualquer pendência, a conclusão evidente, evidentíssima, aliás, é que o ônus da prova de conhecimento do gravame ou constrição se transfere para o credor ou prejudicado.

Isto significa que se presume, de forma relativa, a higidez da transferência, modificação ou extinção do direito sobre o imóvel se não houver registro ou averbação do gravame ou constrição, mas não significa que não tenha havido fraude contra credores ou fraude à execução.

Se não houver registro ou averbação de gravame, a eventual fraude será objeto de verificação, caso a caso, em razão da demonstração, pelo credor ou pelo prejudicado, da má-fé do adquirente.

Essa é a conclusão que se extrai do parágrafo único do art. 54 da Lei 13.097/2015, segundo o qual "Não poderão ser opostas situações jurídicas não constantes da matrícula no Registro de Imóveis, inclusive para fins de evicção, ao terceiro de boa-fé que adquirir ou receber em garantia direitos reais sobre o imóvel, ressalvados o disposto nos art. 129 e art. 130 da Lei nº 11.101, de 09.02.2005, e as hipóteses de aquisição e extinção da propriedade que independam de registro de título de imóvel."

Portanto, se – e percebam que o condicionante é importante – o adquirente estiver de boa-fé ao operar a aquisição ou o recebimento de garantia imobiliária, a ele não poderão ser opostas "situações jurídicas não constantes da matrícula", ou seja, ações, penhoras, arrestos etc.

Contudo – e aí está a confusão – não significa que, não havendo o registro ou averbação de gravames ou constrições na matrícula, o sistema prestigie o negócio e beneficie o terceiro que haja procedido com má-fé.

Seria até absurdo pensar o contrário.

Possível exemplificar: imagine-se alguém, como no vertente caso, que adquira imóvel de pessoa que, a par de não ter, em face do seu imóvel, qualquer gravame registrado ou averbado, responde por dívidas ajuizadas, possui títulos protestados e assim por diante na mesma comarca da situação do imóvel.

O adquirente poderá ser considerado "de boa fé" nessa situação?

Evidentemente que não, de tal sorte que haverá a fraude à execução em relação às ações já ajuizadas e a fraude contra credores em relação àquelas não ajuizadas, até em virtude da interpretação correta do parágrafo único, do art. 54, da Lei 13.097/2015.

A única diferença é que, nesses casos – de ausência de registro ou averbação do gravame ou constrição – competirá ao credor demonstrar a má-fé do adquirente, o *consilium fraudis*, posto que em favor do adquirente do imóvel ou do recebedor da garantia consistente em imóvel militará a presunção – relativa – de boa-fé.

Contudo, sem extrair as certidões de praxe, a má-fé aflora e, a par de não haver qualquer constrição na matrícula, o negócio jurídico praticado será ineficaz perante ação ou execução já aforada, que tenham o condão de reduzir o alienante à insolvência; poderá ser anulada em razão da fraude contra credores no caso de dívidas ainda não ajuizadas através da ação pauliana ou revocatória; ou, será anulada nos casos de falsificações de documentos do titular do imóvel.

Pensar diferente seria premiar a má-fé, o que, definitivamente não decorre do sistema.

De acordo com a Súmula 375/STJ: "O reconhecimento da fraude à execução depende do registro da penhora do bem alienado ou da prova de má-fé do terceiro adquirente".

O que isso quer dizer?

Quer dizer exatamente aquilo que foi incorporado, com uma linguagem confusa, pela Medida Provisória 656/2014 e pela Lei 13.097/2015, ou seja, que não havendo registro na matrícula, de qualquer gravame, ao credor incumbe a prova que o adquirente agiu de má-fé.

E essa prova pode consistir apenas na constatação que decorre da ausência do oferecimento das certidões de praxe na comarca do imóvel, quando facilmente, por tais documentos, poderia o adquirente verificar a insolvência do alienante ou a dívida.

III – Pedido

Pede-se e espera-se que essa Eg. Presidência, em razão do exposto, i.e., da admissibilidade e procedência do Recurso Especial, ordene o processamento e remessa deste agravo ao Egrégio Superior Tribunal de Justiça para que seja conhecido pelo D. Relator designado e por ele dado provimento ao recurso.

IV – Requerimento

Isto posto, serve a presente para requerer a V. Excelência que, protocolada esta petição na Secretaria desse Eg. Tribunal, intime-se a agravada para responder, querendo, no prazo de 15 dias, sendo que, ao depois sejam os autos remetidos ao Egrégio Superior Tribunal de Justiça para conhecimento e provimento nos exatos termos do art. 1.042, § 5º, do CPC, cumpridas as necessárias formalidades legais.

Termos em que,

Pede deferimento,

Data

Advogado (OAB)

12.9. RECURSO EXTRAORDINÁRIO

Exmo. Sr. Dr. Presidente do Egrégio Tribunal de Justiça de (...).

Processo n. (...)

(...), já qualificado nos autos da ação (...) que move em face de (...) *(ou que lhe move ...)*, vem, respeitosamente, perante Vossa Excelência por seu advogado, com fundamento no artigo 102, III, "a" (ou "b", "c") da Constituição Federal, não se conformando, *data venia*, com o. v. acórdão da (...) Câmara que decidiu o recurso de apelação, vem, respeitosamente, interpor o presente

Recurso Especial com pedido de efeito suspensivo (CPC, art. 1.029, § 5º)

o que faz tempestivamente, exibindo, desde logo, o comprovante do pagamento do preparo (documento 1), o que faz com supedâneo no art. 1.029 e seguintes do Código de Processo Civil, pelos fatos e razões a seguir expostos:

I – Pressupostos admissibilidade do recurso extremo

a) Pressupostos extrínsecos – tempestividade e legitimidade

O vertente recurso é tempestivo na exata medida em que a publicação do v. acórdão ora recorrido se deu em (...).

Posta assim a questão, a contagem do prazo teve início em (...), e se encerrará no dia (...).

Outrossim, consta dos autos que as partes são legítimas e estão devidamente representadas.

Destarte, estão preenchidos os pressupostos extrínsecos de admissibilidade do recurso ora interposto.

b) Pressupostos intrínsecos

Estão presentes o interesse recursal e, bem assim, a utilidade e necessidade do presente recurso extraordinário.

Em relação ao cabimento do recurso, as decisões anteriores ao v. acórdão recorrido e o próprio acórdão em questão, se submetem ao disposto no artigo 102, III, alínea "a" (ou "b", "c", "d") da Constituição Federal, o que se afirma na exata medida em que resta violado o artigo (...) da Constituição Federal.

c) Repercussão geral

Em respeito ao disposto na Lei 11.418, de 19 de dezembro de 2006, que inseriu o art. 543-A no CPC/1973 agora espelhado no art. 1.035 o Código de Processo Civil.

Sendo assim, o recorrente demonstrará que, a toda evidência, a questão discutida nos autos possui repercussão geral apta a ensejar a admissibilidade do apelo extraordinário por esse colendo Supremo Tribunal Federal.

Com efeito, é possível afirmar que conta com repercussão geral a matéria que representa transcendência em relação ao direito vindicado individualmente, ou seja, a matéria relevante, de ordem pública e interesse social relevante e que transcende o interesse subjetivo das partes na solução da controvérsia.

No glossário do Supremo Tribunal Federal

"A Repercussão Geral é um instrumento processual inserido na Constituição Federal de 1988, por meio da Emenda Constitucional 45, conhecida como a 'Reforma do Judiciário'. O objetivo desta ferramenta é possibilitar que o Supremo Tribunal Federal selecione os Recursos Extraordinários que irá analisar, de acordo com critérios de relevância jurídica, política, social ou econômica. O uso desse filtro recursal resulta numa diminuição do número de processos encaminhados à Suprema Corte. Uma vez constatada a existência de repercussão geral, o STF analisa o mérito da questão e a decisão proveniente dessa análise será aplicada posteriormente pelas instâncias inferiores, em casos idênticos. A preliminar de Repercussão Geral é analisada pelo Plenário do STF, através de um sistema informatizado, com votação eletrônica, ou seja, sem necessidade de reunião física dos membros do Tribunal. Para recusar a análise de um RE são necessários pelo menos 8 votos, caso contrário, o tema deverá ser julgado pela Corte. Após o relator do recurso lançar no sistema sua manifestação sobre a relevância do tema, os demais ministros têm 20 dias para votar. As abstenções nessa votação são consideradas como favoráveis à ocorrência de repercussão geral na matéria".

José Rogério Cruz e Tucci sustentam que repercussão geral representa

"a existência ou não, no thema decidendum, *de questões relevantes sob a ótica econômica, política, social ou jurídica, que suplantem o interesse individual dos litigantes." (Anotações sobre a repercussão geral como pressuposto de admissibilidade do recurso extraordinário . Disponível em: <http://www.oab.org.br/editora/revista/users/revista/1211289535174218181901.pdf>)*

256 | MODELOS DE PEÇAS NO NOVO CÓDIGO DE PROCESSO CIVIL – *Luiz Antonio Scavone Junior*

Conclui Cruz e Tucci:

"Andou bem o legislador não enumerando as hipóteses que possam ter tal expressiva dimensão, porque o referido preceito constitucional estabeleceu um 'conceito jurídico indeterminado' (como tantos outros previstos em nosso ordenamento jurídico), que atribui ao julgador a incumbência de aplicá-lo diante dos aspectos particulares do caso analisado".

É exatamente o caso do presente recurso, no qual (...)

Ex positis, tendo em vista que a violação constitucional apontada como fundamento do presente recurso transcende o direito subjetivo das partes, demonstrada, portanto, a repercussão geral no caso concreto, o presente Recurso Extraordinário merece ser conhecido.

II – Síntese do processo e do direito vindicado – fatos e direito

(fazer uma síntese do processo autos, dando ênfase à violação constitucional que possui o condão de reverter o acórdão recorrido)

Em razão do exposto, o presente recurso extremo merece conhecimento e provimento, o que se espera dos Eminentes Ministros sobre os quais recairá a decisão sobre tão relevante questão.

III – Violação do art. (...) da Constituição Federal

(Demonstrar a violação do dispositivo constitucional, fundamentando as razões)

IV – Pedido de efeito suspensivo

Nos termos do § 5º do art. 1.029 do Código de Processo Civil:

"§ 5º O pedido de concessão de efeito suspensivo a recurso extraordinário ou a recurso especial poderá ser formulado por requerimento dirigido:

I – ao tribunal superior respectivo, no período compreendido entre a interposição do recurso e sua distribuição, ficando o relator designado para seu exame prevento para julgá-lo;

II – ao relator, se já distribuído o recurso;

III – ao presidente ou vice-presidente do tribunal local, no caso de o recurso ter sido sobrestado, nos termos do art. 1.037."

Posta assim a questão, tendo em vista a iminência de (...), o que pode gerar prejuízos de difícil reparação, requer-se de Vossa Excelência a concessão de efeito suspensivo ao presente recurso, suspendendo o processo na origem até ulterior decisão no bojo da vertente irresignação.

V – Pedido

Em razão de tudo quanto foi exposto, requer seja admitido e provido o presente Recurso Extraordinário para (...), invertendo-se os ônus sucumbenciais.

VI – Requerimentos finais ao tribunal de origem

Requer-se a intimação do recorrido, para que responda, querendo, no prazo de 15 dias, após esta manifestação de inconformismo ser recebida e protocolizada na secretaria deste Tribunal de origem (CPC, art. 1.030); findo esse prazo com ou sem contrarrazões, sejam remetidos incontinenti ao Supremo Tribunal Federal, cumpridas as necessárias formalidades legais, para provimento como medida de inteira justiça.

Termos em que,

Pede deferimento,

Data

Advogado (OAB)

12.10. CONTRARRAZÕES A RECURSOS ESPECIAL OU EXTRAORDINÁRIO

Exmo. Dr. Desembargador Presidente do E. Tribunal (...).

Processo n. (...)

(...), já qualificado nos autos do Recurso (...) extraído da ação (...) que move em face de *(ou que lhe move)* (...), vem, respeitosamente, perante Vossa Excelência, tempestivamente, por seu procurador (fls...):

Contrarrazões ao Recurso (...)

O que faz com fundamento nos argumentos de fato e de direito a seguir aduzidos:

I – Fatos

Trata-se de ação de (...), na qual (...).

II – O recurso interposto

Em síntese, o recorrente aduz que, (...).

Passa, então, a discorrer sobre matéria fática, de impossível apreciação através da via angusta do Recurso (...).

Com efeito, despende linhas e linhas do seu recurso (...).

Estranhamente, se insurge contra (...), sem, contudo, prequestionar a matéria, assim como não prequestionou a divergência que apontou em razão do art. (...).

III – Inadmissibilidade do Recurso

a) Questão de fato

"Súmula 7 do Superior Tribunal de Justiça: A pretensão de simples reexame de prova não enseja recurso especial.

Súmula 279 do Supremo Tribunal Federal: Para simples reexame de prova não cabe recurso extraordinário."

Da leitura das razões apresentadas pelo recorrente, é evidente, evidentíssimo aliás, que sua pretensão se circunscreve ao simples reexame de prova, especialmente de prova (...) que emprestou supedâneo ao acórdão recorrido.

Em consonância com o acatado, menciona (...).

Entrementes, para tanto, justifica seu Recurso (...) na inaptidão da prova (...) na qual se sustentou o judicioso acórdão recorrido, que, ao final, (...).

Assim, a questão deduzida no recurso ora rebatido depende da reapreciação da prova (...) que apontou a cristalina (...) adotada pelo acórdão recorrido.

Em suma, haveria a necessidade de reavaliar a prova, afastando suas conclusões – afinal acatadas pelo acórdão recorrido – para justificar a apontada afronta ao art. (...).

Portanto, não se admite a vertente via recursal.

b) Intempestividade do recurso

Compulsando os autos, é possível verificar que o vertente recurso é intempestivo. Isto porque (...).

c) Ausência de prequestionamento

Justamente para evitar que a parte, sob pretexto de decidir questão federal ou constitucional – conforme o caso – inove a ação e utilize os recursos Extraordinário e Especial para tumultuar ou atrasar a prestação jurisdicional, surge a necessidade do prequestionamento.

Trata-se de limite à faculdade recursal que busca a preservação do caráter de interesse público de respeito às normas federais e constitucionais, ao mesmo tempo em que serve de óbice ao abuso do direito de demanda, previsto expressamente na codificação processual.

Concedendo força a seu caráter limitador da pretensão recursal, o requisito do prequestionamento não apenas revela a necessidade de que a questão tenha sido invocada pela parte, como, também, e necessariamente, sobre ela, haja o pronunciamento judicial que haverá de fundamentar o recurso dirigido a superior instância.

Necessária, pois, decisão sobre a matéria prequestionada, em instância inferior.

Tal requisito presta-se a duas questões fundamentais.

Primeiro, ao necessário prestígio da função jurisdicional das instâncias inferiores, que sem a exigência do prequestionamento, figurariam como meras "instâncias de passagem" da lide, uma vez que a prestação jurisdicional eficaz – porque irrecorrível – deveria ser dada via de regra pelas instâncias superiores.

A segunda questão trata-se de projeção do próprio fundamento teleológico do recurso, que se traduz na vocação de dirimir controvérsia acerca de questão federal ou constitucional, no interesse, pois, da própria ordem jurídica.

Em suma, os requisitos de admissibilidade dos recursos Especial ou Extraordinário impedem o acúmulo de processo nos tribunais superiores que acabe por prejudicar a necessária reflexão das Cortes superiores nas questões de maior relevância, no cumprimento de sua missão constitucional.

Nesse sentido, as Súmulas:

> *"Súmula 282 do Supremo Tribunal Federal: é inadmissível o recurso extraordinário, quando não ventilada, na decisão recorrida, a questão federal suscitada.*
>
> *Súmula 356 do Supremo Tribunal Federal: o ponto omisso da decisão, sobre o qual não foram opostos embargos declaratórios, não pode ser objeto de Recurso Extraordinário, por faltar o requisito do prequestionamento."*

Ora, Excelências, nitidamente a questão federal *(constitucional)* ventilada não foi objeto de alegação nas contrarrazões do recurso de apelação (fls... e seguintes).

Tampouco foi objeto de apreciação pelo Tribunal.

Basta a simples verificação do acórdão recorrido (fls... e seguintes) para se chegar a essa conclusão.

Se quisesse, a recorrente poderia ter providenciado embargos declaratórios para que o Tribunal se manifestasse a respeito e, ainda, para os efeitos do art. 1.025 do Código de Processo Civil que permite que o prequestionamento a par do não conhecimento dos embargos de declaração se o tribunal superior considera erro, omissão, contradição ou obscuridade.

Com isso, em tese, teria prequestionado a matéria.

Todavia, assim não procedeu. Portanto, inviável o Recurso interposto também por ausência de prequestionamento.

No caso de Recurso Extraordinário:

d) Ausência de violação direta ao dispositivo constitucional invocado

A questão discutida no vertente processo não trata da constitucionalidade do (...), mas de (...).

Nesse sentido o acórdão recorrido fundamenta: (fls...):

(...)

Portanto, os recorrentes tentam, em vão, direcionar as suas razões à luz da Constituição, aspecto que não se discute.

Isto porque, independentemente da constitucionalidade, na verdade, a discussão gira em torno da legalidade (não constitucionalidade) da (...).

Não está presente, assim, a toda evidência, discussão de matéria constitucional, muito menos referente à violação do (...), a não ser de maneira indireta e muito remota.

Nessa medida, sustenta a Ministra Ellen Gracie:

"Apreciação do extraordinário que requer o reexame dos fatos e das provas da causa, além de matéria de índole ordinária, hipóteses não cabíveis na via do apela extremo" (Agravo Regimental no Agravo de Instrumento n. 462.011-5 – j. em 28.03.2006).

No mesmo sentido:

Supremo Tribunal Federal. *"Agravo de Instrumento. Inadmissibilidade. Intempestividade. Comprovação de que o recurso foi interposto no prazo legal. Decisão agravada. Reconsideração. Provada a sua tempestividade, deve ser apreciado o recurso. 2. Extraordinário. Inadmissibilidade. Prequestionamento. Falta. Agravo regimental não provido. Aplicação das súmulas n°ˢ 282 e 356. Não se admite recurso extraordinário quando falte prequestionamento da matéria constitucional invocada. 3. Recurso. Extraordinário. Inadmissibilidade. Reexame de norma infraconstitucional. Ofensa indireta à Constituição. Agravo regimental não provido. Não cabe recurso extraordinário que tenha por objeto alegação de ofensa que, irradiando-se de má interpretação, aplicação, ou, até, de inobservância de normas infraconstitucionais, seria apenas indireta à Constituição da República" (AI-AgR 493.963 – São Paulo – Ag. Reg. no Agravo de Instrumento – Min. Cezar Peluso – j. em 08.08.2006 – Segunda Turma – Publicação: DJ 01.09.2006).*

Desta forma, possível a aplicação o verbete 636 da súmula STF, vez que a questão da (...) implica em "rever a interpretação dada a normas infraconstitucionais pela decisão recorrida."

Aliás, nota-se com toda clareza que os acórdãos mencionados pelas recorrentes pretendem confundir o seu leitor, fazendo-o acreditar que a discussão gira em torno da constitucionalidade, o que não é verdade como amplamente demonstrado.

e) Ausência de repercussão geral

Em respeito ao disposto na Lei n. 11.418, de 19.12.2006, que inseriu o art. 543-A no CPC/1973 agora espelhado no art. 1.035 o Código de Processo Civil.

Sendo assim, o recorrente deveria ter demonstrado que a questão discutida nos autos possui repercussão geral apta a ensejar a admissibilidade do apelo extraordinário por esse colendo Supremo Tribunal Federal.

Com efeito, é possível afirmar que conta com repercussão geral a matéria que representa transcendência em relação ao direito vindicado individualmente, ou seja, a matéria relevante, de ordem pública e interesse social relevante e que transcende o interesse subjetivo das partes na solução da controvérsia.

No glossário do Supremo Tribunal Federal,

"A Repercussão Geral é um instrumento processual inserido na Constituição Federal de 1988, por meio da Emenda Constitucional 45, conhecida como a 'Reforma do Judiciário'. O objetivo desta ferramenta é possibilitar que o Supremo Tribunal Federal selecione os Recursos Extraordinários que irá analisar, de acordo com critérios de relevância jurídica, política, social ou econômica. O uso desse filtro recursal resulta numa diminuição do número de processos encaminhados à Suprema Corte. Uma vez constatada a existência de repercussão geral, o STF analisa o mérito da questão e a decisão proveniente dessa análise será aplicada posteriormente pelas instâncias inferiores, em casos idênticos. A preliminar de Repercussão Geral é analisada pelo Plenário do STF, através de um sistema informatizado, com votação eletrônica, ou seja, sem necessidade de reunião física dos membros do Tribunal. Para recusar a análise de um RE são necessários pelo menos 8 votos, caso contrário, o tema deverá ser julgado pela Corte. Após o relator do recurso lançar no sistema sua manifestação sobre a relevância do tema, os demais ministros têm 20 dias para votar. As abstenções nessa votação são consideradas como favoráveis à ocorrência de repercussão geral na matéria". (disponível em: <http://www.stf.jus.br/portal/glossario/verVerbete.asp?letra=R&id=451>)

260 | MODELOS DE PEÇAS NO NOVO CÓDIGO DE PROCESSO CIVIL – *Luiz Antonio Scavone Junior*

José Rogério Cruz e Tucci sustenta que repercussão geral representa

"a existência ou não, no thema decidendum, *de questões relevantes sob a ótica econômica, política, social ou jurídica, que suplantem o interesse individual dos litigantes." (Anotações sobre a repercussão geral como pressuposto de admissibilidade do recurso extraordinário. Disponível em: <http://www.oab.org.br/editora/revista/users/revista/12112895351742181819 01.pdf>).*

Conclui Cruz e Tucci:

"Andou bem o legislador não enumerando as hipóteses que possam ter tal expressiva dimensão, porque o referido preceito constitucional estabeleceu um 'conceito jurídico indeterminado' (como tantos outros previstos em nosso ordenamento jurídico), que atribui ao julgador a incumbência de aplicá-lo diante dos aspectos particulares do caso analisado".

Todavia, este pressuposto, a toda evidência, não está presente no vertente recurso em que se discute (...)

Ex positis, tendo em vista que a violação constitucional apontada como fundamento do presente recurso não transcende o direito subjetivo das partes, indemonstrada, portanto, a repercussão geral no caso concreto, o presente Recurso Extraordinário não merece ser conhecido.

IV – Mérito

Apenas por cautela, tendo em vista que, à luz do direito, o recorrido espera que o recurso seja fulminado por ausência de requisitos de admissibilidade, passa a rebater o mérito:

(...)

Sendo assim, ainda que houvesse prequestionamento da matéria – e não houve –, ainda que a matéria fosse pertinente e "de direito" – e não é – *(e ainda que houvesse repercussão geral – e não há)* restariam afastados os argumentos dos recursos em função do mérito.

Diante do exposto, em consonância com a jurisprudência desta Corte, requer seja o vertente recurso inadmitido e, na hipótese de sua admissão – o que se cogita apenas por hipótese, em razão das fragilíssimas alegações apresentadas -, que lhe seja negado provimento, mantendo *in integrum* a lúcida decisão recorrida com o prestígio da mais pura aplicação da Lei e da distribuição da tão necessária Justiça.

Termos em que,

Pede deferimento,

Data

Advogado (OAB)

12.11. AGRAVO DE INSTRUMENTO EM FACE DE DECISÃO DENEGATÓRIA DE SEGUIMENTO A RECURSO ESPECIAL (OU RECURSO EXTRAORDINÁRIO)

Exmo. Sr. Dr. Desembargador Presidente do E. Tribunal (...).

Recurso Especial n. (...)

(...), por seus advogados e procuradores, nos autos do recurso de (...), extraído da ação (...) em face de (...), processo (...), não se conformando, *data venia*, com a decisão inadmitiu o Recurso Especial (ou Extraordinário) interposto, vem, tempestivamente, com fundamento nos artigos 1.030, § 1º, e 1.042 do Código de Processo Civil, interpor o presente

Agravo de Instrumento em face de decisão denegatória de seguimento a Recurso Especial (ou Recurso Extraordinário)

O que faz nos seguintes termos:

I – Do juízo de retratação *(se for o caso)*

Nada obstante a absoluta correspondência do vertente recurso com o Recurso Especial (...), julgado no regime de recursos repetitivos e a evidente afronta do acórdão da (...) Câmara do Tribunal (...), o juízo de retratação restou negativo e, ainda assim, o Tribunal *a quo* negou seguimento à irresignação, não restando alternativa senão o presente agravo com supedâneo nos art. 1.030, V, "c" e § 1º, e 1.042 do Código de Processo Civil.

Senão, vejamos:

II – Objeto deste recurso

É obter a reforma da r. decisão que não admitiu o Recurso Especial oportunamente interposto (fls ...), aduzindo, para tanto, que a agravante (...).

Entrementes, a toda evidência e com todo respeito à decisão da presidência do Tribunal *a quo*, o Recurso Especial deve ser admitido tendo em vista que (...).

III – Exposição do fato e do direito

O V. acórdão da C. (...) Câmara do E. Tribunal de Justiça (...) (fls ...), decidiu que (...).

Assim, de forma cristalina, contrariou texto expresso do (...), que está assim redigido: (...)

Trata-se de verdadeira negativa de vigência de Lei Federal (ou da Constituição Federal).

A tese firmada pela v. decisão recorrida, ademais, *data venia*, divergiu de toda a orientação jurisprudencial firmada pelo Superior Tribunal de Justiça (ou Supremo Tribunal Federal) e outros EE. Tribunais deste país, analiticamente transcritas na parte útil (descrição da(s) decisões com origem).

Portanto, não há como deixar de reconhecer que o Recurso Especial (ou Recurso Extraordinário), em verdade, está duplamente fundamentado no inciso III, *a* e *c*, do art. 105 da Constituição Federal (ou: está fundamentado no art. 102, ... da Constituição Federal), fazendo-se mister seu conhecimento e provimento.

IV – Pedido

Pede-se e espera-se que essa Eg. Presidência em razão do exposto, i.e, da admissibilidade e procedência do Recurso Especial (ou Extraordinário), digne-se reformar a r. decisão atacada em juízo de retratação nos termos do art. 1.042, § 2º, do CPC, ordenando o seguimento do recurso; se mantida a r. decisão, digne-se ordenar o processamento e remessa deste agravo de instrumento ao Egrégio Superior Tribunal de Justiça (ou ao Colendo Supremo Tribunal Federal).

Pede-se, finalmente, ao Excelentíssimo Senhor Ministro Relator digne-se de julgá-lo com o Recurso Especial (ou Extraordinário), conforme previsão contida no CPC, art. 1.042, § 5º, uma vez que os autos estão integralmente reproduzidos.

V – Requerimento

Isto posto, independentemente do pagamento do preparo (CPC, art. 1.042, § 2º), serve a presente para requerer a V. Excelência que, protocolada esta petição na Secretaria desse Eg. Tribunal, intime-se o recorrido para responder, querendo, no prazo de 15 (quinze) dias, sendo que, ao depois, deve o recurso ser admitido em juízo de retratação, reformada a r. decisão atacada; se mantida a r. decisão agravada, seja o recurso remetido ao Egrégio Superior Tribunal de Justiça (ou Supremo Tribunal Federal) para conhecimento e provimento, cumpridas as necessárias formalidades legais, como medida de inteira JUSTIÇA.

Termos em que,
Pede deferimento,
Data
Advogado (OAB)

12.12. FLUXOGRAMA DA SISTEMÁTICA DE INTERPOSIÇÃO DE RECURSOS AOS TRIBUNAIS SUPERIORES

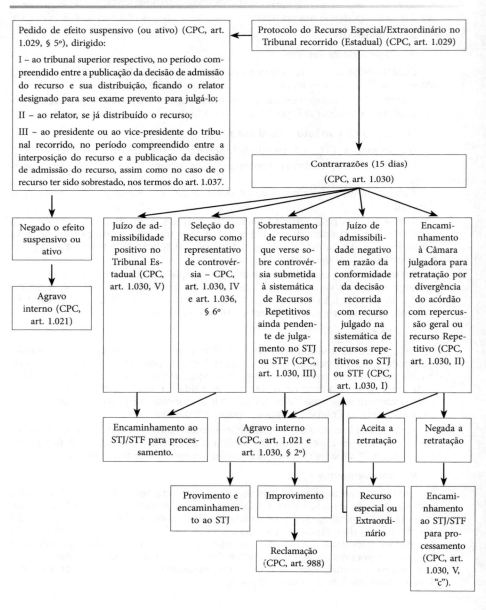

12.13. EMBARGOS DE DIVERGÊNCIA

Exmo. Sr. Dr. Ministro Presidente do Egrégio (...).

Recurso Especial *(ou Extraordinário)* n. (...)

(...), por seu advogado e procurador, no Recurso Especial (ou Extraordinário) extraído da ação (...), que move em face de (ou que lhe move) (...), vem, respeitosamente, apresentar

Embargos de divergência

o que faz tempestivamente, com fundamento no art. 1.043, do Código de Processo Civil e nos artigos 266 e 267 do Regimento Interno do Superior Tribunal de Justiça *(nos artigos 330 a 336 do Regimento Interno do Supremo Tribunal Federal)*, pelas razões a seguir aduzidas:

I – Acórdão embargado

O embargante interpôs Recurso (...) em face de acórdão do Tribunal de Justiça do Estado (...), cuja decisão pode ser assim resumida:

(...)

Nada obstante, o presente Recurso (...), que se fundou na violação dos arts. (...) não foi provido sob a seguinte fundamentação:

(...)

O acórdão recebeu a seguinte ementa:

(...)

Na fundamentação, destaca-se o seguinte:

(...)

Nada obstante as percucientes razões lançadas, o fato é que o acórdão é diametralmente oposto a outro da (...) Turma *(ou: da mesma turma, nos termos do § 3º do art. 1.043 do CPC, tendo em vista a alteração de sua composição)*, que julgou a idêntica matéria da seguinte forma:

II – Acórdão paradigma

a) Divergência a ensejar a admissibilidade destes embargos

O acórdão paradigma está assim ementado, com a citação do repositório oficial de jurisprudência:

(...)

Nas razões da decisão, sustentou o relator (...).

b) semelhança fática entre os acórdãos divergentes no resultado

É possível verificar claramente que, tanto no acórdão recorrido quanto naquele aqui trazido à colação como paradigma, a questão girou em tono (...).

Do acórdão embargado, extrai-se a seguinte fundamentação: (...).

Igualmente, no acórdão paradigma, posto que se fundou na (...).

c) soluções divergentes a ensejar o presente recurso

Em que pese a evidente semelhança fática, é possível verifica conclusões, nada obstante, diametralmente opostas.

Com efeito, no acórdão embargado decidiu-se que (...).

Por outro lado, de forma diametralmente oposta, no acórdão paradigma, a solução foi (...).

264 | MODELOS DE PEÇAS NO NOVO CÓDIGO DE PROCESSO CIVIL – *Luiz Antonio Scavone Junior*

III – Pedido

Ex positis, os presentes Embargos de Divergência merecem conhecimento e provimento na exata medida em que resta amplamente comprovada a semelhança fática entre os acórdãos embargado e paradigma, bem como a divergência total das consequências em ambos os acórdãos.

Portanto, espera e requer o embargante provimento do seu recurso para que prevaleça a tese do acórdão paradigma para que (...), invertendo-se os ônus processuais.

Requer-se, por fim, a intimação do embargado para, querendo, no prazo de 15 (quinze) dias, apresentar contrarrazões aos presentes embargos nos termos do art. 1.003, § 5º.

Termos em que,

Pede deferimento,

Data

Advogado (OAB)

12.14. AÇÃO RESCISÓRIA

Exmo. Sr. Desembargador Presidente do Tribunal de Justiça do Estado (...)

(...), por seu advogado (documento 1), vem, respeitosamente, perante Vossa Excelência, propor, em face de (...), a presente:

Ação rescisória

o que faz com fundamento nos arts. 966 (...) do Código de Processo Civil e artigos subsequentes, além dos fatos e fundamentos a seguir aduzidos:

I – Tempestividade

O acórdão rescindendo foi publicado no Diário Oficial no dia (...)

Portanto, a presente ação rescisória é tempestiva a teor do art. 975 do Código de Processo Civil

II – Fatos e fundamentos jurídicos da presente ação

(...)

Posta assim a questão, nos termos do que amplamente demonstrou o autor, plausível e necessária a rescisão do acórdão nos termos da fundamentação.

III – Pedido

Ex positis, requer-se:

a) a citação do réu para, querendo, contestar a presente ação no prazo que Vossa excelência designar nos termos do art. 970 do Código de Processo Civil;

b) nos termos do art. 968, II, do Código de Processo Civil, a juntada da inclusa guia do depósito de R$ (...), correspondente a 5% (cinco por cento) do valor da causa, devidamente atualizado até a presente data (documento anexo);

c) que a presente ação seja julgada totalmente procedente, rescindindo-se o acórdão com a prolação de novo julgamento nos termos do art. 968, I, do Código de Processo Civil;

d) com a procedência, a restituição do depósito ao autor (CPC, art. 974);

e) a condenação do réu nas custas e honorários que forem arbitrados;

Por fim, requer-se a produção de todos os meios de prova em direito admitidos, sem exceção.

Termos em que atribuindo à causa o valor de R$ (...),

p. deferimento

Data

Advogado (OAB)

12.15. RECLAMAÇÃO

12.15.1. Reclamação para garantir a observância de precedente de incidente de resolução de demandas repetitivas – modelo geral

Exmo. Sr. Dr. Presidente (ou Vice-Presidente) (...) do Colendo (...)

(...), por seus advogados subscritores, vem, respeitosamente, perante Vossa Excelência, propor

Reclamação

Contra decisão do Senhor Desembargador (...) da (...) Câmara do Tribunal de Justiça (...), o que faz com fundamento no artigo 988, II e III, do Código de Processo Civil e pelas razões a seguir aduzidas:

Objeto desta reclamação

Trata-se de reclamação em face de decisão prolatada pelo Exmo. Desembargador (...) do Egrégio Tribunal (...) que negou provimento ao recurso de agravo interno previsto no inciso III e no § 2º do art. 1.030 e no art. 1.021 do Código de Processo Civil que visava obter a reforma da decisão da Presidência deste Tribunal.

De fato, a Presidência deste Tribunal entendeu que o Recurso Especial (ou Extraordinário) n. (...), integralmente reproduzido nestes autos, deveria ser sobrestado até o julgamento do recurso repetitivo n. (...) e, nesta medida, determinou a suspensão do processamento com fundamento no art. 1.030, III, do CPC, decisão essa que foi objeto de agravo interno nos termos da previsão contida no § 2º do mesmo dispositivo legal.

Nada obstante, fora negado provimento ao agravo interno, esgotada a instância, sendo mister observar que a decisão recorrida não se amolda à hipótese de sobrestamento, notadamente não se trata de questão semelhante àquela tratada no Recurso Especial (ou no Recurso Extraordinário) (...), ferindo direito líquido e certo do impetrante.

Deveras, o Recurso Especial (ou Extraordinário) do Impetrante versa sobre (...), enquanto o suposto recurso repetitivo que ensejou o sobrestamento do Recurso Especial (ou Extraordinário) do impetrante trata de (...).

O art. 1.042 do Código do Processo Civil, com a redação dada pela Lei 13.256/2016, determina:

Art. 1.042. Cabe agravo contra decisão de presidente ou de vice-presidente do tribunal recorrido que **inadmitir** *recurso extraordinário ou recurso especial, salvo quando fundada na aplicação de precedente de repercussão geral e de recurso especial repetitivo.*

Ocorre que, no caso, o recurso do reclamante não passou pelo juízo de admissibilidade pela equivocada decisão do reclamado, o que fere seu direito de ver o recurso admitido e processado ou, pelo menos, de ter a decisão de admissibilidade para que possa, se for o caso, agravar de decisão denegatória de seguimento.

Ou (substituir os parágrafos acima, em itálico, pelos seguintes, se o caso for de inadmissibilidade por correspondência do acórdão recorrido com decisão das cortes superiores fundada na sistemática de recursos repetitivos):

Trata-se de reclamação em face de decisão prolatada pelo Exmo. Desembargador (...) do Egrégio Tribunal (...) que negou provimento ao recurso de agravo interno previsto

266 | MODELOS DE PEÇAS NO NOVO CÓDIGO DE PROCESSO CIVIL – *Luiz Antonio Scavone Junior*

no inciso I e no § 2º do art. 1.030 e no art. 1.021 do Código de Processo Civil que visava reformar a decisão que negou seguimento ao Recurso Especial (ou Extraordinário) n. (...).

De fato a Presidência do Tribunal (...) entendeu, nos termos da redação do art. 1.030, I, do Código de Processo Civil, com a redação dada pela Lei 13.256/2016, que o Recurso Especial (ou Extraordinário) integralmente reproduzido nestes autos, deveria ter seu seguimento negado na medida em que o acórdão recorrido está, SUPOSTAMENTE, de acordo com o que fora decidido no recurso repetitivo n. (...) (ou no precedente de repercussão geral n. ...), decisão essa que foi objeto de agravo interno nos termos da previsão contida no § 2º do mesmo dispositivo legal.

Nada obstante, foi negado provimento ao agravo interno, esgotada a instância, sendo mister observar que a decisão recorrida não se amolda à hipótese do recurso repetitivo n. (...) (ou no precedente de repercussão geral n. ...).

Deveras, o Recurso Especial do reclamante versa sobre (...), enquanto o suposto recurso repetitivo n. (...) (ou no precedente de repercussão geral n. ...) que ensejou o juízo negativo de admissibilidade do Recurso Especial (ou Extraordinário) do impetrante trata de (...).

O art. 1.042 do Código do Processo Civil, com a redação dada pela Lei 13.256/2016, determina:

*Art. 1.042. Cabe agravo contra decisão de presidente ou de vice-presidente do tribunal recorrido que **inadmitir** recurso extraordinário ou recurso especial, **salvo quando fundada na aplicação de precedente de repercussão geral e de recurso especial repetitivo**.*

*Ocorre que, no caso, há grave equívoco na decisão que negou seguimento ao Recurso (...) fundada em **precedente de repercussão geral (ou de recurso especial repetitivo)**, o que fere direito líquido e certo do impetrante de ver sua irresignação admitida e processada, não restando outra medida senão a que ora é proposta em razão do não cabimento de agravo de decisão denegatória na espécie.*

I – Direito

O art. 1.030 do CPC, com a redação dada pela Lei 13.256/2016, determina que os Recursos Especial e/ou Extraordinário devem:

Inciso I: ter seu seguimento negado sempre que o acórdão recorrido estiver DE ACORDO com recurso repetitivo, entendimento do STF em repercussão geral ou que o STF tenha negado repercussão geral; e;

Inciso III – ser sobrestados quando a matéria estiver submetida à sistemática dos recursos repetitivos nos Tribunais Superiores e ainda não decidida pelo STF ou STJ.

O § 2º do mesmo art. 1.030 determina que cabe apenas o agravo interno das decisões acima referidas com fundamento no art. 1.021, ambos do CPC.

Por sua vez, o art. 1.042, também do Diploma Processual Civil, Lei 13.105/2015, preceitua que "cabe agravo contra decisão (...) do tribunal recorrido que inadmitir recurso extraordinário ou recurso especial(...) MAS RESSALVA QUE NÃO CABE O AGRAVO SE A DECISÃO QUE INADMITE O RECURSO ESTIVER 'fundada na aplicação de precedente de repercussão geral e de recurso especial repetitivo'".

Logo, da decisão dos incisos I e III do art. 1.030 só cabe o agravo interno e não agravo ao STJ.

Todavia, esgotadas as instâncias ordinárias, o reclamante entende que, a toda evidência, seu Recurso Especial (ou Extraordinário) não se amolda ao recurso repetitivo (ou não afronta repercussão geral) que fundamentou a inadmissão.

Portanto, ao negar provimento ao agravo interno, houve inobservância de recurso extraordinário com repercussão geral reconhecida (ou de acórdão proferido em julgamento de recursos extraordinário ou especial repetitivos) impedindo o direito de o reclamante ver seu Recurso Especial (ou Extraordinário) admitido e processado e, não havendo qualquer outro recurso, a única solução foi vertente reclamação com suporte no art. 988 do CPC:

> *Art. 988. Caberá reclamação da parte interessada ou do Ministério Público para:*
>
> *I – preservar a competência do tribunal;*
>
> *II – garantir a autoridade das decisões do tribunal;*
>
> *III – garantir a observância de enunciado de súmula vinculante e de decisão do Supremo Tribunal Federal em controle concentrado de constitucionalidade;*
>
> *IV – garantir a observância de precedente de incidente de resolução de demandas repetitivas ou de incidente de assunção de competência;*
>
> *§ 1º A reclamação pode ser proposta perante qualquer tribunal, e seu julgamento compete ao órgão jurisdicional cuja competência se busca preservar ou cuja autoridade se pretenda garantir.*
>
> *§ 2º A reclamação deverá ser instruída com prova documental e dirigida ao presidente do tribunal.*
>
> *§ 3º Assim que recebida, a reclamação será autuada e distribuída ao relator do processo principal, sempre que possível.*
>
> *§ 4º As hipóteses dos incisos III e IV compreendem a aplicação indevida da tese jurídica e sua não aplicação aos casos que a ela correspondam.*
>
> *§ 5º É inadmissível a reclamação:*
>
> *I – proposta após o trânsito em julgado da decisão reclamada;*
>
> *II – proposta para garantir a observância de acórdão de recurso extraordinário com repercussão geral reconhecida ou de acórdão proferido em julgamento de recursos extraordinário ou especial repetitivos, quando não esgotadas as instâncias ordinárias.*

II – Do cabimento da reclamação

Nos termos do art. 988, IV e § 5º, II, do CPC, a reclamação, depois de esgotadas as instâncias ordinárias, é a medida para garantir a observância e a autoridade das decisões das cores superiores, notadamente nos casos, como o vertente, em que não cabe recurso para tal finalidade.

Posto isso, com o máximo respeito e acatamento, não restou ao reclamante alternativa senão a presente, posto que não cabe qualquer outra medida ou recurso para discutir a questão da admissibilidade do seu recurso (art. 988, IV e § 5º, II, do CPC).

III – Pedido

Ex positis, autuada e distribuída a presente reclamação nos termos do art. 988, § 3º, do Código de Processo Civil, requer:

a) a distribuição desta reclamação ao Ilustre Ministro (...) relator do processo principal julgado nos termos do art. 1.036 do Código de Processo Civil a teor do que dispõe o art. 988, § 3º, do Código de Processo Civil;

b) a suspensão da decisão impugnada em caráter liminar (tutela provisória de urgência);

c) sejam requisitadas informações da autoridade reclamada (...), à qual se imputa o ato impugnado;

d) seja determinada a citação de (...), beneficiário do ato impugnado para, querendo, apresentar contestação;

e) seja intimado o Ministério Público para que tenha vista do processo pelo prazo legal de 5 (cinco) dias nos termos do art. 991 do Código de Processo Civil;

f) o julgamento da procedência da presente reclamação, para o fim de anular o julgamento proferido pela (...) do Tribunal de Justiça de (...) determinando, ao final,

268 | MODELOS DE PEÇAS NO NOVO CÓDIGO DE PROCESSO CIVIL – *Luiz Antonio Scavone Junior*

a admissibilidade e o regular processamento do Recurso Especial (ou Extraordinário) interposto.

Requer provar o alegado através dos documentos que instruem esta reclamação nos termos do § 2º do art. 988 do Código de Processo Civil.

Termos em que, atribuindo à presente o valor de R$ (...)

Pede deferimento,

Data

Advogado (OAB)

12.15.2. Reclamação em face de decisão que se equivoca no enquadramento da situação do acórdão recorrido com o recurso repetitivo utilizado como fundamento para negar seguimento a Recurso Especial

Exmo. Sr. Dr. Presidente (ou Vice-Presidente) (...) do Colendo (...)

(...), por seus advogados subscritores, vem, respeitosamente, perante Vossa Excelência, propor

I – Reclamação

Contra decisão do Senhor Desembargador (...) do Tribunal de Justiça (...), o que faz com fundamento no artigo 988, II e IV, do Código de Processo Civil e pelas razões a seguir aduzidas:

II – Objeto desta reclamação

É obter a cassação da r. decisão que não admitiu o Recurso Especial oportunamente interposto (fls... dos autos), aduzindo, para tanto, que a o acórdão objeto do recurso coincide com orientação da Corte Superior.

Para tanto, invocou-se o precedente julgado nos termos do art. 1.036 do Código de Processo Civil, consubstanciado no seguinte aresto:

Superior Tribunal de Justiça. Processo Civil. "Recurso Repetitivo. Art. 543-c do CPC. Fraude de execução. Embargos de terceiro. Súmula n. 375/STJ. Citação válida. Necessidade. Ciência de demanda capaz de levar o alienante à insolvência. Prova. Ônus do credor. Registro da penhora. Art. 659, § 4º, do CPC [atual art. 844]. Presunção de fraude. Art. 615-A, § 3º [atual art. 828, § 4º], do CPC. 1. Para fins do art. 543-C do CPC [atual art. 1.036], firma-se a seguinte orientação: 1.1. É indispensável citação válida para configuração da fraude de execução, ressalvada a hipótese prevista no § 3º do art. 615-A do CPC [atual art. 828, § 4º]. 1.2. O reconhecimento da fraude de execução depende do registro da penhora do bem alienado ou da prova de má-fé do terceiro adquirente (Súmula n. 375/STJ). 1.3. A presunção de boa-fé é princípio geral de direito universalmente aceito, sendo milenar a parêmia: a boa-fé se presume; a má-fé se prova. 1.4. Inexistindo registro da penhora na matrícula do imóvel, é do credor o ônus da prova de que o terceiro adquirente tinha conhecimento de demanda capaz de levar o alienante à insolvência, sob pena de tornar-se letra morta o disposto no art. 659, § 4º, do CPC [atual art. 844]. 1.5. Conforme previsto no § 3º do art. 615-A do CPC [atual art. 828, § 4º], presume-se em fraude de execução a alienação ou oneração de bens realizada após a averbação referida no dispositivo. 2. Para a solução do caso concreto: 2.1. Aplicação da tese firmada. 2.2. Recurso especial provido para se anular o acórdão recorrido e a sentença e, consequentemente, determinar o prosseguimento do processo para a realização da instrução processual na forma requerida pelos recorrentes" (REsp 956.943/PR – Rel. Ministra Nancy Andrighi – Rel. p/ Acórdão Ministro João Otávio de Noronha – Corte Especial – j. em 20.08.2014 – DJe 01.12.2014).

Nada obstante, a situação que se apresenta no vertente recurso é diversa daquela que embasou a decisão ora recorrida e, na verdade, se adéqua ao precedente paradigma, mas em sentido totalmente inverso.

Isto porque restou evidente, não havendo necessidade de prova ou revolvimento de matéria fática, mas simples análise daquilo que resta incontroverso nos autos, que o recorrido adquiriu imóvel enquanto pendia execução em face do vendedor na mesma comarca em que ele, vendedor do imóvel, declarou domicílio.

Certo é que o recorrido não extraiu as certidões de praxe, mediante as quais poderia facilmente constatar a existência da execução de onde se extrai o vertente recurso, agindo, assim, com evidente má-fé.

III – Exposição do direito

De fato, a má-fé não se presume mas, no caso concreto, decorre da incúria deliberada do recorrido que, repita-se, não extraiu as certidões de praxe que qualquer um providencia ao praticar o negócio jurídico que praticou.

Pensar o contrário seria tornar letra morta o art. 792 do Código de Processo Civil, segundo o qual:

> "Art. 792. A alienação ou a oneração de bem é considerada fraude à execução: (...)
>
> IV quando, ao tempo da alienação ou da oneração, tramitava contra o devedor ação capaz de reduzi-lo à insolvência;"

Não subsistiria, igualmente, o art. 159 do Código Civil, no âmbito da fraude contra credores.

> "Art. 159. Serão igualmente anuláveis os contratos onerosos do devedor insolvente, quando a insolvência for notória, ou houver motivo para ser conhecida do outro contratante."

Ou seja, não haveria mais fraude contra credores no direito brasileiro se houvesse anulabilidade do negócio apenas depois da averbação do gravame.

Com todo respeito, a questão não é tão simples quanto parece.

Assim, mister se faz responder à seguinte indagação: posso adquirir tranquilamente um imóvel se não houver penhora, arresto, sequestro ou qualquer pendência registrada ou averbada na matrícula?

Definitivamente não.

A par de o art. 54 da Lei 13.097/2015 estabelecer a eficácia dos negócios jurídicos imobiliários sem que haja qualquer constrição ou gravame na matrícula, esta presunção, como já decorria do sistema consolidado na Súmula 375 do STJ, é relativa.

Por outras palavras, evidentemente – e não haveria necessidade de Lei para isso – se houver registro ou averbação de gravame, a presunção de ineficácia da aquisição ou recebimento de direitos sobre o imóvel em face de ações reais, dívidas e restrições administrativas é absoluta, ou seja, não admitirá qualquer prova em sentido contrário.

Todavia, se não houver o registro, não significa, automaticamente, que o adquirente está livre tanto da fraude contra credores quanto da fraude à execução.

Não havendo registro de qualquer pendência, a conclusão evidente, evidentíssima, aliás, é que o ônus da prova de conhecimento do gravame ou constrição se transfere para o credor ou prejudicado.

Isto significa que se presume, de forma relativa, a higidez da transferência, modificação ou extinção do direito sobre o imóvel se não houver registro ou averbação

270 | MODELOS DE PEÇAS NO NOVO CÓDIGO DE PROCESSO CIVIL – *Luiz Antonio Scavone Junior*

do gravame ou constrição, mas não significa que não tenha havido fraude contra credores ou fraude à execução.

Se não houver registro ou averbação de gravame, a eventual fraude será objeto de verificação, caso a caso, em razão da demonstração, pelo credor ou pelo prejudicado, da má-fé do adquirente.

Essa é a conclusão que se extrai do parágrafo único do art. 54 da Lei 13.097/2015, segundo o qual

> *"Não poderão ser opostas situações jurídicas não constantes da matrícula no Registro de Imóveis, inclusive para fins de evicção, ao terceiro de boa-fé que adquirir ou receber em garantia direitos reais sobre o imóvel, ressalvados o disposto nos art. 129 e art. 130 da Lei nº 11.101, de 9 de fevereiro de 2005, e as hipóteses de aquisição e extinção da propriedade que independam de registro de título de imóvel."*

Portanto, se – e percebam que o condicionante é importante – o adquirente estiver de boa-fé ao operar a aquisição ou o recebimento de garantia imobiliária, a ele não poderão ser opostas "situações jurídicas não constantes da matrícula", ou seja, ações, penhoras, arrestos etc.

Contudo – e aí está a confusão – não significa que, não havendo o registro ou averbação de gravames ou constrições na matrícula, o sistema prestigie o negócio e beneficie o terceiro que haja procedido com má-fé.

Seria até absurdo pensar o contrário.

Possível exemplificar: imagine-se alguém, como no vertente caso, que adquira imóvel de pessoa que, a par de não ter, em face do seu imóvel, qualquer gravame registrado ou averbado, responde por dívidas ajuizadas, possui títulos protestados e assim por diante na mesma comarca da situação do imóvel.

O adquirente poderá ser considerado "de boa-fé" nessa situação?

Evidentemente que não, de tal sorte que haverá a fraude à execução em relação às ações já ajuizadas e a fraude contra credores em relação àquelas não ajuizadas, até em virtude da interpretação correta do parágrafo único, do art. 54, da Lei 13.097/2015.

A única diferença é que, nesses casos – de ausência de registro ou averbação do gravame ou constrição – competirá ao credor demonstrar a má-fé do adquirente, o *consilium fraudis*, posto que em favor do adquirente do imóvel ou do recebedor da garantia consistente em imóvel militará a presunção – relativa – de boa-fé.

Contudo, sem extrair as certidões de praxe, a má-fé aflora e, a par de não haver qualquer constrição na matrícula, o negócio jurídico praticado será ineficaz perante ação ou execução já aforada, que tenham o condão de reduzir o alienante à insolvência; poderá ser anulada em razão da fraude contra credores no caso de dívidas ainda não ajuizadas através da ação pauliana ou revocatória; ou, será anulada nos casos de falsificações de documentos do titular do imóvel.

Pensar diferente seria premiar a má-fé, o que, definitivamente não decorre do sistema e do acórdão paradigma julgado nos termos do art. 1.036 do CPC.

De acordo com a Súmula 375/STJ:

> *"O reconhecimento da fraude à execução depende do registro da penhora do bem alienado ou da prova de má-fé do terceiro adquirente".*

O que isso quer dizer?

Quer dizer exatamente aquilo que foi incorporado, com uma linguagem confusa, pela Medida Provisória 656/2014 e pela Lei 13.097/2015, ou seja, que não havendo

Cap. 12 · RECURSOS | **271**

registro na matrícula, de qualquer gravame, ao credor incumbe a prova que o adquirente agiu de má-fé.

E essa prova pode consistir apenas na constatação que decorre da ausência do oferecimento das certidões de praxe na comarca do imóvel, quando facilmente, por tais documentos, poderia o adquirente verificar a insolvência do alienante ou a dívida.

Essas são as razões que demonstram que a decisão não observa julgamento proferido nos termos do art. 1.036 do Código de Processo Civil, utiliza-a indevidamente e, bem assim, não observa a autoridade da decisão desta corte que foi subvertida pela autoridade reclamada.

IV – Do cabimento da reclamação

Nos termos do art. 988, IV e § 5º, II, do CPC, a reclamação, depois de esgotadas as instâncias ordinárias, é a medida para garantir a observância e a autoridade das decisões das cores superiores, notadamente nos casos, como o vertente, em que não cabe recurso para tal finalidade.

Deveras, o art. 1.030, I, do CPC, com a redação dada pela Lei 13.256/2016, determina que o Recurso Especial deve ter seu seguimento negado sempre que o acórdão recorrido estiver DE ACORDO com recurso repetitivo, entendimento do STF em repercussão geral ou que o STF tenha negado repercussão geral.

O § 2º do mesmo art. 1.030 determina que cabe apenas o agravo interno das decisões acima referidas com fundamento no art. 1.021, ambos do CPC.

Por sua vez, o art. 1.042, também do Diploma Processual Civil, Lei 13.105/2015, preceitua que "cabe agravo contra decisão (...) do tribunal recorrido que inadmitir recurso extraordinário ou recurso especial (...) MAS RESSALVA QUE NÃO CABE O AGRAVO SE A DECISÃO QUE INADMITE O RECURSO ESTIVER "fundada na aplicação de precedente de repercussão geral e de recurso especial repetitivo".

Logo, da decisão do inciso I do art. 1.030 do CPC só cabe o agravo interno, e não agravo ao STJ.

Todavia, esgotadas as instâncias ordinárias, o reclamante entende que, a toda evidência, seu Recurso Especial não se amolda ao recurso repetitivo que fundamentou a inadmissão.

Portanto, ao negar provimento ao agravo interno, houve inobservância de acórdão proferido em julgamento de recurso especial repetitivo, impedindo o direito de o reclamante ver seu Recurso admitido e processado e, não havendo qualquer outro recurso, a única solução foi vertente reclamação com suporte no art. 988 do CPC:

Art. 988. Caberá reclamação da parte interessada ou do Ministério Público para:

I – preservar a competência do tribunal;

II – garantir a autoridade das decisões do tribunal;

III – garantir a observância de enunciado de súmula vinculante e de decisão do Supremo Tribunal Federal em controle concentrado de constitucionalidade;

IV – garantir a observância de precedente de incidente de resolução de demandas repetitivas ou de incidente de assunção de competência;

§ 1º A reclamação pode ser proposta perante qualquer tribunal, e seu julgamento compete ao órgão jurisdicional cuja competência se busca preservar ou cuja autoridade se pretenda garantir.

§ 2º A reclamação deverá ser instruída com prova documental e dirigida ao presidente do tribunal.

§ 3º Assim que recebida, a reclamação será autuada e distribuída ao relator do processo principal, sempre que possível.

272 | MODELOS DE PEÇAS NO NOVO CÓDIGO DE PROCESSO CIVIL – *Luiz Antonio Scavone Junior*

§ 4º As hipóteses dos incisos III e IV compreendem a aplicação indevida da tese jurídica e sua não aplicação aos casos que a ela correspondam.

§ 5º É inadmissível a reclamação:

I – proposta após o trânsito em julgado da decisão reclamada;

II – proposta para garantir a observância de acórdão de recurso extraordinário com repercussão geral reconhecida ou de acórdão proferido em julgamento de recursos extraordinário ou especial repetitivos, quando não esgotadas as instâncias ordinárias.

Posto isso, com o máximo respeito e acatamento, não restou ao reclamante alternativa senão a presente, posto que não cabe qualquer outra medida ou recurso para discutir a questão da admissibilidade do seu recurso (Art. 988, IV e § 5º, II, do CPC).

V – Pedido

Ex positis, autuada e distribuída a presente reclamação nos termos do art. 988, § 3º do Código de Processo Civil, requer:

a) a distribuição desta reclamação ao Ilustre Ministro (...) relator do processo principal julgado nos termos do art. 1.036 do Código de Processo Civil a teor do que dispõe o art. 988, § 3º, do Código de Processo Civil;

b) a suspensão do ato impugnado;

c) sejam requisitadas informações da autoridade reclamada (...), à qual se imputa o ato impugnado;

d) seja determinada a citação de (...), beneficiário do ato impugnado para, querendo, apresentar contestação;

e) seja intimado o Ministério Público para que tenha vista do processo pelo prazo legal de 5 (cinco) dias nos termos do art. 991 do Código de Processo Civil;

f) o julgamento da procedência da presente reclamação, cassando a decisão exorbitante e determinando a apreciação, pelo relator reclamado, do recurso de apelação interposto;

Requer provar o alegado através dos documentos que instruem esta reclamação nos termos do § 2º do art. 988 do Código de Processo Civil.

Termos em que, atribuindo à presente o valor de R$ (...)

Pede deferimento,

Data

Advogado (OAB)

12.16. MANDADO DE SEGURANÇA EM FACE DE DECISÃO INTER-LOCUTÓRIA DA QUAL NÃO CABE AGRAVO DE INSTRUMENTO

Exmo. Sr. Desembargador Relator do (...) do Egrégio Tribunal de Justiça de (...).

(...), por seu advogado que esta subscreve (Procuração – documento 1), vem, respeitosamente, à presença de Vossa Excelência, com fundamento no art. 5º, LXIX, da Constituição da República Federativa do Brasil, na Lei 12.016 de 2009 e no art. 35 do Regimento Interno do Tribunal de Justiça de São Paulo (ou art. ... do Regimento Interno desse Egrégio Tribunal de Justiça de...), impetrar o presente

Mandado de Segurança

visando proteger direito líquido e certo seu, indicando como coator o Excelentíssimo Senhor Dr. Juiz de Direito da (...), pelos motivos que passa a expor:

I – Fatos

Trata-se de mandado de segurança em face de decisão do Exmo. Sr. Dr. Juiz de Direito da (...) que negou ao impetrante o direito líquido e certo de produzir a prova consistente em (...) (ou direito líquido e certo de...).

II – Direito

O art. 1.015 da Lei 13.105/2015 (Código de Processo Civil) estabelece taxativamente as hipóteses de agravo de instrumento, não abarcando a hipótese de decisão sobre matéria probatória (ou sobre...).

Portanto, ao negar o requerimento, sob pena, inclusive, de perecimento da prova (ou sob pena de...), houve afronta a direito líquido e certo do impetrante.

III – Do cabimento do mandado de segurança

Nos termos do art. 1º da Lei 12.016, de 7 de agosto de 2009:

Conceder-se-á mandado de segurança para proteger direito líquido e certo, não amparado por habeas corpus ou habeas data, sempre que, ilegalmente ou com abuso de poder, qualquer pessoa física ou jurídica sofrer violação ou houver justo receio de sofrê-la por parte de autoridade, seja de que categoria for e sejam quais forem as funções que exerça.

Posto isso, com o máximo respeito e acatamento, não restou ao Impetrante alternativa senão o presente *writ*, posto que *não cabe qualquer outra medida ou recurso* (art. 5º da Lei 12.016/2009).

IV – Pedido

A situação é grave na medida em que (...).

Posta assim a questão, requer-se:

a) A concessão de liminar, nos termos do inciso III do art. 7º da Lei 12.016/2009, para suspender o ato coator, até julgamento do presente *writ*.

b) Que seja concedida a segurança pleiteada para o fim de deferir a produção da prova requerida (ou para...).

Dá-se à causa o valor de R$ (...).

Termos em que, requerendo, nos termos do art. 7º da Lei 12.016 de 2009, a notificação da Il. Autoridade aqui tida como coatora para que preste as informações no prazo legal,

Pede deferimento,

Data

Advogado (OAB)

Capítulo 13

Locação de Imóvel Urbano

13.1. NOTIFICAÇÃO COMUNICANDO A SUB-ROGAÇÃO NO CONTRATO DE LOCAÇÃO

Local e data

Ilmo. Sr. Locador (...)

Endereço: (...)

Ilmo. Sr. Fiador (...)

Endereço: (...)

Prezados Senhores,

Na qualidade de ex-cônjuge do locatário original do imóvel da Rua (...), que foi locado e afiançado por Vossas Senhorias, nos termos do § 1º do art. 12 da Lei 8.245/1991, sirvo-me da presente para notificá-los que, em virtude de sentença anexa do Juízo de Direito da (...) Vara de Família e Sucessões desta Capital, foi homologada a separação judicial da notificante e seu cônjuge.

Terá, assim, o Sr. Fiador, querendo, o prazo legal de trinta dias, a contar do recebimento desta, para requerer exoneração nos termos do § 2º, do art. 12, da Lei 8.245 de 18 de outubro de 1991.

Atenciosamente,

(...)

Notificante (cônjuge do locatário original, que permanece no imóvel, ou procurador com poderes específicos e instrumento de procuração anexo)

13.2. NOTIFICAÇÃO ENCAMINHADA PELO FIADOR, DANDO NOTÍCIA DE SUA EXONERAÇÃO EM RAZÃO DA SUB-ROGAÇÃO LEGAL

Local e data.

Ilmo. Sr. Locador (...).

Endereço: (...)

Prezado Senhor,

Em virtude do permissivo do § 2º, do art. 12, da Lei 8.245/1991, na qualidade de fiador do contrato de locação celebrado entre Vossa Senhoria e o Sr. (...), serve a presente para, tempestivamente, notificálo da minha exoneração da fiança prestada em razão de sub-rogação legal no contrato de locação nos termos do documento anexo.

Posta assim a questão, fica Vossa Senhoria notificada de que a garantia fidejussória permanecerá por mais cento e vinte dias contados do recebimento desta ou da substituição eventualmente operada pelo atual locatário antes do prazo legal de subsistência da garantia.

Atenciosamente,

(...)

Notificante (Fiador, ou procurador com poderes específicos e instrumento de procuração anexo)

13.3. NOTIFICAÇÃO EXIGINDO NOVO FIADOR EM RAZÃO DA EXONERAÇÃO PELA SUB-ROGAÇÃO LEGAL DO LOCATÁRIO ORIGINAL

Data e local

Ilma. Sra. (locatária sub-rogada)

Endereço: (...)

Prezada Senhora,

Na qualidade de locador do imóvel da Rua (...), que se encontra locado a Vossa Senhoria, em virtude da insubsistência da garantia prestada em razão da exoneração levada a efeito pelo fiador em virtude da sub-rogação legal do locatário original nos termos do § 2º do art. 12 da Lei 8.245/1991, sirvo-me da presente para, nos termos do inciso IV e do parágrafo único do art. 40, da mesma lei, notificá-la para substituir a garantia, no prazo improrrogável de trinta dias, sob pena de infração legal e consequente despejo.

Para tanto, deverá Vossa Senhoria apresentar certidões negativas de protestos e distribuição de ações do fiador e seu cônjuge, bem como da matrícula atualizada (até trinta dias de expedição) de imóvel da propriedade dos garantidores, livre e desembaraçado de ônus reais, no mesmo Município deste contrato, além de declaração em que concorde(m) com a assunção da obrigação, diligenciando para que compareça(m) para assinar aditivo ao vertente contrato.

Atenciosamente,

Notificante (Locador, ou procurador com poderes específicos e instrumento de procuração anexo)

13.4. PETIÇÃO INICIAL DE AÇÃO DE DESPEJO EM FACE DA NÃO APRESENTAÇÃO DE NOVO FIADOR EM RAZÃO DA EXONERAÇÃO DO ORIGINAL, COM PEDIDO DE LIMINAR

Exmo. Sr. Dr. Juiz de Direito da Vara Cível de (...).

Urgente: requer a concessão de liminar.

(...), por seus procuradores (doc. 1), com escritório na (...), onde receberão intimações, vem, respeitosamente, perante Vossa Excelência, aforar, em face de (...), a competente

Cap. 13 · LOCAÇÃO DE IMÓVEL URBANO | 277

Ação de despejo

o que faz com supedâneo nos arts. 12, § 2º, 40, parágrafo único e 59, § 1º, VII, da Lei 8.245, de 18 de outubro de 1991, e pelas razões de fato e de direito que, a seguir, articuladamente, passa a aduzir.

O autor celebrou com o marido da ré, no dia (...), contrato de locação do imóvel localizado na (...), pelo prazo de (...) meses e aluguel mensal de R$ (...) (doc. 2).

Ocorre que, em razão de separação judicial (doc. 3), observou-se a sub-rogação legal, passando a ré, que permaneceu no imóvel, a figurar na relação jurídica como locatária, nos termos do art. 12 da Lei 8.245/1991.

Tendo em vista a sub-rogação, o fiador logrou se exonerar por regular notificação enviada ao autor, nos termos do § 2º, do art. 12, da Lei 8.245/1991 (doc. 4), ficando responsável por cento e vinte dias.

Posta assim a questão, a teor do parágrafo único do art. 40, o locador promoveu a notificação da atual locatária, ora ré, para apresentar nova garantia no prazo de trinta dias (doc. 4), sem que obtivesse êxito.

Baldos os esforços do autor, ultrapassado *in albis* o prazo da notificação sem que a locatária tivesse oferecido nova garantia, não lhe restou alternativa senão a propositura da vertente ação, inclusive com possibilidade de obtenção de liminar para desocupação em quinze dias (art. 59, § 1º, VII, da Lei 8.245/1991).

I – Citação e pedido

Isto posto, requer o autor:

a) Seja a ré citada, por intermédio do Sr. Oficial de Justiça, com os permissivos do art. 212, § 2º, do Código de Processo Civil, para que, no prazo da lei, ofereça a defesa que tiver, sob pena de aplicar-lhe os efeitos da revelia;

Audiência de Conciliação

Nos termos do art. 334, § 5º do Código de Processo Civil, o autor desde já manifesta, pela natureza do litígio, desinteresse em autocomposição.

Ou

Tendo em vista a natureza do direito e demonstrando espírito conciliador, a par das inúmeras tentativas de resolver amigavelmente a questão, o autor desde já, nos termos do art. 334 do Código de Processo Civil, manifesta interesse em autocomposição, aguardando a designação de audiência de conciliação.

Pedido de liminar:

b) Nos termos do art. 59, § 1º, VII, da Lei 8.245/1991, a concessão de desocupação liminar, no prazo de quinze dias.

Ex positis, requer, ainda, digne-se Vossa Excelência:

c) Julgar, ao final, procedente a ação, declarando extinta a relação *ex locato*, decretando o despejo, com a condenação da ré no pagamento de custas processuais e honorários de advogado.

II – Provas

Protesta por provar o alegado através de todos os meios de prova em direito admitidos, especialmente por documentos, oitiva de testemunhas oportunamente arroladas, além do depoimento pessoal da ré, o que desde já se requer, sob pena de confissão.

278 | MODELOS DE PEÇAS NO NOVO CÓDIGO DE PROCESSO CIVIL – *Luiz Antonio Scavone Junior*

III – Valor da causa:

Dá-se à causa o valor de R$ (doze vezes o aluguel vigente).

Termos em que,

Pede deferimento.

(Local e data)

(Nome do advogado e número de inscrição na OAB)

13.5. CONTESTAÇÃO BASEADA NA AÇÃO DE EXONERAÇÃO FUNDA-MENTADA NA MORTE DO MARIDO DA FIADORA

MM. Juízo da (...) Vara (...) da Comarca de (...)

Processo n (...)

(...), por seu procurador (documento 01), com escritório na Rua (...), São Paulo – SP, onde recebe intimações, nos autos da ação de exoneração de fiança que lhe move (...), vem, respeitosamente, perante Vossa Excelência, apresentar sua:

Contestação

o que faz tempestivamente, com supedâneo nos argumentos de fato e de direito que, a seguir, passa a aduzir:

Preliminarmente

(inexistência do processo)

Quanto à legitimidade passiva para a propositura da ação de exoneração de fiança, resta importante ressaltar que o locatário é parte legítima, devendo integrar o polo passivo juntamente com o locador em virtude dos mandamentos insculpidos nos artigos 115 do Código de Processo Civil, e 40, IV, da Lei 8.245/1991.

Nem poderia ser diferente, vez que eventual – embora improvável – exoneração atingirá também o locatário, que deve inexoravelmente integrar o polo passivo da ação.

> *Segundo Tribunal de Alçada Civil de São Paulo. "Ação declaratória – legitimidade passiva. Locador e locatário. Fiança. Reconhecimento. O artigo 47 do Código de Processo Civil [atual art. 115] contempla a existência de litisconsórcio necessário entre o locador e o afiançado, tendo em vista, ainda, o disposto no artigo 40, inciso IV, da Lei 8.245/1991" (Apel. s/ rev. nº 541.984 – 11ª Câm. – Rel. Juiz Melo Bueno – j. em 15.03.1999 (quanto à exoneração de fiança). Referências: Arnaldo Marmitt, Fiança Civil e Comercial. Aide, p. 227. Arts 47, do Código de Processo Civil [atual art. 115], e 40 da Lei 8.245/1991. No mesmo sentido (quanto à nulidade da fiança): AI nº 505.647 – 5ª Câm. – rel. Juiz Francisco Thomaz – j. em 17.09.1997).*

Não foi isso que ocorreu no caso vertente, sendo mister observar que a ação foi proposta somente em face da locadora, não da locatária, não sendo suficiente sua simples ciência, como requerido.

No entanto, qual o efeito de a fiadora, autora da ação, não incluir, na ação de exoneração, o locador e o locatário, propondo a ação, como no caso, somente em face da locadora?

A resposta nos dá Luiz Rodrigues Wambier, Flávio Renato Correia de Almeida e Eduardo Talamini. Segundo eles, a sentença que exonerar o fiador será inexistente, vez que proferida em processo que igualmente inexistiu, na medida em que faltou pressuposto processual de existência (a citação de todos que deveriam ter sido citados).

Cap. 13 · LOCAÇÃO DE IMÓVEL URBANO | 279

Conseguintemente, sequer haverá necessidade de ação rescisória, vez que não se rescinde o que não existe, sendo de rigor a extinção do processo sem resolução de mérito, nos termos do art. 485, IV, do Código de Processo Civil.

I – Mérito

a) Falecimento de um dos fiadores – solidariedade que resulta na responsabilidade do remanescente

Convém verificar que o contrato (documento 02) estabeleceu a solidariedade passiva entre a locatária e a autora e seu marido, estes dois últimos fiadores do contrato de locação, inferência que se extrai da cláusula 12.

Portanto, Nobre julgador, na cláusula 12 do contrato entre as partes, a fiadora, ora autora, obrigou-se, juntamente com seu marido, solidariamente, pelas obrigações contratuais da afiançada.

Mesmo que o contrato não fosse expresso nesse sentido, a conclusão seria extraída do art. 829, do Código Civil, segundo o qual:

"A fiança conjuntamente prestada a um só débito por mais de uma pessoa importa o compromisso de solidariedade entre elas, se declaradamente não se reservarem o benefício de divisão."

Nesse sentido, é remansosa a jurisprudência:

Tribunal de Justiça de São Paulo. *"Apelação Cível. Interposição contra sentença que julgou parcialmente procedentes embargos à execução. Contrato de locação. Fiança. Morte de um dos fiadores. Subsistência da fiança em relação ao cônjuge supérstite, também signatário do pacto locatício. Inexistência de nulidade da garantia. Sentença mantida" (Apelação 0019371-64.2011.8.26.0001 – Relator: Mario A. Silveira – Comarca: São Paulo – Órgão julgador: 33ª Câmara de Direito Privado – data do julgamento: 15.07.2013 – Data de registro: 15.07.2013).*

b) Exoneração da faculdade de pedir renúncia

(cláusula 12 do contrato)

Alega a autora que "constituiu a requerida em mora" (sic). Na verdade, a notificação levada a efeito não teve qualquer consequência jurídica e, demais disso, a locadora, ora requerida, logrou contranotificar a requerente (documento 03).

De qualquer forma, ao revés do que menciona a petição inicial, o contrato expressamente estabeleceu renúncia à faculdade de a fiadora pedir exoneração da fiança, na exata medida em que previu a fiança até a efetiva entrega das chaves:

"Cláusula 12. Assina também este contrato solidariamente com o locatário por todas as obrigações aqui exaradas, (...), brasileiro, casado, portador do RG (...), e sua esposa, (...), portadora do RG. (...), ambos inscritos no CPF (...), residentes à (...), cuja responsabilidade subsistirá até a entrega, real e efetiva das chaves do imóvel locado."

A disposição contratual, livremente celebrada pelas partes (cláusula 12 do contrato), responsabiliza o fiador até a efetiva entrega das chaves. Conseguintemente, implica em renúncia ao direito de pedir a vertente exoneração da fiança. Por essa simples razão, o presente pedido deve ser repelido por Vossa Excelência.

A fiadora solidária, ora requerente, não pode descumprir o que avençou, ou seja, se responsabilizar até a efetiva entrega das chaves (*pacta sunt servanda*).

II – Pedido

Pelo exposto, requer seja acolhida a preliminar de extinção do processo em virtude do reconhecimento de sua inexistência e, se assim não entender Vossa Excelência, que seja a presente ação julgada totalmente improcedente, condenando a autora

MODELOS DE PEÇAS NO NOVO CÓDIGO DE PROCESSO CIVIL – *Luiz Antonio Scavone Junior*

ao pagamento de custas e honorários advocatícios que Vossa Excelência houver por bem arbitrar, assim como demais ônus da sucumbência.

Aclarando o pedido requer-se:

Preliminarmente, reconhecimento de inexistência do processo por ausência de formação de litisconsórcio necessário e extinção do processo sem resolução de mérito com fundamento nos artigos 115 e 485, VI, do Código de Processo Civil e art. 40, IV da Lei 8.245/1991;

Ou, caso a preliminar não seja acatada, no mérito:

a) o julgamento da total improcedência do pedido, em razão do contrato prever, expressamente, a responsabilidade da fiadora solidária até a entrega das chaves, o que ainda não ocorreu;

b) a condenação da autora nos ônus de sucumbência, custas e honorários de advogado que Vossa Excelência houver por bem arbitrar.

III – Provas

Requer provar o alegado por todos os meios em direito admitidos, especialmente pela produção de prova documental, e oitiva de testemunhas, depoimento pessoal da autora sob pena de confissão se não comparecer ou, comparecendo, se negar a depor (Código de Processo Civil, art. 385, § 1º).

Cumpridas as necessárias formalidades legais, deve a presente ser recebida e juntada aos autos, renovado o processo nos termos da preliminar, ou, no mérito, rejeitado o pedido.

Termos em que,

Pede deferimento.

Data

Advogado (OAB)

13.6. NOTIFICAÇÃO ENCAMINHADA PELO FIADOR, DANDO NOTÍCIA DE SUA EXONERAÇÃO EM RAZÃO DA PRORROGAÇÃO LEGAL DO CONTRATO

(Local e data)

Ilmo. Sr. Locador (...).

Endereço: (...)

Prezado Senhor,

Em virtude do permissivo do art. 40, X, da Lei 8.245/1991, na qualidade de fiador do contrato de locação celebrado entre Vossa Senhoria e o Sr. (...), que se encontra prorrogado por prazo indeterminado, serve a presente para notificá-lo da minha exoneração da fiança prestada.

Posta assim a questão, fica Vossa Senhoria notificado de que a garantia fidejussória permanecerá por mais cento e vinte dias contados do recebimento desta ou da substituição eventualmente operada pelo locatário antes do prazo legal de subsistência da garantia.

Atenciosamente,

_____

Notificante

(Fiador, ou procurador com poderes específicos e instrumento de procuração anexo)

Cap. 13 · LOCAÇÃO DE IMÓVEL URBANO | 281

13.7. NOTIFICAÇÃO EXIGINDO NOVO FIADOR EM RAZÃO DA EXONE-RAÇÃO DO FIADOR ORIGINAL EM RAZÃO DA PRORROGAÇÃO DO CONTRATO POR PRAZO INDETERMINADO

(Data e local)

Ilma. Sra. (locatária)

Endereço: (...)

Prezada Senhora,

Na qualidade de locador do imóvel da Rua (...), que se encontra locado a Vossa Senhoria, em virtude da insubsistência da garantia prestada pela exoneração do seu fiador, apresentado originariamente no contrato e que logrou notificar-me nos termos do art. 40, X, da Lei 8.245/1991 (documento anexo), sirvo-me da presente para, nos termos do parágrafo único, do art. 40, da Lei 8.245/1991, notificá-la para substituir a garantia, no prazo improrrogável de trinta dias, sob pena de infração legal e consequente despejo.

Para tanto, deverá V. Sa. apresentar certidões negativas de protestos e distribuição de ações do fiador e seu cônjuge, bem como da matrícula atualizada (até trinta dias de expedição) de imóvel da propriedade dos garantidores, livre e desembaraçado no mesmo Município deste contrato, além de declaração em que concorde(m) com a assunção da obrigação, diligenciando para que compareçam para assinar aditivo ao vertente contrato.

Atenciosamente,

_____

Notificante

(Locador, ou procurador com poderes específicos e instrumento de procuração anexo)

13.8. AÇÃO DE EXONERAÇÃO DO FIADOR PELA ALTERAÇÃO DO QUADRO SOCIAL DA PESSOA JURÍDICA AFIANÇADA

MM. Juízo da (...) Vara (...) da Comarca de (...)

(...), por seus procuradores (documento 1), com escritório na (...), onde receberão intimações, vem, respeitosamente, perante Vossa Excelência, aforar, pelo procedimento comum, em face de (...), a competente

Ação declaratória de exoneração de fiança,

o que faz com supedâneo nos argumentos de fato e de direito a seguir expendidos:

I – Fatos

A autora é fiadora da primeira ré, em virtude de contrato de locação do imóvel não residencial localizado na (...) (documento 2), que esta firmou com a segunda ré em (...), pelo prazo de (...), cujo aluguel atual importa em R$ (...) mensais.

A locação teve início no mesmo dia da assinatura, ou seja, em (...).

Portanto, o contrato vigora por prazo determinado.

De fato, a cláusula (...) do contrato, nos termos da Lei do Inquilinato, estipula a responsabilidade do fiador até a entrega das chaves.

Todavia, a sociedade afiançada sofreu modificações no seu quadro social, e, diante disso, o antigo sócio majoritário, Senhor (...), deixou de figurar como sócio.

Ocorre que a fiança só foi prestada pela autora em razão da amizade íntima que mantinha com o Senhor (...), que desempenhava a gerência da sociedade.

Não sendo obrigada legalmente a permanecer fiadora do locatário nessas condições, a autora notificou os réus de sua intenção, para que, amigavelmente, procedessem a sua exoneração (documento 3), sem que tivesse sido atendida.

Assim, não restou alternativa à autora senão ingressar com a presente ação para ver reconhecida a exoneração da fiança.

II – Direito

Há jurisprudência sobre a vertente pretensão nos seguintes termos:

Superior Tribunal de Justiça. "Agravo regimental nos embargos de declaração no recurso especial. Locação. Fiança prestada em razão de parentesco com sócio da empresa inquilina. Retirada do sócio da pessoa jurídica. Dissolução da sociedade afiançada. Exoneração da fiadora. 1. O contrato acessório de fiança obedece à forma escrita, é consensual, deve ser interpretado restritivamente e no sentido mais favorável ao fiador. Desse modo, não pode a fiança subsistir à mudança no quadro societário da locatária, sem que, expressamente, tenha o garante a esse fato anuído. 2. Decisão agravada que se mantém por seus próprios fundamentos. 3. Agravo regimental desprovido" (AgRg nos EDcl no REsp 586.370/SP – Rel. Ministra Laurita Vaz – Quinta Turma – julgado em 24.05.2005 – DJ de 20.06.2005 – p. 343).

III – Pedido

Diante do exposto, requer a autora a procedência da ação, declarando Vossa Excelência a exoneração da fiança prestada pela autora desde a data da notificação enviada às rés (documento 3), condenando-as no pagamento das despesas, custas e honorários advocatícios que Vossa Excelência houver por bem arbitrar.

Quanto ao pedido de exoneração desde a data da notificação, releva notar o que ensina Clóvis Beviláqua:

Poderá acontecer que o credor não queira lhe reconhecer esse direito, e não lhe restitua a carta de fiança. Recorrerá, então ao Poder Judiciário, que o libertará por sentença. Até a decisão definitiva do juiz, durarão os efeitos da fiança, diz o nosso artigo. Não é justo. Se o juiz reconhece que o fiador tinha o direito de exonerar-se da fiança, não devia o Código sujeitá-lo às consequências do capricho do credor. Desde o momento em que este tivesse sido notificado da resolução do fiador de eximir-se aos ônus da fiança, deviam cessar os efeitos da fiança de tempo indeterminado, quer se conformasse o credor com a nova situação, quer, sem fundamento jurídico, pretendesse permanência da anterior.

Para evitar essa injustiça, poderá a sentença declarar o momento em que cessaram os efeitos da fiança. Evitará, por esse modo ao fiador, um acréscimo de responsabilidade, que ele declarou não aceitar.

IV – Citação

Requer-se que a citação das rés seja efetuada pelo correio, nos termos dos arts. 246, I; 247 e 248 do Código de Processo Civil, para responder no prazo de 15 (quinze) dias (art. 335, do Código de Processo Civil), sob pena de serem tidos por verdadeiros todos os fatos aqui alegados (art. 344 do Código de Processo Civil), devendo o respectivo mandado conter as finalidades da citação, as respectivas determinações e cominações, bem como a cópia do despacho do(a) MM. Juiz(a), comunicando, ainda, o prazo para resposta, o juízo e o cartório, com o respectivo endereço.

Cap. 13 · LOCAÇÃO DE IMÓVEL URBANO | **283**

Ou

Nos termos do art. 246, II, do Código de Processo Civil (justificar o motivo, posto que a citação por Oficial de Justiça é subsidiária) requer-se a citação da ré por intermédio do Sr. Oficial de Justiça para, querendo, responder no prazo de 15 (quinze) dias (art. 335 do Código de Processo Civil), sob pena de serem tidos por verdadeiros todos os fatos aqui alegados (art. 344 do Código de Processo Civil), devendo o respectivo mandado conter as finalidades da citação, as respectivas determinações e cominações, bem como a cópia do despacho do(a) MM. Juiz(a), comunicando, ainda, o prazo para resposta, o juízo e o cartório, com o respectivo endereço, facultando-se ao Sr. Oficial de Justiça encarregado da diligência proceder nos dias e horários de exceção (CPC, art. 212, § 2º).

V – Audiência de Conciliação

Nos termos do art. 334, § 5º do Código de Processo Civil, o autor desde já manifesta, pela natureza do litígio, desinteresse em autocomposição.

Ou

Tendo em vista a natureza do direito e demonstrando espírito conciliador, a par das inúmeras tentativas de resolver amigavelmente a questão, o autor desde já, nos termos do art. 334 do Código de Processo Civil, manifesta interesse em autocomposição, aguardando a designação de audiência de conciliação.

VI – Provas

Requer-se provar o alegado por todos os meios de prova em direito admitidos, incluindo perícia, produção de prova documental, testemunhal, inspeção judicial, depoimento pessoal sob pena de confissão caso o réu (ou seu representante) não compareça, ou, comparecendo, se negue a depor (art. 385, § 1º, do Código de Processo Civil).

VII – Valor da causa

Dá-se à presente o valor de R$ (...).

Termos em que,

Pede deferimento.

Data

Advogado (OAB)

13.9. AÇÃO DE EXONERAÇÃO DO FIADOR EM RAZÃO DA NOVAÇÃO

MM. Juízo da (...) Vara (...) da Comarca de (...)

(...), por seus procuradores (documento 01), com escritório na (...), onde receberão intimações, vem, respeitosamente, perante Vossa Excelência, aforar, pelo procedimento comum, rito ordinário, em face de (...) a competente

Ação declaratória de exoneração de fiança,

o que faz com supedâneo nos artigos 364, 366 e 819 do Código Civil, expondo e requerendo o quanto segue:

I – Fatos

A autora é fiadora do primeiro réu, em virtude de contrato de locação do imóvel localizado na (...) (documento 02), firmado em (...), cujo aluguel atual importa em R$ (...) mensais.

Ocorre que, no último dia (...), ante a proximidade do fim do prazo contratual, os corréus firmaram novo contrato, com prazo de (...) meses e aluguel de (...) mensais (documento 03), maior que o aluguel original.

Tendo havido novação sem a participação da autora, a fiança não subsiste.

Ocorre que, ante ao inadimplemento do primeiro réu e locatário, a segunda ré notificou a autora para que efetuasse o pagamento (documento 04).

Nada obstante a contranotificação enviada pela autora, a verdade é que lhe foi enviada uma segunda missiva, cobrando os valores devidos pelo primeiro réu (documento 05).

Assim, não restou alternativa à autora senão ingressar com a presente ação para ver reconhecida a exoneração da fiança.

II – Direito

O art. 366 do Código Civil estipula:

Importa exoneração do fiador a novação feita sem seu consenso com o devedor principal.

A jurisprudência admite a exoneração do fiador nesses casos:

Tribunal de Alçada Cível do Rio de Janeiro. *"Novação sem intervenção do fiador. Ação declaratória de exoneração de fiança por haver-se celebrado novação, sem a interveniência da fiadora. Confirmação da sua procedência. Não provimento da apelação pela não interveniência da fiadora, no acordo celebrado entre locador e locatário e por não admitir a fiança interpretação extensiva"* (Apelação nº 5.289 – 5ª Câmara – unânime – Juiz Oswaldo Portella de Oliveira – julgamento: 13.06.1984).

Tribunal de Alçada de Minas Gerais. *"Ação de Cobrança. Aluguel. Contrato de locação. Fiança. Novação – art. 1.006 do CC. A fiança é contrato benéfico que não admite interpretação extensiva. Garantida obrigação primitiva pela fiança, esta, por sua própria natureza acessória, desaparece com a extinção do pacto inicial e, mesmo havendo concordância entre credor e devedor quanto à garantia, ela somente gerará efeitos com a anuência do fiador, nos termos do art. 1.006 do CC, pois a novação é causa da exoneração automática da fiança"* (Apelação nº 246.112-5/00 – Uberlândia – 3ª Câmara Cível – julgamento: 26.11.1997 – relator: Juiz Wander Marotta – decisão unânime, RJTAMG 69/356).

III – Pedido

Diante do exposto, requer a autora a procedência da ação, declarando Vossa Excelência a exoneração da fiança prestada pela autora desde a data da novação, condenando os réus ao pagamento das despesas, custas e honorários advocatícios que Vossa Excelência houver por bem arbitrar.

IV – Citação

Requer-se que a citação dos réus seja efetuada pelo correio, nos termos dos arts. 246, I; 247 e 248 do Código de Processo Civil, para responder no prazo de 15 (quinze) dias (art. 335, do Código de Processo Civil), sob pena de serem tidos por verdadeiros todos os fatos aqui alegados (art. 344 do Código de Processo Civil), devendo o respectivo mandado conter as finalidades da citação, as respectivas determinações e cominações, bem como a cópia do despacho do(a) MM. Juiz(a), comunicando, ainda, o prazo para resposta, o juízo e o cartório, com o respectivo endereço.

Ou

Nos termos do art. 246, II, do Código de Processo Civil (justificar o motivo, posto que a citação por Oficial de Justiça é subsidiária) requer-se a citação dos réus por intermédio

Cap. 13 · LOCAÇÃO DE IMÓVEL URBANO | 285

do Sr. Oficial de Justiça para, querendo, responder no prazo de 15 (quinze) dias (art. 335, do Código de Processo Civil), sob pena de serem tidos por verdadeiros todos os fatos aqui alegados (art. 344 do Código de Processo Civil), devendo o respectivo mandado conter as finalidades da citação, as respectivas determinações e cominações, bem como a cópia do despacho do(a) MM. Juiz(a), comunicando, ainda, o prazo para resposta, o juízo e o cartório, com o respectivo endereço, facultando-se ao Sr. Oficial de Justiça encarregado da diligência proceder nos dias e horários de exceção (CPC, art. 212, § 2º).

V – Audiência de Conciliação

Nos termos do art. 334, § 5º, do Código de Processo Civil, o autor desde já manifesta, pela natureza do litígio, desinteresse em autocomposição.

Ou

Tendo em vista a natureza do direito e demonstrando espírito conciliador, a par das inúmeras tentativas de resolver amigavelmente a questão, o autor desde já, nos termos do art. 334 do Código de Processo Civil, manifesta interesse em autocomposição, aguardando a designação de audiência de conciliação.

VI – Provas

Requer-se provar o alegado por todos os meios de prova em direito admitidos, incluindo perícia, produção de prova documental, testemunhal, inspeção judicial, depoimento pessoal sob pena de confissão caso o réu (ou seu representante) não compareça, ou, comparecendo, se negue a depor (art. 385, § 1º, do Código de Processo Civil).

VII – Valor da causa

Dá-se à presente o valor de R$ (...).

Termos em que,

pede deferimento.

Data

Advogado (OAB)

13.10. NOTIFICAÇÃO PARA AÇÃO DE DESPEJO EM VIRTUDE DA EXTINÇÃO DO USUFRUTO OU FIDEICOMISSO (ART. 7º)

Data

Ilmo. Sr.

(...)

Prezado senhor,

Na qualidade de antigo nu-proprietário do imóvel da rua (...), que foi locado a V.Sa. pelo usufrutuário, Sr. (...), falecido há 30 (trinta) dias, conforme inclusa certidão de óbito, tendo providenciado o cancelamento do usufruto junto ao oficial de Registro de Imóveis competente, conforme certidão anexa, há menos de 90 dias, não convindo manter a locação, sirvo-me da presente para denunciá-la, na forma do artigo 7º, parágrafo único da Lei 8.245, de 18 de outubro de 1991.

Terá, assim, V.Sa., o prazo legal de 30 (trinta) dias para a desocupação do referido imóvel, sob pena de, decorrido o prazo, lhe ser proposta a competente ação de despejo, com as demais cominações de estilo.

Atenciosamente,

Notificante (proprietário ou procurador com poderes específicos e instrumento de procuração anexo)

13.11. NOTIFICAÇÃO PARA AÇÃO DE DESPEJO EM VIRTUDE DA ALIE-NAÇÃO DO IMÓVEL DURANTE A LOCAÇÃO (ART. 8°)

Data

Ilmo. Sr.

(...)

Prezado senhor,

Na qualidade de nova proprietária do imóvel da rua (...), que se encontra locado a V.Sa., e não convindo manter a locação, sirvo-me da presente para denunciá-la, na forma do artigo 8° da Lei 8.245, de 18.10.1991.

Terá, assim, V. Sa., o prazo legal de 90 (noventa) dias para a desocupação do referido imóvel, sob pena de, decorrido o prazo, lhe ser proposta a competente ação de despejo, com as demais cominações de estilo.

Atenciosamente,

Notificante (locador ou procurador com poderes específicos e instrumento de procuração anexo)

13.12. NOTIFICAÇÃO PARA AÇÃO DE DESPEJO DE IMÓVEL RESIDENCIAL COM CONTRATO ESCRITO POR PRAZO SUPERIOR A 30 MESES, POR DENÚNCIA VAZIA (ART. 46, § 1°), ULTRAPASSADOS 30 DIAS DO FIM DO CONTRATO

Data

Ilmo. Sr.

(...)

Prezado senhor,

Na qualidade de locador do imóvel da rua (...), que se encontra locado a V. Sa. mediante contrato escrito celebrado pelo prazo de 30 (trinta) meses, e que já se expirou, estando agora vigorando por prazo indeterminado, e não convindo manter a locação, sirvo-me da presente para denunciá-la, com fundamento no artigo 46, § 2°, da Lei 8.245, de 18 de outubro de 1991.

Terá, assim, V. Sa., o prazo legal de 30 (trinta) dias para a desocupação do referi-do imóvel, sob pena de, decorrido o prazo, lhe ser proposta a competente ação de despejo, com as demais cominações de estilo.

Atenciosamente,

Notificante (locador ou procurador com poderes específicos e instrumento de procuração anexo)

13.13. NOTIFICAÇÃO PARA AÇÃO DE DESPEJO DE IMÓVEL RESI-DENCIAL COM CONTRATO VERBAL OU ESCRITO COM PRAZO INFERIOR A 30 MESES, POR DENÚNCIA VAZIA (ART. 47, V), PASSADOS 5 ANOS DA DATA DE INÍCIO DO CONTRATO

Data

Ilmo. Sr.

(...)

Prezado senhor,

Cap. 13 · LOCAÇÃO DE IMÓVEL URBANO | 287

Na qualidade de locador do imóvel da rua (...), que se encontra locado a V.Sa. mediante contrato escrito celebrado por prazo inferior a 30 (trinta) meses, e que vigora por prazo indeterminado, durante mais de cinco anos, e não convindo manter a locação, sirvo-me da presente para denunciá-la, com fundamento no artigo 47, V, da Lei 8.245, de 18.10.1991.

Terá, assim, V. Sa., o prazo legal de 30 (trinta) dias para a desocupação do referido imóvel, sob pena de, decorrido o prazo, lhe ser proposta a competente ação de despejo, com as demais cominações de estilo.

Atenciosamente,

Notificante (locador ou procurador com poderes específicos e instrumento de procuração anexo)

13.14. NOTIFICAÇÃO PARA AÇÃO DE DESPEJO NA LOCAÇÃO NÃO RESIDENCIAL, APÓS 30 DIAS DO FIM DO CONTRATO (ARTS. 56 E 57)

Data

Ilmo. Sr.

(...)

Prezado senhor,

Na qualidade de locador do imóvel da rua (...), que se encontra locado a V.Sas. mediante contrato escrito pelo prazo de dois anos, e que já se expirou, estando agora vigorando por prazo indeterminado, e não convindo manter a locação, sirvo--me da presente para denunciá-la, com fundamento no artigo 57, da Lei 8.245, de 18 de outubro de 1991.

Terão, assim, V. Sas., o prazo legal de 30 (trinta) dias para a desocupação do referido imóvel, sob pena de, decorrido o prazo, lhes ser proposta a competente ação de despejo, com as demais cominações de estilo.

Atenciosamente,

Notificante (locador ou procurador com poderes específicos e instrumento de procuração anexo)

13.15. NOTIFICAÇÃO PARA AÇÃO DE DESPEJO REFERENTE À LOCA-ÇÃO ANTERIOR À LEI 8.245, DE 18 DE OUTUBRO DE 1991, QUE ESTEJA VIGORANDO POR PRAZO INDETERMINADO, COM PRAZO DE 12 MESES PARA DESOCUPAÇÃO (ART. 78)

Data

Ilmo. Sr.

(...)

Prezado Senhor,

Na qualidade de representante legal do locador do imóvel da Rua ..., que se encontra locado a V. Sa., para fins residenciais e por prazo indeterminado, não convindo manter a locação, sirvo-me da presente para denunciá-la, na forma do art. 78 da Lei 8.245, de 18 de outubro de 1991.

Terá, assim, V. Sa., o prazo legal de 12 (doze) meses, a contar do recebimento desta, para a desocupação voluntária do imóvel, sob pena de, não o fazendo, lhe ser proposta a competente ação de despejo, com as cominações de estilo.

288 | MODELOS DE PEÇAS NO NOVO CÓDIGO DE PROCESSO CIVIL – *Luiz Antonio Scavone Junior*

Atenciosamente,

Notificante (locador ou procurador com poderes específicos e instrumento de procuração anexo)

13.16. NOTIFICAÇÃO PARA POSSIBILITAR SUBLOCAÇÃO, CESSÃO OU EMPRÉSTIMO NÃO CONSENTIDO (ART. 13, § 2º)

Observação: esta notificação só terá utilidade se o contrato for verbal ou, se escrito, não contiver vedação à sublocação, empréstimo ou cessão.

Havendo essa vedação, o consentimento poderá ser posterior, novando o contrato de locação.

Convém notar, outrossim, que a notificação cujo modelo abaixo se sugere é consultiva e não serve para comunicar a sublocação, empréstimo ou cessão que, nestes termos, configurará infração legal e despejo.

Data

Ilmo. Sr.

(...)

Prezado senhor,

Na qualidade de locatário do imóvel da rua (...), que foi locado por V.Sa. mediante contrato escrito, no qual não consta qualquer vedação ao empréstimo, cessão ou sublocação, nos termos do art. 13, § 2º, da Lei 8.245/1991, sirvo-me do presente para notificar Vossa Senhoria de minha intenção de sublocar (emprestar ou ceder) o imóvel locado a (...), brasileiro, casado, empresário, que atualmente está domiciliado na Rua (...), nesta Capital

Terá, assim, V. Sa., o prazo legal de 30 (trinta) dias para manifestar sua oposição sob pena de autorização tácita da referida sublocação.

Atenciosamente,

Notificante (locador ou procurador com poderes específicos e instrumento de procuração anexo)

13.17. NOTIFICAÇÃO DO LOCATÁRIO AO LOCADOR, DENUNCIANDO O CONTRATO NO PRAZO DE PRORROGAÇÃO

Data

Ilmo. Sr.

(...)

Prezado senhor,

Na qualidade de locatário do imóvel da rua (...), que se encontra locado por V. Sa., mediante contrato escrito, celebrado por prazo de 30 (trinta) meses, que vigora por prazo indeterminado, não convindo manter a locação, sirvo-me da presente para denunciá-la, com fundamento no artigo 6º, da Lei 8.245, de 18 de outubro de 1991.

Sendo assim, as chaves serão devolvidas a V. S.ª, no prazo legal de 30 (trinta) dias a partir de sua ciência, ficando o imóvel, desde já, à sua disposição para as vistorias que se fizerem necessárias.

Cap. 13 · LOCAÇÃO DE IMÓVEL URBANO | **289**

Atenciosamente,

Notificante (locatário ou procurador com poderes específicos e instrumento de procuração anexo)

13.18. NOTIFICAÇÃO DO LOCATÁRIO AO LOCADOR, DENUNCIANDO O CONTRATO POR TRANSFERÊNCIA DE EMPREGO

Data

Ilmo. Sr.

(...)

Prezado senhor,

Na qualidade de locatário do imóvel da rua (...), que se encontra locado por V. S.ª, mediante contrato escrito, celebrado por prazo de 30 (trinta) meses, e que vigora por prazo indeterminado, tendo em vista a transferência, por meu empregador, para prestar serviços na cidade de Curitiba (documento anexo), sirvo-me da presente para denunciá-la, com fundamento no parágrafo único do artigo 4º da Lei 8.245, de 18 de outubro de 1991.

Sendo assim, as chaves serão devolvidas a V. S.ª, no prazo legal de 30 (trinta) dias a partir de sua ciência, ficando o imóvel, desde já, à sua disposição para as vistorias que se fizerem necessárias.

Atenciosamente,

Notificante (locatário ou procurador com poderes específicos e instrumento de procuração anexo).

13.19. PETIÇÃO PARA EXECUÇÃO PROVISÓRIA DO DESPEJO

MM. Juízo da (...) Vara (...) da Comarca de (...)

Processo nº (...)

(...), nos autos da ação de despejo que move em face de (...), tendo sido julgado procedente o pedido, e decretado o despejo, vem, respeitosamente, perante Vossa Excelência, por seu advogado, expor e requerer o quanto segue:

Tendo em vista o recurso de apelação, recebido apenas no efeito devolutivo, requer a juntada dos documentos enumerados no art. 522 do CPC.

Requer, ainda, com fundamento no que dispõe o artigo 64 da Lei 8.245/1991, digne-se Vossa Excelência de autorizá-la a prestar a caução fixada na R. Sentença de fls., em dinheiro, no valor de R$ (...), que corresponde a (...) meses de aluguel vigente nesta data ou a ser representada pelo próprio imóvel que é objeto da ação. Para tanto, junta cópia autenticada e atualizada da matrícula, prova de que o imóvel está livre e desembaraçado de qualquer ônus judicial ou extrajudicial, sendo de valor muito superior ao da caução fixada ou mediante fiança a ser prestada pelo Sr. C (qualificar) e sua mulher, D (se casado for, qualquer que seja o regime de bem), os quais estão de acordo em assumir a responsabilidade, conforme declaração anexa, e provam sua idoneidade econômica e financeira através da cópia da matrícula atualizada do imóvel de que são proprietários, estando, portanto, aptos a assumir o encargo de pagamento da caução, em dinheiro, na hipótese de provimento do recurso do réu. Requer a autora, assim, seja lavrado o respectivo termo de caução para que produza os efeitos legais.

290 | MODELOS DE PEÇAS NO NOVO CÓDIGO DE PROCESSO CIVIL – *Luiz Antonio Scavone Junior*

Por fim, com a prestação da caução arbitrada na R. sentença, requer a autora a expedição do mandado de intimação do réu para que desocupe o imóvel no prazo de (...) dias, cominado na sentença, sob pena de execução do despejo de acordo com mandado de despejo que deve acompanhar a intimação nos termos do que fora determinado na sentença, a teor do art. 63 da Lei 8.245/1991, com as cláusulas de arrombamento, requisição de força e remoção dos bens.

Requer-se, ainda, ciência aos eventuais ocupantes e sublocatários do imóvel.

Termos em que,

pede deferimento.

Data

Advogado (OAB)

13.20. PETIÇÃO PARA LEVANTAMENTO DE CAUÇÃO PELO AUTOR

MM. Juízo da (...) Vara (...) da Comarca de (...)

Processo nº (...)

(...), nos autos da ação de despejo que move em face de (...), tendo sido julgado procedente o pedido, e decretado o despejo, vem, respeitosamente, perante Vossa Excelência, por seu advogado, expor e requerer o quanto segue:

Tendo transitado em julgado a sentença que decretou o despejo, conforme prova a certidão de fls., requer a autora o levantamento da caução, expedindo--se a competente guia, com os acréscimos de lei, inclusive juros e correção monetária.

Termos em que,

pede deferimento.

Data

Advogado (OAB)

Observação: Se a caução recaiu sobre imóvel, tendo sido averbada, requerer que se oficie ao oficial de Registro de Imóveis, para cancelar a averbação junto à matrícula. Tratando-se de caução fidejussória, requerer termo de exoneração do fiador.

13.21. PETIÇÃO PARA LEVANTAMENTO DE CAUÇÃO PELO RÉU

MM. Juízo da (...) Vara (...) da Comarca de (...)

Processo nº (...)

(...), nos autos da ação de despejo que lhe move (...), vem, respeitosamente, perante Vossa Excelência, por seu advogado, expor e requerer o quanto segue:

Tendo sido provido o recurso de apelação interposto, reformada a sentença de 1º grau que julgou procedente o pedido e decretou o despejo, transitada em julgado esta decisão, requer o réu digne-se Vossa Excelência de autorizar o levantamento da caução, como início do ressarcimento de perdas e danos, expedindo-se a competente guia, incluindo os juros e correção monetária.

Protesta o réu por reclamar, em ação própria, o ressarcimento integral de seus prejuízos, não importando em quitação o levantamento ora requerido.

Cap. 13 · LOCAÇÃO DE IMÓVEL URBANO | 291

Termos em que,

Pede deferimento.

Data

Advogado (OAB)

Observação: Se a caução tiver recaído em outro bem que não dinheiro, o réu deverá requerer execução para consequente avaliação e hasta pública do bem caucionado.

13.22. PEDIDO DE INTIMAÇÃO DO RÉU (ART. 65)

MM. Juízo da (...) Vara (...) da Comarca de (...)

Processo nº (...)

(...), nos autos da ação de despejo que move em face de (...), tendo sido julgado procedente o pedido e decretado o despejo, vem, respeitosamente, perante Vossa Excelência, por seu advogado, expor e requerer o quanto segue:

Nos termos dos arts. 65 da Lei 8.245/1991 e 231 do Código de Processo Civil, requer a autora digne-se Vossa Excelência de determinar a intimação pessoal do réu, para que desocupe o imóvel no prazo de (...) dias, fixados na R. sentença, sob pena de, não o fazendo, proceder-se ao despejo judicial do imóvel.

Requer, ainda, seja expedido o mandado de despejo que deverá acompanhar a intimação para o caso de resistência do locatário, mandado este cuja emissão já fora determinada na sentença, nos termos do art. 63, da Lei 8.245/1991, cientificados os eventuais ocupantes e sublocatários do imóvel despejando.

Termos em que, juntada a guia de recolhimento da diligência do Sr. oficial de justiça, pede deferimento.

Data

Advogado (OAB)

13.23. AÇÃO DE DESPEJO POR SUBLOCAÇÃO, CESSÃO OU EMPRÉSTIMO NÃO CONSENTIDO

MM. Juízo da (...) Vara (...) da Comarca de (...)

(...), por seus procuradores (documento 01), com escritório na (...), onde receberão intimações, vem, respeitosamente, perante Vossa Excelência, aforar, em face de (...), a competente

Ação de Despejo,

o que faz com supedâneo nos artigos 9º, II, e 13, da Lei 8.245, de 18 de outubro de 1991, e pelas razões de fato e de direito que, a seguir, articuladamente, passa a aduzir:

A autora celebrou com o réu, no dia (...), contrato de locação do imóvel localizado na (...), pelo prazo de 30 (trinta) meses e aluguel mensal de R$ (...) (documento 2).

A cláusula doze do referido pacto veda expressamente ao locatário a sublocação, cessão ou empréstimo, como, aliás, é disposição do art. 13 da Lei 8.245, de 18 de outubro de 1991.

Nada obstante, chegou ao conhecimento da autora que o imóvel foi sublocado, sem qualquer assentimento seu, ao Sr. (...), isso na exata medida em que este a

292 | MODELOS DE PEÇAS NO NOVO CÓDIGO DE PROCESSO CIVIL – *Luiz Antonio Scavone Junior*

procurou para efetuar o pagamento dos aluguéis e demais encargos, apresentando, inclusive, cópia do contrato de sublocação (documento 3).

Nesse sentido, resta cristalina a infração contratual e legal por parte do réu, autorizando a presente ação de despejo com supedâneo no art. 13 da Lei 8.245/1991.

I – Citação e do pedido

Isto posto, requer a autora:

a) seja o réu citado, por intermédio do sr. oficial de justiça, com os permissivos do artigo 212, § 2º, do Código de Processo Civil (ou por via postal, se autorizado no contrato), para que, no prazo da lei, ofereça a defesa que tiver, sob pena de aplicar-lhe os efeitos da revelia;

b) a ciência da presente ao sublocatário, Sr. (...) (art. 59, § 2º, da Lei 8.245/1991);

Ex positis, requer, ainda, digne-se Vossa Excelência:

Julgar, ao final, procedente a ação, declarando extinta a relação *ex locato*, decretando o despejo, com a condenação do réu no pagamento de custas processuais e honorários de advogado.

II – Audiência de Conciliação

Nos termos do art. 334, § 5º, do Código de Processo Civil, o autor desde já manifesta, pela natureza do litígio, desinteresse em autocomposição.

Ou

Tendo em vista a natureza do direito e demonstrando espírito conciliador, a par das inúmeras tentativas de resolver amigavelmente a questão, o autor desde já, nos termos do art. 334 do Código de Processo Civil, manifesta interesse em autocomposição, aguardando a designação de audiência de conciliação.

III – Provas

Requer-se provar o alegado por todos os meios de prova em direito admitidos, incluindo perícia, produção de prova documental, testemunhal, inspeção judicial, depoimento pessoal sob pena de confissão caso o réu (ou seu representante) não compareça, ou, comparecendo, se negue a depor (art. 385, § 1º, do Código de Processo Civil).

IV – Valor da causa

Dá-se à causa, o valor de R$ (...) (doze vezes o aluguel vigente).

Termos em que,

Pede deferimento.

Data

Advogado (OAB)

13.24. AÇÃO DE DESPEJO POR CESSÃO DA LOCAÇÃO EM RAZÃO DA CESSÃO DAS QUOTAS SOCIAIS

MM. Juízo da (...) Vara (...) da Comarca de (...)

Juiz(a) de Direito da Vara Cível de (...).

(...), por seus procuradores (documento 1), com escritório na (...), onde receberão intimações, vem, respeitosamente, perante Vossa Excelência, aforar, em face de (...),

a competente

Cap. 13 · LOCAÇÃO DE IMÓVEL URBANO | 293

Ação de despejo,

o que faz com supedâneo nos arts. 9º, II, e 13, da Lei 8.245, de 18.10.1991, e pelas razões de fato e de direito que, a seguir, articuladamente, passa a aduzir:

A autora celebrou com a ré, no dia (...), contrato de locação do imóvel localizado na Rua (...), pelo prazo de (...) e aluguel mensal de R$ (...).

A cláusula doze do referido pacto veda expressamente à locatária a sublocação, cessão ou empréstimo, como, aliás, é disposição do art. 13, da Lei 8.245, de 18.10.1991, e equipara a cessão de quotas sociais à cessão da locação, exigindo, sob pena de infração contratual, a anuência prévia da locadora.

Nada obstante, chegou ao conhecimento da autora que houve cessão das quotas sociais (documento 3).

Nesse sentido, resta cristalina a infração contratual por parte da ré, autorizando a presente ação de despejo com supedâneo nos arts. 9º, II, e 13, da Lei 8.245/1991.

I – Citação e pedido

Isto posto, requer a autora:

a) Seja a ré citada, por intermédio do Sr. Oficial de Justiça, com os permissivos do art. 212, § 2.º, do Código de Processo Civil, para que, no prazo da lei, ofereça a defesa que tiver, sob pena de aplicar-lhe os efeitos da revelia;

b) A ciência do fiador, Sr. (...).

Ex positis, requer, ainda, digne-se Vossa Excelência:

c) Julgar, ao final, procedente a ação, declarando extinta a relação *ex locato*, decretando o despejo, com a condenação da ré no pagamento de custas processuais e honorários de advogado.

II – Audiência de Conciliação

Nos termos do art. 334, § 5º, do Código de Processo Civil, o autor desde já manifesta, pela natureza do litígio, desinteresse em autocomposição.

Ou

Tendo em vista a natureza do direito e demonstrando espírito conciliador, a par das inúmeras tentativas de resolver amigavelmente a questão, o autor desde já, nos termos do art. 334 do Código de Processo Civil, manifesta interesse em autocomposição, aguardando a designação de audiência de conciliação.

III – Provas

Requer-se provar o alegado por todos os meios de prova em direito admitidos, incluindo perícia, produção de prova documental, testemunhal, inspeção judicial, depoimento pessoal sob pena de confissão caso o réu (ou seu representante) não compareça, ou, comparecendo, se negue a depor (art. 385, § 1º, do Código de Processo Civil).

IV – Valor da causa

Dá-se à causa o valor de R$ (...) (doze vezes o aluguel vigente).

Termos em que,

Pede deferimento.

(Local e data)

(Nome do advogado e número de inscrição na OAB)

13.25. PEDIDO DE ASSISTÊNCIA DE SUBLOCATÁRIOS

MM. Juízo da (...) Vara (...) da Comarca de (...)

(...) residente e domiciliado na (...), por seus procuradores (documento 01), com escritório na (...), onde receberão intimações, nos autos da Ação de Despejo que (nome do Autor) promove em face de (nome do réu), vem respeitosamente diante de Vossa Excelência, com fundamento no art. 59, § 2º, da Lei 8.245, de 18.10.1991, e art. 119 e seguintes do Código de Processo Civil, requerer digne-se Vossa Excelência de admiti-lo como Assistente do Réu, pelas razões de fato e de direito que, a seguir, passa a expor:

O requerente, ao revés do que afirma a autora, é sublocatário legítimo do imóvel localizado na (...) (documento 2).

Em verdade, nada obstante a cláusula doze do contrato celebrado entre a autora e o réu, posteriormente foi obtida autorização expressa para que fosse celebrada a sublocação (documento 3).

Assim, o requerente não entende o motivo da presente ação em face do sublocador, ora réu, que lhe fora cientificada.

Outrossim, resta evidente que o requerente, na qualidade de sublocatário legítimo, tem interesse jurídico de que a sentença favoreça o réu, para que subsista a relação *ex locato*, o que o torna parte absolutamente legítima para intervir no processo como assistente adesivo.

Ante o exposto, requer digne-se Vossa Excelência de mandar ouvir as partes, para que, no prazo de 15 dias, manifestem sua concordância com o presente requerimento ou impugnem o pedido, decidindo a matéria em igual prazo, admitindo a assistência, mesmo no caso de impugnação, autorizando, assim, que o requerente atue no processo como assistente, exercendo os mesmos poderes e sujeitando-se aos mesmos ônus processuais do assistido, atuando como gestor de negócios no caso de revelia.

Termos em que,

Pede deferimento.

Data.

Advogado (OAB)

13.26. DESPEJO POR EXTINÇÃO DA SUBLOCAÇÃO COM PEDIDO DE LIMINAR

MM. Juízo da (...) Vara (...) da Comarca de (...)

(...), por seus procuradores (documento 01), com escritório na (...), onde receberão intimações, vem, respeitosamente, perante Vossa Excelência, aforar, em face de (...), a competente

Ação de despejo com pedido liminar,

o que faz com supedâneo no artigo 15, cumulado com o art. 59, § 1º, V, da Lei 8.245, de 18.10.1991, e pelas razões de fato e de direito que, a seguir, articuladamente, passa a aduzir:

Autora celebrou com o réu, no dia (...) contrato de locação do imóvel localizado nesta Capital de São Paulo, na Rua (...) (documento 02), pelo prazo de 30 (trinta) meses, mediante aluguel mensal de R$ (...).

Decorridos 12 (doze meses) de locação, o locatário solicitou consentimento da autora para sublocar o imóvel ao réu, autorização que foi concedida conforme se observa do documento anexo (documento 3).

Ocorre que, no último dia (...), o então locatário e a autora resolveram, de comum acordo, resilir a locação (documento 4), tendo o inquilino se obrigado a devolver as chaves em 3 (três) meses.

Decorridos mais de 3 (três) meses, nenhuma providência foi tomada para a devolução das chaves do imóvel objeto do contrato entre as partes.

Mesmo sem que haja qualquer exigência legal (art. 15 da Lei 8.245/1991), *ad cautelam*, no dia (...), a autora notificou o réu para que desocupasse o imóvel em 30 (trinta) dias.

Decorrido *in albis* o prazo concedido, sem que houvesse a devolução, não restou outra alternativa à autora senão ingressar com a presente ação.

I – Citação e pedido

Isto posto, requer a autora:

a) seja concedida desocupação liminar do imóvel, com prazo de 15 dias, independentemente da oitiva do réu, deferindo o depósito judicial, a título de caução, de 3 (três) aluguéis, nos termos do § 1º do art. 59 da Lei 8.245/1991;

b) seja o réu citado, por intermédio do sr. oficial de justiça, com os permissivos do artigo 212, § 2º, do Código de Processo Civil, para que, no prazo da lei, ofereça a defesa que tiver, sob pena de aplicar-lhe os efeitos da revelia, comunicando-lhe, inclusive, a liminar concedida, intimando-o do prazo de 15 dias para desocupação voluntária (Lei 8.245/1991, arts. 63 e 65);

c) a ciência da presente a eventuais ocupantes e sublocatários (art. 59, § 2º, da Lei 8.245/1991);

Ex positis, requer, ainda, digne-se Vossa Excelência de:

Julgar, ao final, procedente a ação, declarando extinta a relação *ex locato*, confirmando a liminar, decretando em definitivo o despejo, com a condenação do réu no pagamento de custas processuais e honorários de advogado.

II – Audiência de Conciliação

Nos termos do art. 334, § 5º, do Código de Processo Civil, o autor desde já manifesta, pela natureza do litígio, desinteresse em autocomposição.

Ou

Tendo em vista a natureza do direito e demonstrando espírito conciliador, a par das inúmeras tentativas de resolver amigavelmente a questão, o autor desde já, nos termos do art. 334 do Código de Processo Civil, manifesta interesse em autocomposição, aguardando a designação de audiência de conciliação.

III – Provas

Requer-se provar o alegado por todos os meios de prova em direito admitidos, incluindo perícia, produção de prova documental, testemunhal, inspeção judicial, depoimento pessoal sob pena de confissão caso o réu (ou seu representante) não compareça, ou, comparecendo, se negue a depor (art. 385, § 1º, do Código de Processo Civil).

IV – Valor da causa

Dá-se à causa, o valor de R$ (...) (doze vezes o aluguel vigente).

Termos em que,

Pede deferimento.

Data

Advogado (OAB)

13.27. AÇÃO DE DESPEJO POR INFRAÇÃO DE MÚTUO ACORDO COM PEDIDO DE DESOCUPAÇÃO LIMINAR

MM. Juízo da (...) Vara (...) da Comarca de (...)

(...), por seus procuradores (documento 01), com escritório na (...), onde receberão intimações, vem, respeitosamente, perante Vossa Excelência, aforar, em face de (...), a competente

Ação de despejo com pedido de desocupação liminar,

o que faz com supedâneo nos artigos 9º, I, e 59, § 1º, I, da Lei 8.245/1991, e pelas razões de fato e de direito que, a seguir, articuladamente, passa a aduzir:

A autora locou ao réu o imóvel residencial localizado na Rua (...).

O referido imóvel foi locado ao réu no dia (...), por contrato escrito, com prazo de 30 (trinta) meses, que se encontra prorrogado por prazo indeterminado.

O aluguel ajustado, atualmente, é equivalente a R$ (...) mensais.

Ocorre que, não convindo mais manter a locação, as partes celebraram, no dia (...), por escrito, acordo para resilir o contrato de locação firmado pelas partes e duas testemunhas.

No referido acordo, foi estipulada a desocupação no prazo de 6 (seis) meses, que já se expirou no último dia (...), sem que houvesse cumprimento do que foi avençado.

Assim, decorrido *in albis* o prazo para desocupação, não restou alternativa à autora senão ingressar com a presente ação.

I – Citação e pedido

Isto posto, requer a autora:

a) seja concedida desocupação liminar do imóvel, com prazo de 15 dias, independentemente da oitiva do réu, deferindo o depósito judicial, a título de caução, de 3 (três) aluguéis, nos termos do § 1º, I, do art. 59 da Lei 8.245/1991;

b) seja o réu citado, por intermédio do Sr. oficial de justiça, com os permissivos do artigo 212, § 2º, do Código de Processo Civil, para que, no prazo da lei, ofereça a defesa que tiver, sob pena de aplicar-lhe os efeitos da revelia, comunicando-lhe, inclusive, a liminar concedida, intimando-o do prazo de 15 dias para desocupação voluntária (Lei 8.245/1991, art. 65);

c) a ciência da presente a eventuais ocupantes e sublocatários (art. 59, § 2º da Lei 8.245/1991);

Ex positis, requer, ainda, digne-se Vossa Excelência:

Julgar, ao final, procedente a ação, declarando extinta a relação *ex locato*, confirmando a liminar, decretando em definitivo o despejo, com a condenação do réu no pagamento de custas processuais e honorários de advogado.

II – Audiência de Conciliação

Nos termos do art. 334, § 5º, do Código de Processo Civil, o autor desde já manifesta, pela natureza do litígio, desinteresse em autocomposição.

Ou

Tendo em vista a natureza do direito e demonstrando espírito conciliador, a par das inúmeras tentativas de resolver amigavelmente a questão, o autor desde já, nos termos do art. 334 do Código de Processo Civil, manifesta interesse em autocomposição, aguardando a designação de audiência de conciliação.

Cap. 13 · LOCAÇÃO DE IMÓVEL URBANO | 297

III – Provas

Requer-se provar o alegado por todos os meios de prova em direito admitidos, incluindo perícia, produção de prova documental, testemunhal, inspeção judicial, depoimento pessoal sob pena de confissão caso o réu (ou seu representante) não compareça, ou, comparecendo, se negue a depor (art. 385, § 1º, do Código de Processo Civil).

IV – Valor da causa

Dá-se à causa, o valor de R$ (...) (doze vezes o aluguel vigente).

Termos em que,

Pede deferimento.

Data.

Advogado (OAB)

13.28. AÇÃO DE DESPEJO POR DESVIO DE USO DO IMÓVEL (ART. 23)

MM. Juízo da (...) Vara (...) da Comarca de (...)

(...), por seus procuradores (documento 01), com escritório na (...), onde receberão intimações, vem, respeitosamente, perante Vossa Excelência, aforar, em face de (...), a competente

Ação de despejo,

o que faz com supedâneo nos artigos 9º, II, e 23, II, da Lei 8.245/1991, e pelas razões de fato e de direito que, a seguir, articuladamente, passa a aduzir:

A autora, no dia (...), locou ao réu o imóvel residencial localizado na Rua (...), por contrato escrito, com prazo de 30 (trinta) meses, que se encontra prorrogado por prazo indeterminado (documento 2).

O aluguel atual corresponde a R$ (...) mensais.

A cláusula 13 do referido contrato estipula, claramente, que o imóvel locado foi destinado para fins exclusivamente residenciais.

Entretanto, ao contrário do que se obrigou, o réu instalou no local uma empresa de consultoria, recebendo diversos clientes, o que, inclusive, motivou o condomínio a enviar carta de advertência (documento 3).

Oportuno se torna dizer que o prédio onde se encontra o imóvel locado é exclusivamente residencial, conforme faz prova a inclusa cópia da convenção condominial (documento 4).

Cometeu, assim, o locatário, ora réu, grave infração à lei e ao contrato, ensejando sua resolução.

I – Citação e pedido

Isto posto, requer a autora:

a) seja o réu citado, por intermédio do sr. oficial de justiça (ou por via postal, se autorizado no contrato), com os permissivos do artigo 212, § 2º, do Código de Processo Civil, para que, no prazo da lei, ofereça a defesa que tiver, sob pena de aplicar-lhe os efeitos da revelia;

b) a ciência da presente a eventuais ocupantes e sublocatários (art. 59, § 2º, da Lei 8.245/1991);

Ex positis, requer, ainda, digne-se Vossa Excelência de:

Julgar, ao final, procedente a ação, declarando extinta a relação *ex locato* por infração às normas legais e contratuais, decretando o despejo, com a condenação do réu no pagamento de custas processuais e honorários de advogado.

II – Audiência de Conciliação

Nos termos do art. 334, § 5º, do Código de Processo Civil, o autor desde já manifesta, pela natureza do litígio, desinteresse em autocomposição.

Ou

Tendo em vista a natureza do direito e demonstrando espírito conciliador, a par das inúmeras tentativas de resolver amigavelmente a questão, o autor desde já, nos termos do art. 334 do Código de Processo Civil, manifesta interesse em autocomposição, aguardando a designação de audiência de conciliação.

III – Provas

Requer-se provar o alegado por todos os meios de prova em direito admitidos, incluindo perícia, produção de prova documental, testemunhal, inspeção judicial, depoimento pessoal sob pena de confissão caso o réu (ou seu representante) não compareça, ou, comparecendo, se negue a depor (art. 385, § 1º, do Código de Processo Civil).

IV – Valor da causa

Dá-se à causa o valor de R$ (...) (doze vezes o aluguel vigente).

Termos em que,

Pede deferimento

Data

Advogado (OAB)

13.29. AÇÃO DE DESPEJO POR FALTA DE PAGAMENTO SEM CUMULAÇÃO DE COBRANÇA DE ALUGUÉIS

MM. Juízo da (...) Vara (...) da Comarca de (...)

(...), por seus procuradores (documento 01), com escritório na (...), onde receberão intimações, vem, respeitosamente, perante Vossa Excelência, aforar, em face de (...), a competente

Ação de despejo por falta de pagamento de aluguel e encargos,

que faz com supedâneo nos artigos 9º, III, e 62 da Lei 8.245/1991 e pelas razões de fato e de direito que, a seguir, articuladamente, passa a aduzir:

O autor locou ao réu, para fins residenciais, a partir de (...), o imóvel da rua (...) mediante contrato escrito (documento 02), pelo prazo de 30 (trinta) meses e aluguel inicial de R$ (...) mensais, cabendo, ainda, ao locatário, o pagamento dos encargos descritos no contrato.

Ocorre que o réu não paga aluguéis desde (...), sendo que os encargos (IPTUs e despesas condominiais) não foram por ele pagos no mês de novembro (vencimento em ...), acorde com demonstrativo e comprovantes enviados pela administradora (documento 03).

Seu débito atual é de R$ (...), conforme discriminação em planilha anexa (documento 05).

Cap. 13 · LOCAÇÃO DE IMÓVEL URBANO | **299**

I – Citação e pedido

Isto posto, requer o autor:

a) seja o réu citado por intermédio do Sr. oficial de justiça (ou por via postal, se autorizada no contrato), com os permissivos do artigo 212, § 2º, do Código de Processo Civil, para que emende a mora na forma prevista no artigo 62 da Lei 8.245/1991, mediante depósito judicial atualizado do débito discriminado na planilha anexa (documento 04), inclusive prestações vincendas, custas e honorários de advogado no patamar de 10% (*ou outro percentual estipulado no contrato, de até 20%*) do valor do débito, nos termos da letra "d" do inciso II do art. 62, ou ofereça a defesa que tiver, sob pena de aplicar-lhe os efeitos da revelia;

b) a ciência da presente a eventuais ocupantes e sublocatários (art. 59, § 2º, da Lei 8.245/1991);

c) a ciência aos Fiadores Sr. (...) e Sra. (...), domiciliados na (...) para que não aleguem desconhecimento desta demanda;

Ex positis, requer, ainda, digne-se Vossa Excelência:

Julgar, ao final, procedente a ação, declarando a extinção da relação *ex locato*, decretando o despejo, com a condenação do réu no pagamento de custas processuais e honorários de advogado.

II – Audiência de Conciliação

Nos termos do art. 334, § 5º, do Código de Processo Civil, o autor desde já manifesta, pela natureza do litígio, desinteresse em autocomposição.

Ou

Tendo em vista a natureza do direito e demonstrando espírito conciliador, a par das inúmeras tentativas de resolver amigavelmente a questão, o autor desde já, nos termos do art. 334 do Código de Processo Civil, manifesta interesse em autocomposição, aguardando a designação de audiência de conciliação.

III – Provas

Requer-se provar o alegado por todos os meios de prova em direito admitidos, incluindo perícia, produção de prova documental, testemunhal, inspeção judicial, depoimento pessoal sob pena de confissão caso o réu (ou seu representante) não compareça, ou, comparecendo, se negue a depor (art. 385, § 1º, do Código de Processo Civil).

IV – Valor da causa

Dá-se à causa, o valor de R$ (...) (doze vezes o aluguel vigente).

Termos em que,

Pede deferimento

Data

Advogado (OAB)

13.30. AÇÃO DE DESPEJO POR FALTA DE PAGAMENTO CUMULADA COM COBRANÇA DE ALUGUÉIS SOMENTE CONTRA O LOCATÁRIO

MM. Juízo da (...) Vara (...) da Comarca de (...)

(...), por seus procuradores (documento 01), com escritório na (...), onde receberão intimações, vem, respeitosamente, perante Vossa Excelência, aforar, em face de (...), a competente

Ação de despejo por falta de pagamento de aluguel e encargos, cumulada com cobrança

o que faz com supedâneo nos artigos 9º, III, e 62 da Lei 8.245/1991 e pelas razões de fato e de direito que, a seguir, articuladamente, passa a aduzir:

O autor locou ao réu, para fins residenciais, a partir de (...), o imóvel da rua (...), mediante contrato escrito (documento 02), pelo prazo de 30 (trinta) meses e aluguel atual de R$ (...) mensais, cabendo, ainda, ao locatário, o pagamento dos encargos descritos no contrato.

Ocorre que o réu não paga aluguéis desde (...), sendo que os encargos (IPTUs e despesas condominiais) não foram por ele pagos no mês de novembro (vencimento em ...), acorde com demonstrativo e comprovantes enviados pela administradora (documento 03).

Seu débito atual é de R$ (...), conforme discriminado na planilha anexa (documento 04).

I – Citação e pedido

Isto posto, requer a autora:

a) seja o réu citado por intermédio do Sr. oficial de justiça (ou por via postal, se autorizada no contrato), com os permissivos do artigo 212 § 2º, do Código de Processo Civil, para que, no prazo da lei, emende a mora, na forma prevista no artigo 62 da Lei 8.245/1991, mediante depósito judicial atualizado do débito discriminado na planilha anexa (documento 05), inclusive prestações vincendas, custas e honorários de advogado no patamar de 10% (*ou outro percentual estipulado no contrato, de até 20%*) do valor do débito, nos termos da letra "d" do inciso II do art. 62 (somente para o caso de emenda de mora), ou ofereça a defesa que tiver, sob pena de aplicar-lhe os efeitos da revelia;

b) a ciência da presente a eventuais ocupantes e sublocatários (art. 59, § 2º, da Lei 8.245/1991);

c) a ciência aos fiadores Sr. (...) e Sra. (...), domiciliados na (...) para que não aleguem desconhecimento desta demanda;

Caso não seja emendada a mora, requer a autora digne-se Vossa Excelência de:

Julgar, ao final, procedente a ação, declarando a extinção da relação *ex locato*, decretando o despejo, com a condenação do réu no pagamento do débito composto pelos aluguéis e encargos acrescidos de multas e correções, até o momento efetivo da desocupação, nos termos do art. 62, I, da Lei 8.245/1991, além de custas processuais e honorários de advogado.

II – Audiência de Conciliação

Nos termos do art. 334, § 5º do Código de Processo Civil, o autor desde já manifesta, pela natureza do litígio, desinteresse em autocomposição.

Ou

Tendo em vista a natureza do direito e demonstrando espírito conciliador, a par das inúmeras tentativas de resolver amigavelmente a questão, o autor desde já, nos termos do art. 334 do Código de Processo Civil, manifesta interesse em autocomposição, aguardando a designação de audiência de conciliação.

III – Provas

Requer-se provar o alegado por todos os meios de prova em direito admitidos, incluindo perícia, produção de prova documental, testemunhal, inspeção judicial, depoimento pessoal sob pena de confissão caso o réu (ou seu representante) não compareça, ou, comparecendo, se negue a depor (art. 385, § 1º, do Código de Processo Civil).

IV – Valor da causa

Dá-se à causa, o valor de R$ (...) (doze vezes o aluguel vigente).

Termos em que,

Pede deferimento.

Data

Advogado (OAB)

13.31. AÇÃO DE DESPEJO POR FALTA DE PAGAMENTO, CUMULADA COM COBRANÇA EM FACE DO FIADOR

MM. Juízo da (...) Vara (...) da Comarca de (...)

(...), por seus procuradores (documento 1), com escritório na (...), onde receberão intimações, vem, respeitosamente, perante Vossa Excelência, aforar, em face de (...), a competente

Ação de despejo por falta de pagamento de aluguel e encargos, cumulada com cobrança,

o que faz com supedâneo nos arts. 9.º, III e 62 e 59, § 1.º, IX, da Lei 8.245, de 18 de outubro de 1991, e pelas razões de fato e de direito que, a seguir, articula-damente, passa a aduzir:

O autor locou ao locatário-réu, para fins residenciais, a partir de (...), o imóvel da Rua (...), mediante contrato escrito (documento 2), pelo prazo de (...) meses e aluguel atual de R$ (...) mensais, cabendo, ainda, ao locatário, o pagamento dos encargos descritos no contrato.

Ocorre que o locatário-réu não paga aluguéis e (ou) encargos desde (...), sendo que os encargos (IPTU e despesas condominiais) não são por ele pagos desde (...), acorde com demonstrativo e comprovantes enviados pela administradora (documento 3).

Seu débito atual é de R$ (...), conforme discriminado na planilha anexa (documento 4), não restando alternativa ao autor senão a propositura da presente ação.

I – Citação e pedido

Com relação ao locatário:

a) Seja o locatário-réu citado por intermédio do Sr. Oficial de Justiça, com os permissivos do art. 212, § 2.º, do Código de Processo Civil, para que, no prazo de quinze dias da citação, emende a mora, na forma prevista no art. 62 da Lei 8.245/1991, mediante depósito judicial atualizado do débito discriminado na planilha anexa (documento 4), inclusive prestações vincendas, custas e honorários de advogado na base de 10% (*ou outro percentual estipulado no contrato, de até 20%*) do valor do débito, nos termos da letra d do inciso II do art. 62 (somente para o caso de emenda de mora), ou ofereça a defesa que tiver, sob pena de aplicar-lhe os efeitos da revelia;

b) A ciência da presente a eventuais ocupantes e sublocatários (art. 59, § 2.º da Lei 8.245/1991);

Com relação aos fiadores:

c) Citação do Sr. (...) e da Sra. (...), residentes e domiciliados na Rua (...), por intermédio do Sr. Oficial de Justiça (ou por via postal, se autorizada no contrato), com os permissivos do art. 212, § 2.º, do Código de Processo Civil, para que, no prazo de quinze dias da citação, emendem a mora, na forma prevista no art. 62 da

MODELOS DE PEÇAS NO NOVO CÓDIGO DE PROCESSO CIVIL – *Luiz Antonio Scavone Junior*

Lei 8.245/1991, mediante depósito judicial atualizado do débito discriminado na planilha anexa (documento 4), inclusive prestações vincendas, custas e honorários de advogado no patamar de 10% (*ou outro percentual estipulado no contrato, de até 20%*) do valor do débito (art. 62, II, d, somente para o caso de emenda de mora), ou ofereça a defesa que tiverem, sob pena de aplicar-lhes os efeitos da revelia;

Caso não seja emendada a mora, ou se for contestada a ação por qualquer deles, requer o autor digne-se Vossa Excelência de:

a) Julgar, ao final, procedente a ação, declarando a extinção da relação *ex locato*, decretando o despejo do locatário-réu;

b) Condenar locatário-réu e fiadores-réus, solidariamente, no pagamento do débito composto pelos alugueres e encargos acrescidos de multas e correções, até o momento efetivo da desocupação, nos termos do art. 62, I, da Lei 8.245/1991, além de custas processuais e honorários de advogado, devendo-se proceder à cobrança nos mesmos autos da ação de despejo, facultando-se a cobrança antes da desocupação do imóvel.

II – Audiência de Conciliação

Nos termos do art. 334, § 5º do Código de Processo Civil, o autor desde já manifesta, pela natureza do litígio, desinteresse em autocomposição.

Ou

Tendo em vista a natureza do direito e demonstrando espírito conciliador, a par das inúmeras tentativas de resolver amigavelmente a questão, o autor desde já, nos termos do art. 334 do Código de Processo Civil, manifesta interesse em autocomposição, aguardando a designação de audiência de conciliação.

III – Provas

Requer-se provar o alegado por todos os meios de prova em direito admitidos, incluindo perícia, produção de prova documental, testemunhal, inspeção judicial, depoimento pessoal sob pena de confissão caso o réu (ou seu representante) não compareça, ou, comparecendo, se negue a depor (art. 385, § 1º, do Código de Processo Civil).

IV – Valor da causa:

Dá-se à causa, o valor de R$ (...) (doze vezes o aluguel vigente).

Termos em que,

Pede deferimento.

(Local e data)

(Nome e número de inscrição do advogado na OAB)

13.32. AÇÃO DE DESPEJO POR FALTA DE PAGAMENTO COM PEDIDO DE DESOCUPAÇÃO LIMINAR NA HIPÓTESE DE AUSÊNCIA DE GARANTIAS

MM. Juízo da (...) Vara (...) da Comarca de (...)

Urgente: requer a concessão de liminar.

(...), por seus procuradores (documento 1), com escritório na (...), onde receberão intimações, vem, respeitosamente, perante Vossa Excelência, aforar, em face de (...), a competente

Cap. 13 · LOCAÇÃO DE IMÓVEL URBANO | **303**

Ação de despejo por falta de pagamento de aluguel e encargos, cumulada com cobrança,

o que faz com supedâneo nos arts. 9º, III, 62 e 59, § 1º, IX, da Lei 8.245, de 18.10.1991, e pelas razões de fato e de direito que, a seguir, articuladamente, passa a aduzir:

O autor locou ao réu, para fins residenciais, a partir (...), o imóvel da Rua (...), mediante contrato escrito (documento 2), pelo prazo de (...) meses e aluguel atual de R$ (...) mensais, cabendo, ainda, ao locatário, o pagamento dos encargos descritos no contrato.

Não há qualquer garantia prevista no contrato de locação.

Ocorre que o réu não paga aluguéis e (ou) encargos desde (...), sendo que os encargos (IPTU e despesas condominiais) não são por ele pagos desde (...), acorde com demonstrativo e comprovantes enviados pela administradora (documento 3).

Seu débito atual é de R$ (...), conforme discriminado na planilha anexa (documento 4), não restando alternativa ao autor senão a propositura da presente ação.

I – Citação e pedido

Isto posto, requer o autor:

a) Seja o réu citado por intermédio do Sr. Oficial de Justiça, com os permissivos do art. 212, § 2.º, do Código de Processo Civil, para que, no prazo de quinze dias da citação, emende a mora sob pena de despejo liminar, na forma prevista no inciso II, do art. 62, da Lei 8.245/1991, mediante depósito judicial atualizado do débito discriminado na planilha anexa (documento 4), incluindo prestações vincendas, custas e honorários de advogado na base de 10% (*ou outro percentual estipulado no contrato, de até 20%*) do valor do débito, nos termos da letra d do inciso II do art. 62 (somente para o caso de emenda de mora), ou ofereça a defesa que tiver, sob pena de aplicar-lhe os efeitos da revelia;

b) a ciência da presente a eventuais ocupantes e sublocatários (art. 59, § 2º, da Lei 8.245/1991);

II – Pedido de liminar

c) Nos termos do art. 59, § 1º, IX, da Lei 8.245/1991, requer-se a concessão de desocupação liminar, no prazo de quinze dias, tendo em vista que a presente locação é desprovida de qualquer das garantias previstas no art. 37, da Lei 8.245/1991, devendo o aviso constar da citação inicial, permanecendo uma via do mandado com o Sr. Oficial de Justiça, que deverá cumpri-lo no caso de ausência de purgação da mora no prazo de quinze dias, com a expedição de mandado de despejo com as cláusulas de arrombamento e requisição de força, se necessária, e remoção dos bens para depositário, caso o réu não os queira retirar.

Ao final, requer o autor digne-se Vossa Excelência de:

a) julgar procedente a ação, declarando a extinção da relação *ex locato*, decretando ou confirmando o despejo do réu;

b) condenar o réu ao pagamento do débito composto pelos alugueres e encargos acrescidos de multas e correções, até o momento efetivo da desocupação, nos termos do art. 62, I, da Lei 8.245/1991, além de custas processuais e honorários de advogado, devendo-se proceder à cobrança nos mesmos autos da ação de despejo, facultando-se a cobrança antes da desocupação do imóvel.

III – Audiência de Conciliação

Nos termos do art. 334, § 5º do Código de Processo Civil, o autor desde já manifesta, pela natureza do litígio, desinteresse em autocomposição.

304 | MODELOS DE PEÇAS NO NOVO CÓDIGO DE PROCESSO CIVIL – *Luiz Antonio Scavone Junior*

Ou

Tendo em vista a natureza do direito e demonstrando espírito conciliador, a par das inúmeras tentativas de resolver amigavelmente a questão, o autor desde já, nos termos do art. 334 do Código de Processo Civil, manifesta interesse em autocomposição, aguardando a designação de audiência de conciliação.

IV – Provas

Requer-se provar o alegado por todos os meios de prova em direito admitidos, incluindo perícia, produção de prova documental, testemunhal, inspeção judicial, depoimento pessoal sob pena de confissão caso o réu (ou seu representante) não compareça, ou, comparecendo, se negue a depor (art. 385, § 1º, do Código de Processo Civil).

Valor da causa:

Dá-se à causa o valor de R$ (...) (doze vezes o aluguel vigente).

Termos em que,

Pede deferimento.

(Local e data)

(Nome do advogado e número de inscrição na OAB)

13.33. DESPEJO PARA REPAROS URGENTES

MM. Juízo da (...) Vara (...) da Comarca de (...)

(...), por seus procuradores (documento 01), com escritório na (...), onde receberão intimações, vem, respeitosamente, perante Vossa Excelência, aforar, em face de (...), a competente

Ação de despejo com pedido de liminar,

o que faz com supedâneo nos artigos 9º, IV, 47, I, e 59, § 1º, VI, da Lei 8.245/1991, e pelas razões de fato e de direito que, a seguir, articuladamente, passa a aduzir:

A autora, no dia (...), locou ao réu o imóvel residencial localizado na Rua (...), por contrato escrito, com prazo de 30 (trinta) meses, que se encontra prorrogado por prazo indeterminado (documento 02).

O aluguel atual corresponde a R$ (...) mensais.

A autora é proprietária do imóvel, conforme prova a cópia da matrícula anexa (documento 3). Cumprida, portanto, a exigência do art. 60 da Lei 8.245/1991.

Ocorre que, no último dia (...), a autora foi intimada pela autoridade administrativa competente (documento 04) para realizar obras urgentes no imóvel, e que consistem em substituição do telhado, substituição essa que exige a desocupação do imóvel pelo réu, conforme prova o laudo assinado pela empresa contratada para efetuar o serviço (documento 05).

As referidas obras são urgentes, mormente ante a ameaça de desabamento. Entretanto, apesar de avisado (documento 06), o réu se recusa a desocupar o imóvel para que se cumpra a intimação, dando-se início às obras.

Cumpre observar que há grave risco de danos à integridade física e à saúde dos ocupantes, além da autora estar sujeita a severas sanções administrativas.

I – Pedido de liminar

Nos termos do art. 59, § 1º, VI, da Lei 8.245/1991, requer-se a concessão de desocupação liminar, no prazo de quinze dias, devendo o aviso constar da citação inicial, com a expedição de mandado de despejo com as cláusulas de arrombamento e requisição de força, se necessária, e remoção dos bens para depositário, caso o réu não os queira retirar.

Na eventualidade de não ser atendido, de imediato, o pedido da autora no que tange à liminar, requer seja o mesmo pedido reavaliado após a resposta do réu, quando não restará qualquer dúvida quanto às alegações aqui aduzidas.

II – Citação e pedido de mérito

Isto posto, requer a autora:

a) seja o réu citado, por intermédio do Sr. oficial de justiça (ou por via postal, se autorizado no contrato), com os permissivos do artigo 212, § 2º, do Código de Processo Civil, para que, no prazo da lei, ofereça a defesa que tiver, sob pena de aplicar-lhe os efeitos da revelia;

b) a ciência da presente a eventuais ocupantes e sublocatários (art. 59, § 2º, da Lei 8.245/1991);

Ex positis, requer, ainda, digne-se Vossa Excelência de:

Julgar, ao final, procedente a ação, declarando extinta a relação *ex locato*, decretando o despejo, com a condenação do réu no pagamento de custas processuais e honorários de advogado.

III – Audiência de Conciliação

Nos termos do art. 334, § 5º, do Código de Processo Civil, a autora desde já manifesta, pela natureza do litígio, desinteresse em autocomposição.

Ou

Tendo em vista a natureza do direito e demonstrando espírito conciliador, a par das inúmeras tentativas de resolver amigavelmente a questão, a autora desde já, nos termos do art. 334 do Código de Processo Civil, manifesta interesse em autocomposição, aguardando a designação de audiência de conciliação.

IV – Provas

Requer-se provar o alegado por todos os meios de prova em direito admitidos, incluindo perícia, produção de prova documental, testemunhal, inspeção judicial, depoimento pessoal sob pena de confissão caso o réu (ou seu representante) não compareça, ou, comparecendo, se negue a depor (art. 385, § 1º, do Código de Processo Civil).

V – Valor da causa

Dá-se à causa, o valor de R$ (...) (doze vezes o aluguel vigente).

Termos em que,

Pede deferimento.

Data

Advogado (OAB)

13.34. DESPEJO POR EXTINÇÃO DO CONTRATO DE TRABALHO

MM. Juízo da (...) Vara (...) da Comarca de (...)

(...), por seus procuradores (documentos 01 e 02), com escritório na (...), onde receberão intimações, vem, respeitosamente, perante Vossa Excelência, aforar em face de (...), a competente

Ação de despejo com pedido liminar,
o que faz com supedâneo nos artigos 47, II, e 59, § 1º, II, da Lei 8.245/1991, e pelas razões de fato e de direito que, a seguir, articuladamente, passa a aduzir:

A autora locou ao réu, no dia (...), por contrato escrito (documento 02), pelo prazo de duração do contrato de trabalho entre a autora e réu (documento 03), o imóvel localizado na (...).

A locação entre as partes foi celebrada somente em virtude do contrato de trabalho então existente (documento 03), o que constou expressamente da cláusula (...) do contrato de locação, estando, portanto, a ele relacionado.

Ocorre que o referido contrato de trabalho foi extinto, conforme prova o documento anexo (documento 04), não existindo mais entre as partes qualquer vínculo de natureza trabalhista.

No momento da dissolução do pacto laboral, percebia o réu, a título de salário, o valor de R$ (...) mensais.

Nada obstante a extinção do contrato de trabalho, o réu vem se recusando a desocupar o imóvel que lhe fora locado em virtude do contrato de trabalho, isso apesar dos insistentes apelos que já lhe dirigiu a autora.

Assim, não restou alternativa à autora senão ingressar com a presente ação.

I – Citação e pedido

Isto posto, requer a autora:

a) seja concedida desocupação liminar do imóvel, com prazo de 15 dias, independentemente da oitiva do réu, deferindo o depósito judicial, a título de caução, de 3 (três) aluguéis, nos termos do § 1º do art. 59 da Lei 8.245/1991;

b) seja o réu citado, por intermédio do Sr. oficial de justiça, com os permissivos do artigo 212, § 2º, do Código de Processo Civil, para que, no prazo da lei, ofereça a defesa que tiver, sob pena de aplicar-lhe os efeitos da revelia, comunicando-lhe, inclusive, a liminar concedida, intimando-o do prazo de 15 dias para desocupação voluntária (Lei 8.245/1991, art. 65);

c) a ciência da presente a eventuais ocupantes e sublocatários (art. 59, § 2º, da Lei 8.245/1991);

Ex positis, requer, ainda, digne-se Vossa Excelência de:

Julgar, ao final, procedente a ação, declarando extinta a relação *ex locato*, confirmando a liminar, decretando em definitivo o despejo, com a condenação do réu no pagamento de custas processuais e honorários de advogado.

II – Audiência de Conciliação

Nos termos do art. 334, § 5º, do Código de Processo Civil, a autora desde já manifesta, pela natureza do litígio, desinteresse em autocomposição.

Ou

Tendo em vista a natureza do direito e demonstrando espírito conciliador, a par das inúmeras tentativas de resolver amigavelmente a questão, a autora desde já,

Cap. 13 · LOCAÇÃO DE IMÓVEL URBANO | **307**

nos termos do art. 334 do Código de Processo Civil, manifesta interesse em auto-composição, aguardando a designação de audiência de conciliação.

III – Provas

Requer-se provar o alegado por todos os meios de prova em direito admitidos, incluindo perícia, produção de prova documental, testemunhal, inspeção judicial, depoimento pessoal sob pena de confissão caso o réu não compareça, ou, comparecendo, se negue a depor (art. 385, § 1º, do Código de Processo Civil).

IV – Valor da causa

Dá-se à causa o valor de R$ (...) (três salários).

Termos em que,

Pede deferimento.

Data

Advogado (OAB)

13.35. DESPEJO PARA USO PRÓPRIO

MM. Juízo da (...) Vara (...) da Comarca de (...)

(...), por seus procuradores (documento 01), com escritório na (...), onde receberão intimações, vem, respeitosamente, perante Vossa Excelência, aforar, em face de (...), a competente

Ação de despejo,

o que faz com supedâneo no artigo 47, III, da Lei 8.245/1991, e pelas razões de fato e de direito que, a seguir, articuladamente, passa a aduzir:

A autora, no dia (...), locou ao réu o imóvel residencial localizado na Rua (...), por contrato escrito, com prazo de 30 (trinta) meses, que se encontra prorrogado por prazo indeterminado (documento 02).

O aluguel atual corresponde a R$ (...) mensais.

A autora é proprietária do imóvel, conforme prova a cópia da matrícula anexa (documento 03). Cumprida, portanto, a exigência do § 2º do art. 47 da Lei 8.245/1991.

Ocorre que a autora necessita do imóvel para instalar sua residência, mormente que reside atualmente em prédio alheio (documento 04), sendo a primeira vez que exerce o direito à retomada (art. 47, § 1º).

Ad cautelam, o réu foi notificado para desocupar o imóvel, no prazo de 30 (trinta) dias (documento 05), sem que tivesse atendido ao aviso.

Assim, não restou alternativa à autora senão ingressar com a presente ação.

I – Citação e pedido

Isto posto, requer a autora:

a) seja o réu citado, por intermédio do Sr. oficial de justiça (ou por via postal, se autorizado no contrato), com os permissivos do artigo 212, § 2º, do Código de Processo Civil, para que, no prazo da lei, ofereça a defesa que tiver, sob pena de aplicar-lhe os efeitos da revelia, ou manifeste sua concordância com a desocupação do imóvel nos termos do art. 61 da Lei 8.245/1991;

b) a ciência da presente a eventuais ocupantes e sublocatários (art. 59, § 2º, da Lei 8.245/1991);

MODELOS DE PEÇAS NO NOVO CÓDIGO DE PROCESSO CIVIL – *Luiz Antonio Scavone Junior*

Ex positis, requer, ainda, digne-se Vossa Excelência de:

Julgar, ao final, procedente a ação, declarando extinta a relação *ex locato*, decretando o despejo, com a condenação do réu no pagamento de custas processuais e honorários de advogado.

II – Audiência de Conciliação

Nos termos do art. 334, § 5º, do Código de Processo Civil, a autora desde já manifesta, pela natureza do litígio, desinteresse em autocomposição.

Ou

Tendo em vista a natureza do direito e demonstrando espírito conciliador, a par das inúmeras tentativas de resolver amigavelmente a questão, a autora desde já, nos termos do art. 334 do Código de Processo Civil, manifesta interesse em autocomposição, aguardando a designação de audiência de conciliação.

III – Provas

Requer-se provar o alegado por todos os meios de prova em direito admitidos, incluindo perícia, produção de prova documental, testemunhal, inspeção judicial, depoimento pessoal sob pena de confissão caso o réu (ou seu representante) não compareça, ou, comparecendo, se negue a depor (art. 385, § 1º, do Código de Processo Civil).

IV – Valor da causa

Dá-se à causa, o valor de R$ (...) (doze vezes o aluguel vigente).

Termos em que,

Pede deferimento

Data

Advogado (OAB)

13.36. DESPEJO PARA USO PRÓPRIO NO JUIZADO ESPECIAL

MM. Juízo da (...) Vara (...) da Comarca de (...)

(...), por seus procuradores (documento 01), com escritório na (...), onde receberão intimações, vem, respeitosamente, perante Vossa Excelência, aforar, em face de (...), a competente

Ação de despejo,

o que faz com supedâneo no artigo 47, III, da Lei 8.245/1991 cumulado com o artigo 3º, III, da Lei 9.099/1995, e pelas razões de fato e de direito que, a seguir, articuladamente, passa a aduzir:

No dia (...), a autora locou ao réu o imóvel residencial localizado na (...), por contrato escrito, com prazo de 24 (vinte e quatro) meses, que se encontra prorrogado por prazo indeterminado (documento 02).

O aluguel atual corresponde a R$ (...) mensais.

A autora é proprietária do imóvel, conforme prova a cópia da matrícula anexa (documento 03), cumprida, portanto, a exigência do § 2º, do art. 47, da Lei 8.245/1991.

Ocorre que necessita do imóvel para instalar sua residência, mormente que reside atualmente em prédio alheio (contrato de locação – documento 04), sendo a primeira vez que exerce o direito à retomada (art. 47, § 1º, da Lei 8.245/1991).

Cap. 13 · LOCAÇÃO DE IMÓVEL URBANO | **309**

Ad cautelam, o réu foi notificado para desocupar o imóvel, no prazo de 30 (trinta) dias (documento 5), sem que tivesse atendido ao aviso.

Assim, não restou alternativa à autora senão ingressar com a presente ação.

I – Citação e pedido

Isto posto, requer a autora:

a) seja o réu citado, para que compareça à audiência de conciliação que for designada, onde poderá apresentar contestação e provas, sob pena de aplicar-lhe os efeitos da revelia (Lei 9.099/1995, art. 20) ou manifestar sua concordância com a desocupação do imóvel nos termos do art. 61 da Lei 8.245/1991;

b) a ciência da presente a eventuais ocupantes e sublocatários (art. 59, § 2º, da Lei 8.245/1991).

Ex positis, requer, ainda, digne-se Vossa Excelência de:

Julgar, ao final, em audiência de instrução e julgamento, procedente a ação, declarando extinta a relação *ex locato*, decretando o despejo, com a condenação do réu no pagamento de custas processuais, honorários de advogado e multa diária de R$ (...) caso não desocupe o imóvel no prazo determinado na sentença (Lei 9.099/1995, art. 52, V).

II – Provas

Protesta por provar o alegado por meio de todos os meios de prova em direito admitidos, especialmente por documentos, oitiva de testemunhas abaixo arroladas que, desde já se requer sua intimação, além do depoimento pessoal do réu, sob pena de confissão.

III – Valor da causa

Dá-se à causa, o valor de R$ (...) (doze vezes o aluguel vigente).

Termos em que,

Pede deferimento.

Data

Advogado (OAB)

Testemunhas:

(...)

13.37. AÇÃO DE DESPEJO PARA DEMOLIÇÃO OU EDIFICAÇÃO LICENCIADA

MM. Juízo da (...) Vara (...) da Comarca de (...)

(...), por seus procuradores (documento 01), com escritório na (...), onde receberão intimações, vem, respeitosamente, perante Vossa Excelência, aforar, em face de (...), a competente

Ação de despejo,

o que faz com supedâneo no artigo 47, IV, da Lei 8.245/1991, e pelas razões de fato e de direito que, a seguir, articuladamente, passa a aduzir:

A autora, no dia (...), locou ao réu o imóvel residencial localizado na Rua (...), por contrato escrito, com prazo de 24 (vinte e quatro) meses, que se encontra prorrogado por prazo indeterminado (documento 02).

310 MODELOS DE PEÇAS NO NOVO CÓDIGO DE PROCESSO CIVIL – *Luiz Antonio Scavone Junior*

O aluguel atual corresponde a R$ (...) mensais.

A autora é proprietária do imóvel, conforme prova a cópia da matrícula anexa (documento 03). Cumprida, portanto, a exigência do § 2º do art. 47 da Lei 8.245/1991.

A atual área construída, conforme prova a descrição do imóvel contida na matrícula, corresponde a 300 m².

Ocorre que a autora necessita do imóvel para realização de obras, acorde com o projeto aprovado pelo órgão administrativo competente (documento 04), que aumentará a área construída para 400 m², suplantando o mínimo legal de 20% do inciso IV do art. 47 da Lei 8.245/1991.

O alvará para início das obras já foi expedido (documento 05).

Ad cautelam, o réu foi notificado para desocupar o imóvel, no prazo de 30 (trinta) dias (documento 06), sem que tivesse atendido ao aviso.

Assim, não restou alternativa à autora senão ingressar com a presente ação.

I – Citação e pedido

Isto posto, requer a autora:

a) seja o réu citado, por intermédio do sr. oficial de justiça (ou por via postal, se autorizado no contrato), com os permissivos do artigo 212, § 2º, do Código de Processo Civil, para que, no prazo da lei, ofereça a defesa que tiver, sob pena de aplicar-lhe os efeitos da revelia, ou manifeste sua concordância com a desocupação do imóvel nos termos do art. 61 da Lei 8.245/1991;

b) a ciência da presente a eventuais ocupantes e sublocatários (art. 59, § 2º, da Lei 8.245/1991);

Ex positis, requer, ainda, digne-se Vossa Excelência de:

Julgar, ao final, procedente a ação, declarando extinta a relação *ex locato*, decretando o despejo, com a condenação do réu no pagamento de custas processuais e honorários de advogado.

II – Audiência de Conciliação

Nos termos do art. 334, § 5º, do Código de Processo Civil, a autora desde já manifesta, pela natureza do litígio, desinteresse em autocomposição.

Ou

Tendo em vista a natureza do direito e demonstrando espírito conciliador, a par das inúmeras tentativas de resolver amigavelmente a questão, a autora desde já, nos termos do art. 334 do Código de Processo Civil, manifesta interesse em autocomposição, aguardando a designação de audiência de conciliação.

III – Provas

Requer-se provar o alegado por todos os meios de prova em direito admitidos, incluindo perícia, produção de prova documental, testemunhal, inspeção judicial, depoimento pessoal sob pena de confissão caso o réu (ou seu representante) não compareça, ou, comparecendo, se negue a depor (art. 385, § 1º, do Código de Processo Civil).

Valor da causa

Dá-se à causa, o valor de R$ (...) (doze vezes o aluguel vigente).

Termos em que,

Pede deferimento.

Data

Advogado (OAB)

Cap. 13 · LOCAÇÃO DE IMÓVEL URBANO | 311

13.38. AÇÃO DE DESPEJO NAS LOCAÇÕES DE HOSPITAIS, ESCOLAS, ASILOS E ENTIDADES RELIGIOSAS

MM. Juízo da (...) Vara (...) da Comarca de (...)

(...), por seus procuradores (documento 01), com escritório na (...), onde receberão intimações, vem, respeitosamente, perante Vossa Excelência, aforar, em face da (...), a competente

Ação de despejo,

o que faz com supedâneo nos artigos 53 e 63, §§ 2º e 3º, da Lei 8.245/1991, e pelas razões de fato e de direito que, a seguir, articuladamente, passa a aduzir:

A autora, no dia (...), locou à ré o imóvel localizado na Rua (...), por contrato escrito, com prazo de 24 (vinte e quatro) meses, que se encontra prorrogado por prazo indeterminado (documento 2).

O aluguel atual corresponde a R$ (...) mensais.

A autora é proprietária do imóvel, conforme prova a cópia da matrícula anexa (documento 3). Cumprida, portanto, a exigência do art. 60, da Lei 8.245/1991.

A atual área construída do prédio locado, conforme prova a descrição contida na matrícula, corresponde a 1.500 m².

Convém ressaltar que a ré é entidade de ensino autorizada e fiscalizada pelo Ministério da Educação e Cultura.

Ocorre que, desejando transformar o imóvel, a autora aprovou a inclusa planta para reforma e construção (documento 04), que aumentará a área construída para 4.000 m², suplantando o mínimo legal de 50% do inciso II do art. 53 da Lei 8.245/1991.

O alvará para início das obras já foi expedido (documento 05).

Ad cautelam, a ré foi notificada para que se efetivasse acordo para a desocupação, sem que respondesse ao aviso.

O art. 53, inciso II, da Lei 8.245/1991, faculta ao proprietário a retomada do prédio locado, quando o faça para reformas e construções que acresçam, no mínimo, 50% (cinquenta por cento) de área útil, condição atendida pela autora.

Assim, não restou alternativa, senão ingressar com a presente ação.

I – Citação e pedido

Isto posto, requer a autora:

a) seja o réu citado, por intermédio do Sr. oficial de justiça (ou por via postal, se autorizado no contrato), com os permissivos do artigo 212, § 2º, do Código de Processo Civil, para que, no prazo da lei, ofereça a defesa que tiver, sob pena de aplicar-lhe os efeitos da revelia;

b) a ciência da presente a eventuais ocupantes e sublocatários (art. 59, § 2º, da Lei 8.245/1991);

Ex positis, requer, ainda, digne-se Vossa Excelência de:

Julgar, ao final, procedente a ação, declarando extinta a relação *ex locato*, decretando o despejo, com a condenação do réu no pagamento de custas processuais e honorários de advogado.

II – Audiência de Conciliação

Nos termos do art. 334, § 5º, do Código de Processo Civil, a autora desde já manifesta, pela natureza do litígio, desinteresse em autocomposição.

312 | MODELOS DE PEÇAS NO NOVO CÓDIGO DE PROCESSO CIVIL – *Luiz Antonio Scavone Junior*

Ou

Tendo em vista a natureza do direito e demonstrando espírito conciliador, a par das inúmeras tentativas de resolver amigavelmente a questão, a autora desde já, nos termos do art. 334 do Código de Processo Civil, manifesta interesse em autocomposição, aguardando a designação de audiência de conciliação.

III – Provas

Requer-se provar o alegado por todos os meios de prova em direito admitidos, incluindo perícia, produção de prova documental, testemunhal, inspeção judicial, depoimento pessoal sob pena de confissão caso o réu (ou seu representante) não compareça, ou, comparecendo, se negue a depor (art. 385, § 1º, do Código de Processo Civil).

IV – Valor da causa

Dá-se à causa, o valor de R$ (...) (doze vezes o aluguel vigente).

Termos em que,

Pede deferimento.

Data

Advogado (OAB)

13.39. AÇÃO DE DESPEJO EM VIRTUDE DA PERMANÊNCIA DE PESSOAS NÃO AUTORIZADAS APÓS A MORTE DO LOCATÁRIO

MM. Juízo da (...) Vara (...) da Comarca de (...)

(...), por seus procuradores (documentos 01 e 02), com escritório na (...), onde receberão intimações, vem, respeitosamente, perante Vossa Excelência, aforar, em face de (...), a competente

Ação de despejo com pedido liminar,

o que faz com supedâneo nos artigos 11, I, e 59, § 1º, IV, da Lei 8.245/1991, e pelas razões de fato e de direito que, a seguir, articuladamente, passa a aduzir:

I – Fatos

A autora deu em locação à Sra. (...), o imóvel da Rua (...), mediante contrato escrito (documento 3) com prazo de 30 meses, iniciando em (...), pelo aluguel inicial de R$ (...), destinando-se a fins residenciais.

O aluguel mensal atual é de R$ (...), cabendo, ainda, à locatária, o pagamento dos encargos descritos no contrato.

Ocorre que, no dia (...), faleceu a Sra. (...), conforme se comprova pela Certidão de Óbito anexa (documento 04).

Outrossim, a autora, imaginando residir no imóvel apenas a locatária falecida, diligenciou no endereço supra, com o intuito de verificar as condições do prédio para, então, requerer judicialmente a imissão na posse.

Entretanto, surpreendentemente, constatou que lá permanece a ré, ocupando um dos cômodos externos da casa, dizendo-se amiga da falecida locatária, tratando-se, portanto, de pessoa não autorizada pela autora e pela lei.

Ressalte-se, porquanto necessário, que o contrato é claro em sua cláusula 7ª quanto à proibição de sublocação e empréstimo do imóvel, não tendo, tampouco, a autora, autorizado, posteriormente, qualquer espécie de cessão, sublocação ou comodato.

II – Direito

Em se tratando de pessoa não autorizada, que permanece no imóvel após a morte da Locatária, de acordo com o artigo 11, inciso I, da Lei 8.245/1991, é cabível a concessão de medida liminar, sem audiência da ré, para a desocupação em quinze dias, na forma do que dispõe o artigo 59, § 1º, inciso IV, da Lei 8.245/1991.

III – Citação e pedido

Do exposto, requer a autora:

a) concessão de liminar, independentemente da audiência da ré, para desocupação em quinze dias, *ex vi* do artigo 59, § 1º, inciso IV, da Lei 8.245/1991. Concedida a liminar, protesta a autora pela prestação da caução, no valor equivalente a três meses de aluguel, R$ (...), lavrando-se, a seguir, o respectivo termo, para que se execute a liminar, na forma da lei;

b) seja a ré citada através do Sr. oficial de justiça, para que, no prazo da lei, ofereça a defesa que tiver, sob pena de revelia intimando-a do prazo de 15 dias para desocupação voluntária (Lei 8.245/1991, art. 65), sendo julgado procedente o pedido, confirmando-se a liminar concedida, decretando-se, em definitivo, o despejo, autorizando o levantamento da caução pelo autor e condenando a ré no pagamento das custas processuais e honorários de advogado da autora.

Requer, ainda, que Vossa Excelência determine que o Sr. oficial de justiça diligencie com as faculdades atribuídas pelos §§ 1º e 2º do artigo 212 do Código de Processo Civil.

IV – Audiência de Conciliação

Nos termos do art. 334, § 5º, do Código de Processo Civil, a autora desde já manifesta, pela natureza do litígio, desinteresse em autocomposição.

Ou

Tendo em vista a natureza do direito e demonstrando espírito conciliador, a par das inúmeras tentativas de resolver amigavelmente a questão, a autora desde já, nos termos do art. 334 do Código de Processo Civil, manifesta interesse em autocomposição, aguardando a designação de audiência de conciliação.

V – Provas

Requer-se provar o alegado por todos os meios de prova em direito admitidos, incluindo perícia, produção de prova documental, testemunhal, inspeção judicial, depoimento pessoal sob pena de confissão caso a ré (ou seu representante) não compareça, ou, comparecendo, se negue a depor (art. 385, § 1º, do Código de Processo Civil).

VI – Valor da causa

Dá-se à causa o valor de R$ (...) (doze vezes o aluguel vigente).

Termos em que,

pede deferimento.

Data

Advogado (OAB)

314 | MODELOS DE PEÇAS NO NOVO CÓDIGO DE PROCESSO CIVIL – *Luiz Antonio Scavone Junior*

13.40. AÇÃO DE DESPEJO EM VIRTUDE DE CONTRATO DE LOCAÇÃO SEM VÊNIA CONJUGAL, POR PRAZO SUPERIOR A DEZ ANOS

MM. Juízo da (...) Vara (...) da Comarca de (...)

(...), por seus procuradores (documento 01), com escritório na (...), onde receberão intimações, vem, respeitosamente, perante Vossa Excelência, aforar, em face de (...), a competente

Ação de despejo,

o que faz com supedâneo no artigo 3º da Lei 8.245/1991 e art. 1.647 do Código Civil, expondo e requerendo o quanto segue:

A autora é casada com (...), pelo regime de comunhão universal de bens, desde (...) (certidão de casamento anexa – documento 02).

Durante o casamento, no dia (...), adquiriram o imóvel localizado na (...), conforme prova cópia autenticada da matrícula junto ao Oficial de Registro de Imóveis (documento 03).

Entretanto, no dia (...), o marido da autora locou ao réu o apartamento referido no parágrafo anterior, pelo aluguel mensal atual de R$ (...) e prazo de 12 (doze) anos, conforme inclusa certidão fornecida pelo 3º oficial de Registro de Títulos e Documentos da Capital (documento 04).

Ocorre que o marido da autora não poderia ter locado o imóvel por prazo superior a 10 (dez) anos sem a necessária vênia conjugal, conforme dispõe o art. 3º da Lei 8.245/1991.

Portanto, do ato jurídico praticado, é possível inferir que o prazo excedente a nove anos, onze meses e vinte e nove dias não tem qualquer eficácia jurídica.

Nesse sentido, a autora notificou o réu no último dia 4 de dezembro, para que desocupasse o imóvel no prazo de 30 (trinta) dias, sem que tivesse sido atendida (documento 05).

Na lição de Francisco Carlos Rocha de Barros, duas hipóteses podem ocorrer. A primeira, ausência de assentimento do cônjuge do locador: nesse caso, o cônjuge que não assentiu, por estar legalmente desobrigado de observar o prazo excedente, poderá considerar desfeita a locação e requerer a retomada do prédio.

Assim, não restou alternativa à autora senão ingressar com a presente ação para retomada do imóvel.

I – Citação e do pedido

Isto posto, requer a autora:

a) seja o réu citado, por intermédio do sr. oficial de justiça (ou por via postal, se autorizado no contrato), com os permissivos do artigo 212, § 2º, do Código de Processo Civil, para que, no prazo da lei, ofereça a defesa que tiver, sob pena de aplicar-lhe os efeitos da revelia;

b) a ciência da presente a eventuais ocupantes e sublocatários (art. 59, § 2º, da Lei 8.245/1991);

Ex positis, requer, ainda, digne-se Vossa Excelência de:

Julgar, ao final, procedente a ação, declarando extinta a relação *ex locato*, decretando o despejo, com a condenação do réu no pagamento de custas processuais e honorários de advogado.

Cap. 13 · LOCAÇÃO DE IMÓVEL URBANO | **315**

II – Audiência de Conciliação

Nos termos do art. 334, § 5º, do Código de Processo Civil, a autora desde já manifesta, pela natureza do litígio, desinteresse em autocomposição.

Ou

Tendo em vista a natureza do direito e demonstrando espírito conciliador, a par das inúmeras tentativas de resolver amigavelmente a questão, a autora desde já, nos termos do art. 334 do Código de Processo Civil, manifesta interesse em auto-composição, aguardando a designação de audiência de conciliação.

III – Provas

Requer-se provar o alegado por todos os meios de prova em direito admitidos, incluindo perícia, produção de prova documental, testemunhal, inspeção judicial, depoimento pessoal sob pena de confissão caso o réu (ou seu representante) não compareça, ou, comparecendo, se negue a depor (art. 385, § 1º, do Código de Processo Civil).

IV – Valor da causa

Dá-se à causa o valor de R$ (...) (doze vezes o aluguel vigente).

Termos em que,

pede deferimento.

Data

Advogado (OAB)

13.41. AÇÃO DE DESPEJO POR DENÚNCIA VAZIA NAS LOCAÇÕES DE IMÓVEIS RESIDENCIAIS

MM. Juízo da (...) Vara (...) da Comarca de (...)

(...), por seus procuradores (documento 01), com escritório na (...), onde receberão intimações, vem, respeitosamente, perante Vossa Excelência, aforar, em face de (...), a competente

Ação de despejo,

o que faz com supedâneo no artigo 46 da Lei 8.245/1991, e pelas razões de fato e de direito que a seguir, articuladamente, passa a aduzir:

A autora locou ao réu o imóvel residencial localizado na (...).

O referido imóvel foi locado no (...), por contrato escrito, com prazo de 30 (trinta) meses, que se encontra prorrogado por prazo indeterminado.

O aluguel ajustado entre as partes, atualmente, é equivalente a R$ (...) mensais.

Ocorre que, não convindo mais à locadora, ora autora, manter a locação, notifi-cou o réu no último dia (...), nos termos do § 2º do art. 46 da Lei 8.245/1991, para que desocupasse o imóvel no prazo de 30 dias, que já decorreu sem que houvesse atendimento do aviso.

Assim, decorrido *in albis* o prazo para desocupação, não restou alternativa à autora senão ingressar com a presente ação.

316 | MODELOS DE PEÇAS NO NOVO CÓDIGO DE PROCESSO CIVIL – *Luiz Antonio Scavone Junior*

I – Citação e do pedido

Isto posto, requer a autora:

a) seja o réu citado, por intermédio do Sr. oficial de justiça (ou por via postal, se autorizado no contrato), com os permissivos do artigo 212, § 2º, do Código de Processo Civil, para que, no prazo da lei, ofereça a defesa que tiver, sob pena de aplicar-lhe os efeitos da revelia, ou manifeste sua concordância com a desocupação do imóvel nos termos do art. 61 da Lei 8.245/1991;

b) a ciência da presente a eventuais ocupantes e sublocatários (art. 59, § 2º, da Lei 8.245/1991);

Ex positis, requer, ainda, digne-se Vossa Excelência de:

Julgar, ao final, procedente a ação, declarando extinta a relação *ex locato*, decretando o despejo, com a condenação do réu no pagamento de custas processuais e honorários de advogado.

II – Audiência de Conciliação

Nos termos do art. 334, § 5º, do Código de Processo Civil, a autora desde já manifesta, pela natureza do litígio, desinteresse em autocomposição.

Ou

Tendo em vista a natureza do direito e demonstrando espírito conciliador, a par das inúmeras tentativas de resolver amigavelmente a questão, a autora desde já, nos termos do art. 334 do Código de Processo Civil, manifesta interesse em autocomposição, aguardando a designação de audiência de conciliação.

III – Provas

Requer-se provar o alegado por todos os meios de prova em direito admitidos, incluindo perícia, produção de prova documental, testemunhal, inspeção judicial, depoimento pessoal sob pena de confissão caso o réu (ou seu representante) não compareça, ou, comparecendo, se negue a depor (art. 385, § 1º, do Código de Processo Civil).

IV – Valor da causa

Dá-se à causa, o valor de R$ (...) (doze vezes o aluguel vigente).

Termos em que,

Pede deferimento.

Data

Advogado (OAB)

13.42. AÇÃO DE DESPEJO NA LOCAÇÃO NÃO RESIDENCIAL COM PEDIDO DE LIMINAR

MM. Juízo da (...) Vara (...) da Comarca de (...)

Urgente: requer a concessão de liminar.

(...), por seus procuradores (documento 1), com escritório na (...), onde receberão intimações, vem, respeitosamente, perante Vossa Excelência, aforar, em face de (...), a competente

Ação de despejo,

Cap. 13 · LOCAÇÃO DE IMÓVEL URBANO | **317**

o que faz com supedâneo nos arts. 57 e 59, § 1º, VIII, da Lei 8.245, de 18.10.1991, e pelas razões de fato e de direito que a seguir, articuladamente, passa a aduzir:

A autora locou à ré o imóvel não residencial localizado na Rua (...).

O referido imóvel foi locado à ré no dia (...), por contrato escrito, com prazo de (...) meses e se encontra prorrogado por prazo indeterminado.

O aluguel ajustado entre as partes, atualmente, é equivalente a R$ (...) mensais.

Ocorre que, não convindo mais à locadora, ora autora, manter a locação, notificou a ré no último dia (...), nos termos do art. 57 da Lei 8.245/1991, para que desocupasse o imóvel no prazo de (...), que já decorreu sem que houvesse atendimento do aviso.

Assim, decorrido *in albis* o prazo para desocupação, não restou alternativa à autora senão ingressar com a presente ação.

I – Citação e pedido

Isto posto, requer a autora:

a) seja a ré citada, por intermédio do Sr. Oficial de Justiça, com os permissivos do art. 212, § 2º, do Código de Processo Civil, para que, no prazo da lei, ofereça a defesa que tiver, sob pena de aplicarlhe os efeitos da revelia;

b) a ciência da presente ao fiador, Sr. (...);

II – Pedido de liminar

c) Nos termos do art. 59, § 1º, VIII, da Lei 8.245/1991, requer-se a concessão de desocupação liminar, no prazo de quinze dias.

Ex positis, requer, ainda, digne-se Vossa Excelência de:

d) Julgar, ao final, procedente a ação, declarando extinta a relação *ex locato*, decretando o despejo, com a condenação da ré e seu fiador no pagamento de custas processuais e honorários de advogado.

III – Audiência de Conciliação

Nos termos do art. 334, § 5º, do Código de Processo Civil, a autora desde já manifesta, pela natureza do litígio, desinteresse em autocomposição.

Ou

Tendo em vista a natureza do direito e demonstrando espírito conciliador, a par das inúmeras tentativas de resolver amigavelmente a questão, a autora desde já, nos termos do art. 334 do Código de Processo Civil, manifesta interesse em autocomposição, aguardando a designação de audiência de conciliação.

IV – Provas

Requer-se provar o alegado por todos os meios de prova em direito admitidos, incluindo perícia, produção de prova documental, testemunhal, inspeção judicial, depoimento pessoal sob pena de confissão caso a ré (ou seu representante) não compareça, ou, comparecendo, se negue a depor (art. 385, § 1º, do Código de Processo Civil).

V – Valor da causa

Dá-se à causa, o valor de R$ (...) (doze vezes o aluguel vigente).

Termos em que,

Pede deferimento.

(Local e data)

(Advogado e número de inscrição na OAB)

318 | MODELOS DE PEÇAS NO NOVO CÓDIGO DE PROCESSO CIVIL – *Luiz Antonio Scavone Junior*

13.43. AÇÃO DE DESPEJO POR EXTINÇÃO DO USUFRUTO

MM. Juízo da (...) Vara (...) da Comarca de (...)

(...), por seus procuradores (documento 01), com escritório na (...), onde receberão intimações, vem, respeitosamente, perante Vossa Excelência, aforar, em face de (...), a competente

Ação de despejo,

o que faz com supedâneo no artigo 7º, da Lei 8.245/1991, e pelas razões de fato e de direito que, a seguir, articuladamente, passa a aduzir:

A autora é proprietária do imóvel localizado na (...), do qual era usufrutuário o (...), conforme inclusa certidão de óbito (documento 02).

O referido imóvel foi locado ao réu no dia (...), pelo usufrutuário, sem anuência do autor, que na época era nu-proprietário (documento 03).

O aluguel atual ajustado entre as partes é de R$ (...) mensais.

Ocorre que a autora providenciou o cancelamento do usufruto junto ao oficial de Registro de Imóveis competente, conforme faz prova a certidão anexa (documento 04).

Não convindo manter a locação, a autora notificou o réu, na forma do artigo 7º, parágrafo único, da Lei 8.245, de 18 de outubro de 1991, para que desocupasse o imóvel no prazo legal de 30 (trinta) dias, sob pena de ação de despejo.

Decorrido *in albis* o prazo para desocupação, não restou alternativa à autora, senão ingressar com a presente ação.

I – Citação e do pedido

Isto posto, requer a autora:

a) seja o réu citado, por intermédio do sr. oficial de justiça (ou por via postal, se autorizado no contrato), com os permissivos do artigo 212, § 2º, do Código de Processo Civil, para que, no prazo da lei, ofereça a defesa que tiver, sob pena de aplicar-lhe os efeitos da revelia;

b) a ciência da presente a eventuais ocupantes e sublocatários (art. 59, § 2º, da Lei 8.245/1991);

Ex positis, requer, ainda, digne-se Vossa Excelência de:

Julgar, ao final, procedente a ação, declarando extinta a relação *ex locato*, decretando o despejo, com a condenação do réu no pagamento de custas processuais e honorários de advogado.

II – Audiência de Conciliação

Nos termos do art. 334, § 5º, do Código de Processo Civil, a autora desde já manifesta, pela natureza do litígio, desinteresse em autocomposição.

Ou

Tendo em vista a natureza do direito e demonstrando espírito conciliador, a par das inúmeras tentativas de resolver amigavelmente a questão, a autora desde já, nos termos do art. 334 do Código de Processo Civil, manifesta interesse em autocomposição, aguardando a designação de audiência de conciliação.

III – Provas

Requer-se provar o alegado por todos os meios de prova em direito admitidos, incluindo perícia, produção de prova documental, testemunhal, inspeção judicial, depoimento

Cap. 13 · LOCAÇÃO DE IMÓVEL URBANO | **319**

pessoal sob pena de confissão caso o réu (ou seu representante) não compareça, ou, comparecendo, se negue a depor (art. 385, § 1º, do Código de Processo Civil).

IV – Valor da causa

Dá-se à causa o valor de R$ (...) (doze vezes o aluguel vigente).

Termos em que,

Pede deferimento.

Data

Advogado (OAB)

13.44. DESPEJO EM VIRTUDE DA ALIENAÇÃO DO IMÓVEL DURANTE A LOCAÇÃO

MM. Juízo da (...) Vara (...) da Comarca de (...)

(...), por seus procuradores (documentos 01 e 02), com escritório na (...), onde receberão intimações, vem, respeitosamente, perante Vossa Excelência, aforar em face de (...), a competente

Ação de despejo,

o que faz com supedâneo no artigo 8º da Lei 8.245/1991, e pelas razões de fato e de direito que, a seguir, articuladamente passa a aduzir:

I – Fatos

Por escritura pública de cisão com incorporação de bens, celebrada no dia (...) (documento 03), devidamente registrada na matrícula do imóvel junto ao (...) ofício de Registro de Imóveis da Capital, no dia (...) (documento 04), a autora tornou-se proprietária do imóvel da rua (...).

O referido imóvel encontra-se locado ao réu, mediante contrato escrito, celebrado pelo transmitente, tendo seu início no dia (...), com aluguel mensal atual de R$ (...) (documento 05).

Como não convém manter a locação, a autora notificou tempestivamente o réu no dia (...) (documento 06), para que desocupasse o imóvel no prazo legal de 90 (noventa) dias.

Entretanto, o referido prazo decorreu *in albis*, sem que tenha o réu atendido o aviso.

Inclusive, somente para informação do juízo, o réu não paga aluguéis e encargos desde que houve a transmissão. Assim, a autora injustamente tem que suportar despesas referentes ao uso do imóvel pelo Réu, tais como IPTUs, despesas condominiais etc., que serão cobradas posteriormente, em ação própria.

Vê-se, portanto, que a situação é extremamente desconfortável e iníqua, fazendo-se mister a imediata tutela jurisdicional para que cesse o locupletamento indevido do réu, não obstante a causa de pedir da presente ação com fulcro no artigo 8º da Lei 8.245/1991.

II – Direito

Determina o artigo 8º da Lei 8.245/1991:

Art. 8º Se o imóvel for alienado durante a locação, o adquirente poderá denunciar o contrato, com prazo de noventa dias para a desocupação, salvo se a locação

320 | MODELOS DE PEÇAS NO NOVO CÓDIGO DE PROCESSO CIVIL – *Luiz Antonio Scavone Junior*

for por tempo determinado e o contrato contiver cláusula de vigência em caso de alienação e estiver averbado junto à matrícula do imóvel.

§ 1º (...)

§ 2º A denúncia deverá ser exercida no prazo de 90 dias contados do registro da venda ou do compromisso, presumindo-se, após este prazo, a concordância na manutenção da locação.

Ensina a respeito Sylvio Capanema de Souza:

É irrelevante, para efeito da denúncia, a forma de alienação, que pode ser onerosa ou gratuita, pelo que estão legitimados para exercê-la, o comprador, promissário comprador, cessionário, promissário cessionário, permutante, além do credor que receba o imóvel locado em dação em pagamento.

Continua o preclaro doutrinador:

Para que se aplique a regra do artigo 8º, será essencial que a alienação do imóvel locado se opere por atos *inter vivos*, tal como a compra e venda, promessa de compra e venda, doação, permuta, dação em pagamento, incorporação ao capital da sociedade, fusão, cisão.

Com relação ao § 2º esclarece:

Cometeu o legislador um grave erro de redação, que poderá acarretar perplexidades ao intérprete, ao aludir, no § 2º do artigo 8º "registro de venda", quando o correto seria dizer "do título aquisitivo".

É no mesmo sentido a lição da professora Maria Helena Diniz ao comentar o artigo, o que faz da seguinte forma:

O dispositivo sub exame refere-se a hipótese de transferência da posição jurídica do titular do domínio relativamente ao prédio locado, mediante alienação. Por alienação não se deve entender apenas a venda, mas também permuta, a doação, a execução forçada, o estabelecimento de usufruto etc. E o novo adquirente do imóvel locado será aquele que vier a substituir ao locador, por ato *inter vivos*, no seu direito de propriedade, constituindo-se, portanto, um terceiro, alheio à relação jurídica *ex locato* (*res inter alios acta, aliis neque nocet neque prodest*); nada tem que ver com o inquilino, nem mesmo respondendo pelas benfeitorias do locatário (STF, súmula 158); por conseguinte, não terá dever algum de respeitar o contrato locatício efetivado para fins residenciais ou não, em que não foi parte, podendo denunciá-lo, dando prazo de 90 dias para a evacuação, sem qualquer justificação (denúncia vazia) (...)

III – Citação

Isto posto, requer seja citado o réu por intermédio do sr. oficial de justiça com os permissivos do artigo 212, § 2º, do Código de Processo Civil, (ou por via postal, se o contrato permitir) para que, no prazo da lei, ofereça a defesa que tiver, sob pena de aplicar-lhe os efeitos da revelia.

IV – Pedido

Ex positis, requer-se, ainda, digne-se Vossa Excelência:

Julgar, ao final, procedente a ação, declarando extinta a relação *ex locato*, decretando o despejo, com a condenação do réu no pagamento das custas processuais e honorários de advogado do autor.

V – Audiência de Conciliação

Nos termos do art. 334, § 5º, do Código de Processo Civil, a autora desde já manifesta, pela natureza do litígio, desinteresse em autocomposição.

Ou

Cap. 13 · LOCAÇÃO DE IMÓVEL URBANO | **321**

Tendo em vista a natureza do direito e demonstrando espírito conciliador, a par das inúmeras tentativas de resolver amigavelmente a questão, a autora desde já, nos termos do art. 334 do Código de Processo Civil, manifesta interesse em autocomposição, aguardando a designação de audiência de conciliação.

VI – Provas

Requer-se provar o alegado por todos os meios de prova em direito admitidos, incluindo perícia, produção de prova documental, testemunhal, inspeção judicial, depoimento pessoal sob pena de confissão caso o réu (ou seu representante) não compareça, ou, comparecendo, se negue a depor (art. 385, § 1º, do Código de Processo Civil).

VII – Valor da causa

Dá-se à causa o valor de R$ (...) (doze vezes o aluguel vigente).

Termos em que,

Pede deferimento.

Data

Advogado (OAB)

13.45. DESPEJO NAS LOCAÇÕES RESIDENCIAIS POR CONTRATO ININTERRUPTO DE CINCO ANOS – DENÚNCIA VAZIA

MM. Juízo da (...) Vara (...) da Comarca de (...)

(...), por seus procuradores (documento 01), com escritório na (...), onde receberão intimações, vem, respeitosamente, perante Vossa Excelência, aforar, em face de (...), a competente

Ação de despejo,

o que faz com supedâneo no artigo 47, V, da Lei 8.245/1991, e pelas razões de fato e de direito que, a seguir, articuladamente, passa a aduzir:

A autora locou ao réu o imóvel residencial localizado na Rua (...).

O referido imóvel foi locado ao réu no dia (...), por contrato escrito, com prazo de 12 (doze) meses, que se encontra prorrogado por prazo indeterminado.

O aluguel ajustado entre as partes, atualmente, é equivalente a R$ (...) mensais.

Ocorre que, já tendo a locação mais de 5 (cinco) anos, e não convindo mais à locadora, ora autora, manter a locação, notificou o réu no último dia (...), para que desocupasse o imóvel no prazo de 30 (trinta) dias, que já decorreu sem que houvesse atendimento do aviso.

Assim, decorrido *in albis* o prazo para desocupação, não restou alternativa à autora senão ingressar com a presente ação.

I – Citação e do pedido

Isto posto, requer a autora:

a) seja o réu citado, por intermédio do Sr. oficial de justiça (ou por via postal, se autorizado no contrato), com os permissivos do artigo 212, § 2º, do Código de Processo Civil, para que, no prazo da lei, ofereça a defesa que tiver, sob pena de aplicar-lhe os efeitos da revelia;

322 | MODELOS DE PEÇAS NO NOVO CÓDIGO DE PROCESSO CIVIL – *Luiz Antonio Scavone Junior*

b) a ciência da presente a eventuais ocupantes e sublocatários (art. 59, § 2º, da Lei 8.245/1991);

Ex positis, requer, ainda, digne-se Vossa Excelência de:

Julgar, ao final, procedente a ação, declarando extinta a relação *ex locato*, decretando o despejo, com a condenação do réu no pagamento de custas processuais e honorários de advogado.

II – Audiência de Conciliação

Nos termos do art. 334, § 5º, do Código de Processo Civil, a autora desde já manifesta, pela natureza do litígio, desinteresse em autocomposição.

Ou

Tendo em vista a natureza do direito e demonstrando espírito conciliador, a par das inúmeras tentativas de resolver amigavelmente a questão, a autora desde já, nos termos do art. 334 do Código de Processo Civil, manifesta interesse em autocomposição, aguardando a designação de audiência de conciliação.

III – Provas

Requer-se provar o alegado por todos os meios de prova em direito admitidos, incluindo perícia, produção de prova documental, testemunhal, inspeção judicial, depoimento pessoal sob pena de confissão caso o réu (ou seu representante) não compareça, ou, comparecendo, se negue a depor (art. 385, § 1º, do Código de Processo Civil).

IV – Valor da causa

Dá-se à causa o valor de R$ (...) (doze vezes o aluguel vigente).

Termos em que,

Pede deferimento.

Data

Advogado (OAB)

13.46. DESPEJO NAS LOCAÇÕES PARA TEMPORADA

MM. Juízo da (...) Vara (...) da Comarca de (...)

(...), por seus procuradores (documento 01), com escritório na (...), onde receberão intimações, vem, respeitosamente, perante Vossa Excelência, aforar, em face de (...), a competente

Ação de despejo com pedido liminar

o que faz com supedâneo nos artigos 48 e seguintes e 59, § 1º, da Lei 8.245/1991, e pelas razões de fato e de direito que, a seguir, articuladamente, passa a aduzir:

A autora locou ao réu, para temporada, com a finalidade de lazer, o imóvel residencial localizado na (...).

O referido imóvel foi locado no dia (...), por contrato escrito, com prazo de 90 (noventa) dias (documento 02), que se expirou no último dia (...).

O aluguel global ajustado, pago antecipadamente, foi de R$ (...).

Cap. 13 · LOCAÇÃO DE IMÓVEL URBANO | 323

Terminado o prazo contratual, o réu não desocupou o imóvel, isso apesar de telegramas enviados pela autora, que foram ignorados (documentos 03 e 04).

Tratando-se de locação para temporada, tendo sido proposta a ação no prazo de trinta dias, contados do fim do contrato, cabível a concessão de liminar para desocupação do imóvel em quinze dias, independentemente da audiência do réu, na forma do que dispõe o art. 59, § 1º, inciso III, da Lei 8.245/1991.

I – Citação e do pedido

Isto posto, requer a autora:

a) seja concedida desocupação liminar do imóvel, com prazo de 15 dias, independentemente da oitiva do réu, deferindo o depósito judicial, a título de caução, de 3 (três) aluguéis mensais, nos termos do § 1º do art. 59 da Lei 8.245/1991;

b) seja o réu citado, por intermédio do Sr. oficial de justiça, com os permissivos do artigo 212, § 2º, do Código de Processo Civil, para que, no prazo da lei, ofereça a defesa que tiver, sob pena de aplicar lhe os efeitos da revelia, comunicando-lhe, inclusive, a liminar concedida, intimando-o do prazo de 15 dias para desocupação voluntária (Lei 8.245/1991, art. 65);

c) a ciência da presente a eventuais ocupantes e sublocatários (art. 59, § 2º, da Lei 8.245/1991);

Ex positis, requer, ainda, digne-se Vossa Excelência de:

Julgar, ao final, procedente a ação, declarando extinta a relação *ex locato*, confirmando a liminar, decretando em definitivo o despejo, com a condenação do réu no pagamento de custas processuais e honorários de advogado.

II – Audiência de Conciliação

Nos termos do art. 334, § 5º, do Código de Processo Civil, a autora desde já manifesta, pela natureza do litígio, desinteresse em autocomposição.

Ou

Tendo em vista a natureza do direito e demonstrando espírito conciliador, a par das inúmeras tentativas de resolver amigavelmente a questão, a autora desde já, nos termos do art. 334 do Código de Processo Civil, manifesta interesse em autocomposição, aguardando a designação de audiência de conciliação.

III – Provas

Requer-se provar o alegado por todos os meios de prova em direito admitidos, incluindo perícia, produção de prova documental, testemunhal, inspeção judicial, depoimento pessoal sob pena de confissão caso o réu (ou seu representante) não compareça, ou, comparecendo, se negue a depor (art. 385, § 1º, do Código de Processo Civil).

IV – Valor da causa

Dá-se à causa, o valor de R$ (...) (doze vezes o aluguel vigente).

Termos em que,

Pede deferimento.

Data

Advogado (OAB)

324 | MODELOS DE PEÇAS NO NOVO CÓDIGO DE PROCESSO CIVIL – *Luiz Antonio Scavone Junior*

13.47. PETIÇÃO REQUERENDO IMISSÃO NA POSSE EM RAZÃO DO ABANDONO DO IMÓVEL NO CURSO DA AÇÃO

MM. Juízo da (...) Vara (...) da Comarca de (...)

Processo nº (...)

(...), nos autos da ação de despejo que move em face de (...), vem, respeitosamente, perante Vossa Excelência, por seu advogado, expor e requerer o quanto segue:

A autora ingressou com a presente ação em (...), tendo sido efetuada a citação em (...).

Ocorre que, no dia (...) passado, foram abandonadas na portaria do prédio do escritório dos patronos da autora as chaves do imóvel objeto da locação acompanhadas de bilhete do réu (documento 01).

Entrementes, pela necessidade de se constatar a desocupação, as chaves foram encaminhadas para a portaria do prédio, localizado na (...), aos cuidados do Sr. zelador e à disposição desse Juízo (documento 03).

O referido zelador afirmou que houve movimentação indicativa de retirada de móveis do apartamento.

Em virtude do abandono das chaves pelo réu, face ao que está disposto no artigo 66 da Lei 8.245/1991, está patente o reconhecimento da procedência do pedido da exordial, autorizada a imissão na posse.

Isto posto, requer a autora digne-se Vossa Excelência de:

a) ordenar a expedição de mandado de constatação e imissão na posse do imóvel, com cláusula de arrombamento e requisição de força, o que se requer seja efetuado por intermédio do sr. oficial de justiça;

b) extinguir o processo com julgamento do mérito, declarando extinta a relação *ex locato*, condenando o réu em custas e honorários de advogado.

Termos em que,

pede deferimento.

Data

Advogado (OAB)

13.48. PETIÇÃO REQUERENDO O JULGAMENTO EM RAZÃO DO ABANDONO

MM. Juízo da (...) Vara (...) da Comarca de (...)

Processo nº (...)

(...), nos autos da ação de despejo que move em face de (...), vem, respeitosamente, perante Vossa Excelência, por seu advogado, expor e requerer o quanto segue:

A autora foi imitida na posse do imóvel objeto do contrato de locação, acorde com o auto de imissão de fls., em virtude do abandono do réu.

Sendo assim, requer o prosseguimento do feito, prolatando-se sentença de mérito, pelo acolhimento da pretensão autoral, declarando extinta a relação *ex locato*, na forma dos arts. 487, III, "a", e 335, I, do Código de Processo Civil.

Cap. 13 · LOCAÇÃO DE IMÓVEL URBANO | **325**

Requer, ainda, a condenação do réu ao pagamento das custas, inclusive relativas à imissão na posse, e dos honorários do advogado do autor.

Termos em que,

Pede deferimento.

Data

Advogado (OAB)

13.49. CONTESTAÇÃO EM AÇÃO DE DESPEJO COM MODELO REFE-RENTE À PRESCRIÇÃO DA PRETENSÃO DA COBRANÇA DOS ALUGUÉIS E ENCARGOS

MM. Juízo da (...) Vara (...) da Comarca de (...)

Processo nº (...)

(...), já qualificado na ação de despejo que lhe move (...), vem, respeitosamente, perante Vossa Excelência, por seus advogados e procuradores (documento 01), tempestivamente, apresentar a sua

Contestação,

o que faz com supedâneo nos argumentos a seguir aduzidos:

A autora aforou em face do réu uma ação de despejo por falta de pagamento de aluguéis e encargos, em razão de contrato de locação do imóvel localizado na (...).

Preliminarmente

Conexão (Código de Processo Civil; arts. 58 e 337, VIII)

Ocorre que o réu aforou, em face da autora, uma ação de consignação de parte dos mesmos aluguéis e encargos desta ação (documento 02), que corre perante o Juízo de Direito da (...). (Processo nº...)

Verifica-se que a distribuição daquela ação se deu no dia (...), tendo o réu sido citado no dia (...) do mesmo ano (documento 03).

Entretanto, a presente ação de despejo somente foi distribuída no dia (...).

Acorde com os mandamentos insculpidos nos artigos 240 e 312 do Código de Processo Civil, a partir da distribuição daquela ação consignatória, em (...), todos os efeitos do art. 240 passaram a ser verificados, vez que houve citação válida em (...).

As ações são conexas e, diante do risco de decisões contraditórias, mister se faz a reunião, ficando prevento o Juízo da (...), cuja ação foi distribuída em primeiro lugar.

I – Mérito

Da inicial é possível constatar que a autora cumulou a ação de despejo com a cobrança de aluguéis e acessórios nos termos do art. 62, I, da Lei 8.245/1991.

Entrementes, a cobrança dos aluguéis vencidos há mais de três anos é ilegal, conforme, inclusive, atesta remansosa jurisprudência:

Tribunal de Justiça de São Paulo. "Apelação. Preparo. Comprovação do recolhimento equivocado, com indicação errônea do código da receita. Simples situação de erro material, não justificadora da deserção preliminar repelida. Recurso conhecido. Embora seja inegável a ocorrência do recolhimento das despesas de porte de remessa e retorno, porque anotado código diverso na guia respectiva, trata-se apenas de situação de evidente erro material, sem

326 | MODELOS DE PEÇAS NO NOVO CÓDIGO DE PROCESSO CIVIL – *Luiz Antonio Scavone Junior*

configurar má-fé, o que determina o aproveitamento do ato e o conhecimento do recurso. Locação. Encargo locatício. IPTU. Cobrança. Prescrição. Incidência do mesmo prazo para cobrança do aluguel. Contagem que se abre a partir de cada vencimento, quando se torna exigível a respectiva prestação. Superveniência da nova lei, a determinar nova contagem do prazo menor, a partir de sua vigência. Ausência de interrupção posterior. Prescrição operada. Extinção do processo determinada. Recurso provido. 1. Os encargos locatícios, por constituírem obrigação acessória, estão sujeitos ao mesmo prazo de prescrição para cobrança dos aluguéis, cuja contagem se inicia no momento em que se torna exigível a respectiva obrigação. 2. Com a entrada em vigor do novo Código Civil, o prazo prescricional se reduziu para três anos, que então passou a ser computado, a partir da vigência da nova lei (artigo 2.028). 3. Não sendo possível incidir nova causa de interrupção, esse prazo se esgotou antes do ajuizamento da ação de cobrança, operando-se a prescrição, que se impõe reconhecer" (Apelação 992080249549 (1175276500) – Relator(a): Antonio Rigolin – Comarca: São Paulo – Órgão julgador: 31ª Câmara de Direito Privado – Data do julgamento: 18.05.2010 – Data de registro: 25.05.2010).

II – Reconvenção

A par da ação de despejo ora proposta, mister se faz verificar que, há cerca de 3 (três) meses, em virtude das fortes chuvas que desabaram sobre a cidade, conforme provam as inclusas reportagens em jornal de grande circulação (documento 04), parte do telhado do imóvel locado foi danificado.

Procurada para que repusesse o imóvel em condições de uso, a autora reconvinda recusou-se a fazê-lo, não restando, assim, ao réu reconvinte, alternativa senão providenciar o conserto do telhado, conforme faz prova os inclusos orçamentos (documento 05) e recibos de pagamento da empresa contratada para o reparo, cujo total importa em R$ (...).

Convém sublinhar que o contrato entre as partes não estabeleceu, em qualquer de suas cláusulas, a desoneração do locador no pagamento de benfeitorias necessárias introduzidas no imóvel (fls...).

Portanto, o réu reconvinte faz jus ao ressarcimento do valor de R$ (...) referente às benfeitorias necessárias que realizou, fazendo-se mister o acolhimento deste pedido.

O procedimento de reconvenção, cujo pedido se faz na contestação, rege-se pelo artigo 343 do Código de Processo Civil pátrio:

Art. 343. Na contestação, é lícito ao réu propor reconvenção para manifestar pretensão própria, conexa com a ação principal ou com o fundamento da defesa.

§ 1º Proposta a reconvenção, o autor será intimado, na pessoa de seu advogado, para apresentar resposta no prazo de quinze dias.

§ 2º A desistência da ação ou a ocorrência de causa extintiva que impeça o exame de seu mérito não obsta ao prosseguimento do processo quanto à reconvenção.

§ 3º A reconvenção pode ser proposta contra o autor e terceiro.

§ 4º A reconvenção pode ser proposta pelo réu em litisconsórcio com terceiro.

§ 5º Se o autor for substituto processual, o reconvinte deverá afirmar ser titular de direito em face do substituído, e a reconvenção deverá ser proposta em face do autor, também na qualidade de substituto processual.

§ 6º O réu pode propor reconvenção independentemente de oferecer contestação.

Preceitua o artigo 35 da Lei 8.245/1991:

"Art. 35. Salvo expressa disposição contratual em contrário, as benfeitorias necessárias intro-duzidas pelo locatário, ainda que não autorizadas pelo locador, bem como as úteis, desde que autorizadas, serão indenizáveis e permitem o exercício do direito de retenção."

III – Pedido

Pelo exposto, requer o autor seja acolhida a preliminar de conexão, determinando a remessa dos autos ao Juízo da 2ª Vara Cível, por onde tramita a ação consignatória, em razão da prevenção e, no mérito, seja a presente ação julgada improcedente, quer em virtude da cobrança de aluguéis prescritos, quer em razão da consignatória aforada, bem como seja julgada procedente a reconvenção com a condenação da autora no valor dos reparos, no importe de R$ (...), acrescidos de atualização monetária desde o desembolso e juros legais, condenada a autora, ainda, nas custas, despesas e verba honorária, cumpridas as necessárias formalidades legais.

Requer-se a intimação da autora, na pessoa de seu advogado, para se manifestar, no prazo de quinze dias, a respeito da preliminar, da reconvenção e do mérito (Código de Processo Civil, arts. 343, 357 e 358).

IV – Provas

Protesta por provar o alegado por todos os meios em direito admitidos, especialmente pela produção de prova documental, testemunhal, pericial e inspeção judicial e depoimento pessoal do autor e demais meios probantes.

Termos em que, dando à reconvenção, nos termos do art. 292 do CPC, o valor de R$ (...),

pede deferimento.

Data

Advogado (OAB)

13.50. RECONHECIMENTO DA PROCEDÊNCIA DO PEDIDO PARA OBTER O BENEFÍCIO DA DESOCUPAÇÃO EM 6 MESES

MM. Juízo da (...) Vara (...) da Comarca de (...)

Processo nº (...)

(...), já qualificado na ação de despejo que lhe move (...), vem, respeitosamente, perante Vossa Excelência, com supedâneo no que dispõe o art. 61 da Lei 8.245/1991, expor e requerer o quanto segue:

O réu, no prazo da contestação, vem manifestar concordância com a desocupação do imóvel, não pretendendo resistir ao pedido.

Sendo assim, requer digne-se Vossa Excelência de lhe conceder o prazo legal de 6 (seis) meses, a contar da citação, para a devolução das chaves, ficando exonerado do pagamento dos ônus sucumbenciais.

Termos em que,

pede deferimento.

Data

Advogado (OAB)

13.51. AÇÃO RENOVATÓRIA

MM. Juízo da (...) Vara (...) da Comarca de (...)

(...), por seus procuradores (doc. 1), com escritório na (...), onde receberão intimações, vem, respeitosamente, perante Vossa Excelência, aforar, em face de (...), a competente

Ação renovatória,

o que faz com fundamento nos arts. 51 e 71 da Lei 8.245, de 18 de outubro de 1991, e pelas razões de fato e de direito a seguir aduzidas:

No dia (...), a autora firmou com o réu, para fins comerciais, por (...) anos (término em ...), contrato de locação do imóvel situado na Rua (...) (doc. 2).

Do contrato celebrado entre as partes é possível vislumbrar a existência de todos os requisitos dos arts. 51 e 71 da Lei 8.245/1991, vez que:

a) O contrato foi celebrado por escrito e com prazo de cinco anos [ou mais, ou, ainda: a soma dos contratos ininterruptos perfaz cinco anos – ou mais] (doc. 2) (Lei 8.245/1991, art. 51, incisos I e II);

b) A autora explora sua atividade desde o início da locação, conforme se prova por (...) (doc. 4) (Lei 8.245/1991, art. 51, inciso III);

c) Todas as obrigações contratuais foram e continuam sendo cumpridas, assim como o pagamento dos aluguéis e encargos com exação (doc. 5), além de estar em dia com os prêmios de seguro exigidos pelo contrato de locação na cláusula (...) (doc. 6).

Outrossim, a autora indica, na forma do art. 71, inciso IV, da Lei 8.245/1991, as condições que oferece para a renovação do contrato:

a) Novo valor da locação equivalente a R$ (...) mensais, acorde com avaliação decorrente do parecer anexo (doc. 7), ou aquele que for arbitrado no curso da ação nos limites do mercado;

b) Novo prazo de 5 (cinco) anos, de acordo com o art. 51, *caput*, da Lei 8.245/1991;

c) Manutenção das demais condições do contrato a ser renovado, em especial forma e periodicidade das correções.

Nos termos do inciso V, do art. 71, da Lei 8.245/1991:

a) A autora indica, como fiadores, o Sr. (...) e sua mulher (...), proprietários de imóvel, conforme prova cópia da matrícula junto ao Oficial de Registro de Imóveis (doc. 8) que, além de receberem a quantia de R$ (...) mensais, conforme cópia dos recibos de pagamento ora juntados, são idôneos nos termos do art. 825 do Código Civil, o que se prova com as anexas certidões negativas de protestos e de distribuição de ações (doc. 9).

b) Os fiadores concordam em assumir os ônus decorrentes da celebração do contrato de fiança locatícia, conforme declaração anexa, com firma reconhecida (doc. 10).

I – Pedido

Isto posto, requer a autora a citação do réu, por intermédio de Oficial de Justiça (Código de Processo Civil, art. 246, inciso II), para, querendo, oferecer resposta no prazo legal.

Diante do exposto, requer seja julgada procedente a presente ação, com a renovação do contrato pelo prazo de cinco anos, nos termos propostos nesta exordial, com a condenação do réu no pagamento de custas e honorários de advogado que Vossa Excelência arbitrar.

Cap. 13 · LOCAÇÃO DE IMÓVEL URBANO | 329

II – Audiência de Conciliação

Nos termos do art. 334, § 5º, do Código de Processo Civil, a autora desde já manifesta, pela natureza do litígio, desinteresse em autocomposição.

Ou

Tendo em vista a natureza do direito e demonstrando espírito conciliador, a par das inúmeras tentativas de resolver amigavelmente a questão, o autor desde já, nos termos do art. 334 do Código de Processo Civil, manifesta interesse em autocomposição, aguardando a designação de audiência de conciliação.

III – Provas

Requer-se provar o alegado por todos os meios de prova em direito admitidos, incluindo perícia, produção de prova documental, testemunhal, inspeção judicial, depoimento pessoal sob pena de confissão caso o réu (ou seu representante) não compareça, ou, comparecendo, se negue a depor (art. 385, § 1º, do Código de Processo Civil).

IV – Valor da causa

Dá-se à causa o valor de R$ (doze vezes o aluguel vigente).

Termos em que,

Pede deferimento.

(Local e data)

(Nome do advogado e número de inscrição na OAB)

13.52. AÇÃO DE CONSIGNAÇÃO DE ALUGUÉIS E ACESSÓRIOS

MM. Juízo da (...) Vara (...) da Comarca de (...)

(...), por seus procuradores (documento 01), com escritório na (...), onde receberão intimações, vem, respeitosamente, perante Vossa Excelência, aforar, em face de (...), Estado de São Paulo, a competente

Ação de consignação de aluguéis

o que faz com fundamento nos arts. 58 e 67 da Lei 8.245/1991 e nas razões de fato e de direito a seguir aduzidas:

O autor é sub-rogatório da locação do imóvel localizado na (...), firmada entre a ré e sua companheira (nome completo) que faleceu no último dia (...), conforme contrato de locação (documento 02) e atestado de óbito (documento 03) anexos.

Todavia, o administrador do imóvel, nomeado na cláusula 4ª do contrato de locação, recusou-se, formalmente, por escrito, a receber os aluguéis, sob alegação de que o autor não seria parte legítima ante o falecimento de sua companheira (documento 04).

Todavia, o artigo 11, inciso I, da Lei 8.245/1991, autoriza expressamente a sub-rogação da companheira residente no imóvel na locação no que toca aos direitos e obrigações.

Assim sendo, não restou alternativa ao autor, senão aforar a presente ação consignatória do aluguel, conforme passa a especificar, nos termos ao artigo 67, inciso I, da Lei 8.245/1991:

Aluguel vencido em (...), referente ao mês de (...) no valor de R$ (...).

Condomínio referente ao mês de (...) no valor de R$ (...);

Parcela do IPTU, do mês de (...) no valor de R$ (...);

Total: R$ (...).

I – Pedido

Diante de todo o exposto requer seja julgada procedente a presente ação, com a declaração de quitação das obrigações e a condenação do réu ao pagamento das custa e honorários de advogado de vinte por cento, nos termos do artigo 67, inciso IV, da Lei 8.245/1991.

Requer ainda, a intimação do autor, nos termos do artigo 67, inciso II, para que providencie o depósito judicial da importância indicada.

II – Citação

Requer o autor digne-se Vossa Excelência de determinar a citação da ré na forma do artigo 246, inciso II, com os benefícios do artigo 212, § 2º, ambos do Código do Processo Civil, para oferecer a defesa que tiver, sob pena de confissão, e sofrer os efeitos da revelia, ou, querendo, levantar os depósitos a serem efetuados nos termos do inciso IV do art. 67 da Lei 8.245/1991.

III – Provas

Requer provar o alegado por todos os meios de prova em direito admitidos, especialmente pelo depoimento pessoal do réu sob pena de confissão, oitiva de testemunhas, perícias, vistorias e demais provas que se fizerem necessárias.

IV – Valor da causa

Dá à causa o valor de R$ (...) (doze vezes o aluguel vigente).

Termos em que,

pede deferimento.

Data

Advogado (OAB)

13.53. AÇÃO DE CONSIGNAÇÃO DE CHAVES (ARTS. 4º E 6º)

MM. Juízo da (...) Vara (...) da Comarca de (...)

(...), por seus procuradores (documento 01), com escritório na (...), onde receberão intimações, vem, respeitosamente, perante Vossa Excelência, aforar, em face de (...), a competente

Ação de consignação em pagamento

o que faz com fundamento no art. 539 e seguintes do Código de Processo Civil e nas razões de fato e de direito a seguir aduzidas:

O autor é locatário do imóvel localizado na (...), conforme prova o contrato de locação anexo (documento 02), celebrado no dia (...), pelo prazo de 30 (trinta) meses, que se encontra prorrogado por prazo indeterminado.

Não convindo mais a locação, o autor notificou a ré, denunciando o contrato, com prazo de 30 (trinta dias), nos termos do art. 6º da Lei 8.245/1991.

Todavia, no prazo da notificação, tendo o autor procurado a ré para devolução das chaves, para sua surpresa, esta se recusou terminantemente, alegando simplesmente não concordar com a devolução do imóvel.

Assim sendo, não restou alternativa ao autor, senão aforar a presente ação consignatória das chaves.

Convém verificar que já decidiu o Segundo Tribunal de Alçada Civil de São Paulo:

"Consignação – chaves – recusa do locador em recebê-las – aluguel – pagamento até a interposição da ação – obrigatoriedade. A partir do dia em que instaurada a ação consignatória das chaves é que se libera o locatário da obrigação de remunerar o uso do imóvel, desprezando-se o período das mal sucedidas tratativas de sua devolução amigável" (Apel. c/ rev. nº 398.045 – 10ª Câm. – rel. Juiz Euclides de Oliveira – j. em 11.05.1994 – JTA (Lex) 152/507).

I – Pedido

A fim de libertar-se da obrigação locatícia, requer o autor a consignação do valor de R$ (...), referente ao último aluguel, bem como das chaves, mediante sua intimação nos termos do artigo 542, I, do Código de Processo Civil, para que providencie o depósito judicial da importância indicada e das chaves do imóvel.

Diante do exposto, requer seja julgada procedente a presente ação, declarando Vossa Excelência quitadas as obrigações e condenando o réu ao pagamento das custas e honorários de advogado que Vossa Excelência houver por bem arbitrar.

II – Citação

Requer o autor digne-se Vossa Excelência de determinar a citação da ré na forma do artigo 246, inciso II, com os benefícios do artigo 212, § 2º, ambos do Código do Processo Civil, para oferecer a defesa que tiver, sob pena de confissão, e sofrer os efeitos da revelia, ou, querendo, levantar os depósitos a serem efetuados nos termos do inciso II do art. 542 e do parágrafo único do art. 546, do Código de Processo Civil.

III – Provas

Requer provar o alegado por todos os meios de prova em direito admitidos, especialmente pelo depoimento pessoal do réu, sob pena de confissão, oitiva de testemunhas, perícias, vistorias e demais provas que se fizerem necessárias.

IV – Valor da causa

Dá à causa o valor de R$ (...).

Termos em que,

pede deferimento.

Data

Advogado (OAB)

13.54. AÇÃO DE CONSIGNAÇÃO EM PAGAMENTO HAVENDO FUNDADA DÚVIDA SOBRE QUEM DEVA RECEBER

MM. Juízo da (...) Vara (...) da Comarca de (...)

(...), por seus procuradores (documento 01), com escritório na (...), onde receberão intimações, vem, respeitosamente, perante Vossa Excelência, aforar, em face de (...) a competente

332 | MODELOS DE PEÇAS NO NOVO CÓDIGO DE PROCESSO CIVIL – *Luiz Antonio Scavone Junior*

Ação de consignação em pagamento

o que faz com fundamento nos arts. 539 e seguintes do Código de Processo Civil e nas razões de fato e de direito a seguir aduzidas:

O autor é locatário do imóvel localizado na (...), conforme prova o contrato de locação anexo (documento 02), celebrado no dia (...) com o corréu (...), pelo prazo de 30 (trinta) meses, que se encontra prorrogado por prazo indeterminado.

O aluguel atual é equivalente a R$ (...) mensais.

Ocorre que, no último dia (...), o autor recebeu notificação do corréu (...), sedizente proprietário do imóvel, que fez chegar às mãos do autor cópia da matrícula do imóvel, bem como petição inicial de ação de resolução de contrato de compromisso de compra e venda, cumulada com perdas e danos, aforada em face do corréu (...) (documentos 03 e 04).

Pelo que se observa daquele pedido, a ação entre os réus envolve, inclusive, os aluguéis devidos pelo autor desta ação.

O art. 335 do Código Civil preceitua, no seu inciso V, que é caso de consignação se pender litígio sobre o objeto do pagamento.

Por outro lado, o inciso IV do art. 335 do Código Civil de 2002, determina que é o caso de consignação se ocorrer dúvida sobre quem deva legitimamente receber o pagamento.

Assim sendo, não restou alternativa ao autor, senão aforar a presente ação consignatória.

Convém verificar que já decidiu o Segundo Tribunal de Alçada Civil de São Paulo:

"Consignação em pagamento – fundamento – litígio pendente sobre o objeto da prestação – dúvida quanto a sua titularidade – liberação do devedor – admissibilidade – exegese do artigo 898 do Código de Processo Civil [atual CPC, art. 548, I]. Havendo dúvida sobre quem deva legitimamente auferir os aluguéres, ante a existência de demanda referente à titularidade do imóvel, deve o juiz declarar efetuado o depósito e extinguir a obrigação, liberando o devedor, mesmo porque, impossível suspender-se indefinidamente o curso da consignatória, devendo prosseguir o processo entre os credores até decisão que defina o real domínio" (Apel. nº 154.268 – 2ª Câm. – rel. Juiz Ferreira de Castro – j. em 20.09.1983 – JTA (RT) 86/355).

I – Pedido

A fim de libertar-se da obrigação locatícia, requer o autor a consignação do valor de R$ (...), referente ao último aluguel, mediante sua intimação, nos termos do artigo 542, I, do Código de Processo Civil, para que providencie o depósito judicial da importância indicada.

Feito o depósito, requer a procedência da consignação, declarando Vossa Excelência efetuado o depósito e extinta a obrigação e, nos termos do art. 548 do Código de Processo Civil:

a) comparecendo ambos os réus, que apenas entre eles continue o processo a correr unicamente entre os presuntivos credores, pelo procedimento comum, condenando-os no pagamento das custas e honorários de advogado do autor;

b) comparecendo apenas um dos réus, a decisão de plano, com a procedência da consignação e o levantamento do depósito em favor do comparecente, que deverá ser condenado no pagamento de custas e honorários do autor;

c) não comparecendo nenhum dos réus, a procedência da consignação, convertendo-se o depósito em arrecadação de coisas vagas.

Cap. 13 · LOCAÇÃO DE IMÓVEL URBANO | 333

Requer, ainda, a consignação dos aluguéis vincendos, até o trânsito em julgado da sentença que declarar o credor.

II – Citação

Requer o autor digne-se Vossa Excelência de determinar a citação dos réus, na forma do artigo 246, inciso II, com os benefícios do artigo 212, § 2º, ambos do Código do Processo Civil, para que provem o seu direito, nos termos do art. 547 do Código de Processo Civil.

III – Provas

Requer provar o alegado por todos os meios de prova em direito admitidos, especialmente pelo depoimento pessoal do réu sob pena de confissão, oitiva de testemunhas, perícias, vistorias e demais provas que se fizerem necessárias.

IV – Valor da causa

Dá à causa o valor de R$ (...) (doze vezes o aluguel vigente).

Termos em que,

pede deferimento.

Data

Advogado (OAB)

13.55. AÇÃO REVISIONAL

MM. Juízo da (...) Vara (...) da Comarca de (...)

(...), por seus procuradores (doc. 1), com escritório na (...), onde receberão intimações, vem, respeitosamente, perante Vossa Excelência, aforar, pelo procedimento comum, em face de (...), a competente

Ação revisional de aluguel,

o que faz com fundamento nos arts. 68 e seguintes da Lei 8.245, de 18 de outubro de 1991, pelos fatos e razões a seguir expostos, buscando obter revisão e fixação judicial de aluguel, ajustando-o ao preço do mercado.

A autora locou ao réu o imóvel localizado na Rua (...), através de contrato escrito (doc. 2), que vigora desde (...), portanto, há mais de 3 (três) anos (Lei 8.245/1991, art. 19), pagando o réu R$ (...) por mês.

Nada obstante os esforços da autora, recusa-se o réu a aceitar a revisão amigável do aluguer, insistindo em manter o valor irrisório, o que, aliás, lhe é conveniente.

[Sendo a ação proposta pelo locatário, para redução, substituir os dois primeiros parágrafos por:

"A autora locou do réu o imóvel localizado na Rua (...), através de contrato escrito (doc. 2), que vigora desde (...), portanto, há mais de 3 (três) anos (Lei 8.245/1991, art. 19), pagando o réu R$ (...) por mês.

Ocorre que, em razão de (...), o valor locativo de mercado, atualmente, atinge, no máximo, R$ (...), muito inferior ao montante atual. Instado, o locador não só recusou-se a proceder à justa redução dos aluguéis, como, absurdamente, acenou com pretensão de aumento".]

334 | MODELOS DE PEÇAS NO NOVO CÓDIGO DE PROCESSO CIVIL – *Luiz Antonio Scavone Junior*

É possível verificar das ofertas de locação de imóveis semelhantes ao da autora e situados na mesma região conforme se verifica de recente contrato de locação [ou ainda: conforme se verifica no parecer anexo], que o valor do aluguel de mercado é de R$ (...) (doc. 3).

Assim, não existindo outra forma, baldos os esforços da autora para composição razoável e amigável, não lhe restou alternativa senão socorrer-se do Poder Judiciário, para obter fixação do aluguel mensal segundo o preço de mercado.

I – Pedido [incluindo o de fixação de aluguel provisório]

Isto posto, requer a autora:

a) a procedência da presente ação, com a fixação do aluguel mensal do imóvel em R$ (...) e, provisoriamente, na quantia de R$ (...) devida desde a citação (Lei 8.245/1991, art. 68, inciso II), mantida a periodicidade de reajuste estabelecida na cláusula (...) do contrato;

b) a condenação do réu no pagamento de custas, despesas e verba honorária, fixada esta entre os limites legais.

II – Citação

Nos termos do art. 246, II, do Código de Processo Civil requer-se a citação do réu por intermédio do Sr. Oficial de Justiça para, querendo, responder no prazo de 15 (quinze) dias (art. 335, do Código de Processo Civil), sob pena de serem tidos por verdadeiros todos os fatos aqui alegados (art. 344 do Código de Processo Civil), devendo o respectivo mandado conter as finalidades da citação, as respectivas determinações e cominações, bem como a cópia do despacho do(a) MM. Juiz(a), comunicando, ainda, o prazo para resposta, o juízo e o cartório, com o respectivo endereço, facultando-se ao Sr. Oficial de Justiça encarregado da diligência proceder nos dias e horários de exceção (CPC, art. 212, § 2º).

Ou

Requer-se que a citação do réu seja efetuada pelo correio, nos termos dos arts. 246, I; 247 e 248 do Código de Processo Civil (justificar o motivo no contrato, posto que a citação postal é exceção na Lei do Inquilinato em razão de regra específica – art. 58, IV), para responder no prazo de 15 (quinze) dias (art. 335, do Código de Processo Civil), sob pena de serem tidos por verdadeiros todos os fatos aqui alegados (art. 344 do Código de Processo Civil), devendo o respectivo mandado conter as finalidades da citação, as respectivas determinações e cominações, bem como a cópia do despacho do(a) MM. Juiz(a), comunicando, ainda, o prazo para resposta, o juízo e o cartório, com o respectivo endereço.

III – Audiência de Conciliação

Nos termos do art. 334, § 5º, do Código de Processo Civil, a autora desde já manifesta, pela natureza do litígio, desinteresse em autocomposição.

Ou

Tendo em vista a natureza do direito e demonstrando espírito conciliador, a par das inúmeras tentativas de resolver amigavelmente a questão, a autora desde já, nos termos do art. 334 do Código de Processo Civil, manifesta interesse em autocomposição, aguardando a designação de audiência de conciliação.

IV – Provas

Requer-se provar o alegado por todos os meios de prova em direito admitidos, incluindo perícia, produção de prova documental, testemunhal, inspeção judicial, depoimento pessoal sob pena de confissão caso o réu (ou seu representante) não

Cap. 13 · LOCAÇÃO DE IMÓVEL URBANO | 335

compareça, ou, comparecendo, se negue a depor (art. 385, § 1º, do Código de Processo Civil).

V – Valor da causa

Dá-se à presente o valor de R$ (...) (doze vezes o aluguel vigente).

Termos em que,

Pede deferimento.

(Local e data)

(Nome do advogado e número de inscrição na OAB)

13.56. AÇÃO DE PRECEITO COMINATÓRIO PARA PERMITIR A VISTORIA DO IMÓVEL

MM. Juízo da (...) Vara (...) da Comarca de (...)

(...), por seus procuradores (documento 1), com escritório na (...), onde receberão intimações, vem, respeitosamente, perante Vossa Excelência, aforar, pelo procedimento comum, rito ordinário, em face de (...), a competente

Ação de preceito cominatório com pedido de antecipação de tutela,

o que faz com supedâneo no artigo 23, IX, da Lei 8.245/1991, expondo e requerendo o quanto segue:

I – Fatos

No dia (...), através de contrato escrito (documento 2), a autora locou ao réu o imóvel localizado na (...), cujo aluguel atual corresponde a R$ (...) mensais.

De fato, a autora notificou o réu no dia (...) (documento 3), para que permitisse a vistoria do imóvel.

Todavia, sem dar qualquer explicação, o réu contranotificou, aduzindo expressamente que não permitiria a pretensa vistoria (documento 4).

Entretanto, a vistoria é urgente, o que se afirma em virtude de notificação recebida pela autora e enviada por vizinho, que noticia infiltração no subsolo de sua casa, decorrente de vazamentos provenientes do imóvel locado, fazendo juntar laudo que aponta risco iminente, inclusive de desabamento, ressalvando, entretanto, que a certeza da constatação só será obtida após a vistoria.

II – Direito

O inciso IX do artigo 23 da Lei 8.245/1991 é claro ao estabelecer ao locatário a obrigação de permitir a vistoria do imóvel, pelo locador ou por seu mandatário, mediante combinação prévia, de dia e hora...

Assim, ante a recusa do réu, não restou alternativa à autora senão ingressar com a presente ação para exercer seu direito legal.

III – Pedido de tutela antecipada de urgência (Código de Processo Civil, arts. 294, 297, 300, 500, 536 e 537)

Como é natural, ante a pletora de feitos que assoberba o Poder Judiciário, o processo demandará tempo, aquele necessário para a devida instrução e demais atos que lhe são pertinentes.

336 | MODELOS DE PEÇAS NO NOVO CÓDIGO DE PROCESSO CIVIL – *Luiz Antonio Scavone Junior*

Até que decisão final seja proferida, independentemente da vontade de Vossa Excelência, constatados os vazamentos noticiados, os riscos poderão ser traduzidos em fatos, podendo ocorrer desabamento do imóvel.

Assim, com supedâneo no art. 537 do Código de Processo Civil, pede e espera a autora que Vossa Excelência se digne de antecipar a tutela pedida, ordenando ao réu que permita a vistoria do imóvel, marcando dia e hora no prazo de 5 (cinco) dias contados do recebimento da inicial, sob pena de multa diária (*astreinte*) de R$ (...), ou outro valor que Vossa Excelência entender suficiente.

IV – Pedido de mérito

Ex positis, requer a autora que, ao final, digne-se Vossa Excelência de julgar procedente a presente ação, imputando ao réu a pena de multa diária de R$ (...) pelo descumprimento da final decisão (Código de Processo Civil, arts. 500, 536 e 537), ou confirmando a tutela antecipada deferida, com a condenação do réu na obrigação de permitir a vistoria do imóvel nos termos do contrato e da lei.

Requer, ainda, a condenação do réu no pagamento das despesas, custas e honorários advocatícios que Vossa Excelência houver por bem arbitrar nos limites legais.

V – Citação

Requer-se que a citação do réu seja efetuada pelo correio, nos termos dos arts. 246, I; 247 e 248 do Código de Processo Civil, para responder no prazo de 15 (quinze) dias (art. 335, do Código de Processo Civil), sob pena de serem tidos por verdadeiros todos os fatos aqui alegados (art. 344 do Código de Processo Civil), devendo o respectivo mandado conter as finalidades da citação, as respectivas determinações e cominações, bem como a cópia do despacho do(a) MM. Juiz(a), comunicando, ainda, o prazo para resposta, o juízo e o cartório, com o respectivo endereço.

Ou

Nos termos do art. 246, II, do Código de Processo Civil requer-se a citação do réu por intermédio do Sr. Oficial de Justiça para, querendo, responder no prazo de 15 (quinze) dias (art. 335, do Código de Processo Civil), sob pena de serem tidos por verdadeiros todos os fatos aqui alegados (art. 344 do Código de Processo Civil), devendo o respectivo mandado conter as finalidades da citação, as respectivas determinações e cominações, bem como a cópia do despacho do(a) MM. Juiz(a), comunicando, ainda, o prazo para resposta, o juízo e o cartório, com o respectivo endereço, facultando-se ao Sr. Oficial de Justiça encarregado da diligência proceder nos dias e horários de exceção (CPC, art. 212, § 2º).

VI – Audiência de Conciliação

Nos termos do art. 334, § 5º, do Código de Processo Civil, a autora desde já manifesta, pela natureza do litígio, desinteresse em autocomposição.

Ou

Tendo em vista a natureza do direito e demonstrando espírito conciliador, a par das inúmeras tentativas de resolver amigavelmente a questão, o autor desde já, nos termos do art. 334 do Código de Processo Civil, manifesta interesse em autocomposição, aguardando a designação de audiência de conciliação.

VII – Provas

Requer-se provar o alegado por todos os meios de prova em direito admitidos, incluindo perícia, produção de prova documental, testemunhal, inspeção judicial,

Cap. 13 · LOCAÇÃO DE IMÓVEL URBANO | **337**

depoimento pessoal sob pena de confissão caso o réu (ou seu representante) não compareça, ou, comparecendo, se negue a depor (art. 385, § 1º, do Código de Processo Civil).

VIII – Valor da causa

Dá-se à presente o valor de R$ (...).

Termos em que,

pede deferimento.

Data

Advogado (OAB)

13.57. EXECUÇÃO DE ALUGUÉIS E ENCARGOS EM FACE DO FIADOR

MM. Juízo da (...) Vara (...) da Comarca de (...)

(...), vem, por seu procurador (documento 1), com escritório na (...), onde recebe intimações, respeitosamente, perante Vossa Excelência, aforar, em face de (...), a competente

Execução por quantia certa contra devedor solvente – Título Extrajudicial

o que faz com supedâneo nos artigos 783, 784, VIII e 824 e seguintes do Código de Processo Civil, expondo e requerendo o quanto segue:

O exequente é credor da importância de R$ (...), devida pelos executados, de acordo com a memória de cálculos anexa (documento 2 – Código de Processo Civil, art. 798, I, "b" e parágrafo único) e instrumento particular de contrato de locação assinado pelas partes e duas testemunhas em (...) (documento 3).

Trata-se, portanto, de título executivo extrajudicial (Código de Processo Civil, art. 784, VIII), decorrente de obrigação líquida, certa e exigível (Código de Processo Civil, art. 783).

A presente execução decorre de aluguéis e encargos não pagos pelo afiançado dos executados que renunciaram ao benefício de ordem e se declararam solidários no contrato (documento 4).

Nada obstante os esforços do credor, que, sem sucesso, tentou amigavelmente receber o valor que lhe é devido, negam-se os devedores a saldar o débito, obrigando-o a socorrer-se do Poder Judiciário, o que faz por intermédio da presente ação de execução.

I – Citação e Pedido

Não restando outro meio de receber, é a presente para requerer digne-se Vossa Excelência de:

a) Determinar sejam citados os executados, pelo correio, nos termos dos arts. 246, I; 247 e 248 do Código de Processo Civil, (ou, subsidiariamente, justificando: por intermédio do Sr. Oficial de Justiça, com os permissivos do artigo 212, § 2°, do Código de Processo Civil,) para pagar, em 3 (três) dias, o valor de R$ (...), acrescido de juros legais, correção monetária, custas e honorários advocatícios de 5% nos termos do art. 827 do Código de Processo Civil.

Caso não haja pagamento no prazo legal de 3 (três) dias, requer-se, desde já, o acréscimo aos honorários, que deverão ser de 10% do valor executado (CPC, art. 827) com a penhora de dinheiro (CPC, art. 835, I e § 1º) pelo sistema do Banco Central.

338 | MODELOS DE PEÇAS NO NOVO CÓDIGO DE PROCESSO CIVIL – *Luiz Antonio Scavone Junior*

Caso se frustre a penhora de dinheiro, requer-se a expedição de mandado de penhora de tantos bens quantos bastem para garantir a execução, a ser cumprido por intermédio do Sr. Oficial de Justiça (ou: a penhora do imóvel consistente em (...) (documento 4 – matrícula), mediante termo nos autos, de acordo com o art. 837 e art. 845, § 1º, do CPC.

Caso o executado não seja encontrado para citação, *ex vi legis* (CPC, art. 830), requer o arresto do imóvel indicado e cuja matrícula segue anexa (documento 4), cumpridas as formalidades legais, seguindo o processo nos termos da Lei com a citação do executado por edital findo o qual haverá automática conversão do arresto em penhora (CPC, art. 830, § 3º). (Apenas para o caso de serem conhecidos bens penhoráveis do executado. Caso contrário a citação deve ser requerida, depois de esgotadas as tentativas, mesmo sem arresto, por edital (§ 2º, art. 830, do CPC): "Ação de execução de título extrajudicial. Citação realizada por edital. Validade. Citação ficta ocorrida após diligências visando à obtenção de novo endereço do executado. Aplicação do disposto no artigo 231, II, CPC [atual art. 256, II]. Prescrição. Inocorrência. Interrupção do prazo prescricional. Inteligência do artigo 219, CPC [atual art. 240]. Agravo improvido" (TJSP, 0221360-90.2012.8.26.0000 – Relator(a): Soares Levada – Comarca: Sorocaba – Órgão julgador: 34ª Câmara de Direito Privado – Data do julgamento: 05.11.2012 – Data de registro: 08.11.2012 – Outros números: 2213609020128260000).

Ou, para o caso de não serem conhecidos bens penhoráveis do executado:

a.1) Requer-se, desde já, caso não haja pagamento em 3 (três) dias e o Sr. Oficial de Justiça não localize bens penhoráveis dos executados, que sejam eles intimados para, no prazo de 5 (cinco) dias, indicar bens passíveis de penhora, sob pena de ato atentatório à dignidade da Justiça e multa de 20% do valor da execução nos termos dos arts. 774, V, e seu parágrafo único do CPC.

b) Requer-se a intimação da penhora através dos advogados do executado constituídos nos autos (CPC, art. 841, §§ 1º e 2º) ou por via postal, caso não tenha advogado constituído.

c) Por fim, tendo em vista o teor dos arts. 837 e 845, § 1º, do Código de Processo Civil, requer a exequente que a penhora seja registrada por meio eletrônico ou, impossível a prática do ato por meio eletrônico pela serventia, a expedição de certidão de inteiro teor do ato, para registro na matrícula do imóvel a ser penhorado/arrestado, de propriedade do executado (documento 4), nos termos dos artigos 167, I, 5 e 239 da Lei 6.015/1973.

II – Provas

Pela natureza da ação (execução), protesta por provar o alegado unicamente por intermédio do título que instrui a exordial (documento 2).

III – Valor da Causa

Atribui-se à presente execução o valor de R$ (...).

Termos em que,

Pede deferimento.

Data

Advogado(a)

Documento 1

Procuração

Documento 2

Título Executivo

Documento 3

Demonstrativo do Débito

Cap. 13 · LOCAÇÃO DE IMÓVEL URBANO | 339

Documento 4
Matrícula do Imóvel para penhora/arresto

13.58. ADJUDICAÇÃO DO IMÓVEL POR AFRONTA AO DIREITO DE PREFERÊNCIA

MM. Juízo da (...) Vara (...) da Comarca de (...)

(...), por seus procuradores (documento 01), com escritório na (...), onde receberão intimações, vem, respeitosamente, perante Vossa Excelência, aforar, pelo procedimento comum, rito ordinário, em face de (...), a competente

Ação de adjudicação,

o que faz com supedâneo nos artigos 27 a 33 da Lei 8.245/1991, expondo e requerendo o quanto segue:

I – Fatos

A autora é locatária da segunda ré, em virtude de contrato de locação do imóvel localizado na (...) (documento 02), firmado em (...), pelo prazo de 30 (trinta meses), cujo aluguel atual importa em R$ (...) mensais.

No último dia (...), há menos de seis meses, portanto, a primeira ré, proprietária do imóvel locado, o vendeu à segunda ré pelo preço de R$ (...), conforme prova a cópia da escritura que foi registrada junto à matrícula no dia (...) (documentos 03 e 04).

Ocorre que a venda foi feita sem que houvesse qualquer comunicação à autora, afrontando seu direito de preferência, mormente que o contrato de locação foi averbado junto à matrícula no dia (...), mais de três meses antes da alienação.

Como a autora possui condições econômicas e financeiras de adquirir o imóvel, conforme prova seu extrato de aplicações junto ao Banco (...) (documento 05), resta evidente que foi violado seu direito de preferência na aquisição.

Sendo assim, não lhe restou alternativa, senão exercer a sequela adjudicatória, a teor do que dispõe o art. 33 da Lei 8.245/1991.

II – Pedido

Diante do exposto, com o depósito da quantia de R$ (...), requer a autora a procedência da ação, determinando, Vossa Excelência, a adjudicação do imóvel por sentença, condenando os réus no pagamento das despesas, custas e honorários advocatícios que Vossa Excelência houver por bem arbitrar.

Subsidiariamente (Código de Processo Civil, art. 326), não sendo possível acolher o pedido de adjudicação, requer a autora a condenação dos réus no pagamento das perdas e danos consubstanciados nas seguintes verbas:

Diferença entre o valor de mercado e o valor pago pelo réu, acorde com avaliações e publicações de anúncios em jornais (documento 06);

Despesas de mudança da autora (documento 07).

III – Citação

Requer-se que a citação das rés seja efetuada pelo correio, nos termos dos arts. 246, I, 247 e 248 do Código de Processo Civil, para responder no prazo de 15 (quinze) dias (art. 335, do Código de Processo Civil), sob pena de serem tidos por verdadei-

340 | MODELOS DE PEÇAS NO NOVO CÓDIGO DE PROCESSO CIVIL – *Luiz Antonio Scavone Junior*

ros todos os fatos aqui alegados (art. 344 do Código de Processo Civil), devendo o respectivo mandado conter as finalidades da citação, as respectivas determinações e cominações, bem como a cópia do despacho do(a) MM. Juiz(a), comunicando, ainda, o prazo para resposta, o juízo e o cartório, com o respectivo endereço.

Ou

Nos termos do art. 246, II, do Código de Processo Civil (justificar o motivo, posto que a citação por Oficial de Justiça é subsidiária) requer-se a citação das rés por intermédio do Sr. Oficial de Justiça para, querendo, responder no prazo de 15 (quinze) dias (art. 335, do Código de Processo Civil), sob pena de serem tidos por verdadeiros todos os fatos aqui alegados (art. 344 do Código de Processo Civil), devendo o respectivo mandado conter as finalidades da citação, as respectivas determinações e cominações, bem como a cópia do despacho do(a) MM. Juiz(a), comunicando, ainda, o prazo para resposta, o juízo e o cartório, com o respectivo endereço, facultando-se ao Sr. Oficial de Justiça encarregado da diligência proceder nos dias e horários de exceção (CPC, art. 212, § 2º).

IV – Audiência de Conciliação

Nos termos do art. 334, § 5º, do Código de Processo Civil, o autor desde já manifesta, pela natureza do litígio, desinteresse em autocomposição.

Ou

Tendo em vista a natureza do direito e demonstrando espírito conciliador, a par das inúmeras tentativas de resolver amigavelmente a questão, a autora desde já, nos termos do art. 334 do Código de Processo Civil, manifesta interesse em autocomposição, aguardando a designação de audiência de conciliação.

V – Provas

Requer-se provar o alegado por todos os meios de prova em direito admitidos, incluindo perícia, produção de prova documental, testemunhal, inspeção judicial, depoimento pessoal sob pena de confissão caso o réu (ou seu representante) não compareça, ou, comparecendo, se negue a depor (art. 385, § 1º, do Código de Processo Civil).

VI – Valor da causa

Dá-se à presente o valor de R$ (...) (valor do imóvel).

Termos em que,

pede deferimento.

Local e data

Advogado (OAB)

13.59. NOTIFICAÇÃO PARA CONCEDER AO LOCATÁRIO O DIREITO DE PREFERÊNCIA

NOTIFICAÇÃO

Notificado: (locatário, qualificação completa e endereço com CEP)

Notificante: (locador, qualificação completa e endereço com CEP)

Ref.: Concessão do direito de preferência nos termos do art. 27 da Lei 8.245/1991.

Cap. 13 · LOCAÇÃO DE IMÓVEL URBANO | **341**

Em razão do contrato de locação do imóvel localizado à (...), firmado entre as partes no dia (...) e respectivos aditamentos firmados em (...), serve a presente para conceder a Vossa(s) Senhoria(s) o direito de preferência para aquisição do imóvel locado.

Para tanto, seguem as condições do negócio a ser concluído, de acordo com oferta recebida de terceiro:

Preço Total: (...)

Forma de Pagamento: (...)

(transcrever todas as demais condições do negócio).

A documentação referente ao negócio, bem como referente ao imóvel, pode ser examinada por Vossa(s) Senhoria(s), caso queira(m), no seguinte endereço (...), devendo, para tanto, confirmar o interesse no seu exame mediante envio de comunicação por qualquer meio inequívoco ao endereço do locador.

Por fim, a aceitação das condições ora estabelecidas deve ser manifestada no prazo improrrogável de 30 dias, nos termos do art. 28 da Lei 8.245/1991.

Era o que havia para notificar

Local e data

(Nome do Locador – notificante)

BIBLIOGRAFIA

BAPTISTA DA SILVA, Ovídio A. *Do processo cautelar*. Rio de Janeiro: Forense, 1996.

BARBOSA MOREIRA, José Carlos. *Comentários ao Código de Processo Civil*. 6. ed. Rio de Janeiro: Forense, 1993. vol. V.

BENJAMIN, Antonio Herman de Vasconcellos e. *Código brasileiro de defesa do consumidor comentado pelos autores do anteprojeto*. Rio de Janeiro: Forense Universitária, 1999.

BEVILÁQUA, Clóvis. *C.C. dos EE. UU. do Brazil*. Rio de Janeiro: Francisco Alves, 1917. vol. III.

_____. *Código Civil comentado*. Rio de Janeiro: Fancisco Alves, 1945 (art. 494).

CALMON DE PASSOS. *Comentários ao Código de Processo Civil*. São Paulo: RT, 1984. vol. X, t. I.

CAMBI, Eduardo e NALIN, Paulo. In: Nery Jr., Nelson e WAMBIER, Teresa Arruda Alvim. *Aspectos polêmicos e atuais dos recursos cíveis*. São Paulo: RT, 2003. v. 7.

ENNECERUS e LEHMANN. *Derecho de obligaciones*. Barcelona, 1935, § 10. v. 1.

FERREIRA, Willian Santos. *Aspectos polêmicos e práticos da nova reforma processual civil*. Rio de Janeiro: Forense, 2003.

FRANCISCO, Walter de. *Matemática financeira*. São Paulo: Atlas, 1976.

GONÇALVES, Carlos Roberto. *Direito das coisas*. São Paulo: Saraiva, 1997.

LARENZ, Karl. *Lehrbuch des schuldrechts*. 12. ed. München: Beck, 1979, n. 27, v. II.

LISBOA, Roberto Senise. *Relação de consumo e proteção jurídica do consumidor no direito brasileiro*. São Paulo: Juarez de Oliveira, 1999.

MACHADO, Antonio Cláudio da Costa. *Código de Processo Civil interpretado*. São Paulo: Saraiva, 1996.

MEIRELLES, Hely Lopes. *Direito de construir*. 7. ed. São Paulo: Malheiros, 2013.

NERY JUNIOR, Nelson e ANDRADE NERY, Rosa Maria de. *Código de Processo Civil comentado*. São Paulo: RT, 1997.

NOGUEIRA, Antonio de Pádua Soubhie. Honorários advocatícios extrajudiciais: breve análise (e harmonização) dos artigos 389, 395 e 404 do novo Código civil e do artigo 20 do Código de processo civil. *Revista Forense*, v. 105, n. 402, p. 597-607, p. 602, mar.-abr. 2009.

NUNES, Luiz Antonio Rizzatto. *Comentários ao Código de Defesa do Consumidor*. São Paulo: Saraiva, 2000.

PEREIRA, Caio Mário da Silva. *Instituições de direito civil*. Rio de Janeiro: Forense, 1994. v. II.

PEREIRA, Mário Geraldo. *Plano básico de amortização pelo sistema francês e respectivo fator de conversão*. Dissertação (Doutoramento). São Paulo: FCEA, 1965.

PINTO, Nelson Luiz. *Manual dos recursos cíveis*. São Paulo: Malheiros, 1999.

RODRIGUES, Silvio. Ação pauliana ou revocatória. *Enciclopédia Saraiva do Direito*. São Paulo: Saraiva, vol. 3.

_____. *Direito civil*. Parte geral das obrigações. São Paulo: Saraiva, 1991. v. 2.

SCAVONE JUNIOR, Luiz Antonio. *Do descumprimento das obrigações*: consequências à luz do princípio da restituição integral. São Paulo: J. de Oliveira, 2007.

_____. *Obrigações*: abordagem didática. 4. ed. atual. e aum. São Paulo: Juarez de Oliveira, 2006.

SCIASCIA, Gaetano. *Sinopse de direito romano*. 2. ed. São Paulo: Saraiva, 1959.

SENTIS MELENDO, Santiago. *La prueba es libertad. La prueba. Los grandes temas del derecho probatorio*. Buenos Aires: EJEA, 1978.

SIGLITZ, Gabriel A. *Protección jurídica del consumidor*. Buenos Aires: Depalma, 1990.

SILVA, Ovídio A. Baptista da. *Ação de imissão de posse*. São Paulo: RT, 1997.

TERRA, Marcelo. *Alienação fiduciária de imóvel em garantia (Lei n.º 9.514/97, primeiras linhas)*. Porto Alegre: Fabris, 1998.

www.grupogen.com.br